# उत्तर प्रदेश के प्राचीनतम नगर

# उत्तर प्रदेश के प्राचीनतम नगर

डॉ. अशोक कुमार सिंह

वाणी प्रकाशन

वाणी प्रकाशन

*'लोगो' वाणी प्रकाशन : मक़बूल फ़िदा हुसेन*

***वाणी प्रकाशन, 4695, 21-ए, दरियागंज, नयी दिल्ली-110002***

***वाणी प्रकाशन, अशोक राजपथ (पटना कॉलेज के सामने), पटना (बिहार)***

**UTTAR PRADESH KE PRACHINTAM NAGAR**

**by Dr. Ashok Kumar Singh**

**History**

**ISBN : 81-8143-277-0**



**प्रथम संस्करण 1988**

**द्वितीय संस्करण : 2011**

**मूल्य : 300/-**

**वाणी प्रकाशन**

**फोन : 0091#11#23273167, फोन व फैक्स 23275710**

**वेबसाइट : www.vaniprakashan.in**

**ई-मेल : vaniprakashan@gmail.com**

***जी.एस. ऑफसेट द्वारा दिल्ली-110032 में मुद्रित***

अंशू, ऋचा एवं ऐश्वर्य
को
सस्नेह भेंट

# अनुक्रम

# प्राक्कथन

उत्तर प्रदेश की सांस्कृतिक विरासत न केवल उत्तर प्रदेश के लिए वरन् संपूर्ण राष्ट्र के लिए गौरव प्रदान करती है। प्राचीन भारतीय इतिहास का विद्यार्थी एवं उत्तर प्रदेश का निवासी होने के कारण मेरे मन में इस प्रदेश के ऊपर शोध करने की स्वाभाविक जिज्ञासा उत्पन्न हुई। मूलतः यह ग्रंथ प्राचीन भारतीय इतिहास, संस्कृति एवं पुरातत्व विभाग, काशी हिंदू विश्वविद्यालय में शोध-प्रबंध के रूप में प्रस्तुत किया गया, और यह उसी का परिवर्द्धित रूप है। यद्यपि उत्तर प्रदेश के कुछ नगरों पर विद्वानों ने साहित्यिक साक्ष्यों पर आधारित विवेचना प्रस्तुत की है, फिर भी इनके ग्रंथों में सांस्कृतिक पक्ष लगभग अछूता रहा है तथा हाल के वर्षों में प्राप्त पुरातात्विक साक्ष्यों का उपयोग नहीं हो सका है। प्रस्तुत ग्रंथ में उत्तर प्रदेश के कुछ नगरों का साहित्यिक एवं पुरातात्विक दोनों साक्ष्यों के आधार पर समीक्षात्मक अध्ययन प्रस्तुत किया गया है।

इस ग्रंथ के प्रणयन में मैं उन सभी महानुभावों एवं सुधीजनों का चिरऋणी हूँ, जिनसे प्रत्यक्षतः एवं परोक्ष रूप से लाभान्वित हुआ। जिन विद्वानों की कृतियाँ भाव-संरचना में सहायक रही हैं, उनका ससम्मान उल्लेख प्रबंध की पाद टिप्पणियों में है।

ग्रंथ की प्रेरणा से पूर्णता तक का संपूर्ण श्रेय श्रद्धेय गुरुवर, प्रो. पुरुषोत्तम सिंह जी को है, जिनके स्नेहिल आशीर्वाद, उदार प्रोत्साहन तथा सतर्क पर्यवेक्षण से ही यह कार्य पूर्ण हो सका। उन्होंने कई पुरातात्विक स्थलों के उत्खनन की जिम्मेदारी मुझे सौंपी जिससे मुझे पुरातत्व के विविध आयामों की विस्तृत जानकारी हुई। पुस्तक में पुरातात्विक संदर्भों के समावेश का संपूर्ण श्रेय गुरुवर को ही है।

शोध कार्य की पूर्णता में मेरी पूर्वपत्नी स्व. श्रीमती उर्मिला सिंह का विशेष योगदान रहा। उन्होंने पारिवारिक जिम्मेदारियों से मुझे मुक्त रखा और दैनिक जीवन में आने वाली कठिनाइयों को आत्मसात कर सदैव स्वस्थ एवं आदर्श शैक्षणिक वातावरण पैदा किया। उनके प्रति सादर कृतज्ञता एवं श्रद्धा—सुमन अर्पित करता हूँ।

शोध कार्यों के दौरान मुझे विभाग के समस्त गुरुजनों का सद्भाव एवं परामर्श सदैव मिलता रहा, जिसे मैं अपना सौभाग्य समझता हूं। वर्तमान विभागाध्यक्ष प्रो.

विदुला जायसवाल का विशेष आभारी हूँ जिन्होंने पुस्तक के परिष्कार में न केवल उत्साहवर्द्धन किया वरन् अकथा उत्खनन की सामग्री संक्षिप्त रूप में छापने की अनुमति भी प्रदान की। मैं आदरणीय प्रो. विनोद चंद्र श्रीवास्तव, पूर्व निदेशक, भारतीय उच्च शोध शिक्षा संस्थान, शिमला के प्रति कृतज्ञता ज्ञापित करना अपना परम कर्तव्य समझता हूँ जिन्होंने शिमला के विद्वानों के बीच मेरा व्याख्यान करा कर मुझे उनके सुझावों से लाभान्वित कराया जिसका पुस्तक के द्वितीय संस्करण के परिष्कार में विशेष योगदान है। मैं प्रो. वीरेन्द्र नाथ मिश्र, भूतपूर्व निदेशक, दकन कालेज पोस्ट ग्रेजुएट एंड रिसर्च इंस्टीट्यूट (डीम्ड यूनिवर्सिटी) का विशेष आभारी हूँ जिन्होंने अगियाबीर से प्राप्त सामग्री को पुस्तक में सम्मिलित करने के लिए अपना अमूल्य सुझाव दिया। मैं प्रो. दिलीप कुमार चक्रवर्ती, कैम्ब्रिज विश्वविद्यालय, इंग्लैंड ने मुझे सदैव अपना आशीर्वाद प्रदान किया और पुरातात्विक उत्खननों से प्राप्त सामग्री एवं नगरीकरण की प्रक्रिया पर सदैव अपने सुझावों से लाभान्वित करते रहे। उनके प्रति मैं हार्दिक अभार प्रकट करता हूँ। मैं डॉ. सी. मार्गबंधु, पूर्व निदेशक, भारत सरकार, पुरातत्व सर्वेक्षण विभाग, नई दिल्ली की सतत् प्रेरणा एवं सम्मेलनों में उत्साहवर्द्धन के लिए आभार प्रकट करता हूँ। अपने वरिष्ठ मित्रों प्रो. राकेश पांडेय, विभागाध्यक्ष, जीवाजी विश्वविद्यालय, ग्वालियर, प्रो. सीताराम दूबे, विक्रम विश्वविद्यालय, उज्जैन के प्रति हार्दिक आभार प्रकट करता हूँ।

डॉ. राकेश तिवारी, निदेशक, उत्तर प्रदेश राज्य पुरातत्व विभाग, लखनऊ का विशेष आभारी हूँ जिन्होंने मेरा सदैव उत्साहवर्द्धन किया एवं उत्खनन से प्राप्त सामग्री को विभागीय पत्रिका 'प्राग्धारा' में सदैव प्रकाशित करते रहे।

अपने संबंधियों सर्वश्री केदार सिंह जी, लालमणि सिंह जी, सुबास सिंह जी, बृजबिहारी सिंह, जयप्रकाश सिंहजी, श्रीमती प्रतिमा सिंह जी के प्रति भी सादर आभार प्रकट करता हूँ। इन सभी लोगों ने समय-समय पर अपने अमूल्य सुझावों से लाभान्वित किया है।

अपने मित्रों स्व. डॉ. गोपालजी सिंह, डॉ. रवीन्द्रनाथ सिंह, डॉ. रंजीत प्रताप सिंह एवं डा. संतोष कुमार सिंह का भी आभार प्रकट करता हूँ।

मूलतः यह ग्रंथ पूज्य पिताजी श्री शारदा प्रसाद सिंह एवं माताजी श्रीमती फूलपत्ती देवी के शुभ आशीर्वाद एवं पीयूषी प्रेरणा का ही परिणाम है। सहधर्मिणी सुनीता सिंह एवं बच्चों अंशू, ऋचा एवं ऐश्वर्य के विविध रूपों में सहयोग से इस पुस्तक के द्वितीय–संस्करण का कार्य पूर्ण हो सका। अतः वे भी धन्यवाद के पात्र हैं।

पुस्तक के प्रकाशक वाणी प्रकाशन, नई दिल्ली का हार्दिक आभार मानता हूँ जिन्होंने पुस्तक के प्रकाशन तथा मुद्रण का उत्तरदायित्व संभालकर इसे यथासमय पूरा किया।

31 मार्च, 2004 (रामनवमी) **डॉ. अशोक कुमार सिंह**

# द्वितीय संस्करण की भूमिका

किसी भी पुस्तक का द्वितीय संस्करण लेखक के लिए उत्साहवर्द्धक होता है। इस पुस्तक की सभी प्रतियाँ प्रकाशन के कुछ वर्षों के भीतर ही अनुपलब्ध हो गईं जिससे पुस्तक के पुर्नप्रकाशन का सुझाव विद्वानों, इतिहास एवं भूगोल के शोध छात्रों एवं जिज्ञासु पाठकों द्वारा प्राप्त होने लगा। चूँकि मैं पिछले दो दशकों से उत्तर प्रदेश के कई स्थलों के उत्खनन एवं सर्वेक्षण कार्य में संलग्न रहा परिणामस्वरूप अनेकानेक नवीनतम सामग्री प्रकाश में आई। इस दृष्टि से भी द्वितीय संस्करण में इन नवीनतम सामग्रियों का समावेश अत्यावश्यक हो गया। हाल के इन नवीन खोजों ने उत्तर प्रदेश के प्राचीन नगरों की पृष्ठभूमि को एक नया आयाम प्रदान किया। इस संस्करण में इन्हीं नवीनतम अंवेषणों एवं उत्खननों से प्राप्त साक्ष्यों का समावेश करके इन नगरों की प्राचीनता, उदय ओर विकास का समीक्षात्मक विवेचन प्रस्तुत किया गया है।

परिशिष्ट के रूप में मिर्जापुर जिले में स्थित **अगियाबीर नामक** टीले के उत्खनन का संक्षिप्त विवरण दिया गया है।

31 मार्च, 2004 **डॉ. अशोक कुमार सिंह**
(रामनवमी)

# फलक चित्रों का परिचय

# संकेत शब्द-सूची

आ. स. रि. : आर्कियोलाजिकल् सर्वे ऑफ् इंडिया रिपोर्ट्स।
आ. स. इ. ए. रि. : आर्कियोलाजिकल् सर्वे ऑफ् इंडिया, एनुअल रिपोर्ट्स।
इ. ऐ. नो. पा. : इंडिया ऐज नोन टू पाणिनी।
इ. आ. रि. : इंडियन आर्कियोलाजी, ए रिव्यू।
ए. इ. ऐं. इं. : एजुकेशन इन ऐंश्येंट इंडिया।
का. ला. ऐ. इं. : कारपोरेट लाइफ इन ऐंश्येंट इंडिया।
ज. रा. ए. सो. : जर्नल् ऑफ् दि रायल एशियाटिक सोसायटी।
(ग्रेट ब्रिटेन एंड आयरलैंड)
ज. ए. सो. बं. : जर्नल ऑफ दि एशियाटिक सोसायटी ऑफ् बंगाल।
ज. यू. पी. स्टे. आ. डि. : जर्नल आफ यू. पी. स्टेट आर्कियोलाजिकल डिपार्टमेन्ट।
ज. वि. उ. रि. सो. : जर्नल् ऑफ् बिहार एंड ओरिसा रिसर्च सोसायटी।
टा. प्लै. ऐं. इ. : टाउन प्लैनिंग इन ऐश्येंट इंडिया।
ने. जि. सो. इ. : नेशनल जियोग्राफिकल सोसायटी ऑफ् इंडिया।
डि. पा. प्रा. ने. : डिक्शनरी ऑफ् पालि प्रापर नेम्स।
पा. टे. सो. : पालि टेक्स्ट् सोसायटी।
मै. ऐं. इ. : मैन एण्ड इनवायरनमेन्ट।
बु. इ. पै. पी. ए. : बुलेटिन आफ दि इन्डो पैसिफिक प्रीहिस्ट्री एसोसिएशन।
से. बु. ई. : सेक्रेड बुक्स ऑफ् दी ईस्ट।
से. बु. हि. : सेक्रेड बुक्स ऑफ् दी हिंदूज।

# 1.

# भूमिका

## प्रस्तावना

भारत द्वीप में सभ्यता, संस्कृति आदि विविध दृष्टियों से उत्तर प्रदेश का अपना महत्त्वपूर्ण स्थान है। यह अत्यंत प्राचीन काल से भारतीय सभ्यता और संस्कृति का संवाहक रहा है। इस प्रदेश की सांस्कृतिक विविधता से इतिहास के अनेक पृष्ठ रंगे पड़े हैं। गुहावासी आदि मानव के क्रिया-कलापों से संबद्ध अनेक स्थल तथा पुराराशियाँ इस तथ्य के सुस्पष्ट प्रमाण हैं। स्मृतियों एवं पुराणों की इस रचनाभूमि से अनेकानेक ऐतिहासिक एवं पौराणिक कथाएँ संबद्ध हैं। ऐतिहासिक युग के प्रारंभ तक यहाँ अनेक वैभवपूर्ण नगरों का विकास हो चुका था। भारतीय सभ्यता और संस्कृति के आदर्श मर्यादा पुरुषोत्तम राम, कृष्ण एवं बुद्ध की जन्मस्थली होने का श्रेय भी इस प्रदेश को प्राप्त है तथा संभव है कि ये महापुरुष नगरों के विकास के भी कारण रहे हों। पुरातात्त्विक उत्खननों से हिंदू और बौद्ध धर्म से संबद्ध सारनाथ, श्रावस्ती, अयोध्या, मथुरा, कुशीनगर और अगियाबीर जैसे नगरों के अवशेष प्रकाश में आए। यहाँ के वाराणसी, प्रयाग, अयोध्या, हरिद्वार, मथुरा आदि स्थल धार्मिक केंद्र के रूप में प्रख्यात हैं। इस प्रकार संपूर्ण भारत में अनेक दृष्टियों से प्राचीनकाल से ही उत्तर प्रदेश की महत्ता सुस्पष्ट है।

## शोध का इतिहास

उत्तर प्रदेश के ऐतिहासिक अध्ययन का यह प्रयास सर्वथा अभिनव नहीं हैं अपितु अपनी सर्वक्षेत्रीय महत्ता के कारण समय-समय पर यह प्रदेश विद्वानों का ध्यान आकृष्ट करता रहा है, लेकिन एक ईकाई के रूप में इस राज्य के इतिहास लेखन का कार्य विगत पाँच दशकों से प्रारंभ हुआ। इस दिशा में सर्वप्रथम प्रयास कृष्णदत्त बाजपेयी[1] का माना जा सकता है। उन्होंने 1953 से 1955 के मध्य उत्तर प्रदेश के सांस्कृतिक इतिहास पर संक्षिप्त प्रकाश डालने का प्रयास किया। इनके अनेक ग्रन्थों में उत्तर

प्रदेश के लम्बे इतिहास की रूपरेखा एवं मुख्य ऐतिहासिक स्थलों का विवरणात्मक, किंतु संक्षिप्त उल्लेख है। पुनः इन्होंने नलिनाक्ष दत्त[2] के साथ उत्तर प्रदेश में 'बौद्ध धर्म के विकास का इतिहास, नामक अध्ययन प्रस्तुत करने का सफल प्रयत्न किया। इस पुस्तक में उत्तर प्रदेश एवं उसके प्रमुख राज्यों का बौद्ध धर्म के विकास में योगदान की विवेचना है।

इन ग्रंथों के प्रकाशन के पश्चात् विद्वानों में उत्तर प्रदेश के इतिहास लेखन में एक नई जागरूकता का संचार हुआ; परिणामतः अनेक ग्रंथों का प्रणयन संभव हो सका। इस संदर्भ में नंदलाल चटर्जी[3] द्वारा प्रस्तुत उत्तर प्रदेश के विभिन्न युगों के सांस्कृतिक विकास का अध्ययन महत्त्वपूर्ण है। उनके ग्रंथ में आर्यों के आगमन से लेकर मुस्लिम काल तक उत्तर प्रदेश के सांस्कृतिक विकास-क्रम का विवेचन है।

विमलचरण लाहा[4] ने भारत के ऐतिहासिक भूगोल का अध्ययन किया है, जिसमें अन्य विषयों के अतिरिक्त उत्तर प्रदेश के प्रमुख स्थलों का विवरण भी प्रस्तुत किया गया है। इसके अतिरिक्त भरतसिंह उपाध्याय[5] ने अपनी पुस्तक 'बुद्धकालीन भारतीय भूगोल' में इस काल के राजनैतिक, आर्थिक एवं व्यापारिक भूगोल का क्रमबद्ध अध्ययन किया है। इसी संदर्भ में देबला मित्रा[6] की पुस्तक 'बुद्धिस्ट मानुमेंट्स' का उल्लेख भी समीचीन होगा। इन्होंने अपने ग्रंथ में उत्तर प्रदेश के कुशीनगर, सारनाथ एवं श्रावस्ती जैसे महत्त्वपूर्ण स्मारकों का भी अध्ययन प्रस्तुत किया है।

छठी शताब्दी ई. पू. से तृतीय शताब्दी ई. के मध्य पूर्वोत्तर भारत की सामाजिक एवं आर्थिक स्थिति का अध्ययन मदनमोहन सिंह[7] द्वारा प्रस्तुत किया गया है। इस अध्ययन से उत्तर प्रदेश के बुद्धकालीन सामाजिक और आर्थिक स्वरूप पर भी प्रकाश पड़ता है। किंतु जैसा कि इस ग्रंथ के शीर्षक से ही स्पष्ट है, यह मात्र प्रासंगिक है। यह बात अलग है कि पूर्वोत्तर भारत के संपूर्ण क्षेत्र की सामाजिक और आर्थिक स्थिति लगभग एक-सी रही हो, किंतु सिंह महोदय का ध्येय न केवल उत्तर प्रदेश अपितु संपूर्ण पूर्वोत्तर भारत का सामाजिक और आर्थिक इतिहास प्रस्तुत करना था।

उत्तर प्रदेश के कुछ स्थल, विशेषकर हिंदू एव बौद्ध धर्म संबंधी स्थल, विशेष महत्त्व के रहे हैं। इनमें से सारनाथ, मथुरा, कौशांबी, अयोध्या एवं कुशीनगर आदि अनेक महत्त्वपूर्ण नगरों का उत्खनन भी किया गया है। साथ ही पुरातत्त्वविदों द्वारा इनमें से अनेक नगरों की आख्याएँ भी प्रस्तुत की गईं हैं तथा कुछ प्रमुख नगरों पर स्वतंत्र ग्रंथों का प्रणयन भी किया गया, जिनमें से कई निश्चयतः महत्त्व के हैं। इसके अतिरिक्त कुछ भौगोलिक ग्रंथों का भी प्रणयन किया गया, जिनसे इन नगरों पर यथासंदर्भ संक्षिप्त, किंतु सुस्पष्ट प्रकाश पड़ता है।

शिक्षा विभाग द्वारा प्रकाशित 'उत्तर प्रदेश के सांस्कृतिक केंद्र सीरीज' के अंतर्गत इस राज्य के अनेक नगरों—यथा—मथुरा, हस्तिनापुर, अहिच्छत्र एवं कन्नौज आदि का अध्ययन प्रस्तुत किया गया।

प्रारंभिक काल से लेकर मौर्यों के काल तक कोशल राज्य के राजनीतिक एवं सांस्कृतिक इतिहास का अध्ययन विशुद्धानंद पाठक[8] ने किया है। इस ग्रंथ में कोशल राज्य के महत्त्वपूर्ण नगरों (श्रावस्ती, अयोध्या एवं कुशीनगर आदि) तथा प्रमुख राजवंशों एवं उनके तिथिक्रम की सम्यक् विवेचना है।

उत्तर प्रदेश के प्राचीन नगरों पर प्रकाशित स्वतंत्र ग्रंथों में कुछ उल्लेखनीय हैं। श्री सीताराम ने अपनी पुस्तक 'अयोध्या का इतिहास' में साहित्यिक स्रोतों के आधार पर इस नगर के इतिहास संकलन का प्रयास किया है। लेकिन उनका यह प्रयास मुख्यतः धार्मिक एवं अपुष्ट प्रमाणों पर आधारित होने के कारण प्रामाणिक नहीं हो सका। इसके अतिरिक्त वाराणसी पर अनेक ग्रंथ एवं लेख संपन्न हुए हैं। कुछ विदेशी विद्वानों के भी ग्रंथ हैं। इनमें शेरिंग, हेवेल एवं ग्रीव्ज आदि के ग्रंथ मूलतः धार्मिक इतिहास से संबद्ध हैं। किंतु उनका मुख्य उद्देश्य हिंदू एवं बौद्ध धर्मों के उदय एवं विकास तथा वाराणसी के घाटों, देवायतनों एवं मंदिरों आदि का ही चित्रण करना रहा है। इनके ग्रंथ इस नगर के राजनैतिक, सामाजिक एवं आर्थिक स्थिति का वर्णन करने में अक्षम हैं।

ऐतिहासिक दृष्टि से वाराणसी पर जितने भी कार्य हुए हैं, उनमें सर्वाधिक महत्त्वपूर्ण कार्य डॉ. मोतीचंद्र[9] का है। उनकी पुस्तक 'काशी का इतिहास' में वैदिक काल से लेकर उन्नीसवीं शती तक काशी के राजनैतिक, सामाजिक, धार्मिक, आर्थिक एवं सांस्कृतिक इतिहास का विस्तृत विवेचन किया गया है।

इसके अतिरिक्त पुरातात्त्विक उत्खनन के आधार पर भी कुछ नगरों के इतिहास लेखन का सफल प्रयास किया गया है। इस संदर्भ में गोवर्द्धन राय शर्मा[10] एवं कृष्णकुमार सिनहा[11] का नाम विशेष रूप से उल्लेखनीय है। इन्होंने क्रमशः कौशांबी एव श्रावस्ती का पुरातात्त्विक उत्खनन करके वहाँ से प्राप्त पुरातात्विक सामग्री का प्रामाणिक विवरण अपने ग्रंथ में प्रस्तुत किया है।

उल्लेखनीय है कि उपर्युक्त ग्रंथों में अधिकांश ग्रंथ मात्र साहित्यिक साक्ष्यों पर आधारित और विवरणात्मक हैं। साथ ही उनमें संस्कृति के सभी पक्ष प्रायः उजागर नहीं हो सके। प्रस्तुत ग्रंथ में इस प्रकार की कमियों को दूर करते हुए उत्तर प्रदेश की संस्कृति के प्रायः सभी पक्षों के अनावरण का प्रयास किया गया है। स्रोत सामग्री के रूप में साहित्यिक एवं पुरातात्त्विक साक्ष्यों के सम्मिलित अध्ययन के आधार पर उत्तर प्रदेश के सांस्कृतिक इतिहास के प्रायः सभी पक्षों पर समीक्षात्मक प्रकाश डालने का यह संभवतः प्रथम प्रयास है।

## पुरातात्त्विक पृष्ठभूमि

जैसाकि ऊपर उल्लेख किया जा चुका है, उत्तर प्रदेश प्रागैतिहासिक काल से ही मानव की निवासस्थली रहा है। जिस समय ब्रूस फूट दक्षिणी-पश्चिमी एवं मध्य भारत के

क्षेत्रों में पुरा-पाषाणकालीन साक्ष्यों के अनुसंधान में व्यस्त थे, उसी समय ब्रिटिश भारत के कुछ उत्साही अधिकारियों द्वारा उत्तर प्रदेश के दक्षिणी भाग में प्रागैतिहासिक मानव के सांस्कृतिक अवशेषों की खोज की जा रही थी। इन विद्वानों में रिवेट कार्नेक, कार्लायल और काकबर्न विशेरू रूप से उल्लेखनीय हैं। इन्होंने उत्तर प्रदेश के दक्षिणांचल में अनेक पुरा-पाषाणिक स्थलों का पता लगाया।[12]

कालांतर में इलाहाबाद विश्वविद्यालय के एक दल द्वारा उत्तर प्रदेश के दक्षिणी क्षेत्र का अनुसंधान किया गया। बुंदेलखंड क्षेत्र से दकन कालेज पूना के रामेश्वर सिंह को एक अत्यंत समृद्ध एशूयूलियन उद्योग का पता चला।[13] परवर्ती काल में इस क्षेत्र का उत्खनन आर. बी. जोशी और रामेश्वर सिंह द्वारा किया गया।[14] गोवर्द्धन राय शर्मा के नेतृत्व में बेलन घाटी के कुछ स्थलों की खोज से प्रचुर मात्रा में पुरा-पाषाणकालीन उपकरण प्राप्त हुए। यहाँ के स्तरित जमावों से विभिन्न पशुओं के बहुसंख्यक जीवाश्म भी उपलब्ध हुए हैं।

पूर्व-पाषाणकालीन अवशेषों के अतिरिक्त विन्ध्य क्षेत्र एवं ऊपरी तथा मध्य गंगा घाटी क्षेत्र से मध्य-पाषाणकालीन अवशेष भी मिले हैं। विन्ध्य क्षेत्र के मध्य पाषाणिक पुरास्थलों में चकिया तहसील की चंद्रप्रभा घाटी में स्थित वैरादोमुहवाँ, कपिसहा, सोनवर्षा, पंचपेड़िया, राजा बाबा की पहाड़ी आदि स्थल उल्लेखनीय हैं। बेलन घाटी के उल्लेखनीय मध्य-पाषाणिक पुरास्थलों में मोरहना पहाड़, बधहीखोर, लेखहिया, बरकछा, चोपनी मंडो,[15] पंचोह आदि महत्त्वपूर्ण हैं। इस युग के सांस्कृतिक क्रम को समझने के लिए कुछ स्थलों का उत्खनन भी किया गया, जिनमें प्राप्त स्तंभ गर्तों से स्पष्ट होता है कि इस काल तक मध्य पाषाणिक संस्कृति के निवासी बाँस-बल्ली, दीवारों एवं घास-फूस के छाजन से निर्मित झोंपड़ियों में निवास करने लगे थे। ऊपरी एवं मध्य गंगाघाटी के उत्खनित स्थलों में सराय नाहर राय एवं महदहा मुख्य हैं।[16] इन स्थलों से प्राप्त शवाधान प्रक्रिया एवं गर्त चूल्हों का निर्माण समतुल्य था। यहाँ से प्राप्त सामुदायिक चूल्हों की उपस्थिति सामुदायिक जीवन के आरंभ के सूचक हैं। सराय नाहरराय की तिथि 8000 ई. पू. के लगभग निश्चित की जाती है।[17]

मध्य पाषाणिक स्थलों के अतिरिक्त विभिन्न उत्खननों से विन्ध्य एवं गंगा घाटी क्षेत्र से अनेक नव-पाषाणिक पुरास्थल प्रकाश में आए हैं। इन स्थलों में कोलडिहवा,[18] महगड़ा[19], झूँसी एवं पंचोह आदि का विशेष महत्त्व है। इन स्थानों के उत्खनन से भी एक निश्चित क्रम में स्तंभ-गर्त मिले हैं, जिससे ज्ञात होता है कि इस काल के निवासियों ने आवास के लिए लकड़ी के लट्ठे को जमीन में गाड़कर झोंपड़ियों का निर्माण किया।[20] कोलडिहवा के मृण्भांडों के ठीकरों में धान की भूसी एवं दानों के अवशेष मिले हैं। इनकी कार्बन तिथियों (5440±240 ई. पू. तथा 4850±185 ई. पू.) से इन्हें विश्व में अब तक प्राप्त खाद्यान्न (धान) का सबसे प्राचीनतम उद्धरण माना जा सकता है।[21] इसके पूर्व चीन से प्राप्त धान की कार्बन

तिथियाँ (2250 ई. पू., 2750 ई. पू. तथा 3450 ई. पू.) सबसे प्राचीन मानी जाती थीं।[22] अतः यदि प्राप्त प्रमाण सही हैं तो यह प्रायः निश्चित है कि भारत विश्व के प्राचीनतम खाद्यान्न उत्पादकों में एक था।

नव-पाषाणकालीन उपकरणों के अतिरिक्त उत्तर प्रदेश के अनेक क्षेत्रों से ताम्र संचय संस्कृति के उपकरण मिले हैं। इनमें कौशांबी, कोलडिहवा, आलमगीरपुर एवं अतरंजीखेड़ा आदि का महत्त्वपूर्ण स्थान है। इसके अतिरिक्त इटावा जिले के सैपाई[23] नामक स्थल से एक ताम्र संचय प्रकार का भाला मिला है। साथ ही कुछ गेरुए मृण्भांड तथा इनके ठीकरे भी उपलबध हुए हैं।

हाल के वर्षों में ताम्र संचय संस्कृति के काल-निर्धारण पर महत्त्वपूर्ण प्रकाश पड़ा है। ताप संदीप्तिक तिथि के अनुसार ताम्र संचय संस्कृति का कालक्रम 1800 ई. पू. से 1400 ई. पू. के मध्य निर्धारित किया गया है।[24] इस संस्कृति के निर्माताओं के संबंध में विद्वान् एकमत नहीं हैं। अधिकांश पुरातत्त्वविद यह मानते हैं कि ताम्रनिधियों एवं गैरिक मृण्भांडों के निर्माता एक ही संस्कृति के लोग थे। हाइन गेल्दर्न एवं स्टुअर्ट पिग्गट ताम्र संचयों का संबंध आर्यों के भारत आगमन के साथ जोड़ते हैं। कालांतर में पिग्गट ने अपने मत में संशोधन करके इनका संबंध सैधवों से स्थापित करने का प्रयास किया है। ब्रजवासी लाल ताम्रनिधियों का संबंध आर्यों से पूर्व की आदिम जातियों से स्थापित करते हैं।[25]

पिछले दो दशकों में काशी हिन्दू विश्वविद्यालय के प्रो. पुरुषोत्तम सिंह एवं लेखक के संयुक्त निर्देशन में सरयूपार और मध्य गंगाघाटी के कई पुरातात्विक स्थलों का उत्खनन एवं वृहद सर्वेक्षण कार्य किया गया जिसमें ताम्रपाषाण काल के समकालीन एक नवीन संस्कृति का पता चला। नरहन (जिला–गोरखपुर) से सर्वप्रथम मिलने के कारण इस संस्कृति को 'नरहन संस्कृति' के नाम से अभिहित किया गया है।[26] इस संस्कृति का विस्तार एक वृहद क्षेत्र में था। सरयूपार और मध्य गंगा घाटी के विस्तृत सर्वेक्षण से इस संस्कृति के दो दर्जन से अधिक पुरातात्विक स्थलों का पता चला।[27] इस क्षेत्र के प्रमुख उत्खनित स्थलों में गोरखपुर में नरहन[28], धुरियापार[29] और इमलीडीह खुर्द[30] बलिया में खैराडीह,[31] वैना[32] और भूड़ाडीह,[33] वाराणसी में अकथा, मिर्जापुर में अगियाबीर,[34] सोनभद्र में राजा नल का टीला[35] और मल्हर[36] तथा इलाहाबाद में झूँसी[37] प्रमुख हैं। अगियाबीर नामक स्थल सर्वप्रथम लेखक द्वारा 1998 ई. में खोजा गया[38] जिसका विस्तृत उत्खनन प्रो. पुरुषोत्तम सिंह एवं लेखक के संयुक्त निर्देशन में तीन वर्षों तक (1999-2001) किया गया। उत्खनन में तेरहवीं शताब्दी ईसा पूर्व से लेकर सातवीं शताब्दी ईसवी तक के अवशेष मिले।[39] महत्वपूर्ण अवशेषों में उत्तरी कृष्ण परिमार्जित संस्कृति के मध्यवर्ती चरण (300-400 ईसा पूर्व) से एक भण्डार गृह में रखे 13 ताम्र एवं लौह वस्तुओं की प्राप्ति है।[40] इन वस्तुओं में तांबे के घड़े, कटोरे, लोटा, नौतली (कारिनेटेड) हाड़ियाँ एवं दर्पण (मिरर) मुख्य हैं। लोहे की वस्तुओं में

तलवारें एवं दीप स्तम्भ (लैम्प स्टैन्ड) प्रमुख हैं। इन वस्तुओं की प्राप्ति से मध्य गंगा घाटी में एक समृद्ध संस्कृति का पता चलता है जो निश्चित रूप से नगरीय संस्कृति का द्योतक है।

उपर्युक्त सर्वेक्षण से यह स्पष्ट होता है कि आर्य सभ्यता के प्रसार के पूर्व उत्तर प्रदेश के अनेक हिस्सों में आदिवासी लोग निवास करते थे। इन्हें कोल, भील, शबर, निषाद, नाग आदि नामों से जाना जाता था। आज भी उत्तर प्रदेश के दक्षिणांचल में इन आदिवासियों के वंशज तथा उनकी सभ्यता के अवशेष उपलब्ध होते हैं। भारत में आर्यों का सर्वप्रथम निवास संभवतः पंचनद प्रदेश में था। पूर्व की ओर प्रसार के समय आर्यों को गंगा घाटी में विस्तृत घने जंगलों को जलाना पड़ा था।[41] इस संदर्भ में शतपथ ब्राह्मण[42] में विदेध माथव और गौतम राहूगण की कथा का उल्लेख समीचीन होगा। विदेघ माथव ने वैश्वानर अग्नि को अपने मुख में धारण किया था। अग्निदेवता विदेघ माथव के मुख से निकलकर सरस्वती तट से पूर्व की ओर बढ़े और उत्तरी पर्वतों (हिमालय) से प्रवाहित होने वाली सदानीरा (गंडक) नदी तक पहुँच गए। माथव और उनके पुरोहित गौतम राहूगण उनके अनुकरण में आगे बढ़े। अग्निदेव ने सदानीरा को नहीं जलाया; क्योंकि प्राचीन काल में ब्राह्मण लोग नदी को पार करना दोषाहद मानते थे। उस समय इस नदी के पूर्व का भाग जंगली एवं बंजर था। अग्नि देवता को प्रसन्न करने के लिये ब्राह्मणों ने यज्ञ द्वारा अग्नि प्रज्वलित कर वहाँ कृषि कार्य प्रारंभ किया। प्रसन्न हो अग्निदेवता प्रगट हुए और उन्होंने विदेघ माथव को नदी के पूर्वी तट पर बसने का निर्देश दिया।[43] इस प्रकार आर्य सभ्यता के भारत के पूर्वोत्तर क्षेत्र में प्रसार में विदेघ माथव एवं उनके पुरोहित गौतम राहूगण का विशेष योगदान परिलक्षित होता है। साथ ही इससे यह भी स्पष्ट होता है कि आर्यों ने पंचनद प्रदेश से पूर्व की ओर बढ़कर उत्तर प्रदेश के पश्चिमी भाग को अपना निवास-स्थल बनाया। यहाँ की जलवायु उनके सर्वथा अनुकूल थी। धीरे-धीरे आर्यों के निवास-स्थल हस्तिनापुर, मथुरा, अहिच्छत्र, काम्पिल्य[44] एव कान्यकुब्ज आदि बड़े नगरों के रूप में परिणत होकर राजनीति, धर्म, दर्शन एवं कला के महत्त्वपूर्ण केंद्र बन गए; जबकि पूर्व की ओर कौशांबी[45], प्रयाग, अयोध्या[46], श्रावस्ती तथा काशी भारतीय संस्कृति के प्रधान केंद्र बने।

उल्लेखनीय है कि आधुनिक उत्तर प्रदेश प्राचीन काल में 'मध्यदेश' में सन्निविष्ट था। ऐतिहासिक दृष्टि से 'मध्यदेश' भारतीय आर्य संस्कृति का अत्यंत प्राचीन केंद्र था। यहाँ के दो प्राचीन राजवंशों—सूर्य एवं चंद्र वंश ने अपने शक्तिशाली राज्य स्थापित किए। मनु सूर्यवंश के संस्थापक थे।[47] अयोध्या का सूर्यवंश इक्ष्वाकुवंश के नाम से प्रसिद्ध है। इस वंश में काकुत्स्थ, हर्यश्व, मांधाता, हरिश्चंद, सगर, अंबरीष, दिलीप एवं रघु आदि प्रतापी राजा हुए।[48] दूसरे प्रसिद्ध आर्य राजवंश, चंद्रवंश के संस्थापक पुरुरवा थे, जिनकी राजधानी प्रतिष्ठानपुर (झूँसी) वर्तमान प्रयाग के समीप थी।[49]

उल्लेखनीय है कि झूँसी के हाल के उत्खननों से नवपाषाणकालीन संस्कृति के अवशेष प्रकाश में आये हैं। पुरु का उल्लेख ऋग्वेद में अनु, द्रुह्यु, तुर्वस और यदु के साथ मिलता है। सप्तसिंधु प्रदेश में चंद्रवंशी राजन्य परिवारों को 'दाशराज्ञ युद्ध' में पराजित होना पड़ा था।[50]

परवर्ती वैदिक साहित्य में प्रसंगवश अनेक स्थानों के नाम आए हैं। शतपथ ब्राह्मण[51] में पांचाल जनपद का उल्लेख है। जनमेजय परीक्षित की राजधानी आसंदीवंत का भी वर्णन मिलता है। इसी नगर में उन्होंने प्रसिद्ध अश्वमेध यज्ञ का अनुष्ठान किया था।[52] इस स्थल की पहचान हस्तिनापुर से की जा सकती है। इसके अतिरिक्त कोशल, विदेह एवं मगध आदि जनपदों का भी उल्लेख मिलता है।

परवर्ती वैदिक काल में विभिन्न सांस्कृतिक क्षेत्रों का भी वर्णन मिलता है, जिसका उल्लेख मनुस्मृति[53] में उपलब्ध है। ये क्षेत्र निम्नलिखित थे–

1. ब्रह्मावर्त (सरस्वती एवं द्रषद्वती नदियों के मध्य का क्षेत्र),
2. ब्रह्मर्षिदेव (कुरु, मत्स्य, पांचाल, शूरसेन एवं ब्रह्मावर्त देश),
3. मध्यदेश (विंध्य एवं हिमालय के मध्य का क्षेत्र),
4. आर्यावर्त।[54]

इसके अतिरिक्त उत्तर वैदिक साहित्य में नगरों में निर्मित प्रासाद[55], प्राकार[56], वप्र (रैम्पर्ट)[57], एवं पुर[48] का भी उल्लेख मिलता है। इससे यह अनुमान होता है कि आर्यों ने नगर-निर्माण की यह प्रक्रिया भारत के मूल निवासियों से सीखी होगी। उत्तर वैदिक काल तक आर्यों का संघर्षमय जीवन समाप्तप्राय हो गया और उनके व्यवस्थित जीवन का शुभारंभ हुआ। इस कारण उन्होंने स्थाई गृहों एवं बस्तियों की कल्पना की और उसके लिए मूल निवासियों के भवनों एवं नगरों को आदर्श माना।

## उत्तर प्रदेश के प्राचीनतम नगर

इस प्रदेश की पुरातात्त्विक सामग्री के सर्वेक्षण से स्पष्ट है कि प्रागैतिहासिक काल से ही यह प्रदेश मानव की निवासस्थली था। देश के अन्य भागों की भाँति इस प्रदेश का विकास भी क्रमशः हुआ। भारतीय उपमहाद्वीप के नगरीय विकास का इतिहास तृतीय सहस्राब्दी ई. पू. की सैंधव सभ्यता से प्रारंभ होता है। जबकि मानव आखेट अवस्था से पशुपालन एवं कृषियुग में प्रविष्ट हुआ तथा कालांतर में छोटे-छोटे ग्राम कस्बों में परिणत हुए। राजनैतिक सत्ता के केंद्र के रूप में एवं सांस्कृतिक प्रगति के परिणामस्वरूप कुछ कस्बे नगरों के रूप में विकसित हुए। द्वितीय सहस्राब्दी ई. पू. के मध्य सिंधु सभ्यता के विनाश के साथ ही संपूर्ण भारत पुनः गाँवों की संस्कृति में लौट आया और लगभग एक हजार वर्षों के लंबे अंतराल के पश्चात् छठी शताब्दी ई. पू. में षोडस महाजनपदों का उद्भव हुआ। प्राचीन ग्रंथों में इन जनपदों का अनेकशः उल्लेख है। इस सोलह महाजनपदों का एक साथ उल्लेख सर्वप्रथम अंगुत्तर निकाय

## फलक-1

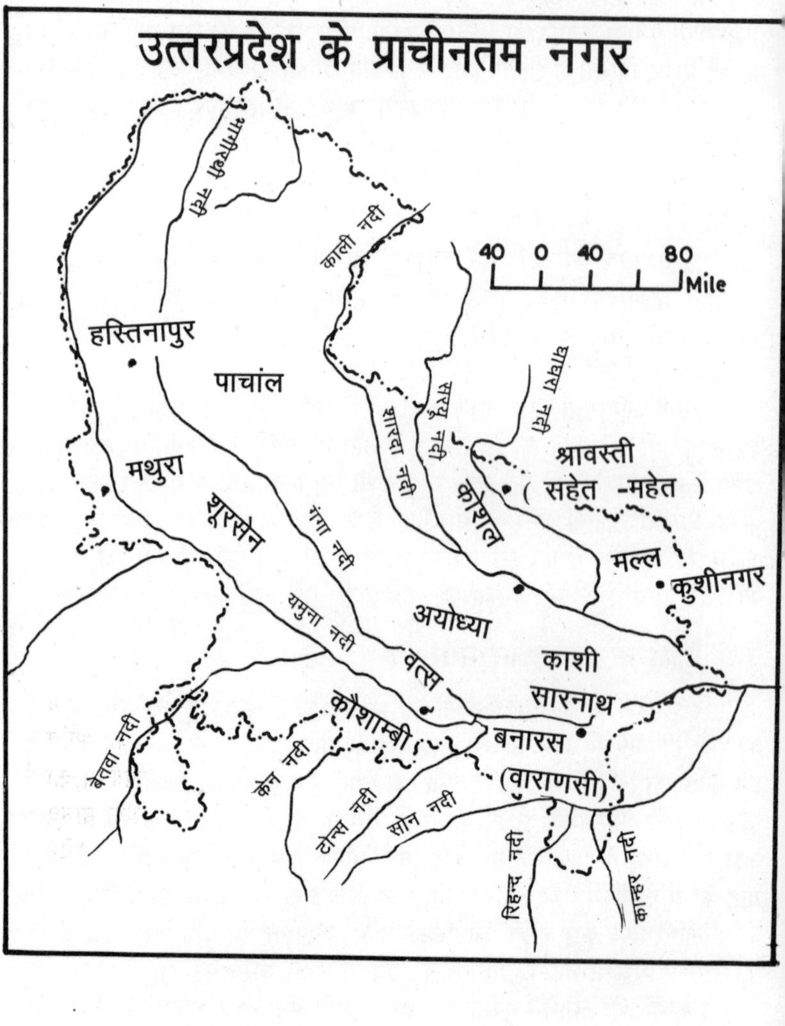


उत्तर प्रदेश के प्राचीन नगर (मानचित्र)

में मिलता है।[59] इनमें से प्रत्येक का नामकरण इसमें बसने वाले या उपनिवेश बनाने वाले जनों के आधार पर किया गया है। इनमें से चौदह महाजनपद मध्यदेश में ही स्थित थे और शेष दो देश—गांधार और कांबोज उत्तरापथ में स्थित थे। जैन ग्रंथ भगवती सूत्र में उपलब्ध महाजनपदों की तालिका में दक्षिण भारत के कुछ राज्यों का भी उल्लेख है। इन ग्रंथों की तालिकाओं में प्राचीन उत्तर प्रदेश के काशी, कोशल, मल्ल, पांचाल, वत्स एवं शूरसेन जनपदों का वर्णन है। इनकी राजधानियों एवं कुछ अन्य बड़े गाँवों ने कालांतर में नगर का रूप ग्रहण कर लिया।

इन नगरों के उद्भव में कोई एक कारक ही उत्तरदायी नहीं था, अपितु कई कारकों का संयुक्त योगदान था। इन कारकों में जैन एवं बौद्ध धर्मों का उदय, आवश्यकता से अधिक अन्नोत्पादन, राजनीतिक प्रगति, शिल्पी वर्ग का उदय, धातुकीय विकास, लिपि कला एवं व्यापार के निमित्त मुद्रा का प्रचलन आदि प्रमुख हैं। इन कारकों के योग से उत्तर भारत के आद्य-ऐतिहासिक नगरों का जन्म हुआ। उत्तर प्रदेश के दो महत्त्वपूर्ण राज्यों—काशी एवं कोशल की राजनीतिक स्थिति एवं जैन तथा बौद्ध धर्म की जन्मस्थली एव कर्मस्थली होने के कारण यहाँ अनेक नगरों का उद्भव एवं विकास स्वाभाविक था।

प्राचीन भारत में नगरों के उद्भव एवं विकास के संबंध में विद्वानों ने समय-समय पर अध्ययन प्रस्तुत किया है। इस दिशा में सर्वप्रथम प्रयास विनोद बिहारी दत्त[60] का है। इन्होंने भारत के नगरों की उत्पत्ति तथा उनकी योजना आदि का उल्लेख किया है। लेकिन इनके प्रयास को वैज्ञानिक नहीं कहा जा सकता। दूसरा महत्त्वपूर्ण प्रयास उदयनारायण राय[61] का है। इन्होंने भारत के अन्य नगरों के साथ उत्तर प्रदेश के वाराणसी, कौशांबी, श्रावस्ती, कुशीनगर, मथुरा एवं अयोध्या आदि नगरों के विकास का अध्ययन किया है। विमलचरण लाहा[62] ने भी अपने ग्रंथों एवं लेखों में कई नगरों के विषय में रोचक सामग्री प्रस्तुत की है। यद्यपि उनके द्वारा इन नगरों के उद्भव एवं विकास के सिद्धांतों की व्याख्या तो नहीं की गई है, फिर भी इनके द्वारा साहित्यिक स्रोतों के आधार पर नगरों के इतिहास का वर्णन महत्त्वपूर्ण है। इस दिशा में सर्वाधिक महत्त्वपूर्ण प्रयास अमलानंद घोष[63] का है। उन्होंने विश्व की अन्य सभ्यताओं में विकसित नगरों एवं भारतीय नगरों के उद्भव से संबंधित कारकों के अंतर को स्पष्ट करने का सफल प्रयास किया है। इस पुस्तक के प्रकाशित होने के पश्चात् विद्वानों का ध्यान इस विषय की ओर आकर्षित हुआ। इस संदर्भ में दिलीप कुमार चक्रवर्ती[64] द्वारा कलकत्ता विश्वविद्यालय में **प्रस्तुत** शोध प्रबंध उल्लेख्य है। इसके पश्चात् पुरातत्त्व' पत्रिका के छठें[65], सातवें[66] आठवें[67] एवं ग्यारहवें[68] जिल्दों में इस विषय पर की गई एक शोध परिचर्चा का प्रकाशन हुआ; जिसमें अनेक विद्वानों तथा अमलानंद घोष, नीलरतन बनर्जी , दिलीप चक्रवर्ती, निहाररंजन राय आदि ने भाग लिया। इन विद्वानों के अतिरिक्त विजयकुमार ठाकुर[69] एवं जयमल राय[70] ने भी इस दिशा में महत्त्वपूर्ण

प्रयास किए हैं। सुधा सक्सेना[71] ने भी नगरीकरण के संदर्भ में उत्तर प्रदेश के वर्तमान नगरों के विकास का संक्षिप्त विवेचन प्रस्तुत किया है। प्रस्तुत ग्रंथ में साहित्यिक एव पुरातात्त्विक दोनों स्रोतों के तुलनात्मक अध्ययन के आधार पर पूर्व के प्रयासों की ज्ञात कमियों को दूर करते हुए उत्तर प्रदेश के विभिन्न नगरों पर समीक्षात्मक अध्ययन प्रस्तुत करने का प्रयास है।

प्रस्तुत ग्रंथ में उत्तर प्रदेश के छः प्राचीनतम नगरों (वाराणसी, कौशांबी, श्रावस्ती, मथुरा, कुशीनगर एवं अयोध्या) को अध्ययन का विषय बनाया गया है। परिशिष्ट के रूप में लेखक द्वारा उत्खनित नगर अगियाबीर पर प्रकाश डाला गया है। यद्यपि उक्त नगरों के अतिरिक्त उत्तर प्रदेश के अहिच्छत्र, कांपिल्य, प्रयाग एवं हस्तिनापुर आदि भी प्राचीन नगर थे और इनकी प्राचीनता में भी संशय नहीं है, किन्तु अध्ययन की सुविधा को देखते हुए मैंने अपने अध्ययन के लिए उक्त नगरों को ही चुना है। इस ग्रंथ में महाकाव्यों एवं पुराणों, बौद्ध, संस्कृत एवं पालि साहित्य, चीनी यात्रियों के इतिवृत्तों तथा पुरातत्व द्वारा प्रस्तुत प्रमाणों की सहायता से इन नगरों के उदय एवं विकास के विभिन्न चरणों का बहुविध अध्ययन किया गया है।

## संदर्भ


1. कृष्णदत्त बाजपेयी, उत्तर प्रदेश की ऐतिहासिक विभूति, शिक्षा विभाग, उत्तर प्रदेश, 1957; तत्रैव, युगों-युगों में उत्तर प्रदेश, शिक्षा विभाग, उत्तर प्रदेश, 1955।
2. नालिनाक्ष दत्त एवं कृष्णदत्त बाजपेयी, डेवलपमेंट ऑफ् उत्तर प्रदेश, लखनऊ, प्रथम संस्करण, 1956
3. नंदलाल चटर्जी, ग्लोरीज ऑफ् उत्तर प्रदेश, पब्लिकेशन ब्यूरो, सूचना विभाग, उत्तर प्रदेश, 1957,
4. विमलचरण लाहा, हिस्टारिकल ज्योग्राफी ऑफ् ऐंश्येंट इंडिया, (हिंदी अनुवाद) उत्तर प्रदेश हिंदी ग्रंथ अकादमी, लखनऊ, प्रथम संस्करण, 1972,
5. भरतसिंह उपाध्याय, बुद्धकालीन भारतीय भूगोल, हिंदी साहित्य सम्मेलन प्रयाग, प्रथम संस्करण, 1961,
6. देबला मित्रा बुद्धिस्ट मानुमेंट्स, कलकत्ता, प्रथम संस्करण, 1971.
7. मदनमोहन सिंह, लाइफ इन नार्थ-इस्टर्न इंडिया इन प्री-मौर्यन टाइंस, मोतीलाल बनारसीदास, वाराणसी 1967। इसी विषय पर उनके द्वारा हिंदी में भी एक पुस्तक का प्रणयन किया गया। देखें, मदनमोहन सिंह, बुद्धकालीन समाज और धर्म, बिहार हिंदी ग्रंथ अकादमी, पटना, 1972.
8. विशुद्धानंद पाठक, हिस्ट्री ऑफ् कोशल, मोतीलाल बनारसीदास, वाराणसी, प्रथम संस्करण, 1963.
9. मोतीचंद्र, काशी का इतिहास, वाराणसी, 1962.
10. गोवर्द्धन राय शर्मा, एक्सकेवेशंस ऐट कौशांबी, इलाहाबाद,1960.
11. कृष्णकुमार सिनहा, एक्सकेवेशंस ऐट श्रावस्ती, वाराणसी, 1967.
12. पूरनचंद पंत, पैलियोलिथिक इंडस्ट्रीज ऑफ् नादर्न बुंदेलखंड, अप्रकाशित शोध प्रबंध, दकन कालेज, पूना, 1965.
13. रामेश्वर सिंह, पैलियोलिथिक इन्डस्ट्रीज आफ नार्दर्न बुन्देलखंड, अप्रकाशित शोध प्रबन्ध, दकन कालेज, पूना, 1965.

14. इ. आ. रि., 1963-64, पृ. 49-51.
15. आर्कियोलाजी ऑफ् दि बिंध्याज एंड दि गंगा वैली, भाग 5 एक्सकेवेशंस ऐट चोपनी मंडी, प्रा. भा. इ. सं. एवं पुरातत्त्व विभाग, इलाहाबाद, 1980.
16. तत्रैव, भाग 4, सांकलिया, प्री-हिस्ट्री एंड प्रोटोहिस्ट्री ऑफ् इंडिया एंड पाकिस्तान, पूना, 1974, पृ. 240.
17. एच. डी. सांकलिया, प्री-हिस्ट्री एंड प्रोटोहिस्ट्री ऑफ् इंडिया एंड पाकिस्तान, पूना, 1974, पृ. 240.
18. इ. आ. रि. 1971-72, पृ. 44; 1973-74, पृ. 26-27.
19. तत्रैव, 1975-76, पृ. 47.
20. आर्कियोलाजी ऑफ् दि विंध्याज एंड गंगा वैली, भाग 6, एक्सकेवेशन्स ऐट महगड़ा प्रा. भा. इ. सं. एवं पुरातत्व, इलाहाबाद, अक्टूबर 1980, पृ. 17-19.
21. इ. आ. रि. 1975-76, पृ. 45.
22. जे. आर. हर्लन, दि ओरिजिन्स ऑफ् सिरीयल एग्रीकल्चर इन दि ओल्ड वर्ल्ड, ओरिजिंस ऑफ् एग्रीकल्चर (संपादक) सी. ए. रीड. 1977 पृ.371; और टी. टी. चाँग, दि राइस कल्चर, दि अर्ली हिस्ट्री ऑफ् एग्रीकल्चर, ए जवाइंट सिंपोजियम ऑफ् दि रायल सोसायटी एंड दि ब्रिटिश अकादमी, 1977, पृ. 146.
23. ब्रजवासी लाल, ए नोट आन दि एक्सकेवेशंस ऐट सैपाई, पुरातत्त्व, भाग 5 (1971-72), पृ. 46-49.
24. धर्मपाल अग्रवाल एवं पन्नालाल, भारतीय पुरैतिहासिक पुरातत्त्व, (उत्तर प्रदेश हिंदी ग्रंथ अकादमी, लखनऊ 1975), पृ. 71-72.
25. ब्रजवासी लाल, ऐंश्येंट इंडिया, भाग 7, पृ. 20-31.
26. *पुरुषोत्तम सिंह,* एक्सक्वेशेंस एट नरहन (1984-89) बी. आर. पब्लिशिंग कारपोरेशन, नई दिल्ली, काशी हिंदू विश्वविद्यालय 1994
*पुरुषोत्तम सिंह, अशोक कुमार सिंह एवं इंद्रजीत सिंह,* एक्सक्वेशेंस एट नरहन, **बुलेटिन ऑफ दि इंडो पैसिफिक प्री हिस्ट्री एसोसियेशन,** केनवरा, आस्ट्रेलिया, 1987
27. *पुरुषोत्तम सिंह, अशोक कुमार सिंह एवं इंद्रजीत सिंह,* एक्सप्लोरेसंस एलांग दि कुआना रिवर इन डिस्ट्रिक्टस गोरखपुर एंड बस्ती, प्राग्धारा, अंक–2, बुलटिन ऑफ दि यू. पी. स्टेट आर्कियोलॉजिकल डिपार्टमेंट, लखनऊ, 1990-91, पृ. 69-82
*तत्रैव,* **प्राग्धारा,** अंक–2, 1991-92, पृष्ठ 33-44
*तत्रैव,* **प्राग्धारा,** अंक–5, 1994-95, पृष्ठ 21-36
*तत्रैव,* **प्राग्धारा,** अंक–7, 1996-97, पृष्ठ 33-50
28. *पुरुषोत्तम सिंह, अशोक कुमार सिंह एवं इंद्रजीत सिंह,* 1985 एक्सकैवेशंस एट नरहन, **पुरातत्व,** अंक–15, दिल्ली, 1986
29. *पुरुषोत्तम सिंह, अशोक कुमार सिंह एवं इंद्रजीत सिंह,* ट्रायल डिगिंग एट धुरियापार, **प्राग्धारा,** अंक–2, 1991-92, पृ. 55-60
30. *पुरुषोत्तम सिंह, अशोक कुमार सिंह एवं इंद्रजीत सिंह,* 1985 एक्सकैवेशंस एट इमलीडीह खुर्द, पुरातत्व, अंक–22, 1991-92
31. *बीरेन्द्र प्रताप सिंह,* खैराडीह-ए चालकोलिथिक सेटिलमेंट, पुरातत्व, अंक-18, 1988-89, पृ. 28-34,
32. *पुरुषोत्तम सिंह, अशोक कुमार सिंह,* एक्सकैवेशंस एट वैना, डिस्ट्रिक्ट बलिया, **प्राग्धारा,** अंक-8, 1997-98, पृ. 41-61,
33. *पुरुषोत्तम सिंह, अशोक कुमार सिंह,* एक्सकैवेशंस एट भूड़ाडीह, डिस्ट्रिक्ट-बलिया, **प्राग्धारा,** अंक-8, 1997-98, पृ. 11-29

34. *पुरुषोत्तम सिंह, अशोक कुमार सिंह,* एक्सकैवेशंस एट अगियाबीर, डिस्ट्रिक्ट–मिर्जापुर, यू. पी., पुरातत्व, अंक–28, पृ. 31-35

*तत्रैव,* **प्राग्धारा,** अंक–10 1999-2000, पृ. 31-55

*तत्रैव,* **पुरावृत,** अंक–1, जर्नल ऑफ दि डिपार्टमंट ऑफ ऐश्येंट इंडियन हिस्ट्री, कल्चर एंड आर्कियोलॉजी, लखनऊ यूनिवर्सिटी, लखनऊ, 2001, पृ. 157-159।

35. *राकेश तिवारी एवं आर. के. श्रीवास्तव,* एक्सकैवेशंस एट राजा नल का टीला (1996-97), डिस्ट्रिक्ट–सोनभद्र (उ. प्र.), प्रीलिमिनरी आबजर्वेशन, **प्राग्धारा,** अंक–8, 1997-98, पृ. 99-106

36. *राकेश तिवारी एवं आर. के. श्रीवास्तव,* के. एस. सारस्वत और के. के. सिंह, एक्सकैवेशंस ऐट मल्हर, डिस्ट्रिक्ट, चंदौली (उ. प्र.) 1999–ए प्रीलिमिनरी रिपोर्ट, **प्राग्धारा,** अंक-10, 2000-2001, पृ. 69-98

37. *विद्याधर मिश्रा, जे. एन. पाल एवं एम. सी. गुप्ता,* फरदर एक्सकैवेशंस एट झूँसी, **प्राग्धारा,** अंक–10, 2000-2001, पृ. 23-30

38. *अशोक कुमार सिंह,* एक्सप्लोरेसन्स ऐट अगियाबीर, मिर्जापुर (उ. प्र.), **प्राग्धारा,** अंक–9, 1998-99, पृ. 51-56

*अशोक कुमार सिंह,* अगियाबीर के वास्तु अवशेष, **प्राग्धारा,** अंक–11, 2000-2001, पृ. 201-205

*पुरुषोत्तम सिंह एवं अशोक कुमार सिंह,* सील एंड सीलिंग्स फ्राम अगियाबीर, डिस्ट्रिक्ट–मिर्जापुर (उ. प्र.), **प्राग्धारा,** अंक–12, 2001-2002 पृ. 191-194

39. *तत्रैव,* **प्राग्धारा,** अंक–10, पृ. 31

40. *पुरुषोत्तम सिंह एवं अशोक कुमार सिंह,* ए रेयर डिस्कवरी ऑफ मेटल आबजेक्ट्स फ्राम अगियाबीर, डिस्ट्रिक्ट मिर्जापुर, (उ. प्र.) **मैन एंड इनवायरमेंट,** अंक–37, 2002

41. विजय बहादुर राव, उत्तर वैदिक समाज एवं संस्कृति (भारतीय विद्या प्रकाशन, 1966), पृ. 39-40.

42. शतपथ ब्राह्मण, 1।4।1।10-17.

43. बलदेव उपाध्याय, वैदिक साहित्य एवं संस्कृति (शारदा मंदिर, वाराणसी 1973) पृ. 380.

44. कांपीलिवासिनीति-कांपीलवासीनी-तैत्तिरीय संहिता, 7।4।19।1.

45. शतपथ ब्राह्मण, 12।2।2।13 एवं गोपथ ब्राह्मण, 1।2।24.

46. ऐतरेय ब्राह्मण, 12।13।1

47. एफ. ई. पार्जिटर, ऐंश्येंट इंडियन हिस्टारिकल ट्रेडिशन, (मोतीलाल बनारसीदास, वाराणसी, 1962), पृ. 145-148.

48. विशुद्धानंद पाठक, हिस्ट्री ऑफ् कोशल, पृ. 84-92,

49. एफ. ई. पार्जिटर, ऐंश्येंट् इंडियन हिस्टारिकल ट्रेडिशन, पृ. 85.

50. रमेशचंद्र मजुमदार और ए. डी. पुसालकर, दि वैदिक एज, (भारतीय विद्या भवन, बंबई, 1957, तृतीय संस्करण), पृ. 146.

51. शतपथ ब्राह्मण, 13।5।4।7.

52. वैदिक इंडेक्स (मैकडानेल एंड कीथ, 1912), भाग 1, पृ. 72.

53. मनुस्मृति, भाग 2, पृ. 17-23.

54. के. ए. नीलकंठ शास्त्री, कल्चरल कांटैक्ट्स बिट्वीन आर्यंस एंड द्रविड़ियंस, बंबई, 1967, पृ. 42.

55. वैदिक इंडेक्स, भाग 2, पृ. 44.

56. शांखायन श्रौतसूत्र 16।18।14.

57. अथर्ववेद, 7। 71।1.

58. तैत्तरीय ब्राह्मण, 1 ।7 ।17; ऐतरेय ब्राह्मण, 1 ।23 ।2 ।11; शतपथ ब्राह्मण, 3 ।4 । 4 ।3 (तेनेमां मानुषीं पुरं जयंति)
59. अंगुत्तरनिकाय, भाग 1, पृ. 213; भाग 4, पृ. 452. तुलनीय, भरत सिंह उपाध्याय, बुद्धकालीन भारतीय भूगोल, पृ. 25.
60. विनोद बिहारी दत्त, टाउन प्लानिंग इन ऐंश्येंट् इंडिया, थेकर एंड स्पिक कंपनी, कलकत्ता, 1925.
61. उदयनारायण राय, प्राचीन भरत में नगर तथा नगर-जीवन, हिंदुस्तानी अकादमी, इलाहाबाद, 1965.
62. विमलचरण लाहा, प्राचीन भारत का ऐतिहासिक भूगोल, उत्तर प्रदेश हिंदी ग्रंथ अकादमी, लखनऊ, प्रथम संस्करण, 1972; इंडोलाजिकल स्टडीज, भाग 3.
63. अमलानंद घोष, दि सिटी इन अर्ली हिस्टारिकल इंडिया, इंडियन इंस्टिट्यूट ऑफ़् एडवांस्ड स्टडी, शिमला, 1973.
64. दिलीप कुमार चक्रवर्ती, अली अर्बन सेंटर्स इन इंडिया–एन आर्कियोलाजिकल पर्सपेक्टिव, अप्रकाशित शोध-प्रबंध, कलकत्ता विश्वविद्यालय।
65. पुरातत्त्व, जिल्द, 6, पृ. 27-31.
66. तत्रैव, जिल्द 7, पृ. 53-60, 87-91.
67. तत्रैव, जिल्द 8, पृ. 136 और आगे.
68. तत्रैव, जिल्द 11, पृ. 153-154.
69. विजयकुमार ठाकुर, अर्बनाइजेशन इन ऐंश्येंट इंडिया, अभिनव प्रकाशन, नई दिल्ली, 1981.
70. जयमल राय, रूबल अर्बन इकानामी एंड सोशियल चेन्जेज इन ऐंश्येंट् इंडिया, दिल्ली, 1974.
71. सुधा सक्सेना, ट्रेंडस ऑफ़् अर्बनाइजेशन इन उत्तर प्रदेश, सतीश बुक इंटरप्राइज, आगरा, 1970.

# 2.

# भौगोलिक स्थिति

उत्तर प्रदेश भारतवर्ष के उत्तरी मैदान के मध्य स्थित एक विशाल एवं महत्वपूर्ण राज्य है, जो 23° 52’ से 30° 28’ उत्तरी अक्षाँश और 77°4’ से 84° 38’ पूर्वी देशांतर के मध्य स्थित है इस राज्य के उत्तर में नेपाल, उत्तरांचल और हिमांचल प्रदेश, पूर्व में बिहार और झारखंड, पश्चिम में हरियाणा, दिल्ली और राजस्थान और दक्षिण में मध्य प्रदेश और छत्तीसगढ़ राज्य स्थित हैं। इस राज्य की उत्तर से दक्षिण (सहारनपुर से ललितपुर) तक की लंबाई 500 किमी. और उत्तर पश्चिम से दक्षिण पूर्व (सहारनपुर से सोनभद्र) तक की लंबाई 700 किमी. है। इस राज्य का कुल क्षेत्रफल 2, 40, 928 वर्ग किमी. है जो संपूर्ण देश के क्षेत्रफल का 8.97 प्रतिशत है। यह सबसे अधिक जनसंख्या वाला राज्य है। क्षेत्रीय विस्तार की दृष्टि से भारत में इस राज्य का मध्य प्रदेश, राजस्थान और महाराष्ट्र राज्यों के बाद चौथा स्थान है। उत्तर प्रदेश अपनी बहुविध स्थिति की विशिष्टता, ऐतिहासिक रूपरेखा, जनाकिंकीय, आर्थिक और सांस्कृतिक दृष्टिकोणों से देश में अपना अलग महत्व रखता है।

प्रशासन की सुविधा के लिए राज्य को मंडल (डिवीजन या कमिश्नरी), जनपद (जिला या डिस्ट्रिक्ट), उपमंडल (सब-डिवीजन) तथा अन्य छोटी इकाइयों में विभक्त किया गया हे। संपूर्ण प्रदेश 17 मंडलों (कमिश्नरियों), 70 जिलों और 365 तहसीलों में विभक्त है। इसके 17 मंडल (डिवीजन) निम्नलिखित हैं :

1. आगरा : आगरा, अलीगढ़, एटा, फिरोजाबाद, हाथरस, मैनपुरी, मथुरा।
2. आजमगढ़ : आजमगढ़, बलिया, मऊ।
3. इलाहाबाद : इलाहाबाद, फतेहपुर, कौशांबी, प्रतापगढ़।
4. कानपुर : अकबरपुर, औरैया, इटावा, फर्रुखाबाद, कन्नौज, कानपुर।
5. गोरखपुर : देवरिया, गोरखपुर, कुशीनगर, महाराजगंज।
6. चित्रकूट धाम : बाँदा, चित्रकूट, हमीरपुर, महोबा।
7. झाँसी : जालौन, झाँसी, ललितपुर।

8. देवी पाटन : बहराइच, बलरामपुर, गोंडा, श्रावस्ती।
9. फैजाबाद : अंबेडकर नगर, बाराबंकी, फैजाबाद, सुल्तानपुर।
10. बरेली : बदायूँ, बरेली, पीलीभीत, शाहजहाँपुर।
11. बस्ती : बस्ती, संत कबीर नगर, सिद्धार्थ नगर।
12. मेरठ : बागपत, बुलंदशहर, गौतम बुद्ध नगर, गाजियाबाद, मेरठ।
13. मुरादाबाद : बिजनौर, ज्योतिबा फूले नगर, मुरादाबाद, रामपुर।
14. लखनऊ : हरदोई, लखीमपुर, खीरी, लखनऊ, राय बरेली, सीतापुर, उन्नाव।
15. वाराणसी : चंदौली, गाजीपुर, जौनपुर, वाराणसी।
16. विंध्याचल : मिर्जापुर, संत रविदास नगर, सोनभद्र।
17. सहारनपुर : मुजफ्फरनगर, सहारनपुर।

## उत्तर प्रदेश राज्य के जिलों की जनसंख्या

### (2001 जनगणना के अनुसार)

| | जिलों के नाम | जनसंख्या | पुरुष | महिलाएँ |
|---|---|---|---|---|
| | उत्तर प्रदेश Uttar Pradesh | 166,052,859 | 87,466,301 | 78,586,558 |
| 1. | Saharanpur सहारनपुर | 2,848,152 | 1,525,096 | 1,323,056 |
| 2. | Muzaffarnagar मुजफ्फरनगर | 3,541,952 | 1,891,937 | 1,650,015 |
| 3. | Bijnor बिजनौर | 3,130,586 | 1,651,275 | 1,479,311 |
| 4. | Moradabad मुरादाबाद | 3,749,630 | 1,988,801 | 1,760,829 |
| 5. | Rampur रामपुर | 1,922,450 | 1,021,501 | 900,949 |
| 6. | Jyotiba Phule Nagar ज्योतिबा फुले नगर | 1,499,193 | 795,439 | 703,754 |
| 7. | Meerut मेरठ | 3,001,636 | 1,604,103 | 1,397,533 |
| 8. | Baghpat बागपत | 1,164,388 | 630,244 | 534,144 |
| 9. | Ghaziabad गाजियाबाद | 3,289,540 | 1,768,215 | 1,521,325 |
| 10. | Gautam Buddha Nagar गौतम बुद्ध नगर | 1,191,263 | 646,554 | 544,709 |
| 11. | Bulandshahar बुलंदशहर | 2,923,290 | 1,553,711 | 1,369,579 |
| 12. | Aligarh अलीगढ़ | 2,990,388 | 1,607,222 | 1,383,166 |
| 13. | Hathras हाथरस | 1,333,372 | 718,288 | 615,084 |
| 14. | Mathura मथुरा | 2,069,578 | 1,123,984 | 945,594 |
| 15. | Agra आगरा | 3,611,301 | 1,949,775 | 1,661,526 |

| | | | |
|---|---|---|---|
| 16. Firozabad फिरोजाबाद | 2,045,737 | 1,105,203 | 940,534 |
| 17. Etah एटा | 2,788,270 | 1,509,491 | 1,278,779 |
| 18. Mainpuri मैनपुरी | 1,592,875 | 858,531 | 734,344 |
| 19. Badaun बदायूं | 3,069,245 | 1,667,499 | 1,401,746 |
| 20. Bareilly बरेली | 3,598,701 | 1,922,833 | 1,675,868 |
| 21. Pilibhit पीलीभीत | 1,643,788 | 876,006 | 767,782 |
| 22. Shahjahanpur शाहजहाँपुर | 2,549,458 | 1,387,424 | 1,162,034 |
| 23. Kheri खीरी | 3,200,537 | 1,706,830 | 1,493,307 |
| 24. Sitapur सीतापुर | 3,616,510 | 1,941,933 | 1,674,577 |
| 25. Hardoi हरदोई | 3,397,410 | 1,843,395 | 1,554,109 |
| 26. Unnao उन्नाव | 2,700,420 | 1,422,965 | 1,277,461 |
| 27. Lucknow लखनऊ | 3,681,416 | 1,946,973 | 1,734,443 |
| 28. Rae Bareli रायबरेली | 2,872,204 | 1,473,690 | 1,398,514 |
| 29. Farrukhabad फर्रुखाबाद | 1,577,237 | 848,088 | 729,149 |
| 30. Kannauj कन्नौज | 1,385,227 | 741,380 | 643,847 |
| 31. Etawah इटावा | 1,340,031 | 721,913 | 618,118 |
| 32. Auraiya औरेया | 1,179,496 | 635,527 | 543,969 |
| 33. Kanpur Dehat कानपुर देहात | 1,584,037 | 853,566 | 730,471 |
| 34. Kanpur Nagar कानपुर नगर | 4,137,489 | 2,213,955 | 1,923,534 |
| 35. Jalaun जालौन | 1,455,859 | 788,264 | 667,595 |
| 36. Jhansi झाँसी | 1,746,715 | 934,118 | 812,597 |
| 37. Lalitpur ललितपुर | 977,447 | 518,928 | 458,519 |
| 38. Hamirpur हमीरपुर | 1,042,374 | 562,911 | 479,463 |
| 39. Mahoba महोबा | 708,831 | 379,795 | 329,036 |
| 40. Banda बाँदा | 1,500,253 | 806,543 | 693,710 |
| 41. Chitrakoot चित्रकूट | 800,592 | 427,705 | 372,887 |
| 42. Fatehpur फतेहपुर | 2,305,847 | 1,218,892 | 1,086,955 |
| 43. Pratapgarh प्रतापगढ़ | 2,727,156 | 1,375,610 | 1,351,546 |
| 44. Kaushambi कौशाम्बी | 1,294,937 | 683,673 | 611,264 |
| 45. Allahabad इलाहाबाद | 4,941,510 | 2,625,872 | 2,315,638 |
| 46. Barabanki बाराबंकी | 2,673,394 | 1,417,213 | 1,256,181 |
| 47. Faizabad फैजाबाद | 2,087,914 | 1,076,000 | 1,011,914 |
| 48. Ambedkar Nagar अंबेडकर नगर | 2,025,373 | 1,024,712 | 1,000,661 |

| | | | |
|---|---|---|---|
| 49. Sultanpur सुल्तानपुर | 3,190,926 | 1,611,936 | 1,578,990 |
| 50. Bahraich बहराइच | 2,384,239 | 1,278,253 | 1,105,986 |
| 51. Shravasti श्रावस्ती | 1,175,428 | 632,452 | 542,976 |
| 52. Balrampur बलरामपुर | 1,684,567 | 888,559 | 796,008 |
| 53. Gonda गोंडा | 2,765,754 | 1,456,460 | 1,309,294 |
| 54. Siddharthnagar सिद्धार्थनगर | 2,038,598 | 1,047,573 | 991,025 |
| 55. Basti बस्ती | 2,068,922 | 1,079,971 | 988,951 |
| 56. Sant Kabir Nagar संत कबीरनगर | 1,424,500 | 720,028 | 704,472 |
| 57. Maharajganj महाराजगंज | 2,167,041 | 1,120,800 | 1,046,241 |
| 58. Gorakhpur गोरखपुर | 3,784,720 | 1,931,762 | 1,852,958 |
| 59. Kushinagar कुशीनगर | 2,891,933 | 1,474,884 | 1,417,049 |
| 60. Deoria देवरिया | 2,730,376 | 1,363,250 | 1,367,126 |
| 61. Azamgarh आजमगढ़ | 3,950,808 | 1,949,827 | 2,000,981 |
| 62. Mau मऊ | 1,849,294 | 932,142 | 917,152 |
| 63. Ballia बलिया | 2,752,412 | 1,409,866 | 1,342,546 |
| 64. Jaunpur जौनपुर | 3,911,305 | 1,935,576 | 1,975,729 |
| 65. Ghazipur गाजीपुर | 3,049,337 | 1,544,496 | 1,504,841 |
| 66. Chandauli चंदौली | 1,639,777 | 853,016 | 786,761 |
| 67. Varanasi वाराणसी | 3,147,927 | 1,650,138 | 1,497,789 |
| 68. Sant Ravidas Nagar संत रविदास नगर | 1,352,056 | 704,800 | 647,256 |
| 69. Mirzapur मिर्जापुर | 2,114,852 | 1,115,112 | 999,740 |
| 70. Sonbhadra सोनभद्र | 1,463,468 | 771,817 | 691,651 |

विभिन्न जिलों की स्थिति (फलक संख्या 2) में प्रदर्शित है।

## प्राकृतिक विभाजन

उत्तर प्रदेश के प्राकृतिक प्रदेशों का वर्गीकरण वहाँ के विभिन्न क्षेत्रों की भू-संरचना, जलवायु, प्राकृतिक वनस्पति, मिट्टी, कृषिगत उपज, जीव-जंतुओं के वितरण एवं मानवीय क्रियाकलापों पर आधारित करके किया जा सकता है, क्योंकि इन सभी तत्वों की समानता रखनेवाला कोई भूखंड किसी प्राकृतिक प्रदेश का निर्माण कर सकता है। भूगर्भीय पृष्ठभूमि तथा प्राकृतिक दशा के आधार पर उत्तर प्रदेश को चार प्राकृतिक भागों में विभाजित किया जा सकता है—

1. उत्तरी पर्वतीय क्षेत्र (वर्तमान में उत्तरांचल राज्य का हिस्सा हो चुका है।)

# फलक-2

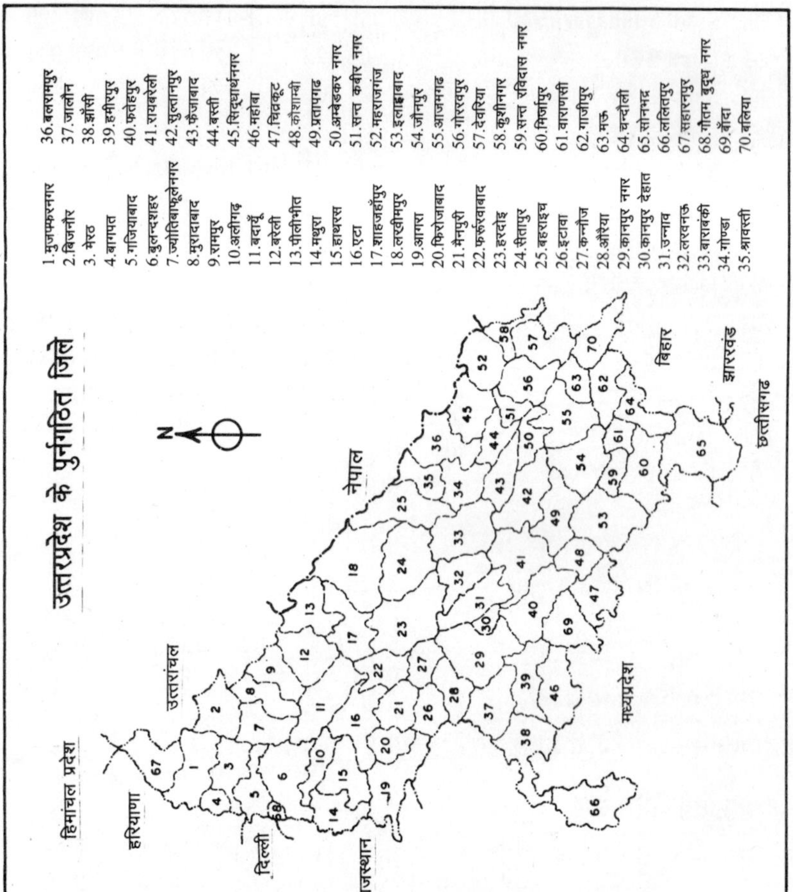


वर्तमान उत्तर प्रदेश (पुर्नगठित जिले)

2. दक्षिण का पठारी क्षेत्र,

3. गंगा एवं उसकी सहायक नदियों द्वारा निर्मित विशाल मैदान,

4. उपपर्वतीय प्रदेश (भाभर एवं तराई क्षेत्र)

प्रदेश का दक्षिणी भाग पठारी है। इसकी संरचना को प्राकृतिक दशा, मिट्टी तथा जलवायु के अनुसार दो भागों में विभाजित किया जा सकता है—प्रथम, मध्य भारत का पश्चिम वाला पठारी भाग जिसे बुंदेलखंडीय पठारी क्षेत्र अथवा ट्राँस-यमुना क्षेत्र कहते हैं।[4] यह नीस नामक चट्टानों से निर्मित है। झाँसी इस भाग का केंद्र है। द्वितीय भाग, पूर्व में विंध्याचल की श्रेणियों और प्राचीन चट्टानों से बना है, उसे मिर्जापुर का पठार कह सकते हैं। भूगर्भ विज्ञान की दृष्टि से इसका निर्माण अत्यंत प्राचीन युग, संभवतः कैंब्रियन पूर्व काल में अति शुष्क क्षेत्र पर प्रवाहमान समुद्री निक्षेप द्वारा हुआ। यहाँ की भूमि प्रायः कँकरीली-पथरीली एवं उजाड़ है।

प्रदेश का बड़ा भूभाग इस क्षेत्र के अंतर्गत आता है। यह मैदान गंगा एवं उसकी सहायक नदियों रामगंगा, गोमती, घाघरा, शारदा, राप्ती, गंडक एवं यमुना आदि से बना है, जो समतल तथा उपजाऊ है।[5]

उपपर्वतीय प्रदेश, शिवालिक श्रेणियों एवं गंगा के समतल मैदान के मध्य तंग पट्टी के रूप में फैला हुआ है। सहारनपुर, बिजनौर और पीलीभीत जिलों में भाभर का क्षेत्र शिवालिक पहाड़ियों के इर्द-गिर्द ही सिमटा हुआ है। पहाड़ियों से उतरनेवाली नदियों की गति यहाँ आकर धीमी हो जाती है। अतः ऊपर से अपने साथ बहाकर लाए हुए घिसे-घिसाए प्रस्तर खंडों को वे छोड़ती जाती हैं। मंद गति से बहते हुए मिट्टी आदि की बारीक परत फैलने के कारण दलदली तराई क्षेत्र का निर्माण हुआ। तराई का अधिकांश क्षेत्र जंगलों और ऊँची घासों द्वारा ढँका हुआ है। लेकिन हाल के वर्षों में राज्य सरकार द्वारा इस क्षेत्र का अधिकाधिक विकास किया जा रहा है। इस क्षेत्र की भूमि धान एवं गन्ने की कृषि के लिए सर्वथा अनुकूल है।

क्षेत्रीय भूगोल से सम्बन्धित भूगोलवेत्ताओं ने इस प्रांत का अलग-अलग विभाजन प्रस्तुत किया है। डडले स्टैंप, बेकर, पीठावाला, काजी सैयद अहमद, स्पेट एवं रामलोचन सिंह आदि भूगोलवेत्ताओं द्वारा प्रस्तुत किए गए भारत के प्राकृतिक प्रदेशों के विभाजन का अध्ययन करने से यह स्पष्ट होता है कि उत्तर प्रदेश को तीन प्रमुख प्राकृतिक प्रदेशों यथा—उत्तरी पर्वतीय प्रदेश, गंगा के मैदान के प्राकृतिक प्रदेश तथा दक्षिणी पठार के प्राकृतिक प्रदेश में विभक्त किया जा सकता है। स्थानीय विषमताओं के कारण उपरोक्त तीनों प्राकृतिक प्रदेशों को पुनः कुछ उपप्रदेशों में विभक्त किया गया है।

प्रो. स्पेट ने भारत को कई प्राकृतिक प्रदेशों के अंतर्गत विभाजित किया है, जिसके आधार पर उत्तर प्रदेश के प्राकृतिक प्रदेश इस प्रकार हैं—

1. हिमालय का पर्वतीय प्रदेश (कुमायूँ)—वर्तमान उत्तरांचल राज्य का हिस्सा है।

(अ) शिवालिक क्षेत्र (वर्तमान में उत्तरांचल राज्य में शामिल है।)

(i) शिवालिक, (ii) देहरादून

(ब) उपहिमालय क्षेत्र

(ii) यमुना, (ii) गंगा, तथा (iii) काली की घाटी

(स) भूटिया की उच्च घाटी

2. गंगा का मैदानी प्रदेश

(अ) ऊपरी गंगा का मैदानी प्रदेश

(i) भाभर व तराई

(ii) गंगा-यमुना दोआब

(iii) रुहेलखंड—अवध दोआब

(iv) ट्राँस-यमुना का मैदानी प्रदेश।

(ब) मध्यवर्ती मैदानी प्रदेश।

3. विंध्य का पठारी प्रदेश

(i) बुंदेलखंड।

(ii) कैमूर की पहाड़ियों का प्रदेश अथवा पूर्व विंध्य प्रदेश।[6]

स्पेट महोदय का विभाजन अत्यंत विस्तृत एवं तर्कपूर्ण है लेकिन पर्वतीय एवं उप-पर्वतीय क्षेत्रों के प्रदेशों एवं रुहेलखंड अवध दोआब उप-प्रदेश के विभाजन ने इसे जटिल बना दिया है। विद्याबंधु त्रिपाठी ने इस जटिलता को दूर करने के लिए उत्तर प्रदेश को निम्नांकित प्रदेशों में विभाजित करने का प्रयास किया है।[7]

1. हिमालय का पर्वतीय प्रदेश (कुमायूँ)

(क) मुख्य हिमालय

(ख) मध्य हिमालय, वर्तमान में उत्तरांचल राज्य का हिस्सा है।

(ग) शिवालिक तथा दून

2. विशाल मैदानी प्रदेश

(घ) भाभर व तराई प्रदेश

(च) गंगा के मैदान का पश्चिमी प्रदेश

(छ) गंगा के मैदान का मध्यवर्ती प्रदेश

(ज) गंगा के मैदान का पूर्वी प्रदेश

3. दक्षिणी पठारी प्रदेश

(झ) बुंदेलखंड

(न) पूर्वी विंध्य प्रदेश (बघेलखंड)

रामलोचन सिंह[8] ने क्षेत्रीय विभाजन की दृष्टि से उत्तर प्रदेश के मैदानी भाग को ऊपरी गंगा के मैदान का हिस्सा माना है। गंगा इस मैदान को दो भागों में विभाजित करती है—(1) ऊपरी गंगा का मैदान (उत्तर), (2) ऊपरी गंगा का मैदान (दक्षिण)।

ऊपरी गंगा मैदान (उत्तर) के 12 प्रतिशत लोग शहरों में निवास करते हैं, जबकि ऊपरी गंगा मैदान (दक्षिण) के 24 प्रतिशत लोग शहरों में निवास करते हैं। श्री सिंह द्वारा क्षेत्रीय विभाजन की योजना इस प्रकार प्रस्तुत की गयी है–

**1. ऊपरी गंगा का मैदान (उत्तर)**

(अ) रुहेलखंड का मैदान।

(ब) अवध का मैदान।

(क) रुहेलखंड तराई

(ख) रुहेलखंड का पश्चिमी मैदान (मुरादाबाद का मैदान)

(ग) रुहेलखंड का पूर्वी मैदान (बरेली मैदान)

(घ) अवध तराई

(च) अवध का मैदान (उत्तर)
(हरदोई-लखीमपुर का मैदान)

(छ) अवध का मैदान (दक्षिण)
(लखनऊ मैदान)

(ज) अवध का सरयूपार मैदान
(बहराइच मैदान)

**2. ऊपरी गंगा का मैदान (दक्षिण)**

(अ) गंगा-यमुना दोआब (ऊपरी)

(ब) गंगा-यमुना दोआब (निचला)

(स) यमुनापार मैदान

1. **गंगा-यमुना दोआब (ऊपरी)**

(क) धार क्षेत्र

(ख) सहारनपुर क्षेत्र

(ग) मेरठ क्षेत्र

(घ) अलीगढ़ क्षेत्र

2. **गंगा-यमुना दोआब (निचला)**

(च) कानपुर मैदान

(छ) इलाहाबाद मैदान

3. **यमुनापार मैदान**

(ज) मथुरा मैदान (ब्रज का मैदान)

(झ) आगरा मैदान

## मुख्य नदियाँ

उत्तर प्रदेश के जल-प्रवाहतंत्र तथा यहाँ के प्राकृतिक स्वरूप को देखने पर

नदियों के तीन प्रमुख समूह किए जा सकते हे—प्रथम समूह के अंतर्गत वे नदियाँ आती हैं जो महान हिमालय के दक्षिणी ढाल से निकलती हैं, जैसे—गंगा, यमुना, काली, शारदा एवं गंडक आदि। दूसरे समूह में वे नदियाँ आती हैं, जो गंगा के मैदानी भाग से निकलती हैं, जैसे—गोमती, वरुण, रिंद, पांडो, ईसन आदि। तीसरे समूह में वे नदियाँ आती हैं, जो दक्षिणी पठार से निकलकर उत्तर की ओर बहती हुई गंगा या उसकी सहायक नदियों में मिलती हैं, जैसे—चंबल, बेतवा, केन, सोन, रिहंद तथा कन्हार आदि।

उत्तर प्रदेश का अधिकांश भाग ऊपरी गंगा मैदान का एक अविच्छिन्न अंग है। इस प्रांत की मुख्य नदी गंगा है जिसका उद्गम स्थल मुख्य हिमालय की श्रेणी है, जहाँ गंगा भागीरथी के रूप में गंगोत्री हिमनद से निकलती है।[9] अलकनंदा और भागीरथी का संयुक्त रूप ही वास्तव में गंगा नदी है। अलकनंदा जो बद्रीनाथ शिखर के पश्चिमी तल पर विस्तृत हिमनद से निकलकर कुछ दूर तक गहरी संकीर्ण घाटी में बहती है, बद्रीनाथ के पीछे (उत्तर) माना दर्रे के निकट माउंट कामेत से निकलने वाली विष्णु गंगा (माना के पास तक जिसे सरस्वती कहते हैं) तथा नीती दर्रे के निकट जैंस्कर श्रेणी से निकलने वाली धौली गंगा जलधाराओं द्वारा मिलकर बनी है। धौली गंगा एवं विष्णु गंगा विष्णु प्रयाग के निकट मिलकर एक हो जाती हैं। इसके बाद अलकनंदा तथा नंदा देवी से निकलने वाली पिंडार नदी का जल कर्णप्रयाग नामक स्थान पर भागीरथी से मिल जाता है। मंदाकिनी नदी केदारनाथ के काफी दक्षिण में अलकनंदा से मिलती है। देवप्रयाग से भागीरथी एवं अलकनंदा एक होकर गंगा के रूप में जानी जाती हैं। बंदरपुंच और श्रीकांता चोटियों के बीच 4870 मीटर गहरी घाटी का निर्माण करती हुई तथा शिवालिक पहाड़ियों और ऋषिकेश से होती हुई हरिद्वार पहुँचकर मैदानों में प्रवेश करती है। हरिद्वार से आगे दक्षिण एवं दक्षिण-पूर्व की ओर बहती हुई मेरठ, बुलंदशहर, अलीगढ़, बदायूँ, फर्रुखाबाद, कानपुर, फतेहपुर जिलों से होकर प्रयाग (इलाहाबाद) पहुँचती है जहाँ गंगा-यमुना का संगम स्थल है। प्रयाग तक यह नदी दक्षिण-पूर्वोन्मुखी होकर बहती है। प्रयाग से आगे पूर्व दिशा में मिर्जापुर, वाराणसी जिलों से बहती हुई बलिया से उत्तर प्रदेश को पार करती हुई बिहार में प्रवेश करती है। गंगा का जल हरिद्वार में सात हजार घनफुट और वाराणसी में उन्नीस हजार घनफुट प्रतिक्षण प्रवाहित होता है।[10] गंगा के तट पर प्राचीन काल में कई स्थानों पर नगर बसे हुए थे। प्राचीन काल में यह नदी व्यापार, वाणिज्य का महत्वपूर्ण साधन थी। महाजनक जातक और संख जातक में क्रमशः चंपा और वाराणसी के व्यापारियों का सुवर्णभूमि (दक्षिण बर्मा) जाने का उल्लेख है। ये व्यापारी गंगा नदी के द्वारा पहले ताम्रलिप्ति पहुँचते थे और फिर वहाँ से सुवर्णभूमि जाते थे।[11]

हिमालय पर्वत से निकलने वाली नदियों में गंगा, यमुना, काली (शारदा) एवं घाघरा प्रमुख हैं। इन नदियों का विकास टर्शियरी युग के मध्य मायोसीन युग से

लेकर प्लीस्टोसीन युग के पूर्वार्द्ध तक पूर्ण हो चुका था। लघु हिमालय से निकलने वाली नदियों में मुख्य रामगंगा एवं राप्ती हैं। शिवालिक पहाड़ियों से निकलने वाली नदियों में हिंडन एवं सेलानी प्रमुख हैं। गंगा का उल्लेख ऊपर किया जा चुका है।

यमुना का उद्गम स्थल उत्तरांचल राज्य के उत्तरकाशी जिले में स्थित यमुनोत्री है। पर्वतीय क्षेत्रों में इस नदी से कई अन्य नदियाँ भी आकर मिलती हैं। इनमें टोंस, गिरी तथा आसन मुख्य हैं। लघु हिमालय की पहाड़ियों के मध्य से गुजरती हुई 'दून' घाटी को पार करती हुई सहारनपुर जिले में स्थित फैजाबाद नामक ग्राम में पहुँचकर वह मैदानों में प्रवेश करती है। मुजफ्फरनगर, मथुरा और आगरा जिलों में बहती हुई यमुना इटावा का चक्कर लगाती है और तदुपरांत जालौन, हमीरपुर तथा फतेहपुर जिलों में प्रवाहित होती हुई यह प्रयाग में गंगा से मिल जाती है। दक्षिण की ओर से आकर मिलने वाली सहायक नदियों में चंबल एवं रिंद इटावा में तथा बेतवा एवं केन क्रमशः हमीरपुर एवं बाँदा जिलों में यमुना से मिलती हैं। हिंडन तथा रिंद आदि नदियाँ उत्तर की ओर मिलती हैं। हिमालय पर्वत से निकलने वाली एक अन्य प्रमुख नदी शारदा है। इस नदी का उद्गम स्थल पूर्वोत्तर कुमायूँ क्षेत्र है। यहाँ इस नदी को काली या कालीगंगा के नाम से सम्बोधित करते हैं। 160 कि.मी. बहने के उपरांत पंचेश्वर के निकट उत्तर-पश्चिम की ओर टनकपुर के उत्तर में सरयू नदी आकर इसमें मिलती है। इस नदी को मैदानी भाग में प्रवेश करने पर शारदा के नाम से पुकारा जाता है। यह नदी पीलीभीत तथा नेपाल की सीमा निर्धारित करती है। यह खीरी तथा सीतापुर जिलों से चक्कर लगाती हुई बहंरामघाट के समीप घाघरा में मिल जाती है। घाघरा नेपाल में स्थित हिमालय की पूरी चौड़ाई को पार करके उत्तर प्रदेश के मैदानों में प्रवेश करती है। गंडक को पुराणों में सदानीरा कहा गया है।[12] गंडक नदी नेपाल में सप्तगंडकी के नाम से पुकारी जाती है; क्योंकि इस क्षेत्र में सात धाराएँ आकर मिलती हैं। भूवैज्ञानिकों का विचार है कि गंडक नदी ने अपना मार्ग बदल दिया है। पहले वाले बहाव पथ में अब भी थोड़ा-थोड़ा जल आता है जो बूढ़ी गंडक के नाम से जाना जाता है।

उत्तर प्रदेश के दक्षिणी पठार से उत्तर की ओर बहने वाली नदियों में चंबल, बेतवा, केन, सोन तथा रिहंद आदि हैं, जो गंगा के प्रवाह क्षेत्र में आकर मिलती हैं। ये नदियाँ गंगा तथा यमुना से भी अधिक प्राचीन हैं। वास्तव में प्रायद्वीपीय पठार से निकलने वाली नदियाँ टेथिस भूसंनति में तलछट संचित करती रहीं जबकि गंगा-यमुना एवं उनकी उत्तर से आने वाली सहायक नदियों का जन्म भी नहीं हुआ था। प्रो. छिब्बर[13] के अनुसार प्रायद्वीपीय नदियाँ यथापूर्व प्रवाह निर्धारित करती हैं। ये नदियाँ अनुगामी अथवा स्वाभावोद्भूत हैं। यहाँ की अधिकतर नदियाँ पादपाकार प्रवाह प्रणाली का निर्माण करती हैं।

## जलवायु

उत्तर प्रदेश की जलवायु उत्तर क्षेत्र को छोड़कर उष्ण कटिबंधीय मानसून है। उत्तर क्षेत्र ग्रीष्म ऋतु में सुहावने रहते हैं। मैदानी क्षेत्रों में शीत ऋतु में कड़ी सर्दी तथा ग्रीष्म ऋतु में अत्यधिक गर्मी पड़ती है। यहाँ वर्ष में तीन ऋतुएँ होती हैं—

### ग्रीष्म ऋतु

मार्च से प्रारंभ होकर मध्य जून तक उत्तर प्रदेश में गर्मी का मौसम रहता है। मई में तापक्रम का वितरण 25 से 35 सेंटिग्रेड के बीच रहता है। तापमान में अत्यंत वृद्धि के कारण वायु-भार में कमी हो जाती है तथा उस समय उत्तरी-पश्चिमी भारत की निम्नतम वायु-भार की पेटी उत्तर प्रदेश के समीप स्थित होती है। वायु-भार के उत्तरोत्तर तीव्र गति से घटने के परिणामस्वरूप तीव्रगामी हवाएँ उठती हैं।

### वर्षा ऋतु

उत्तर प्रदेश में सामान्यतः दक्षिणी-पश्चिमी हवाओं का प्रवेश जून के मध्य या उत्तरार्द्ध में होता है।[14] बंगाल की खाड़ी से चलने वाली आर्द्र हवाएँ उत्तर प्रदेश में प्रवेश करके मानसून के आगमन की सूचना देती हैं। उत्तर प्रदेश की औसत वार्षिक वर्षा 170 सेमी. से 61 सेमी. तक होती है। सबसे अधिक वर्षा हिमालय के पर्वतीय क्षेत्र में तथा सबसे कम वर्षा पश्चिमी मैदानी क्षेत्र में होती है। मानसून काल में होने वाली वर्षा विश्वासजनक नहीं होती। किसी वर्ष अतिवृष्टि से बाढ़ आ जाती है तो किसी वर्ष अल्पवृष्टि से सूखे का सामना करना पड़ता है।

### शरद् ऋतु

अक्टूबर में मानसून की समाप्ति के पश्चात् वातावरण में आर्द्रता एवं रात्रिकालीन ओस के कारण तापमान में कमी आने लगती है। नवंबर मास में संपूर्ण राज्य पश्चिमोत्तर भारत में बनी उच्च भार की पेटी के प्रभाव में आ जाता है। 30.05 इंच की सम वायु भार रेखा राज्य से होकर जाती है। नवंबर से जनवरी तक तापमान घटता जाता है। जनवरी सबसे अधिक ठंडा महीना होता है। शीत ऋतु में हवाएँ स्थल की ओर चलती हैं तथा ये शुष्क होने के कारण वर्षा नहीं करतीं। जनवरी एवं फरवरी के महीनों में भूमध्य सागरीय क्षेत्रों में उत्पन्न होने वाले चक्रवात से वर्षा भी हो जाती है।

## उत्तर प्रदेश की मिट्टियाँ

भूगर्भिक एवं भौगोलिक दृष्टि से उत्तर प्रदेश की मिट्टियों को निम्नलिखित प्रमुख वर्गों में विभक्त किया जा सकता है—

1. हिमालय प्रदेश की मिट्टियाँ,
2. गंगा के मैदान की मिट्टियाँ,
3. राज्य के दक्षिणी पठारी भाग की मिट्टियाँ।[15]

भारत सरकार के 'मिट्टी एवं भूमि-उपयोग सर्वेक्षण विभाग' ने उत्तर प्रदेश की मिट्टी को आठ समूहों में विभक्त किया है[16]–

1. तराई और भाभर मिट्टी,
2. खादर अथवा नयी कछारी मिट्टी,
3. बाँगर मिट्टी अथवा पुरानी काँप मिट्टी,
4. लवणयुक्त क्षारीय मिट्टी,
5. मध्यम काली मिट्टी,
6. लाल एवं काली मिश्रित मिट्टी,
7. लाल बलुई मिट्टी।

राज्य के विशाल मैदान में जलोढ़ अथवा काँप (Alluvial) मिट्टियाँ मिलती हैं, जिसका निर्माण गंगा एवं उसकी सहायक नदियों द्वारा बहाकर लायी गयी मिट्टी से हुआ है।[17] ये मिट्टियाँ खादर एवं कछारी मिट्टियाँ हैं। खादर मिट्टी उन मैदानी भागों में पाई जाती है, जहाँ नदियों की बाढ़ का जल नहीं पहुँच पाता। इस क्षेत्र में आवरण-क्षय होने के कारण मुलायम मिट्टी कटकर बह गयी है, जिससे किन्हीं-किन्हीं क्षेत्रों में कंकड़ तथा कठोर मिट्टी के टीले दिखाई पड़ते हैं। नदियों की बाढ़ के मैदानी भागों में कछारी या जलोढ़ मिट्टियाँ मिलती हैं। जलोढ़ मिट्टी हल्के रंग वाली, छिद्रयुक्त, महीन कणों वाली तथा अधिक जल सोखने वाली होती है। इन मिट्टियों में चूना, पोटाश, मैगनीशियम एवं जीवांश की मात्रा अधिक होती है। नदियों के प्रवाह क्षेत्र में बलुआ दोमट मिट्टियाँ पाई जाती हैं तथा उसके समीप समतल धरातलीय भागों में दोमट तथा मटियार-दोमट मिट्टियाँ मिलती हैं।[18] इन मिट्टियों पर उत्पन्न की जाने वाली फसलों को सिंचाई की आवश्यकता नहीं पड़ती। साथ ही उर्वरा शक्ति पर्याप्त होने के कारण खाद की भी आवश्यकता नहीं पड़ती।

दक्षिणी पठारी भाग की मिट्टियाँ विभिन्न रासायनिक एवं भौतिक परिवर्तनों के परिणामस्वरूप विविध प्रकार की मिलती हैं। हल्के एवं लाल रंग वाली बलुई मिट्टी मुख्यतः जालौन, हमीरपुर, बाँदा एवं झाँसी जिले के कुछ भागों में मिलती है। इस मिट्टी में जीवांश की मात्रा कम होती है। लाल एवं काले रंग की मिश्रित मिट्टी मुख्यतः झाँसी, ललितपुर के उत्तरी भागों में मिलती है। इसके अतिरिक्त लाल एवं पीली मिट्टी मिर्जापुर के पठारी क्षेत्रों, इलाहाबाद जिले में मेजा तहसील के दक्षिणी भागों, बाँदा के करवी तहसील और चन्दौली जिले के चकिया तहसील के कुछ भागों में मिलती है। इन मिट्टियों में पोटाश एवं चूने की मात्रा तो होती है किंतु नेत्रजन, जीवांश, फास्फोरस की मात्रा का अभाव होता है, जिससे ये मिट्टियाँ कम उपजाऊ

होती हैं। इसके अतिरिक्त लवणयुक्त क्षारीय मिट्टियाँ मेरठ, बुलंदशहर, मथुरा, अलीगढ़, एटा, मैनपुरी, हरदोई, फर्रुखाबाद, लखनऊ, उन्नाव, कानपुर, रायबरेली एवं फतेहपुर जिलों के कुछ भागों में मिलती हैं। भूमि की ऊपरी सतह पर सफेद रंग की पतली परतें जम जाती हैं, जिसे रेह कहते हैं। रेह वास्तव में क्षारीय पदार्थ है जिसमें कैल्शियम, सोडियम तथा मैगनीशियम आदि क्षार पाए जाते हैं। यह मिट्टी कृषि के लिए उपयुक्त नहीं होती। क्षारों को खली की खाद के प्रयोग एवं जीवांश प्रधान खादों का प्रयोग करके कुछ कृषि योग्य बनाया जा सकता है।

## जनसंख्या का वितरण

उत्तर प्रदेश की जनसंख्या 2001 की जनगणना के अनुसार 166,052,859 थी जिसमें 87,466,301 पुरुष एवं 78,586,558 महिलाएँ थीं।[19] सर्वाधिक जनसंख्या मध्य गंगा घाटी के क्षेत्र में मिलती है। इन क्षेत्रों में प्रदेश के पूर्वी जिले (बस्ती, गोरखपुर, देवरिया, बलिया, आजमगढ़, जौनपुर, गाजीपुर एवं वाराणसी) हैं। इन नगरों में जनसंख्या का घनत्व 574 से 725 व्यक्ति प्रति वर्ग किमी. है।

सबसे अधिक जनसंख्या का घनत्व लखनऊ जनपद में है जहाँ प्रति वर्ग किमी. 798 व्यक्ति निवास करते हैं। घनत्व की दृष्टि से लखनऊ के उपरांत वाराणसी, गाजियाबाद और मेरठ जिलों का स्थान है, जहाँ यह घनत्व क्रमशः 725, 722 और 708 व्यक्ति प्रति वर्ग किमी. है।

जनसंख्या के दृष्टिकोण से गोरखपुर का प्रथम स्थान है। तीस लाख से अधिक आबादी वाले अन्य प्रमुख जिले—कानपुर, इलाहाबाद, वाराणसी, बस्ती, आजमगढ़, देवरिया और मुरादाबाद हैं।

राज्य के तराई क्षेत्र के पश्चिमी भागों में जनसंख्या का घनत्व मैदानी भाग की अपेक्षा कम है। पीलीभीत, खीरी, लखीमपुर एवं बहराइच जनपदों में जनसंख्या का घनत्व 253 से 323 व्यक्ति प्रति वर्ग किमी. है।

राज्य में जनसंख्या के वितरण पर भौगोलिक तथ्यों, धरातल तथा जलवायु का मुख्य प्रभाव परिलक्षित होता है। यातायात के समुचित साधनों का मैदानी भागों में विकास होने के कारण व्यापार के लिए समुचित सुविधाएँ उपलब्ध हैं, जिससे यहाँ जनसंख्या अपेक्षाकृत अधिक मिलती है, जबकि तराई क्षेत्रों में दूषित जलवायु एवं अनुपयुक्त कृषि भूमि के कारण जनसंख्या कम पाई जाती है।

## नगरों का विकास

नगरों के बसाव एवं विकास में धरातल पर हुए परिवर्तनों का विशेष महत्व है। मानव सभ्यता के विकास के साथ-साथ कस्बों के आर्थिक, सांस्कृतिक एवं राजनैतिक महत्व में वृद्धि के परिणामस्वरूप नगरों का विकास हुआ। नगर आसपास के क्षेत्रों से पारस्परिक संपर्क एवं परिवहन के साधनों से संयुक्त होते हैं।

'नगर' या 'शहर' प्रायः उन स्थानों को कहा जाता है जहाँ मानव जाति के बढ़ते हुए समूहों का तेजी से एकत्रीकरण होता रहता है। नगर की संकल्पना ऐतिहासिक और भौगोलिक अवस्थिति के अनुसार बदलती है, यद्यपि 'नगर' एवं 'गाँव' का अंतर अपरिवर्तनीय है। इनायत अहमद ने 'नगर एवं ग्राम' के बारे में अंतर बताते हुए कहा है, ''भारतीय ग्राम प्रकृति की देन हैं जबकि नगर मानवनिर्मित कलाकृति हैं।''[20]

बोल-चाल की भाषा में 'शहर', 'नगर' एवं 'बाजार' शब्दों का प्रयोग प्रायः एक ही अर्थ में किया जाता है। लेकिन भौगोलिक परिप्रेक्ष्य में शहर (टाउन), नगर (सिटी), महान नगर (ग्रेट सिटी), महत्वपूर्ण नगर (सुपर सिटी) एवं महानगर (मेट्रोपोलियन) आदि में अंतर है। यह अंतर जनसंख्या को ध्यान में रखकर किया गया है। सामान्यतः तीन-चार हजार की आबादी वाले क्षेत्र को 'टाउन' कहा जाता है। पाँच हजार से दस हजार की जनसंख्या वाले क्षेत्र को 'नगर' तथा एक लाख से ऊपर की जनसंख्या वाले नगर को 'महानगर' (ग्रेट सिटी) कहा जाता है। 'महत्वपूर्ण नगर' (सुपर सिटी) उसे कहते हैं जहाँ जनसंख्या 3 लाख से ऊपर है।[21] 'शहर' एवं 'महानगर' के लिए स्पष्ट और सर्वमान्य न्यूनतम जनसंख्या निश्चित न होने के बावजूद इतना अवश्य निष्कर्ष निकाला जा सकता है कि एक लाख और उसके आसपास की जनसंख्या तक के नगर पूर्ण विकसित 'शहर' तथा 'दस लाख' के आसपास के शहर 'महानगर' हो सकते हैं।[22]

उत्तर प्रदेश में मध्य गंगा घाटी क्षेत्र में स्थित नगरों में जनसंख्या अधिक मिलती है। इसका प्रमुख कारण इस क्षेत्र का आर्थिक एवं औद्योगिक विकास है। नगरीकरण के प्रथम चरण में वाराणसी, अयोध्या, मथुरा, प्रयाग (इलाहाबाद) आदि नगरों का विकास हुआ। इन नगरों में अधिकांशतः धार्मिक केंद्र के रूप में या राजधानियों के रूप में विकसित हुए। द्वितीय चरण में हम उत्तर प्रदेश में 'औद्योगिक नगरीकरण' को देखते हैं। इसका प्रारंभ 1861 (ब्रिटिश सत्ता के प्रारंभ) से 1947 के मध्य हुआ। इन औद्योगिक नगरों में मुरादाबाद, बरेली, सहारनपुर और अलीगढ़ इत्यादि हैं। बाद में विकसित नगरों में कानपुर, गाजियाबाद हैं।

मैदानी भागों में नगरों में व्यापारिक कार्य बड़े पैमाने पर होते हैं जबकि पहाड़ी भागों के नगर मुख्यतः दर्शनीय स्थल एवं स्वास्थ्यवर्द्धक केंद्र के रूप में ही महत्व रखते हैं। इसी कारण मैदानी भागों में स्थित नगरों में सभ्यता एवं संस्कृति का समावेश मिलता है, जिस कारण अनेक प्राचीन धार्मिक एवं व्यापारिक नगरों का विकास हुआ। पुरातात्विक उत्खननों से भी इन नगरों की प्राचीनता एवं उनके महत्व की जानकारी मिली है जिनका उल्लेख आगे विस्तार से किया गया है।

## खनिज संपदा

उत्तर प्रदेश खनिज पदार्थों के उत्पादन की दृष्टि से महत्वपूर्ण नहीं है, क्योंकि इसका

अधिकांश भाग नवीन जलोढ़ मिट्टियों द्वारा निर्मित गंगा का विशाल मैदान है। शेष भागों में भी राज्य के खनिज संसाधनों का पूर्णरूपेण अनुसंधान नहीं हो सका है। यहाँ पाए जानेवाले मुख्य खनिज पदार्थ हैं चूना पत्थर (मिर्जापुर जिले की गुरमा, कनाच, बबूहारी और राबर्ट्सगंज तहसील के अंतर्गत कजराहट), डोलोमाइट (मिर्जापुर और बाँदा जिलों में), कोयला (सोनभद्र के सिंगरौली एवं दक्षिण क्षेत्रों में), बाक्साइट (बाँदा जिले के रक्षगेवा में)। इसके अतिरिक्त ललितपुर जिले में यूरेनियम के सीमित भंडार का भी पता चला है।

## प्राकृतिक वनस्पति एवं वन-संपदा

वन राज्य के सबसे अधिक संपन्न प्राकृतिक स्रोतों में प्रमुख स्थान रखता है। उत्तर प्रदेश में वनों के अंतर्गत 37 लाख हेक्टेयर क्षेत्र आता है। प्राचीन काल में उत्तर प्रदेश का अधिकांश क्षेत्र वनों से आच्छादित था, किंतु जनसंख्या में वृद्धि एवं कृषि के विकास के परिणामस्वरूप इनका निरंतर ह्रास होता गया। राज्य में केवल तराई, भाभर, दक्षिणी पहाड़ी एवं पठारी क्षेत्रों में प्राकृतिक वनस्पति वनों के रूप में पाई जाती है। राज्य के शेष भागों में वनस्पतियों का अभाव दृष्टिगत होता है। राज्य का अब केवल 13 प्रतिशत भाग वनों से आच्छादित है[23], जो वास्तव में राज्य के संपूर्ण क्षेत्रफल के हिसाब से बहुत कम है। यहाँ के वनों को 10 वर्गों में विभाजित किया जा सकता है–

1. उत्तरी उष्णदेशीय आर्द्र पर्णपाती वन,
2. उपपर्वतीय घाटी दलदल वन,
3. उत्तरी उष्ण प्रदेशीय शुष्क पर्णपाती वन,
4. उत्तरी उष्ण प्रदेशीय कटीला वन,
5. उप उष्ण प्रदेशीय चीड़ वन,
6. हिमालय आर्द्र समशीतोष्ण वन,
7. हिमालय शुष्क समशीतोष्ण वन,
8. उप हिमादि वन,
9. आर्द्र हिमाद्रि शुष्क छोटे वृक्षादि वन,
10. शुष्क हिमाद्रि लताएँ आदि।

इन वनों में इमारती लकड़ी वाले वृक्ष भी हैं जिनमें मुख्य रूप से साल, चीड़, देवदार, शेमल, शीशम, बबूल, आसन, हल्दू, तन, काजू और ब्लूपाइन आदि हैं।

## संदर्भ

1. सेंसस ऑफ् इंडिया, 2001, सिरीज 1 पार्ट II बी।
2. यद्यपि इस जिले का विभाजन हो गया है लेकिन अलग से आँकड़ों के उपलब्ध न होने के कारण

इनके क्षेत्रफल एवं जनसंख्या को संयुक्त रूप से प्रस्तुत किया गया है।

3. सेन्सस ऑफ् इंडिया, भाग 9, 1971; सेंसस एटलस ऑफ् इंडिया, पृ. 165।
4. मिर्जापुर के आसपास के क्षेत्र को बघेलखंड के नाम से जाना जाता है।
5. डी.एन. बाडिया और जे.बी. ऐडेन, जियोलाजी एंड स्ट्रक्चर ऑफ् नार्दर्न इंडिया, मेमायर्स, जियोग्राफिकल सर्वे ऑफ् इंडिया, भाग 73 (1939), पृ. 128-34।
6. ओ.एच.के. स्पेट : इंडिया एंड पाकिस्तान, ए जनरल एंड रीजनल ज्योग्राफी, (लंदन, 1954), पृ. 352-363।
7. विद्याबंधु त्रिपाठी, उत्तर प्रदेश का भूगोल (किताबघर, आचार्य नगर, कानपुर, मार्च 1967), पृ. 237-239।
8. रामलोचन सिंह, इंडिया, ए रीजनल ज्योग्राफी (नेशनल ज्योग्राफिकल सोसाइटी ऑफ् इंडिया, वाराणसी, 1971), पृ. 177-179।
9. ब्रजरत्नदास, भारत की नदियाँ, (आगरा, संवत् 2002), पृ. 11.
10. हवलदार त्रिपाठी, बिहार की नदियाँ, बिहार हिंदी ग्रंथ अकादमी, पटना, 1977, पृ. 16-17।
11. भरतसिंह उपाध्याय, बुद्धकालीन भारतीय भूगोल, हिंदी साहित्य सम्मेलन, प्रयाग (शक संवत् 1883), पृ. 543।
12. सेंसस ऑफ् इंडिया, भाग 9, 1971, पृ. 166।
13. एच.एल. छिब्बर, दि ड्रेनेज पैटर्नूस आब्जर्ड इन इंडिया एंड दि एडजैकेंट कंट्रीज, नेशनल ज्योग्राफिकल सोसाइटी ऑफ् इंडिया, बुलेटिन संख्या 20, बनारस, 1954।
14. क्लाइमेटोलाजिकल एटलस फॉर अमेरिकन इंडिया, मेट्रोलाजिकल डिपार्टमेंट, पूना 1943, पृ. 3।
15. स्मृति बनर्जी, ग्रीन रिवोल्यूशन (अप्रकाशित पी-एच.डी. थीसीस), काशी हिंदू विश्वविद्यालय, वाराणसी, 1980, पृ. 13।
16. पी.एस. तिवारी, एग्रीकल्चरल एटलस ऑफ् उत्तर प्रदेश, पंतनगर, 1976, चित्र संख्या 12।
17. सेंसस एटलस ऑफ् उत्तर प्रदेश, 1971, पृ. 167।
18. सेंसस ऑफ् इंडिया, भाग 10, 2001, पृ. 167।
19. सेंसस ऑफ् इंडिया, 2001।
20. इनायत अहमद, जियोग्राफिकल इसेज इन इंडिया, पृ. 29।
21. योजना, 13 सितंबर, 1964, पृ. 12।
22. सुधा सक्सेना, ट्रेंड्स ऑफ् अर्बनाइजेशन इन उत्तर प्रदेश (आगरा, 1970), पृ. 20।
23. टेक्नो इकोनामिक सर्वे ऑफ् उत्तर प्रदेश, एन.सी.ए.ई.आर. नई दिल्ली, अप्रैल, 1965, पृ. 10।

# 3.

# वाराणसी

## स्थिति

वाराणसी भारतवर्ष की सांस्कृतिक एवं धार्मिक नगरी के रूप में विख्यात है। इसकी प्राचीनता की तुलना विश्व के अन्य प्राचीनतम नगरों जेरुसलम, एथेंस तथा पीकिंग से की जाती है।[1] यह नगर गंगा के बाएँ तट पर अर्द्धचंद्राकार में $25^0$ 18' उत्तरी अक्षांश एवं $83^0$ 1' पूर्वी देशांतर पर स्थित है। प्राचीन वाराणसी की मूल स्थिति विद्वानों के मध्य विवाद का विषय रही है। शेरिंग[2], मरडाक[3], ग्रीब्ज[4] और पारकर[5] प्रभृति विद्वानों के मतानुसार प्राचीन वाराणसी वर्तमान नगर के उत्तर में सारनाथ के समीप स्थित थी। किसी समय इसकी स्थिति दक्षिण भाग में भी रही होगी। लेकिन वर्तमान नगर की स्थिति इससे पूर्णतया भिन्न है, जिससे यह प्रायः निश्चित है कि वाराणसी नगर की प्रकृति यथासमय एक स्थान से दूसरे स्थान पर विस्थापित होने की रही है। यह विस्थापन मुख्यतया दक्षिण की ओर हुआ है। पर किसी पुष्ट प्रमाण के अभाव में विद्वानों का उक्त मत समीचीन नहीं प्रतीत होता।

हेवेल की दृष्टि में वाराणसी नगर की स्थिति विस्थापन प्रधान थी, अपितु प्राचीन काल में भी उसका वर्तमान स्वरूप सुरक्षित था।[6] उनके मतानुसार बुद्ध पूर्व युग में आधुनिक सारनाथ एक घना जंगल था और यह विभिन्न धर्मावलंबियों का आश्रय स्थल भी था।

भौगोलिक दशाओं के परिप्रेक्ष्य में हेवेल का मत युक्तिसंगत प्रतीत होता है। वास्तव में वाराणसी नगर का अस्तित्व बुद्ध से भी प्राचीन है तथा उनके आविर्भाव के सदियों पूर्व से ही यह एक धार्मिक नगरी के रूप में ख्याति प्राप्त था। सारनाथ का उद्भव महात्मा बुद्ध के प्रथम धर्मचक्र प्रवर्तन के उपरांत हुआ। रामलोचन सिंह ने भी कुछ संशोधनों के साथ हेवेल के मत का समर्थन किया है। उनके अनुसार नगर की मूल स्थिति प्रायः उत्तरी भाग में स्वीकार करनी चाहिए।[7] हाल के अकथा उत्खनन से इस बात की पुष्टि होती है कि वाराणसी की प्राचीन स्थिति उत्तर में थी जहाँ से 1300 ईसा पूर्व के अवशेष प्रकाश में आये हैं।

## भौगोलिक स्वरूप

इस नगर की रचना गंगा के किनारे है, जिसका विस्तार लगभग 5 मील में है। ऊँचाई पर बसे होने के कारण अधिकतर यह नगर बाढ़ की विभीषिका से सुरक्षित रहता है, परंतु नगर के मध्य तथा दक्षिणी भाग के निचले इलाके प्रभावित होते हैं। वाराणसी के धरातल की संरचना ठोस कंकड़ों से हुई है। आधुनिक राजघाट का चौरस मैदान जहाँ नदी-नालों के कटाव नहीं मिलते, शहर बसाने के लिए उपयुक्त था। शहर के उत्तर में वरुणा और दक्षिण में अस्सी नाला है, उत्तर-पश्चिम की ओर यद्यपि ऐसा कोई प्राकृतिक साधन (पहाड़ियाँ, झील, नदी इत्यादि) नहीं है जिससे नगर की सुरक्षा हो सके, तथापि यह निश्चित है कि काशी के समीपवर्ती गहन वन, जिनका उल्लेख जातकों , जैन एवं पौराणिक ग्रंथों में आया है, काशी की सुरक्षा में महत्त्वपूर्ण भूमिका अदा करते रहे होंगे।[8]

## नामकरण

सुविदित है कि 'वाराणसी' शब्द 'वरुणा' और 'असी' दो नदीवाचक शब्दों के योग से बना है। पौराणिक अनुश्रुतियों के अनुसार वरुणा और असि नाम की नदियों के बीच में बसने के कारण ही इस नगर का नाम वाराणसी पड़ा। पद्मपुराण के एक उल्लेख के अनुसार दक्षिणोत्तर में 'वरना' और पूर्व में 'असि' की सीमा से घिरे होने के कारण इस नगर का नाम वाराणसी पड़ा।[9] अथर्ववेद[10] में वरणावती नदी का उल्लेख है। संभवतः यह आधुनिक वरुणा का ही समानार्थक है। अग्निपुराण में नासी नदी का उल्लेख मिलता है।

वाराणसी के संदर्भ में इस तरह के अनेक पौराणिक और लोकमिथक प्रचलित हैं। इन मिथकों की व्याख्या का प्रयास विद्वानों ने किया है। कनिंघम[11] ने 'बरना' और 'असि' के मध्य वाराणसी की स्थिति स्वीकार की है। एम. जूलियन महोदय ने कनिंघम के मत पर संदेह व्यक्त करते हुए 'बरना' नदी का ही प्राचीन नाम 'वाराणसी' माना है।[12] यद्यपि वे अपने मत की पुष्टि में कोई प्रमाण नहीं देते, परंतु इतना तो निश्चित है कि वैदिक पौराणिक उल्लेखों में 'असि' का नदी के रूप में कहीं भी वर्णन नहीं मिलता।

महाभारत[13] में उल्लेख आया है कि बरना का प्राचीन नाम वाराणसी था और इसमें दो नदियों के नाम निकालने की प्रक्रिया अपेक्षाकृत बाद की है। पद्मपुराण[14] में 'वरणासि' का एक नदी के रूप में उल्लेख है।

विभिन्न पुराणों के इन प्रसंगों से किसी निश्चित निष्कर्ष पर पहुँचने में कठिनाई होती है। मोतीचंद्र ने वाराणसी में 'वरुणा' और 'असी' की संगति की अवधारणा को काल्पनिक प्रक्रिया माना है। संभव है कि अस्सी पर बसने के कारण इस नगर का नाम वाराणसी पड़ा हो। 'वरुणा' और 'असि' के मध्य वाराणसी के बसने की

कल्पना उस समय हुई जब नगर की धार्मिक महिमा बढ़ी और कालांतर में यह कल्पना स्थिर हो गई।[15]

इस तथ्य से प्रायः सभी विद्वान् सहमत हैं कि प्राचीन वाराणसी आधुनिक राजघाट के ऊँचे मैदान पर बसा था, और इसका प्राचीन विस्तार (भग्नावशेषों के आधार पर) वरना (वरुणा) के उस पार (बाएँ तट पर) भी था। बरना से असी की ओर का विस्तार परवर्ती है। उल्लेखनीय है कि प्राचीन वाराणसी सदैव बरना पर ही स्थित नहीं थी, बल्कि गंगा तक उसका प्रसार था। कम से कम पतंजलि के काल में (ईसा पूर्व दूसरी शताब्दी में) उसका बसाव गंगा के किनारे-किनारे था जैसाकि अष्टाध्यायी के एक सूत्र[16] पर पतंजलि के भाष्य[17] से स्पष्ट है।

वाराणसी के नामकरण के संबंध में एक दूसरी संभावना भी है। वरणा शब्द एक वृक्ष विशेष का द्योतक है। उल्लेखनीय है, प्राचीन काल में वृक्षों के नाम के आधार पर नगरों का नामकरण किया गया था। यथा—कोसंब से कोशांबी, रोहीत से रोहीतक इत्यादि। अतः बहुत संभव है कि उसी परम्परा में वाराणसी और वरणावती दोनों का नाम यहाँ पर अधिक उत्पन्न होने वाले वरणा वृक्ष के कारण पड़ा हो।

वाराणसी का दूसरा नाम 'काशी' प्राचीन काल में एक जनपद के रूप में प्रख्यात था और वाराणसी उसकी राजधानी थी। इसकी पुष्टि पाँचवीं शताब्दी में भारत आने वाले चीनी यात्री फाह्यान के यात्रा विवरण से भी होती है।[18] हरिवंशपुराण में उल्लेख आया है कि 'काशी' को बसाने वाले पुरुरवा के वंशज राजा 'काश' थे। अतः उनके वंशज 'काशि' कहलाए।[19] संभव है इसके आधार पर ही इस जनपद का नाम 'काशी' पड़ा हो।

काशी नामकरण से संबद्ध एक पौराणिक मिथक भी उपलब्ध है। उल्लेख्य है कि विष्णु ने पार्वती के मुक्तामय कुंडल गिर जाने से इस क्षेत्र को मुक्त क्षेत्र की संज्ञा दी और इसकी अकथनीय परम ज्योति के कारण तीर्थ का नामकरण काशी किया।[20]

## वैदिक साहित्य में वाराणसी

काशी की प्राचीनता का इतिहास वैदिक साहित्य में भी उपलब्ध होता है। वैदिक साहित्य के तीनों स्तरों (संहिता, ब्राह्मण एवं उपनिषद) में काशी का विवरण मिलता है। वैदिक साहित्य[21] में एक कथा है कि आर्यों का एक काफिला विदेध माथव के नेतृत्व में आधुनिक उत्तर प्रदेश के मध्य से सदानीरा अथवा गंडक के किनारे जा पहुँचा और वहाँ कोशल जनपद की नींव पड़ी। जब आर्यों ने उत्तर भारत पर अधिकार कर लिया तो आर्यों की एक जाति कासिस ने बनारस के समीप 1400 से 1000 ई. पू. के मध्य अपने को स्थापित किया।[22] काशी का सर्वप्रथम उल्लेख अथर्ववेद की पैप्पलाद शाखा[23] में हुआ है। एक मंत्र में मंत्रकार एक रोगी से कहता है कि उसका 'तक्मा'

(ज्वर) दूर हो जाए और ज्वर का प्रसार काशी, कोशल और मगध जनपदों में हो। इससे स्पष्ट है कि इस काल में ये तीनों जनपद पार्श्ववर्ती थे। शतपथ ब्राह्मण[24] के एक उद्धरण के अनुसार भरत ने सत्वत लोगों के साथ व्यवहार किया था उसी प्रकार सत्राजित के पुत्र शतानिक ने काशीवासियों के पवित्र यज्ञीय अश्व को पकड़ लिया था। शतानिक ने इसी अश्व द्वारा अपना अश्वमेघ यज्ञ पूरा किया। इस घटना के परिणामस्वरूप काशीवासियों ने अग्निकर्म और अग्निहोत्र करना ही छोड़ दिया था।[25] मोतीचंद्र[26] काशीवासियों में वैदिक प्रक्रियायों के प्रति तिरस्कार की भावना पाते हैं। वे तीसरी सदी ई. पू. के पहले काशी के धार्मिक महत्त्व की बात स्वीकार नहीं करते।

वैदिक साहित्य में काशी और अन्य जनपदों के परस्पर संबंधों पर भी प्रकाश पड़ता है। कौषीतकी उपनिषद[27] में काश्यों और विदेहों के नाम का एक स्थान पर उल्लेख है। वृहदारण्यक उपनिषद्[28] में अजातशत्रु[29] को काशी अथवा विदेह का शासक कहा गया है। इसके अतिरिक्त शांखायन[30] और बौधायन श्रोतसूत्र[31] में भी काशी तथा विदेह का पास-पास उल्लेख हुआ है। स्वतंत्र राज्यसत्ता नष्ट हो जाने के पश्चात् काशी के कोशल राज्य में सम्मिलित हो जाने का भी उल्लेख मिलता है। काशि, कोशल का सर्वप्रथम उल्लेख गोपथ ब्राह्मण[32] में आया है। पतंजलि के महाभाष्य[33] में काशीकोशलीया (काशी कोशल संबंधी) उदाहरण के रूप में उद्धृत है।

वाराणसी के संबंध में उपर्युक्त उल्लेखों से यह सुस्पष्ट है कि वैदिक साहित्य में इसका उल्लेख अपेक्षाकृत बाद में मिलता है। लेकिन हम यह निश्चयपूर्वक कह सकते हैं कि वाराणसी एक प्राचीन नगर है क्योंकि अथर्ववेद[34] में वरणावती नदी का उद्धरण है और इसी के नाम पर वाराणसी का नामकरण हुआ। वैदिक साहित्य में उल्लिखित काशी का कोशल और विदेह से संबंध तथा कुरु और पाँचाल से शत्रुता, संभवतः राजनीतिक और सांस्कृतिक दोनों अंतर्विरोधों का परिणाम था।

## महाकाव्यों में वर्णित वाराणसी

महाकाव्यों में वाराणसी के संदर्भ में यत्र-तत्र उल्लेख मिलते हैं। महाभारत में काशी का उल्लेख अनेक स्थलों पर हुआ है। महाभारत से इस तथ्य की पुष्टि होती है कि बरना का ही प्राचीन नाम वाराणसी था।[35] आदिपर्व में काशिराज की पुत्री सार्वसेनी का विवाह दुष्यंत के पुत्र भरत के साथ होने का विवरण मिलता है।[36] एक अन्य स्थल पर भीष्म द्वारा काशिराज की तीन पुत्रियों–अंबा, अंबिका और अम्बालिका के स्वयंवर में जीते जाने का उल्लेख है।[37] काशी के शासक प्रतर्दन तथा मिथिला के शासक जनक के मध्य युद्ध की चर्चा भी महाभारत में मिलती है।[38]

व्यास की सतसाहस्त्री संहिता में काशी का उल्लेख दो प्रसंगों में हुआ है–(1) तीर्थ के रूप में, और (2) महाभारत के युद्ध में पांडवों की ओर से लड़ने के प्रसंग में। रोचक है कि काशी का तीर्थरूप में वर्णन सबसे पहले महाभारत में ही हुआ

है। वनपर्व में पांडवों के अज्ञातवास के अवसर पर उनके काशी आने का उल्लेख मिलता है। इसी पर्व में उल्लिखित है कि उस समय काशी में 'कपिलाह्द' नामक तीर्थ बड़ा प्रसिद्ध था।[39] यही तीर्थ आजकल कपिलधारा के नाम से विख्यात है और नगर के भीतर न होकर पंचक्रोशी के प्रदक्षिणा मार्ग में अवस्थित है।

महाभारत युद्ध में काशिराज का पांडवों की ओर लड़ने का प्रसंग आता है। काशिराज का युद्धक्षेत्र में सुवर्ण्य माल विभूषित घोड़ों पर चढ़ने का[40] तथा पांडव सेना के बीच तीन हजार रथों के साथ स्थित रहने का उल्लेख मिलता है।[41] उल्लेखनीय है कि यहाँ काशी के राजा का उल्लेख 'काशिराज' अथवा 'काश्य' शब्दों से किया गया है। परंतु काशी का कौन-सा राजा महाभारत युद्ध में लड़ने गया था, उसके नाम का उल्लेख नहीं मिलता। महाभारत में एक जगह कृष्ण द्वारा वाराणसी के जलाए जाने का वर्णन है[42], जिसकी पुष्टि विष्णुपुराण से भी होती है।[43]

बाल्मीकि रामायण में वाराणसी से संबंधित प्रकरण अपेक्षाकृत कम मिलते हैं। उत्तरकांड में काशिराज पुरुरवा का नाम आया है।[44] इसी कांड में यह भी आया है कि ययाति का पुत्र पुरु प्रतिष्ठान के साथ ही काशी का भी शासक था।[45] रामायण के एक अन्य स्थल पर काशी-कोशल जनपद का एक साथ उल्लेख मिलता है।[46] दशरथ ने अपने अश्वमेध यज्ञ में काशिराज को भी आमंत्रित किया था।[47] अयोध्याकांड के अनुसार कैकेयी के क्रोध को शांत करने के लिए राजा दशरथ ने इस देश (काशी राज्य) से उत्पन्न होने वाली वस्तुओं को भी प्राप्त करने का आदेश दिया था।[48] किष्किंधाकांड के अनुसार सुग्रीव ने इस देश में सीता को खोजने के लिए विनत को भेजा था।[49] वाल्मीकि ने यहाँ की अन्य घटनाओं का भी उल्लेख किया है।[50]

## पुराणों में वाराणसी

पुराणों में वाराणसी की धार्मिक समृद्धि की चर्चा है। इस नगर को शिवपुरी के नाम से संबोधित किया गया है[51] तथा इसकी गणना भारत की सात मोक्षदायिनी पुरियों में की गई है।[52] शिवपुराण में वाराणसी को भारतवर्ष में स्थित प्रमुख बारह स्थानों में एक बताया गया है। मान्यता थी कि जो व्यक्ति प्रतिदिन प्रातःकाल उठकर इन बारह नामों का पाठ करता है, वह सब पापों से मुक्त हो जाता है, और संपूर्ण सिद्धियों को प्राप्त कर लेता है।[53] ब्रह्मपुराण में शिव पार्वती से कहते हैं 'हे सुखवल्लभे, वरुणा और असी इन दोनों नदियों के बीच में ही वाराणसी क्षेत्र है और उससे बाहर किसी को नहीं बसना चाहिए।''[54] लोगों का ऐसा विश्वास था कि शिव के भक्तों के वाराणसी में रहने के कारण लौकिक एवं पारलौकिक आनंद की प्राप्ति होती है।[55] उल्लेखनीय है कि ह्वेनसाँग ने भी यहाँ निवास करने वाले शैव समर्थकों का उल्लेख किया है, जो लंबे केशों को धारण करते थे तथा शरीर पर भस्म लगाते थे।[56] पुराणों में अनेक स्थलों पर ऐसा वर्णन मिलता है कि वाराणसी में जो निवास करता है उसके सभी

कष्ट दूर हो जाते हैं। पद्मपुराण[57], कूर्मपुराण[58] तथा लिंगपुराण[59] में इस तथ्य का स्पष्ट उल्लेख है। चूँकि वाराणसी में गंगा नदी पश्चिमवाहिनी हो जाती है[60], संभवतः इसीलिए इस नगर की धार्मिक महत्ता बढ़ जाती है।

वाराणसी नगर की सीमाओं के विषय में भी पुराणों में महत्त्वपूर्ण सूचनाएँ मिलती हैं। अग्निपुराण में वरणा और असी नदियों के बीच स्थित वाराणसी का विस्तार पूर्व से पश्चिम दो योजन और दूसरी जगह आधा योजन दिया है।[61] इसकी लंबाई-चौड़ाई का स्पष्ट विस्तार मत्स्यपुराण[62] में मिलता है, जहाँ इसका विस्तार पूर्व से पश्चिम दो योजन तथा दक्षिण से उत्तर अर्द्धयोजन कहा गया है। यहीं इसका विस्तार वाराणसी नदी से लेकर शुक्ल नदी तक एवं भीष्मचंडी से लेकर पर्वतेश्वर तक विस्तृत था।[63] कृत्यकल्पतरु[64] में वाराणसी नदी को वरणा बताया गया है। पद्मपुराण के एक अन्य स्थल पर वाराणसी के चतुर्दिक सीमाओं का उल्लेख मिलता है। इस नगर की सीमाएँ उत्तर में वरणा नदी, दक्षिण में असी, पूर्व में गंगा तथा पश्चिम में पाशपाणिगणेश निश्चित की गई हैं।[65]

इसके अतिरिक्त पुराणों में उस नगर के शासकों के वंशानुक्रम का भी उल्लेख मिलता है। इस वंश परंपरा में दिवोदास प्रथम, अष्टारथ, हर्यश्व, सुदेव, दिवोदास द्वितीय एवं प्रतर्दन के नाम उल्लेखनीय हैं।[66] लेकिन पुराणों की रचना और संकलन का निश्चित तिथिक्रम नहीं मिलता, जिससे उपयोगी सूचनाएँ भी संदर्भरहित हो जाती हैं। मत्स्यपुराण में अलर्क राजा का उल्लेख मिलता है। इन्हीं के नाम के आधार पर वाराणसी को अलर्कपुरी कहा गया है।[67] वाराणसी का धार्मिक महत्त्व परवर्ती कालों में और बढ़ता गया और यह नगर दान, जप, तप, अध्ययन तथा अध्यापन की धार्मिक दृष्टि से अत्यंत महत्त्वपूर्ण समझा जाने लगा।[68] यहाँ पर वैदिक यज्ञों का अनुष्ठान भी होता था। काशी के एक अभिलेख से विदित होता है कि भारशिव नरेशों ने दस अश्वमेघ यज्ञों का अनुष्ठान इस नगर में किया था।[69]

## जैन साहित्य में वाराणसी

जैन साहित्य में भी वाराणसी के संबंध में प्रचुर विवरण मिलते हैं। जैन तीर्थंकर पार्श्वनाथ का जन्म (ईसा पूर्व 8वीं शताब्दी) वाराणसी में महावीर से 250 वर्ष पूर्व हुआ था। जैन अनुश्रुति के अनुसार इनके पिता अश्वसेन बनारस के राजा थे।[70] पार्श्वनाथ को जैन साहित्य में पुरिसादानीय[71] और पालि साहित्य में पुरिसाजानीय[72] कहा गया है। संभवतः इन शब्दों का प्रयोग असाधारण व्यक्तित्व के निमित्त किया गया है। महाकवि अश्वघोष ने बुद्धचरित में 'वाराणसी' और 'काशी' को एक ही नगर माना है।[73] एक स्थान पर उल्लिखित[74] है कि बुद्ध वणारा के पास एक वृक्ष की छाया में पहुँचे। संभवतः अश्वघोष द्वारा वर्णित वणारा आधुनिक बरना नदी है। इससे यह विदित होता है कि कम से कम पहली शताब्दी में वाराणसी और काशी समानार्थक थे। जैन साहित्य

से हमें पता चलता है कि ई. पू. की शताब्दियों में यहाँ यक्ष पूजा बहुत प्रचलित थी और उत्तर भारत के प्रमुख नगरों में यक्षों के चैत्य होते थे। वाराणसी में गंडि-तिदुंग नाम के यक्ष का उल्लेख मिलता है।[75] ये यक्ष लोगों की रक्षा करते थे।[76] उल्लेखनीय है कि सारनाथ के समीप अकथा नामक पुरास्थल से द्वितीय शताब्दी ईसा पूर्व की एक यक्ष प्रस्तर प्रतिमा मिली थी जो अब सारनाथ संग्रहालय में सुरक्षित है।

जैन ग्रंथ भगवतीसूत्र[77] में सोलह जनपदों की सूची में काशी का भी नाम मिलता है। उस समय भारत की मुख्य राजधानियों में वाराणसी एक थी।[78] प्राचीन जैन सूत्रों में काशी और कोशल में अट्ठारह गणराज्यों का उल्लेख है। मोतीचंद्र के अनुसार यह अट्ठारह उपराज्य थे, जो काशी-कोशल के राजा प्रसेनजित के अधीन थे। जब तीर्थंकर महावीर की मृत्यु हुई थी, तब काशी और कोशल के 10 संयुक्त राजाओं ने लिच्छवियों और मल्लों के साथ प्रकाश किया था।[79]

## बौद्ध साहित्य में वाराणसी

बौद्ध ग्रंथों में वाराणसी का उल्लेख काशी जनपद की राजधानी के रूप में हुआ है।[80] बुद्ध पूर्व काल में काशी एक समृद्ध एवं स्वतंत्र राज्य था। इसका साक्ष्य देते हुए स्वयं बुद्ध ने इसकी प्रशंसा की है।[81] वाराणसी को वरुणा नदी पर स्थित बतलाया गया है।[82] यह नगर विस्तृत, समृद्ध और जनाकीर्ण था।[83] महापरिनिब्बानसुत्त[84] में तत्कालीन छः प्रसिद्ध नगरों में वाराणसी का उल्लेख किया गया है। बौद्ध साहित्य से पता चलता है कि बुद्ध इस नगर में कई बार ठहरे थे। ऋषिपतन मृगदाव (इसिपतन मिगदाव) (आधुनिक सारनाथ) का भी उल्लेख बौद्ध साहित्य में आया है। जातकों में इसे मिगाचीर कहा गया है[85] जिसे मललसेकर ने इसिपतन मिगदाय का प्राचीन नाम माना है।[86] बोध-गया में ज्ञान प्राप्त करने के पश्चात् बुद्ध ने अपना पहला उपदेश इसिपतन मिगदाय (मृगदाव) में ही दिया था। इस स्थान का ऋषिपतन मृगदाव नाम संभवतः ऋषियों के वायु मार्ग से उतरने के कारण पड़ा था और इसीलिए इसे ऋषिपतन भी कहा जाता था।[87] मृगों के स्वच्छंदता से घूमने के कारण इसे मृगदाव कहा जाने लगा।[88] बुद्ध के काल में बनारस उत्तरी भारत में शिक्षा के एक प्रमुख केंद्र के रूप में विख्यात था।[89] बनारस की कुछ शिक्षा संस्थाएँ तक्षशिला से भी पुरानी थीं।[90] तक्षशिला के शंख नामक एक ब्राह्मण ने अपने पुत्र सुसीम को शिक्षा के लिए बनारस भेजा था।[91] यह उत्तर भारत के उन छः महानगरों में एक था जिन्हें आनंद ने भगवान् बुद्ध की अंतिम यात्रा के योग्य चुना था।[92]

वाराणसी नगर वाणिज्य और व्यापार का एक प्रमुख केंद्र था। स्थल तथा जल मार्गों द्वारा यह नगर भारत के अन्य नगरों से जुड़ा हुआ था। काशी से एक मार्ग राजगृह को जाता था।[93] काशी से वेरंजा जाने के लिए दो रास्ते थे–एक, सोरेय्य होकर और दूसरा, प्रयाग में गंगा पार करके। दूसरा मार्ग बनारस से वैशाली को चला जाता था।[94] वाराणसी का एक सार्थवाह पाँच सौ गाड़ियों के साथ प्रत्यंत देश गया

था और वहाँ से चंदन लाया था।[95] एक अन्य व्यापारी के गाड़ियों में लदे सामानों के साथ श्रावस्ती जाने का उल्लेख है।[96]

वाराणसी के व्यापारी समुद्री व्यापार भी करते थे। काशी से समुद्र यात्रा के लिए नावें छूटती थीं।[97] इस नगर के धनी व्यापारियों का व्यापार के उद्देश्य से समुद्र पार जाने का उल्लेख है।[98] जातकों में भी व्यापार के उद्देश्य से बाहर जाने का उल्लेख मिलता है। एक जातक में उल्लेख है कि बनारस के व्यापारी दिशाकाक लेकर समुद्र यात्रा को गए थे।[99] एक अन्य व्यापारी मित्रविदंक जहाज लेकर समुद्र यात्रा पर गया था, जहाँ उसे अनेक कष्टों का सामना करना पड़ा।[100]

महावग्ग[101] में काशिराज ब्रह्मदत्त को विपुल धन का स्वामी, भोग-विलास की सामग्री से परिपूर्ण कहा गया है। इससे यह विदित होता है कि अन्य नगरों या जनपदों की तुलना में काशी की आर्थिक स्थिति अच्छी थी। दीघनिकाय में संख नामक राजा के राजत्व में सातरत्नों–चक्करतन, हस्तिरत्नं, मणिरत्नं, हत्थिरत्नं, गृहपतिरत्नं एवं परिणायक रत्न–से युक्त वाराणसी नगरी को केतुमती नामक समृद्ध एवं बहुजना तथा आकिण्णनुमा होने की भविष्यवाणी की गई है।[102] यह विवरण इसकी समृद्धि का सूचक है।

बुद्ध काल में वाराणसी नगरी सुंदर, बहुमूल्य वस्त्रों के लिए भी विख्यात थी जिसका उल्लेख बौद्ध ग्रंथों में अनेक स्थलों पर मिलता है। संयुक्त निकाय के वत्थिसुत्त में काशी का बना कपड़ा अन्य समस्त जगहों से बने हुए कपड़ों में अग्र (श्रेष्ठ) बताया गया है।[103] माज्झिमनिकाय की अट्ठकथा में यहाँ के वस्त्रों की प्रभूत प्रशंसा की गई है।[104] एक स्थल पर एक धूर्त ने जीवकाम्रवन को जाती हुई शुभा भिक्षुणी को काशी के सूक्ष्म वस्त्रों का लोभ दिलाकर भुलाने की चेष्टा की थी।[105] इसी प्रकार चापा ने अपने प्रव्रजित पति को लौटाने की चेष्टा में उससे कहा था कि "काशी के उत्तम वस्त्रों को धारण करने वाली मुझ रूपवती को छोड़कर तुम कहाँ जाओगे।"[106] मिलिंदपन्हों में उल्लिखित है कि यवन शासक मिलिंद की राजधानी सागल (स्यालकोट) में भी काशी के वस्त्र विक्रय के लिए जाते थे।[107] इस प्रकार यह सुविदित है कि बुद्ध काल में काशी के वस्त्र महत्त्वपूर्ण थे।

बहुमूल्य वस्त्रों के अतिरिक्त काशी जनपद चंदन के लिए भी प्रसिद्ध था। जातकों और अंगुत्तरनिकाय[108] में 'कासि विलेपन' और 'कासि चंदन' का उल्लेख मिलता है। काशी में चंदन की लकड़ी का उद्योग मिलिंदपन्हों में भी मिलता है।[109]

इस प्रकार यह निश्चित है कि बौद्ध साहित्य में वाराणसी व्यापार और वाणिज्य के क्षेत्र में समृद्धिप्राप्त थी जिसका विवरण बौद्ध ग्रंथों में अनेकशः मिलता है।

## जातकों में वर्णित वाराणसी

जातकों में वाराणसी नगर के संदर्भ में विशद विवरण मिलता है। इस नगर को सुदर्शन[110]

सुरुद्धन[111], ब्रह्मवर्द्धन[112] रम्मनगर[114] (रम्यनगर), तथा मोलिनी[115] जैसे अन्य उपनामों से समीकृत किया गया है। वाराणसी के विभिन्न नामों के संबंध में यह कहना कठिन है कि ये इस नगर के अलग-अलग उपनगरों के नाम थे, अथवा पूरे वाराणसी नगर के भिन्न-भिन्न नाम थे। संभव है कि लोग नगरों की सुंदरता तथा आर्थिक समृद्धि से आकर्षित होकर उसे भिन्न-भिन्न नामों से पुकारते रहे होंगे। बुद्ध पूर्व महाजनपद युग में वाराणसी काशी की राजधानी थी। काशी जनपद के विस्तार के संदर्भ में जातकों में अनेक स्थलों पर अतिशयोक्तिपूर्ण विवरण मिलते हैं। तंडुनालि जातक के अनुसार वाराणसी का परकोटा 12 योजन लंबा था[116] और उसका आंतरिक और बाह्य विस्तार तीन सौ योजन था।[117] काशी जनपद के उत्तर में कोशल, पूर्व में मगध और पश्चिम में वत्स जनपद था।[118] जातकों के आधार पर अल्तेकर ने काशी जनपद का विस्तार बलिया से कानपुर तक माना है।[119] पर ऐसी संभावना है कि आधुनिक गोरखपुर कमिश्नरी तक ही प्राचीन काशी जनपद सीमित रहा होगा। संभवतः आधुनिक गोरखपुर कमिश्नरी का भी कुछ भाग काशी जनपद में सम्मिलित था। नगर के चतुर्दिक प्राकार[120] एवं परिखा[121] के विवरण भी जातकों में मिलते हैं, जिससे इसके समृद्ध होने तथा सुरक्षा की उत्तम व्यवस्था का ज्ञान होता है।

वाराणसी नगर वाणिज्य के क्षेत्र में भी ख्याति प्राप्त था। जातकों से भी विदित होता है कि वाराणसी के बहुमूल्य, रंगीन, सुगंधित, सुवासित, पतले एवं चिकने कपड़े विक्रय के लिए सुदूर देशों में भेजे जाते थे। काशी में बने वस्त्रों को 'काशी कुत्तम,[122]और 'कासीय'[123] भी कहते थे। संभवतः इन शब्दों का प्रयोग गुणवाचक संदर्भ में किया गया है। ऐसा समझा जाता है कि एक समय वाराणसी के आसपास कपास की अच्छी खेती होती थी। तुंडिल जातक में[124] वाराणसी के आसपास कपास के खेतों का वर्णन मिलता है। एक जातक में वैराग्य लेने वाले पति के मन को आकर्षित करने के लिए उसकी पत्नी चंदन से सुवासित बनारसी रेशमी साड़ी पहनने की प्रतिज्ञा करती है।[125] महाहंस जातक में काशिराज के घर में विद्यमान बहुमूल्य सामग्रियों में रत्न, सोना, चाँदी, मोती, बिल्लौर, मणि, शंख, वस्त्र, हाथीदाँत, बर्तन और ताँबा इत्यादि प्रमुख थे।[126]

जातकों के अनुसार वाराणसी काष्ठ व्यवसाय का भी एक प्रमुख केंद्र था। इस नगर के पास एक बड्ढकि ग्राम था, जहाँ बढ़इयों की बस्ती थी। इस बस्ती में 5 सौ बढ़ई रहते थे।[127] वे जंगलों में जाकर गृहनिर्माण में प्रयुक्त होने वाली लकड़ियों को काट लेते थे। ये बढ़ई एक, दो अथवा कई मंजिलों वाले मकान बनाने में दक्ष थे।[128]

वाराणसी में गजदंत-व्यवसाय का भी विस्तृत प्रचार था। जातकों में यहाँ एक दंतकार वीथि (गली) का उल्लेख आया है, जहाँ हाथीदाँत की वस्तुयें बनती थी।[129] वाराणसी के व्यापारी विक्रय की अनेक वस्तुओं के अतिरिक्त हाथी दाँत के बने हुए सामान भी देश के अन्य भागों में पहुँचाते थे। इसके अतिरिक्त यहाँ मिट्टी के बर्तन

एवं खिलौने आदि भी बनाए जाते थे, जिनका समर्थन पुरातात्विक उत्खनन से भी प्राप्त प्रमाणों से निश्चित होता है।

इसके अतिरिक्त 'कासिक चंदन' भी वाराणसी का एक प्रमुख उद्योग था। जातकों में 'कासिक चंदन' का उल्लेख कई स्थलों पर आया है।[130] पंडर जातक[131] में 'कासिक चन्दनन्च' शब्द मिलता है। इन उल्लेखों से यह विदित होता है कि बौद्ध काल में वाराणसी चंदन के उद्योग एवं व्यापार के लिए सुविख्यात था।

वाराणसी तत्कालीन व्यापारिक मार्गों का एक प्रमुख केंद्र था। देश के विभिन्न भागों से यह व्यापारिक मार्गों से जुड़ा हुआ था। स्थल मार्ग से व्यापार के लिए जाते हुए वाराणसी के व्यापारियों को भयावह जंगलों के कारण होने वाले कष्टों का सामना करना पड़ता था।[132] जातकों से ज्ञात होता है कि बनारस से एक रास्ता तक्षशिला को जाता था। तक्षशिला उस युग में भारतीय और विदेशी व्यापारियों का मिलन केंद्र था।[133] एक जातक में वाराणसी से शिल्प विद्या सीखने के लिए तक्षशिला जाने का उल्लेख मिलता है।[134]

वाराणसी में उत्तरापथ के घोड़ों का व्यापार होता था। यहाँ के बाजार में सुंदर एवम् अच्छे सैंधव घोड़े उपलब्ध थे, जिनकी माँग अधिक रहती थी। अनेकशः घोड़े के व्यापारियों को उत्तरापथ (गांधार-तक्षशिला) से घोड़े लेकर वाराणसी में बेचने आने का उल्लेख है। उत्तरापथ से पाँच सौ अश्वों को लेकर व्यापारार्थ व्यापारियों का वाराणसी में आने का प्रमाण मिलता है।[135] वाराणसी से व्यापार के लिए देश के अन्य भागों में वस्त्र, चंदन, हाथीदाँत के सामान, मिट्टी के बर्तन एवं खिलौने तथा काष्ठ के बने हुए सामान भेजे जाते थे, जिनका उल्लेख जातकों में विस्तार से आया है।

वाराणसी के निवासियों की उत्सवप्रियता का उल्लेख जातकों में सविस्तार मिलता है। महाजनपद युग में दीपावली का उल्लेख मुख्य त्यौहारों में हुआ है। एक जातक में उल्लिखित है कि काशी की दीपमालिका कार्तिक मास में मनायी जाती थी। इस अवसर पर स्त्रियाँ केशरिया रंग के वस्त्र पहनकर निकलती थीं।[136]

हस्तिमंगलोत्सव भी वाराणसी का एक प्रमुख उत्सव था[137], जिसका उल्लेख जातकों एवं बौद्ध साहित्य में मिलता है। इसके अतिरिक्त मंदिरोत्सव भी मनाया जाता था, जिसमें सुरापान किया जाता था।[138] एक जातक में उल्लेख आया है कि काशिराज ने एक बार इस अवसर पर तपस्वियों को खूब सुरापान कराया था।[139]

## चीनी यात्रियों का इतिवृत

फाह्यान ने एक जनपद के रूप में काशी का उल्लेख किया है, जबकि ह्वेनसाँग ने वाराणसी का उल्लेख किया है। फाह्यान ने इस नगर के संदर्भ में संक्षिप्त विवरण दिया है। वह स्वयं पाटलिपुत्र में 22 योजन पश्चिम चलकर वाराणसी नगर में पहुँचा था। उसने नगर के उत्तर-पूर्व 10 ली में ऋषियों के 'मृग-उद्यान' (सारनाथ) के पास

विहारों को देखा था।[140]

सातवीं शताब्दी के आरंभ में बनारस की धार्मिक और सामाजिक स्थिति पर चीनी यात्री ह्वेनसाँग के वर्णन से पर्याप्त प्रकाश पड़ता है। कुशीनगर से 500 ली (100 मील) दक्षिण-पश्चिम चलकर यह चीनी यात्री वाराणसी जनपद पहुँचा था।[141] इसके अनुसार बनारस 4000 ली (667 मील) की परिधि में विस्तृत था। नगर (राजधानी) के पश्चिमी किनारे पर गंगा नदी बहती थी। नगर 18 या 19 ली लंबा और 5 या 6 ली चौड़ा था।[142] यहाँ की आबादी घनी थी। लोग बहुत धनवान थे और उनके घरों में बहुमूल्य वस्तुओं का संग्रह था। यहाँ की जलवायु सुखकर थी और फसलें अच्छी होती थी। यहाँ 30 संघाराम थे, जिनमें सम्मितिय निकाय के 3000 भिक्षु निवास करते थे। नगर में 100 से अधिक देवमंदिर थे जिनमें इनके धर्मों के अनुयायियों की संख्या 1000 से ऊपर थी। इनमें शैवों की संख्या अधिक थी। मुख्य राजधानी में 20 देव-मंदिर थे। इन मंदिरों में महेश्वरदेव की काँसे की बनी सौ फुट ऊँची एक मूर्ति स्थापित थी, जो अपनी सजीवता और प्रभावपूर्ण कांति से सजीव-सी प्रतीत होती थी।[144]।

राजधानी के पूर्वोतर बरना नदी के पश्चिमी तट पर अशोक निर्मित 100 फुट ऊँचा स्तूप था। उसके सामने एक पालिसदार स्तंभ था।[145] बरना नदी के 10 ली उत्तरपूर्व संघाराम थे।[146] इसमें आठ भाग थे, जो एक ऊँची चहारदीवारी से आवृत थे।[147] इस विहार में सम्मितिय निकाय के 1500 भिक्षु रहते थे। इस चहारदीवारी के अंदर 200 फुट ऊँचा एक विहार था। जिसकी छत स्वर्ण मंडित आम्र फलों से ढकी थी। मंदिर की नींव और सीढ़ियाँ पत्थर की बनी थीं। ईंटों के बने गवाक्षों (आलों) में बुद्ध की सुवर्णमंडित प्रतिमाएँ स्थापित थीं। विहार के मध्य में काँसे की धर्मचक्र प्रवर्तन मुद्रा में बुद्ध की एक प्रतिमा थी।[148]

विहार के दक्षिण-पश्चिम भाग में अशोक निर्मित एक पत्थर का स्तूप था। इस स्तूप के उपर का लगभग सौ फुट ऊँचा भाग, उस समय भी शेष था। इसके सम्मुख ठीक उस जगह, जहाँ बुद्ध ने धर्मचक्र प्रवर्तन किया था, 70 फुट ऊँचा एक प्रस्तर स्तंभ था।[149]

इस प्रस्तर स्तंभ के समीप ही एक स्तूप था। जो अज्ञात कौडिंय और उनके चार शिष्यों के तपस्या के उपलक्ष्य में बना था। यह स्तूप उसी जगह निर्मित था, जहाँ 500 प्रत्येक बुद्ध एक ही समय में निर्वाण को प्राप्त हुए थे। इसके अतिरिक्त तीन विगत बुद्धों के बैठने और घूमने के स्थानों पर भी तीन स्तूप बने थे।

ह्वेनसाँग ने तीन तालाबों का भी उल्लेख किया है। इसमें एक तो विहार के पश्चिम में, दूसरा उसके पश्चिम में और तीसरा दूसरे के उत्तर में था।[150]

मृगदाव स्थित बौद्ध विहार के दक्षिण-पश्चिम दो या तीन ली पर एक स्तूप था जो 300 फुट ऊँचा था। इस स्तूप के पास ही एक दूसरा स्तूप था जो उस घटना

की याद दिलाता था, जब अज्ञात कौडिन्य ने बुद्ध का अनादर करने का अपना पूर्व निश्चय त्याग दिया था।[151] ह्वेनसाँग ने यह भी लिखा है कि बनारस में देवमंदिर बड़ी संख्या में थे जिनमें शैवों की संख्या अधिक थी।

## राजघाट-उत्खनन

राजघाट की प्राचीनता और उसका सतत इतिहास किसी पुरातात्त्विक उत्खनन से 1940 ई. तक निश्चित नहीं था। इसकी प्राचीन स्थिति वर्तमान काशी स्टेशन के उत्तर-पूर्व में गंगा और वरुणा के मध्य थी, जिसे राजघाट टीले के नाम से जाना जाता है। इसकी आकस्मिक खोज 1939 ई. में वर्तमान काशी स्टेशन के विस्तार के समय रेलवे ठीकेदारों द्वारा खुदाई कराते समय हुई।[152] खुदाई में इन ठीकेदारों को बहुत-सी प्राचीन वस्तुएँ मिलीं जिनमें मिट्टी की मुहरें एवं मुद्रायें भी थीं। इन वस्तुओं को अब भारत कला भवन और इलाहाबाद म्यूनिसिपल म्यूजियम में रखा गया है। इन मुद्राओं में मुख्यतः यूनानी देवी-देवताओं की आकृतियाँ तथा कुछ यूनानी राजाओं के सिर का अंकन है। यहाँ से मिली वस्तुओं से आकृष्ट होकर श्री कृष्णदेव के नेतृत्व में भारतीय पुरातत्व विभाग के एक दल ने यहाँ उत्खनन प्रारंभ किया। इस दल ने ऊपरी जमाव से 20 फुट नीचे तक खुदाई की। उत्खनन में 12 खंभों से युक्त एक मंदिर तथा ईंटों की कुछ अन्य संरचनाएँ, उत्तरी काली चमकीले मृण्भांड के टुकड़े तथा कुछ अन्य वस्तुएँ मिलीं।[153] इसके अतिरिक्त उत्खनन में चौथे स्तर (दूसरी-तीसरी शताब्दी ई.) से अनेक यूनानी देवी-देवताओं की आकृतियों से युक्त मुद्राएँ भी मिली हैं। यहाँ बड़ी मात्रा में मुद्राओं के मिलने के कारण श्री कृष्णदेव इस निष्कर्ष पर पहुँचे कि ये मुद्राएँ वाराणसी और पश्चिमी देशों(यूनान एवं रोम) के बीच व्यापारिक संबंध की द्योतक हैं।[154] परंतु मोतीचंद्र वाराणसी और पश्चिम के देशों (यूनान एवं रोम) के बीच व्यापारिक संबंध होने की बात को अस्वीकार करते हैं। उनका कहना है कि उस समय पश्चिम देशों से व्यापार मुख्यतः जलमार्ग से ही होता था, जो कि अरब सागर और बंगाल की खाड़ी के बंदरगाहों तक ही सीमित था और वहाँ से भारतीय व्यापारियों द्वारा यह सामान देश के अन्य भागों में पहुँचाया जाता था, जबकि स्थलमार्ग से इन विदेशी व्यापारियों के मध्य देश तक पहुँचने के भी प्रमाण नहीं मिलते।[155] यदि इन व्यपारियों का व्यापारिक संबंध मध्य देश से मान भी लिया जाय तो इसका प्रमाण मध्यदेश के अन्य व्यापारिक नगरों (कौशांबी, सहजाति (आधुनिक भीटा) और श्रावस्ती में क्यों नहीं मिलता? यह एक विचारणीय प्रश्न है। अतः यह तो निश्चित है कि ये मुद्राएँ व्यापारिक उद्देश्य से यहाँ नहीं आईं। संभव है कि ये मुद्राएँ हिंद-यवन शासक ड्रेमेट्रियस या मिलिंद (मिनांडर) के पाटलिपुत्र विजय अभियान के दौरान बनारस में पड़ाव के समय छूट गई हों।

यह प्राचीन स्थल चारों ओर से सुरक्षित था। दक्षिण-पूर्व की ओर से गंगा,

उत्तर और उत्तर-पूर्व में वरुणा नदी तथा पश्चिम तथा उत्तर-पश्चिम की ओर से यह एक परिखा द्वारा परिवेष्टित था। ग्रीब्ज[156] और शेरिंग[157] ने भी प्राचीन वाराणसी की स्थिति नगर के उत्तर में वरुणा और गंगा के मिलन-बिंदु पर मानी है। अतः यह तो निश्चित है कि यह स्थल वाराणसी की प्राचीनतम बस्ती को निश्चित करता है। समर्थन के लिए उत्खनन में 1940 में यहीं से प्राप्त एक गुप्तकालीन मुहर पर उल्लिखित लेख 'वाराणस्याधिष्ठानिधकरणस्य' का भी उल्लेख समीचीन होगा। इस क्षेत्र का सर्वप्रथम वैज्ञानिक उत्खनन काशी हिंदू विश्वविद्यालय के प्रो. अवध किशोर नारायण ने 1957 में प्रारंभ किया। इस कार्य का पुनः आरंभ 1960-61 और बाद के वर्षों में भी चलता रहा।[158] उत्खनन से निम्नलिखित चरण प्रकाश में आए हैं।

## उत्खनन के विभिन्न चरण

**प्रथम काल :** राजघाट की खुदाई से प्राप्त अवशेषों से यह सिद्ध होता है कि मानव ने सर्वप्रथम 8वीं शती ई. पू. के आसपास इस दलदल वाले क्षेत्र को साफ करके निवास प्रारंभ किया। उस समय यहाँ के निवासियों का मुख्य पेशा कृषि था। यहाँ के निवासी मिट्टी के मकानों एवं फूस की झोपड़ियों में रहते थे। सीमित उत्खनन के कारण इस काल के आवासीय भवनों के बारे में विस्तृत जानकारी नहीं मिल सकी, परंतु ऐसा आभास होता है कि इस काल में यह क्षेत्र नगरीकरण की प्रक्रिया से बिल्कुल अनभिज्ञ रहा होगा। इस काल के तीन चरण दृष्टिगत होते हैं–

प्रथम चरण के निचले स्तरों की सीमित खुदाई से आवासीय भवनों एवं स्मारकों के अवशेष नहीं मिले हैं। यहाँ से प्राप्त वस्तुओं में लोहे के उपकरण, अस्थिनिर्मित औजार, बड़ी संख्या में मृण्मूर्तियाँ, मिट्टी की तश्तरियाँ तथा आभूषण आदि मिले हैं।

द्वितीय चरण से सरकण्डे (नरकुल) के टुकड़े तथा कमरों के फर्शों के उत्खनित अंश प्रकाश में आए हैं। इस चरण से एक प्राकार के अवशेष भी मिले हैं[156], जिसे बाद के उत्खननों में तटबंध से समीकृत किया गया है। संभवतः गंगा की बाढ़ से नगर की रक्षा के लिए उक्त तटबंध का निर्माण किया गया था।[160] नगरीकरण के प्रारंभ में तटबंध के निर्माण का यह प्रथम प्रयास था। इस चरण से किसी प्रकार की संरचना के अवशेष नहीं मिले हैं। फिर भी फर्श के उत्खनित अंश के मिलने से इस काल में भवनों के होने की पुष्टि होती है। इसके अतिरिक्त लाल एवं भूरे रंग की मृण्मूर्तियाँ भी मिली हैं जिनमें हाथी और साँड़ की आकृतियाँ मुख्य है। इस चरण की समाप्ति तीसरी-चौथी शती ई. पू. के लगभग हुई।

तृतीय चरण में कच्ची मिट्टी की दीवाल तथा कच्चे फर्श के अवशेष मिले हैं।[161] इसके अतिरिक्त कुछ मृण्मूर्तियाँ, ताँबे के सिक्के तथा मृतिका वलय कूप (Ringwell) भी मिले हैं।

**द्वितीय काल :** द्वितीय काल का प्रारंभ तीसरी शती ई. पू. से प्रारंभ होता

है। यह युग वाराणसी के इतिहास में महत्त्वपूर्ण स्थान रखता है। नगरीय सभ्यता के इतिहास में विकास का यह प्रथम काल था। इस काल में कृष्ण-लेपित परंपरा, कृष्ण लोहित पात्र एवं उत्तरी काले चमकीले मृण्भाण्डों का प्रयोग बहुतायत में मिलता है[162], जो इस काल के आर्थिक और तकनीकी विकास के स्पष्ट प्रमाण है।

इस काल की सबसे महत्त्वपूर्ण उपलब्धि भवनों के निर्माण में पकी ईंटों का प्रयोग था। यदा-कदा मकानों में कच्ची ईंटों का प्रयोग भी मिलता है। भवनों में पकी ईंटों के प्रयोग से जहाँ एक ओर इनकी तकनीकी प्रगति की जानकारी मिलती है, वहीं दूसरी ओर जनता की सुख-समृद्धि का भी ज्ञान होता है। भवनों की नींव में कंकड़ पत्थर एवं ईंटों के टुकड़ों को डाला जाता था। उत्खनन से एक स्थान पर कंकड़-पत्थर से युक्त कंकरीट की नींव भी मिली है।[163]

भवनों की छत के निर्माण में खपरैल (रुफटाइल्स) का प्रयोग मिलता है। इनको लोहे के कीलों से बाँधा जाता था। दीवालों में स्तंभ-गर्त (पोस्ट-होल्स) के अवशेष भी मिले हैं, जिससे यह सिद्ध होता है कि छत को टिकाने के लिए लकड़ी या बाँस के खंभों का प्रयोग किया जाता था।[164] मकान एक सीध में बनाए जाते थे और दो मकानों के मध्य कुछ स्थान छोड़ दिया जाता था। स्पष्टतः शुद्ध वायु और नगर की स्वच्छता के लिए ही ऐसा किया जाता था। इन मकानों के मध्य गोलाकार कुएँ भी मिलें हैं। कभी-कभी ये कुएँ मकानों के अंदर भी स्थित होते थे। पूर्ण खुदाई के अभाव में कुछ निश्चित कहना कठिन है लेकिन कमरे के अंदर ऐसे कुओं के मिलने से ऐसा प्रतीत होता है कि इनका उपयोग शौच आदि के लिए किया जाता रहा होगा।[165]

उत्खनन से पता चलता है कि प्रावस्था 1 में कमरों का औसत आकार 2. 56 मीx2.26 तथा प्रावस्था 2 में 1.90 मी.x2.92 मी. था। प्रत्येक परिवार के रहने के लिए दो कमरे थे। इन कमरों में दो दरवाजे, एक दालान (प्रकोष्ठ), एक कुआँ, स्नानार्थ चबूतरा तथा नाली सम्मिलित थी। यहाँ से सोख्ता घड़े और मृतिकावलय कूप के भी अवशेष मिले हैं। इसके अतिरिक्त पकी ईंटों से निर्मित एक नाली के अवशेष भी मिले हैं। यह नाली उत्तर से दक्षिण 2.75 मीटर लंबाई में विस्तृत थी, जो बड़े आकार की ईंटों से आवृत थी। सफाई की सुविधा के लिए नाली में लंबवत् ईंटों का प्रयोग मिलता है।

इस काल में कच्ची ईंटों का प्रयोग भी मिलता है। उत्खनन से चार रद्दों वाले एक भवन का भी पता चला है। इस भवन में प्रयुक्त ईंटें 39x30x7 सें. मी. आकार की है। पकी ईंटों की माप दो वर्गों में दृष्टिगत होती है। एक वर्ग में प्रयुक्त ईंटें 50x31x5 सें. मी. आकार की है। तथा दूसरे वर्ग में 48x28x5 सें. मी. आकार की है। इस काल का अंत ईसवी सन् के प्रारंभ में हुआ होगा।

**तृतीय काल :** इस काल का प्रारंभ ईसवी शती से लेकर तीसरी शताब्दी ई.

के मध्य माना जाता है। आवासीय संरचना की दृष्टि से यह काल सर्वाधिक समृद्ध था। इस काल के सभी भवन पकी ईटों से निर्मित हैं। इनमें प्रयुक्त ईंटें मुख्यतः दो आकार की हैं—एक प्रकार की ईंटें जिनकी माप 40 से. मी. × 25 से. मी.×5 से. मी. है तथा दूसरे प्रकार की ईंटें 39 से. मी.×29 से. मी.×5 से. मी. माप की है।[166] इस काल की उत्खनित संरचना को अध्ययन की सुविधा की दृष्टि से उत्खननकर्ताओं ने तीन संरचनात्मक प्रावस्थाओं में विभक्त किया है।

**संरचनात्मक प्रावस्था** 1 में ऐसे भवनों की नींव मिलती है जिनमें कमरे का आकार 4 मी.×4.21 मी. लंबा है और एक-दूसरे को पूर्व के छोर पर काटते हैं। इसकी नींव की मोटाई 20 सें. मी. चौड़ी थी। इसके साथ दो मुड़ी हुई दीवालें भी थीं। इस संरचना से बड़े आकार के कमरे का पता चलता है, जिसका एक पार्श्व 6.06 मीटर लंबा था। यहीं से ईंटों के प्लेटफार्मयुक्त एक कुआँ भी मिला था। फर्श के कोने में वृत्ताकार धँसा हुआ एक स्थान था। संभवतः यहाँ सोख्ता घड़े (सोकेज जार्स) या कोई उपकरण रखा गया होगा।[167]

**संरचनात्मक प्रावस्था** 3 में कंकरीट की एक 24 सें. मी. मोटी फर्श और कुछ दीवालों के अवशेष मिले हैं इसमें एक दीवाल 2. 27 मीटर लंबी थी, जिसमें प्रयुक्त ईंटों की 11 परते हैं। इसके अतिरिक्त कई अन्य दीवालों के अवशेषों का भी पता चला है, लेकिन भग्नावस्था में होने के कारण इनसे किसी निश्चित योजना की जानकारी नहीं हो पाती। भवनों की निर्माण योजना से यह स्पष्ट परिलक्षित होता है कि उनकी रचना दिशाओं को ध्यान में रखकर की जाती थी।[168]

इस काल के उत्खनित सभी मृदभांड लाल रंग के हैं। रोचक है कि द्वितीय काल में इस प्रकार के मृदभांडों का प्रयोग अपेक्षाकृत कम मिलता है, जबकि इस काल में इनका प्रयोग आकार और पकाने की नई प्रक्रिया के रूप में दृष्टिगत होता है। अन्य महत्त्वपूर्ण वस्तुओं में सिक्कों एवं मुहरों का प्रयोग मुख्य है। यहाँ से 400 मुहरें एवं राजमुद्रांक (सीलिंग्स) परिष्कृत एवं अपरिष्कृत रूप में मिली हैं। उल्लेख्य है कि इसी प्रकार के राज्यमुद्रांक (सीलिंग्स) अगियाबीर से भी मिली हैं जिनका विवरण अध्याय 9 में दिया गया है। पुरालिपि संबंधी चिन्हों से ये मुहरें पहली शताब्दी और तीसरी शताब्दी के मध्य की प्रतीत होती हैं। इस काल में पहली बार डाईस्ट्रक सिक्कों का प्रयोग मिलता है। यहाँ से कौशांबी और अयोध्या के दो सिक्के भी मिले हैं, जिन पर लेख क्रमशः 'नवस्' और 'शिवदत्तस' अंकित हैं। इस काल से बड़ी संख्या में मुहरों एवं राजमुद्रांकों का मिलना तथा समर्थनस्वरूप सिक्कों का प्राप्त होना, इस तथ्य का स्पष्ट प्रमाण है कि इस काल में व्यापार और वाणिज्य के क्षेत्र में उल्लेखनीय प्रगति हुई।[169]

**चतुर्थ काल :** यह काल 300 से 700 ई. के बीच विकसित था। इस काल के निर्मित भवन पूर्व-युग के भवनों से भिन्न थे। इस काल के सभी अवशेष गुप्तयुगीन

हैं। इस काल के मकान सभी सुविधाओं से युक्त थे। इन मकानों में स्नानगृह, पाकशाला एवं भंडारकक्ष इत्यादि मिलते हैं। इस काल की प्राप्त वस्तुओं में दो कुंड, बर्तन रखने के मर्तबान, एक कंकरीट की जाली मुख्य हैं। कमरों में प्रयुक्त इटें 41.5 से.मी. x 26.5 से. मी. x 5 से. मी. आकार की हैं।

उपर्युक्त तथ्यों के विवेचन से यह स्पष्ट है कि विभिन्न युगों में भवन-निर्माण की प्रक्रिया में पर्याप्त अंतर मिलता है। निर्माण की प्रथम प्रक्रिया के पश्चात् उत्तरोत्तर परिवर्द्धन का क्रम परिलक्षित होता है। सर्वप्रथम 8वीं शती ईसवी पूर्व में मानव मुख्यतः कच्ची मिट्टी के मकानों एवं झोपड़ियों में निवास करता था। परंतु नगरीकरण की प्रक्रिया के प्रारंभ के फलस्वरूप दूसरी-तीसरी सदी ई. पू. में भवनों के निर्माण में पकी ईंटों का प्रयोग होने लगा। इस काल में कच्ची ईंटों का प्रयोग भी मिलता है। लोगों को लोहे का ज्ञान हो चुका था, इसलिए भवनों में लोहे की कीलों का उपयोग आवश्यकतानुसार होने लगा।[170] ईसवी सन् के प्रारंभ से तीसरी शताब्दी तक इन भवनों में पकी ईंटों का प्रयोग बहुलता से मिलता है। इस काल के कमरे पूर्ववर्ती कमरों से बड़े होते थे। भवनों की नींव कंकरीट एवं ईंटों के टुकड़ों से भरी जाती थी। तीसरी शताब्दी से सातवीं शताब्दी के भवनों में भी पकी ईंटों का प्रयोग मिलता है।

## सारनाथ का संक्षिप्त परिचय

सारनाथ वाराणसी से 6.4 कि. मी. उत्तर में स्थित है। इसका प्राचीन नाम ऋषिपतन (इसिपतन या मृगदाव) (हिरनों का जंगल) था। ऋषिपतन से तात्पर्य 'ऋषि का पतन' से है जिसका आशय है वह स्थान जहाँ किसी एक बुद्ध ने गौतम बुद्ध भावी संबोधि को जानकर निर्वाण प्राप्त किया था।[171] मृगों के विचरण करने वाले स्थान के आधार पर इसका नाम मृगदाव पड़ा, जिसका वर्णन निग्रोधमृग जातक में भी आया है।[172] आधुनिक नाम 'सारनाथ' की उत्पत्ति 'सारंगनाथ' (मृगों के नाथ) अर्थात् गौतम बुद्ध से हुई।

बुद्ध के प्रथम उपदेश (लगभग 533 ई. पू.) से 300 वर्ष बाद तक का सारनाथ का इतिहास अज्ञात है; क्योंकि उत्खनन से इस काल का कोई भी अवशेष नहीं प्राप्त हुआ है।[173] सारनाथ की समृद्धि और बौद्ध धर्म का विकास सर्वप्रथम अशोक के शासनकाल में दृष्टिगत होता है। उसने सारनाथ में धर्मराजिका स्तूप, धमेख स्तूप एवं सिंह स्तंभ का निर्माण करवाया। अशोक के उत्तराधिकारियों के शासन-काल में पुनः सारनाथ अवनति की ओर अग्रसर होने लगा। ई. पू. दूसरी शती में शुंग राज्य की स्थापना हुई; लेकिन सारनाथ से इस काल का कोई लेख नहीं मिला। प्रथम शताब्दी ई. के लगभग उत्तर भारत के कुषाण राज्य की स्थापना के साथ ही एक बार पुनः बौद्ध धर्म की उन्नति हुई। कनिष्क के राज्यकाल के तीसरे वर्ष में भिक्षु बल ने यहाँ

एक बोधिसत्व प्रतिमा की स्थापना की। कनिष्क ने अपने शासन-काल में न केवल सारनाथ में वरन् भारत के विभिन्न भागों में बहुत-से विहारों एवं स्तूपों का निर्माण करवाया।

सारनाथ के इतिहास में सबसे गौरवपूर्ण समय गुप्तकाल था। उस समय यह मथुरा के अतिरिक्त उत्तर भारत में कला का सबसे बड़ा केंद्र था। हर्ष के शासन-काल में ह्वेनसाँग भारत आया था। उसने सारनाथ को अत्यंत खुशहाल बताया था। हर्ष के बाद कई सौ वर्ष तक सारनाथ विभिन्न शासकों के अधिकार में था लेकिन इनके शासनकाल में कोई विशेष उपलब्धि नहीं हो पाई। महमूद ग़ज़नवी (1017 ई.) के वाराणसी आक्रमण के समय सारनाथ को अत्यधिक क्षति पहुँची। पुनः 1026 ई. में सम्राट महीपाल के शासन काल में स्थिरपाल और बसन्तपाल नामक दो भाइयों ने सम्राट की प्रेरणा से काशी के देवालयों के उद्धार के साथ-साथ धर्मराजिका स्तूप एवं धर्मचक्र का भी उद्धार किया। गाहड़वाल वंश के शासन-काल में गोविंदचंद्र की रानी कुमार देवी ने सारनाथ में एक विहार बनवाया था।[174] उत्खनन से प्राप्त एक अभिलेख से भी इसकी पुष्टि होती है[175] इसके पश्चात् सारनाथ के वैभव का अंत हो गया।

## सारनाथ का उत्खनन

सारनाथ के संदर्भ में ऐतिहासिक जानकारी पुरातत्वविदों को उस समय हुई लब काशीनरेश चेत सिंह के दीवान जगत सिंह ने धर्मराजिका स्तूप को अज्ञानवश खुदवा डाला। इस घटना से जनता का आकर्षण सारनाथ की ओर बढ़ा। इस क्षेत्र का सर्वप्रथम सीमित उत्खनन कर्नल मैकेंजी ने 1815 ई. में करवाया[176] लेकिन उनको कोई महत्त्वपूर्ण सफलता नहीं मिली। इस उत्खनन से प्राप्त सामग्री अब कलकत्ता के भारतीय संग्रहालय में सुरक्षित है। मैकेंजी के उत्खनन के 20 वर्ष पश्चात् 1835-36 में कनिंघम ने सारनाथ का विस्तृत उत्खनन करवाया। उत्खनन में उन्होंने मुख्य रूप से धमेख स्तूप, चौखंडी स्तूप एवं मध्यकालीन विहारों को खोद निकाला।[177] कनिंघम को धमेख स्तूप से 3 फुट नीचे 600 ई. का एक अभिलिखित शिलापट्ट (28¾ इंच x 13 इंच x 43 इंच आकार का) मिला।[178] इसके अतिरिक्त यहाँ से बड़ी संख्या में भवनों में प्रयुक्त पत्थरों के टुकड़े एवं मूर्तियाँ भी मिलीं, जो अब कलकत्ता के भारतीय संग्रहालय में सुरक्षित हैं।

1851-52 ई. में मेजर किटोई ने यहाँ उत्खनन करवाया जिसमें उन्हें धमेख स्तूप के आसपास अनेक स्तूपों एवं दो विहारों के अवशेष मिले, परंतु इस उत्खनन की रिपोर्ट प्रकाशित न हो सकी। किटोई के उपरांत एडवर्ड थामस[179] तथा प्रो. फिट्ज एडवर्ड हार्न[180] ने खोज कार्य जारी रखा। उनके द्वारा उत्खनित वस्तुएँ अब भारतीय संग्रहालय कलकत्ता में हैं।

इस क्षेत्र का सर्वप्रथम विस्तृत एवं वैज्ञानिक उत्खनन एच. बी. ओरटल ने

# फलक-3

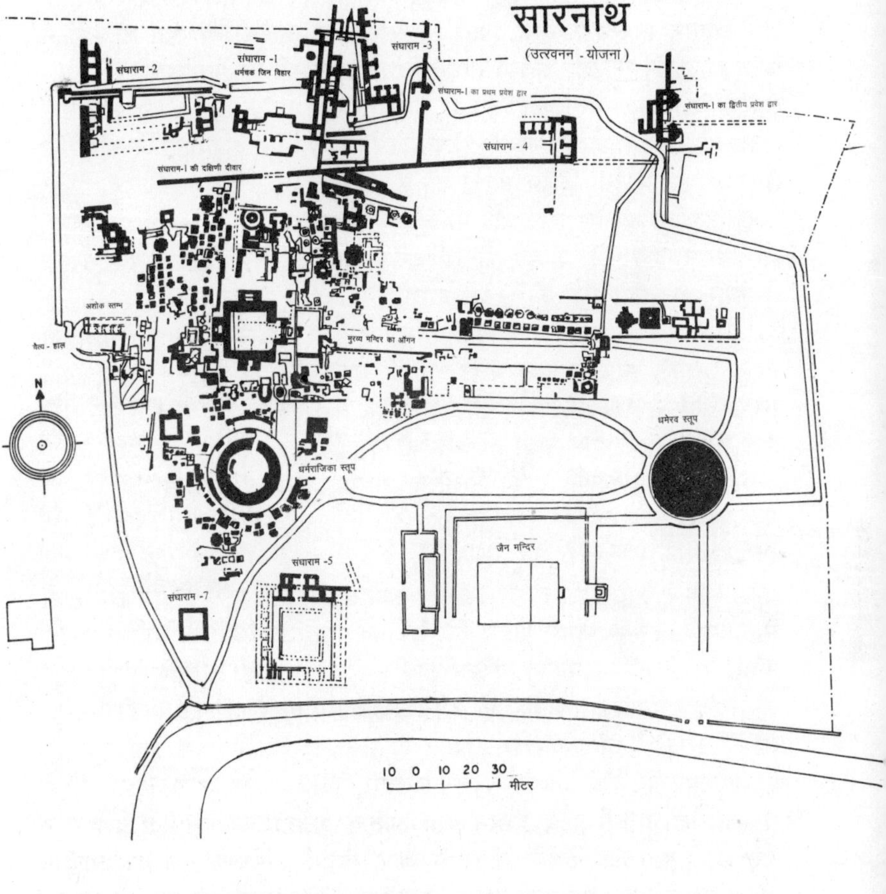


सारनाथ (मानचित्र)

करवाया।[181]उत्खनन 200 वर्ग फुट क्षेत्र में किया गया। यहाँ से मुख्य मंदिर तथा अशोक स्तंभ के अतिरिक्त बड़ी संख्या में मूर्तियाँ एवं शिलालेख मिले हैं। प्रमुख मूर्तियों में बोधिसत्व की विशाल अभिलिखित मूर्ति, आसनस्थ बुद्ध की मूर्ति, अवलोकितेश्वर, बोधिसत्व, मंजुश्री, नीलकंठ की मूर्तियाँ तथा तारा, वसुंधरा आदि की प्रतिमाएँ भी हैं।[182]

पुरातत्व विभाग के डायरेक्टर जनरल जान मार्शल ने अपने सहयोगियों स्टेनकोनो और दयाराम साहनी के साथ 1907 में सारनाथ के उत्तर-दक्षिण क्षेत्रों में उत्खनन किया। उत्खनन से उत्तर क्षेत्र में तीन कुषाणकालीन मठों का पता चला।[183] दक्षिण क्षेत्र से विशेषकर धर्मराजिका स्तूप के आसपास तथा धमेख स्तूप के उत्तर से उन्हें अनेक छोटे-छोटे स्तूपों एवं मंदिरों के अवशेष मिले। इनमें से कुमारदेवी के अभिलेखों से युक्त कुछ मूर्तियाँ विशेष महत्त्व की हैं।[184]

उत्खनन का यह कार्य बाद के वर्षों में भी जारी रहा। 1914-15 ई. में एच. हारग्रीव्स ने मुख्य मंदिर के पूर्व और पश्चिम में खुदाई करवाई। उत्खनन में मौर्यकाल से लेकर मध्यकाल तक की अनेक वस्तुएँ मिलीं।[185]

इस क्षेत्र का अंतिम उत्खनन दयाराम साहनी के निर्देशन में 5 सत्रों तक चलता रहा।[186] धमेख स्तूप से मुख्य मंदिर तक के संपूर्ण क्षेत्र का उत्खनन किया गया। इस उत्खनन से दयाराम साहनी को एक 1 फुट 9½ इंच लंबी, 2 फुट 7 इंच चौड़ी तथा 3 फुट गहरी एक नाली के अवशेष मिले।[187]

उपर्युक्त उत्खननों से निम्नलिखित स्मारक प्रकाश में आए हैं–

## चौखंडी स्तूप

धमेख स्तूप से आधा मील दक्षिण यह स्तूप स्थित है, जो सारनाथ के अवशिष्ट स्मारकों से अलग है। इस स्थान पर गौतम बुद्ध ने अपने पाँच शिष्यों को सबसे प्रथम उपदेश सुनाया था जिसके स्मारकस्वरूप इस स्तूप का निर्माण हुआ। ह्वेनसाँग ने इस स्तूप की स्थिति सारनाथ से 0.8 कि. मी. दक्षिण-पश्चिम में बताई है, जो 91.44 मी. ऊँचा था।[188] इसकी पहचान चौखंडी स्तूप से ठीक प्रतीत होती है। इस स्तूप के ऊपर एक अष्टपार्श्वीय बुर्जी बनी हुई है। इसके उत्तरी दरवाजे पर पड़े हुए पत्थर पर फारसी में एक लेख उल्लिखित है, जिससे ज्ञात होता है कि टोडरमल के पुत्र गोवर्द्धन ने सन् 1589 ई. (996 हिजरी) में इसे बनवाया था। लेख में वर्णित है कि हुमायूँ ने इस स्थान पर एक रात व्यतीत की थी, जिसकी यादगार में इस बुर्ज का निर्माण संभव हुआ।[189]

एलेक्जेंडर कनिंघम ने 1836 ई. में इस स्तूप में रखे समाधि चिन्हों की खोज में इसके केंद्रीय भाग में खुदाई की, इस खुदाई से उन्हें कोई महत्त्वपूर्ण वस्तु नहीं मिली। सन् 1905 ई. में श्री ओरटेल ने इसकी फिर से खुदाई की। उत्खनन में इन्हें

कुछ मूर्तियाँ, स्तूप की अठकोनी चौकी और चार गज ऊँचे चबूतरे मिले। चबूतरे में प्रयुक्त ऊपर की ईंटें 12 इंचx10 इंच×2¾ इंच और 14¾ इंच×10 इंच×2¾ इंच आकार की थीं जबकि नीचे प्रयुक्त ईंटें 14½ इंच×9 इंच×2½ इंच आकार की थीं।[190]

इस स्तूप का 'चौखंडी' नाम पुराना जान पड़ता है। इसके आकार-प्रकार से ज्ञात होता है कि एक चौकोर कुर्सी पर ठोस ईंटों की क्रमशः घटती हुई तीन मंजिलें बनाई गई थीं। सबसे ऊपर मंजिल की खुली छत पर संभवतः कोई प्रतिमा स्थापित थी। गुप्तकाल में इस प्रकार के स्तूपों को 'त्रिमेधि स्तूप' कहते थे।[191] उत्खनन से प्राप्त सामग्रियों के आधार पर यह निश्चित हो जाता है कि गुप्तकाल में इस स्तूप का निर्माण हो चुका था।

## धर्मराजिका स्तूप

इस स्तूप का निर्माण अशोक ने करवाया था। दुर्भाग्यवश 1794 ई. में जगत सिंह के आदमियों ने काशी का प्रसिद्ध मुहल्ला जगतगंज बनाने के लिए इसकी ईंटों को खोद डाला था। खुदाई के समय 8.23 मी. की गहराई पर एक प्रस्तर पात्र के भीतर संगरमरमर की मंजूषा में कुछ हड़्डियाँ एवं सुवर्णपात्र, मोती के दाने एवं रत्न मिले थे, जिसे उन्होंने विशेष महत्त्व का न मानकर गंगा में प्रवाहित कर दिया।[192] यहाँ से प्राप्त महीपाल के समय के 1026 ई. के एक लेख में यह उल्लेख है कि स्थिरपाल और बसंतपाल नामक दो बंधुओं ने धर्मराजिका और धर्मचक्र का जीर्णोद्धार किया।[193]

1907-08 ई. में मार्शल के निर्देशन में खुदाई से इस स्तूप के क्रमिक परिनिर्माणों के इतिहास का पता चला।[194] इस स्तूप का कई बार परिवर्द्धन एवं संस्कार हुआ। इस स्तूप के मूल भाग का निर्माण अशोक ने करवाया था। उस समय इसका व्यास 13.48 मीं. (44 फुट 3 इंच) था। इसमें प्रयुक्त कीलाकार ईंटों की माप 19½ इंच×14½ इंच×2½ इंच और 16½इंच×12½ इंच×3½इंच थी। सर्वप्रथम परिवर्द्धन कुषाण-काल या आरंभिक गुप्त-काल में हुआ। इस समय स्तूप में प्रयुक्त ईंटों की माप 17 इंच×10½इंच×2¾इंच थी। दूसरा परिवर्द्धन हूणों के आक्रमण के पश्चात् पाँचवी या छठी शताब्दी में हुआ। इस समय इसके चारों ओर 16 फुट (4.6 मीटर) चौड़ा एक प्रदक्षिणा पथ जोड़ा गया। तीसरी बार स्तूप का परिवर्द्धन हर्ष के शासन-काल (7वीं सदी) में हुआ। उस समय स्तूप के गिरने के डर से प्रदक्षिणा पथ को ईंटों से भर दिया गया और स्तूप तक पहुँचने के लिए सीढ़ियाँ लगा दी गईं। चौथा परिवर्द्धन बंगाल नरेश महीपाल ने महमूद ग़ज़नवी के आक्रमण के दस वर्ष वाद कराया। अंतिम पुनरुद्धार लगभग 1114 ई. से 1154 ई. के मध्य हुआ।[195] इसके पश्चात् मुसलमानों के आक्रमण ने सारनाथ को नष्ट कर दिया।

उत्खनन से इस स्तूप से दो मूर्तियाँ मिलीं। ये मूर्तियाँ सारनाथ से प्राप्त मूर्तियों में मुख्य हैं। पहली मूर्ति कनिष्क के राज्य संवत्सर 3 (81 ई.) में स्थापित विशाल

बोधिसत्व प्रतिमा और दूसरी धर्मचक्रप्रवर्तन मुद्रा में भगवान् बुद्ध की मूर्ति। ये मूर्तियाँ सारनाथ की सर्वश्रेष्ठ कलाकृतियाँ हैं।

## मूलगंधकुटी विहार (मुख्य मंदिर)

यह विहार धर्मराजिका स्तूप से उत्तर की ओर स्थित है। पूर्वाभिमुख इस विहार की कुर्सी चौकोर है जिसकी एक भुजा 18.29 मी. है। सातवीं शताब्दी में भारत-भ्रमण पर आए चीनी यात्री ह्वेनसाँग ने इसका वर्णन 200 फुट ऊँचे मूलगंधकुटी विहार के नाम से किया है।[196] इस मंदिर पर बने हुए नक्काशीदार गोले और नतोदर ढलाई, छोटे-छोटे स्तंभों तथा सुंदर कलापूर्ण कटावों आदि से यह निश्चित हो जाता है कि इसका निर्माण गुप्तकाल में हुआ था।[197] परंतु इसके चारों ओर मिट्टी और चूने की बनी हुई पक्की फर्शों तथा दीवालों के बाहरी भाग में प्रयुक्त अस्त-व्यस्त नक्काशीदार पत्थरों के आधार पर कुछ विद्वानों ने इसे 8वीं शताब्दी के लगभग का माना है।

ऐसा प्रतीत होता है कि इस मंदिर के बीच में बने मंडप के नीचे प्रारंभ में भगवान् बुद्ध की एक सोने की चमकीली आदमकद मूर्ति स्थापित थी। मंदिर में प्रवेश के लिए तीनों दिशाओं में एक-एक द्वार और पूर्व दिशा में मुख्य प्रवेश द्वार (सिंह द्वार) था।[198] कालांतर में जब मंदिर की छत कमजोर होने लगी तो उसकी सुरक्षा के लिए भीतरी दक्षिणापथ को दीवालें उठाकर बन्द कर दिया गया। अतः आने जाने का रास्ता केवल पूर्व के मुख्य द्वार से ही रह गया। तीनों दरवाजों के बंद हो जाने से ये कोठरियों जैसी हो गई, जिसे बाद में छोटे मंदिरों का रूप दे दिया गया। 1904 ई. में श्री ओरटल को खुदाई कराते समय दक्षिण वाली कोठरी में एकाश्मक पत्थर से निर्मित 9½×9½ फुट की मौर्यकालीन वेदिका मिली। इस वेदिका पर उस समय की चमकदार पालिश है। यह वेदिका प्रारम्भ में धर्मराजिका स्तूप के ऊपर हार्निका के चारों ओर लगी थी। इस वेदिका पर कुषाणकालीन ब्राह्मी लिपि में दो लेख अंकित हैं–'आचाया (यूर्या) नाँ सर्वास्तिवादिनां परिगहेतावाम्' और 'आचार्यानां सर्वास्तिवादिनां परिग्राहे'। इन दोनों लेखों से यह ज्ञात होता है कि तीसरी शताब्दी ई. में यह वेदिका सर्वास्तिवादी संप्रदाय के आचार्यों को भेंट की गई थी।[199]

## अशोक स्तंभ

मुख्य मंदिर से पश्चिम की ओर एक अशोककालीन प्रस्तर-स्तंभ है जिसकी ऊँचाई प्रारंभ में 17.55 मी. (55 फुट) थी। वर्तमान समय में इसकी ऊँचाई केवल 2.03 मीटर (7 फुट 9 इंच) है। स्तंभ का ऊपरी सिरा अब सारनाथ संग्रहालय में है। नींव में खुदाई करते समय यह पता चला कि इसकी स्थापना 8 फुट×16 फुट×18 इंच आकार के बड़े पत्थर के चबूतरे पर हुई थी।[200] इस स्तंभ पर तीन लेख उल्लिखित हैं। पहला लेख अशोककालीन ब्राह्मी लिपि में है जिसमें सम्राट ने आदेश दिया है

कि जो भिछु या भिक्षुणी संघ में फूट डालेंगे और संघ की निंदा करेंगे; उन्हें सफेद कपड़े पहनाकर संघ के बाहर निकाल दिया जाएगा। दूसरा लेख कुषाण-काल का है। तीसरा लेख गुप्तकाल का है, जिसमें सम्मितिय शाखा के आचार्यों का उल्लेख किया गया है।[201]

## संघारामों का क्षेत्र

भिक्षुओं के निवास के लिए कई संघारामों का निर्माण किया गया था। इन संघारामों में दो कुषाण काल के थे। इन सभी संघारामों में मुख्यतः एक प्रवेश द्वार, बीच में आँगन, आँगन के चारों ओर खंभों पर आश्रित बरामदा और कोठरियाँ बनीं थीं।

## संघाराम 1 (धर्मचक्रजिन विहार)

इस विहार का निर्माण कन्नौज के गहड़वाल शासक गोविंदचंद (1114-1154 ई.) की पत्नी कुमारदेवी ने करवाया था। इस विहार की पूर्व से पश्चिम लंबाई 760 फुट थी।[202] इसके आँगन की फर्श पकी ईंटों से ढकी थी जिसके तीन ओर कमरे निर्मित थे। विहार की कुर्सी 8 फुट ऊँची थी जिसमें प्रयुक्त ईंटों की चिनाई नियमित है, यद्यपि भिक्षुओं के रहने के कक्ष अब ढह चुके हैं। प्रवेश के लिए पूर्व की ओर दो सिंह द्वार थे जिनके बीच की दूरी 88.89 मी. (290 फुट) थी।[203] प्रवेश के दोनों ओर बड़े कक्ष थे। द्वार की बुर्जियों में जुड़ाई सुंदर एवं अलंकृत हैं। इस विहार के नीचे पूर्वकालीन तीन विहारों के अवशेष पाए गए हैं। पश्चिमी किनारे पर विहार संख्या-2, कुमारदेवी विहार के पूर्वी तोरण के सामने विहार-संख्या-3 और दो सिंह द्वारों के मध्य जमीन के नीचे विहार संख्या-4 हैं।

इस विहार के पश्चिम की ओर एक पटी हुई सुरंग (54.85 मी. लंबी) मिली है जिसकी चौड़ाई 1.83 मीं. है। इसकी दीवालों में पत्थर और ईंटों की चिनाई है। यह सुरंग एक कमरे में जाकर समाप्त हो जाती।[204] यहाँ से प्राप्त सभी मूर्तियाँ मध्यकालीन हैं।

## संघाराम 2, 3, 4

संघाराम 2 आरंभिक गुप्तकाल का है। इसके मध्य में 27.69 मीं. (90 फुट) का एक चौकोर आँगन था, जिसके चारों ओर 0.99 मीटर (3 फुट 3 इंच) आकार की छोटी दीवाल थी जिसके ऊपर बरामदे के खम्भे उठाए गए थे। बरामदे के पीछे कक्षों की पंक्तियाँ थीं जिनमें से अब केवल नौ कमरे के चिह्न बचे हैं।[205]

संघाराम 3 की कुर्सी अत्यन्त नीची है और इसका तलपत्तन संघाराम 2 के सदृश्य था। उत्खनन से पश्चिम की ओर एक मन्दिर, दक्षिण की ओर चार कक्ष, बरामदे का कुछ भाग तथा आँगन के अवशेष मिले हैं। बाहरी दीवाल 5 फुट 6 इंच

## फलक - 4

फलक– 4 : सारनाथ : मुख्य मन्दिर का दक्षिणी पार्श्व

सारनाथ : मुख्य मन्दिर का दक्षिणी पार्श्व

चौड़ी थी। खंभों पर बनी शैली से यह विहार कुषाणकालीन प्रतीत होता है। दीवालों की औसत ऊँचाई 3.04 मीं. (10 फुट) थी। इन्हें देखने से ऐसा प्रतीत होता है कि यह इमारत दो मंजिल की रही होगी। उत्खनन से आँगन के बीच में 10 इंच गहरी और 7 इंच चौड़ी एक ढकी नाली के भी अवशेष मिले हैं।[206]

संघाराम 4 का आँगन भूमि से 4.42 मीटर (14 फुट 6 इंच) नीचे था। उत्खनन में आँगन और बरामदे का कुछ भाग तथा पूर्व की ओर दो कोठरियों के अवशेष प्रकाश में आए हैं। बरामदे के खंभों की पंक्ति संघाराम 3 की भाँति 2 फुट 2 इंच ऊँची दीवाल पर निर्मित थी। बरामदे की चौड़ाई 7 फुट 10 इंच तक थी।[207]

## धमेख स्तूप (धर्मचक्र स्तूप)

यह स्तूप एक ठोस गोलाकार बुर्ज की भाँति है। इसका व्यास 28.35 मीटर (93 फुट) और ऊँचाई 39.01 मीटर (143 फुट) है। 11.20 मीटर तक इसका घेरा सुंदर अलंकृत शिलापट्टों से आच्छादित है। इसका यह आच्छादन कला की दृष्टि से अत्यंत सुंदर एवं आकर्षक है। अलंकारणों में मुख्य रूप से स्वस्तिक, नद्यावर्त सदृश विविध आकृतियाँ और फूल-पत्ती के कटाव की बेलें हैं। इस प्रकार के बल्लभी प्रधान अलंकरण बनाने में गुप्तकाल के शिल्पी पारंगत थे। इस स्तूप की नींव अशोक के समय में पड़ी। इसका विस्तार कुषाण-काल में हुआ, लेकिन गुप्तकाल में यह पूर्णतः तैयार हुआ। यह साक्ष्य पत्थरों की सजावट और उन पर गुप्त लिपि में अंकित चिन्हों से निश्चित होता है।

कनिंघम ने सर्वप्रथम इस स्तूप के मध्य खुदाई कराकर 0.91 मीटर (3 फुट) नीचे एक शिलापट्ट प्राप्त किया था। इस शिलापट्ट पर सातवीं शताब्दी की लिपि में 'ये धर्महेतु प्रभवा' मंच अंकित था। इस स्तूप में प्रयुक्त ईंटें 14½इंच×8½इंच×2¼इंच आकार की हैं।[208]

धमेक (धमेख) शब्द की उत्पत्ति के बारे में विद्वानों का मत है कि यह संस्कृत के 'धर्मेज्ञा' शब्द से निकला है। किंतु 11वीं शताब्दी की एक मुद्रा पर 'धमाक जयतु' शब्द मिलता है। जिससे उसकी उत्पत्ति का ऊपर लिखे शब्द से संबंधित होना संदेहास्पद लगता है। इस मुद्रा में इस स्तूप को धमाक कहा गया है। इसे लोग बड़ी आदर की दृष्टि से देखते थे और इसकी पूजा करते थे।[209] कनिंघम ने 'धमेख' शब्द को संस्कृत शब्द 'धर्मोपदेशक' का संक्षिप्त रूप स्वीकार किया है।[210] उल्लेखनीय है कि बुद्ध ने सर्वप्रथम यहाँ 'धर्मचक्र' प्रारंभ किया था। अतः ऐसा संभव है कि इस कारण ही इसका नाम धमेख पड़ा हो।

## अकथा का उत्खनन

अकथा नामक पुरास्थल (83°0' पूर्वी अक्षाँश और 25°22' उत्तरी देशांतर के मध्य)

## फलक - 5

फलक– 5 अ : धमेरव स्तूप (छठवीं-सातवीं शताब्दी ईसवी)

सारनाथ से 2 किमी. दक्षिण–पश्चिम में स्थित हैं। इस स्थल का उत्खनन प्राचीन भारतीय इतिहास, संस्कृति एवं पुरातत्व विभाग, काशी हिंदू विश्वविद्यालय के प्रो. विदुला जायसवाल एवं डॉ. बीरेन्द्र प्रताप सिंह के संयुक्त निर्देशन में उनके विभागीय सहयोगी डॉ. अशोक कुमार सिंह द्वारा फरवरी-अप्रैल, 2002 के मध्य किया गया।[211] यह उत्खनन कार्य पुनः 2004 फरवरी-अप्रैल के मध्य प्रो. विदुला जायसवाल एवं लेखक के संयुक्त निर्देशन में सम्पन्न हुआ। नरोखर नाला के दक्षिणी किनारे पर स्थित यह पुरास्थल चार वर्ग किमी. में फैला हुआ है। उत्खनन कार्य मुख्य रूप से अकथा-1 और अकथा-2 में किया गया। उत्खनन में चार सांस्कृतिक कालों की सामग्री प्रकाश में आई। :

| | | |
|---|---|---|
| प्रथम काल | : | पूर्व उत्तरी कृष्ण परिमार्जित संस्कृति (प्री एन. बी. पी. काल) (लगभग 1200 ई. पू. से 600 ई. पू. तक) |
| द्वितीय काल | : | उत्तरी कृष्ण परिमार्जित संस्कृति (600 ई. पू. से 200 ई. पू. तक) |
| तृतीय काल | : | शुंग कुषाण काल (200 ई. पू. से 300 ईसवी तक) |
| चतुर्थ काल | : | गुप्तकालीन संस्कृति (300 ईसवी से 600 ईसवी तक) |

पुरास्थल-1 वर्तमान अकथा गाँव के दक्षिण–पश्चिम किनारे पर स्थित है जहाँ बड़ी संख्या में प्रस्तर प्रतिमाएँ बिखरी पड़ी हैं। यह वही स्थान है जहाँ से कुछ वर्ष पूर्व एक यक्ष प्रतिमा मिली थी। यह अब सारनाथ संग्रहालय में सुरक्षित है। यह यक्ष प्रतिमा प्रथम–द्वितीय शताब्दी ईसा पूर्व की है। इस क्षेत्र के उत्खनन में ईटों से निर्मित तीन संरचनाएँ (संरचना-1, संरचना-2 और संरचना-3) मिली है। संरचना-1 के निर्माण में खंडित ईटों का प्रयोग किया गया है। बनावट के आधार पर यह संरचनाएँ गुप्तकालीन प्रतीत होती हैं। संरचना-2 और 3 एक दीवाल के क्षतिग्रस्त भाग हैं। इस दीवाल में प्रयुकत ईटों की माप 44×27.5×6 सेमी. और 44×26×6 सेमीं आकार की है। यह संरचनाएँ कुषाणकालीन है। इन संरचनाओं के नीचे शुंगकालीन तीन क्रमागत फर्शों (Successive floors) के प्रमाण मिले हैं। इन फर्शों को मृदभांड के टुकड़ों और मिट्टी को कूटकर बनाया गया है। हाल (2004) के उत्खनन में मुख्य स्थल पर कुछ कुषाणकालीन संरचनाओं के अवशेष मिले हैं जो आवासीय प्रमाण नहीं प्रतीत होते। इसके अतिरिक्त दो मुहरें एवं बड़ी संख्या में तांबे के सिक्के भी मिले हैं।

अकथा–1 से प्राप्त मुख्य मृदभांड परंपराएँ कृष्ण लोहित, कृष्ण लेपित, उत्तरी कृष्ण परिमार्जित मृदभांड, भूरे रंग के मृत्पात्र एवं लाल रंग के मृत्पात्र हैं। कृष्ण लोहित (ब्लैक एंड रेड वेयर) मृदभांड के कटोरे, तसले, घड़े, कृष्ण लेपित मृदभांड (ब्लैक स्लिप्ड), उत्तरी कृष्ण परिमार्जित मृदभांड (एन. बी. पी. वेयर) एवं भूरे रंग (ग्रे वेयर) की थालियाँ एवं कटोरे मुख्य हैं। लाल मृदभांड (रेड वेयर) के कटोरे, घड़े, अवठ रहित हाड़ियां (कारिनेटेड) एवं गुलाबपाश (स्प्रिन्कलर) बड़ी संख्या में प्राप्त हुए हैं।

अन्य वस्तुओं में ताम्रशलाका, ताबें, मिट्टी और अर्द्धमूल्यवान पत्थरों के बने मनके, लोढ़े एवं खिलौने तथा पकी मिट्टी की मानव एवं पशु मूर्तियाँ हैं।

अकथा-2 मुख्य टीले से ½ किमी. दक्षिण में स्थित है जो 'कब्रगाह' के नाम से जाना जाता है। यह क्षेत्र अपने में एकल संस्कृति का अस्तित्व छिपाए हुए हैं। आवासीय बस्तियों के निर्माण के लिए ठीकेदारों द्वारा इन टीलों को समतल किये जाने के कारण यहाँ त्वरित निस्तारण कार्य (Salvage operation) करना पड़ा। यहाँ 3 मीX3 मी. की 6 खत्तियों में उत्खनन कार्य किया गया। उत्खनन में यहाँ से पूर्व कृष्ण परिमार्जित संस्कृति के अवशेष प्रकाश में आए हैं जो ताम्रपाषाण कालीन है। अकथा से अभी कोई कार्बन तिथि नहीं मिली है लेकिन अन्य स्थलों से प्राप्त मृदभांडों के साथ तुलनात्मक अध्ययन के आधार पर इस एकल संस्कृति की तिथि 1200-1300 ई. पू. में निर्धारित की जा सकती है।

प्रथम काल की संस्कृति के लोग अपने मकानों के निर्माण में मिट्टी, लकड़ी एवं फूस का प्रयोग करते थे। उत्खनन में चार स्तंभ गर्तों से युक्त एक फर्श मिला है। जिसे मिट्टी के बर्तनों के छोटे टुकड़ों एवं मिट्टी को कूटकर सुदृढ़ बनाया गया है। फर्श पर एक चूल्हे के अवशेष भी मिले हैं। यह फर्श अकथा में आवासीय प्रमाण का सबसे प्राचीन साक्ष्य है। उत्खनन में पशुओं की जली हुई हड्डियाँ बड़ी संख्या में मिली हैं। इसमें से कुछ हड्डियों पर काटने के निशान भी हैं। जिससे ज्ञात होता है कि माँस-भक्षण के लिए इन पशुओं का वध किया गया था। इस काल के प्राप्त औजारों में पशु-अस्थियों से बने बाणाग्र उल्लेख्य हैं।

अकथा-2 के उत्खनन से प्राप्त मृदभांड कृष्ण लोहित, कृष्ण लेपित एवं लाल प्रकार के हैं। लाल मृदभांडों पर लेप का प्रयोग भी मिलता है। यहाँ के निवासियों को मृदभांड अलंकरण का भी विशेष ज्ञान था। उत्खनन से डोरी छापित, चटाई की छाप युक्त एवं चिपकवा पद्धति से अलंकृत मृदभांडों के टुकड़े प्रथम काल के निचले स्तर से प्राप्त हुए हैं।

अकथा उत्खनन का नवीनतम साक्ष्य वाराणसी की प्राचीनता को बारहवीं—तेरहवीं शताब्दी ईसा पूर्व में स्थापित करता है। इस परिप्रेक्ष्य में सारनाथ और राजघाट के प्रारंभिक स्तरों के पुनर्मूल्याँकन की आवश्यकता है। नगरीकरण के संदर्भ में यह नवीनतम साक्ष्य एक नई दिशा प्रदान करता है एवं काशी के एक जनपद के रूप में विकसित होने की प्रक्रिया में इसका महत्वपूर्ण योगदान रहा होगा।

## संदर्भ

1. डायना एल इक, बनारस सिटी ऑफ़् लाइट (न्यूयार्क, 1982), प्रथम संस्करण, पृ. 4
2. एम. ए. शेरिंग, दि सेक्रेड सिटीज ऑफ़् दि हिंदूज, (लंदन, 1968) पृ. 19-34
3. जे. मरडाक, काशी और बनारस (1894) पृ. 5

4. ई. ग्रीब्ज, काशी, इलाहाबाद, 1909, पृ. 3-4
5. ए. पारकर, ए हैंडबुक ऑफ् बनारस, पृ. 2
6. ई. वी. हैवेल, बनारस दि सेक्रेड सिटी पृ. 41-50
7. रामलोचन सिंह, बनारस, ए सिटी इन अर्बन ज्योग्राफी, पृ. 31
8. मोतीचंद्र, काशी का इतिहास, पृ. 2
9. वाराणसीति यत् ख्यातं तत्मानं निगदामिव।
दक्षिणातरयौ नयौ परणासिश्चपूर्णतः।।

—पद्मपुराण, काशी माहात्म्य 5/58

10. अथर्ववेद, 4/7/1
11. ऐंश्येंट ज्योग्राफी ऑफ् इंडिया, (वाराणसी, 1963), पृ. 367
12. एम. जूलियन, लाइफ एंड पिलग्रिमेज ऑफ् युवॉन्-च्वाङ्ग, 1/133,2/354
13. महाभारत, 6/10/30
14. शेरिंग, दि सेक्रेड सिटी ऑफ् बनारस, (लंदन, 1968), पृ. 19
15. मोतीचंद्र, काशी का इतिहास, (बंबई, प्रथम संस्करण, 1962 ई.), पृ. 4
16. यस्य आयामः। 2/1/16, अष्टाध्यायी पाणिनि
17. "अनुगंगं वाराणसी, अनुशोणं पाटलिपुत्रं" कीलहार्न, 1/380
18. जेम्स लेग्गे, ट्रेवेल्स् ऑफ् फाह्यान, (दिल्ली, 1972, द्वितीय संस्करण), पृ. 94
19. "काशस्य काशयो राजन् पुत्रोदीर्घतपस्तथा।"

—हरिवंशपुराण, अध्याय 29

20. "काशते त्रयतो ज्योतिस्तदनख्येपमोश्वरः।
अतोनापरं चास्तुकाशीति प्रथितांविभो।"

।।68।। काशी खंड, अध्याय 26

21. शतपथ ब्राह्मण, 1/4/1/10-17; मोतीचंद्र, काशी का इतिहास, पृ. 19
22. ई. बी. हैवेल, बनारस, दि सेक्रेड सिटी, (कलकत्ता पुनर्मुदित, 1968 ई.), पृ. 2
23. शतपथ ब्राह्मण, 5/12/14
24. शतानीकः समत्तासु, मेध्यं सात्राजितो हयम्।
आयत यज्ञं काशीनां, भरतः सत्वतामिव।।

—शतपथ ब्राह्मण, 13/5/4/21

25. सात्राजित ईजे काश्यस्याश्वमादाय ततो हैतदर्वाक् काशयोऽग्नीन्नादधातु्। आत्सोमपोथाः स्म इति वदंतः।

देखें, शतपथ ब्राह्मण, 13/5/4/19

26. काशी का इतिहास, पृ. 20
27. कौषीतकी उपनिषद, 4/1
28. वृहदारण्यक उपनिषद, 3/8/2; मोतीचंद्र, काशी का इतिहास, पृ. 21
29. उल्लेखनीय है कि यह अजातशत्रु सुप्रसिद्ध ऐतिहासिक मगध नरेश नहीं था।
30. शांखायन श्रोतसूत्र, 16/9/5
31. बौधायन श्रोतसूत्र 21/13
32. गोपथ ब्राह्मण (पूर्व भाग), 1, 29
33. अष्टाध्यायी, 4/8/45; कीलहार्न, 2।280
34. अथर्ववेद, 4/7/71

35. महाभारत, 6/10/30
36. तत्रैव, आदिपर्व, अध्याय 95
37. तत्रैव, उद्योगपर्व, 72/74
38. तत्रैव, 12/99/1-2
39. अविमुक्तं समासाद्य, तीर्थसेवी कुरुदह।
दर्शानात् देवदेवस्यमुच्यते अहमहत्यया।
× × ×
ततो वाराणसी गत्वा देवकर्य्य वृषध्वजम्।
कपिला-ह्रदमुपस्पृश्य, राजसूय फलं लाभेत्।।
40. महाभारत, द्रोणपर्व, 22/38
41. तत्रैव, भीष्मपर्व, अध्याय 50
42. तत्रैव, उद्योगपर्व, 47/40
43. विष्णुपुराण, 5/34;
देखें, मोतीचंद्र, काशी का इतिहास, पृ. 25
44. बाल्मीकि रामायण, उत्तरकांड 56/25
45. तत्रैव, 59/19
46. महीकाल मही चापि शैल कानन शोभिताम्।
ब्रह्ममालांविदेहाश्च मालवान काशि कोशलान्।।

बाल्मीकिरामायण, किष्किंधाकांड, 20,22

47. तत्रैव, बालकांड, 2/13/23
48. तत्रैव, 2/10/37-38
49. तत्रैव, किष्किंधाकांड, 40/22
50. वद् भवान च काशेय। पुरी वाराणसी व्रज
रमणीया त्वया गुप्त, सुप्रकारां सुतोरणाम्।।
राधवेण कृतानुज्ञः काशेयो हयकुतोभयः।
वाराणसी यर्या तूर्ण राधवेण विसर्जितः।।

बाल्मीकि रामायण, 7/38/17, 29

51. "यत्र नारायणो देवो महादेवी दिवीश्वरः।"

वायुपुराण, अध्याय 34, पंक्ति 100

52. "अयोध्या मथुरा माया काशी कांची अवंतिका।
पुरी द्वारावती चैव सपैते मोक्षदायिकाः।"

पद्मपुराण, अध्याय 33, पंक्ति 102

53. "सौराष्ट्रे सोमनाथ च श्रीशैले मल्लिकार्जुनम्।
उज्जयिन्याँ महाकालमोकारे परमेश्वरम्।।
केदार हिमवत्पृष्ठे डाकिन्या भीमशंकरम्।
वाराणस्या च विश्वेशं त्रम्व्यकं गौतमीतटे।।
वैद्यनाथ चिताभूमौ नागेशं दारुकावने।
सेतुबंधे च रामेशं घुश्मेशं तु शिवालये।।
द्वादशैतानि नामानि प्रातरुत्थाय यः पठेत्।
सर्वपापैविनिर्युक्तः सर्वसिद्धिफलं लभेत्।

शिवपुराण, कोटि रुद्रसंहिता, संख्या 1, 21-24

54. मोतीचंद्र, काशी का इतिहास, पृ. 5

55. ''मद्भक्तास्तत्र गच्छन्ति मामेब प्रविशन्ति च''

पद्मपुराण, अध्याय 33, पंक्ति 102

56. वाटर्स, भाग 2, पृ. 47

57. यदि पापी यदि शठो यदि वाधार्मिणो नरः।
वाराणसीं समासाद्य पुनाति सकलं भुवम्।।

—अध्याय 33, पृ. 38

58. कूर्मपुराण, अध्याय 31, पृ. 321

59. कुत्वा पापसहस्त्राणि पिशाचत्वं वरं नृणाम्।
जैगीषव्यः परां सिद्धिं गतो यत्र महातपाः।।

लिंगपुराण, अध्याय 92, पृ. 53

60. ''वाराणस्यां विशेषेण गंगाविपथगामिनी''

पद्मपुराण, अध्याय 33, पंक्ति 69

61. द्वियोजन तु पर्व स्याद्योजनार्द्ध तदन्यथा।
वरुणा च नदी चासी मध्ये वाराणसी तयो।।

अग्निपुराण, अध्याय 11, पृ. 6

62. द्वियोजनम् तु तत्क्षेत्रं पूर्वपश्चिमतः स्मृतमः।
अर्द्धयोजन विस्तीर्ण तत्क्षेत्रं दक्षिणोत्तरम्।।
वाराणसी तदीया च यावतछुल्कनदीतु वै।।
भीष्मचण्डीकमारभ्य पर्वतेश्वर मत्रिके।।

मत्स्यपुराण, 183/61-62

63. संभवतः वाराणसी नदी आधुनिक वरणा है। शुक्ल नदी गंगा है और भीष्मचंडी आधुनिक भीमचंडी है जो पंचक्रोशी के रास्ते पर पड़ता है। पर्वतेश्वर की निश्चित जानकारी नहीं हो पाई है लेकिन यह संभवतः राजघाट के आसपास कहीं रहा होगा।

64. कृत्यकल्पतरु, पृ. 39

65. दक्षिणोत्त रर्योन धौ वरणासिश्च पूर्वतः।
जाह्ववी पश्चिमे चापि पाशपाणिर्गणेश्वरः।।

पद्मपुराण उद्धृत, त्रिस्थली सेतु, पृ. 100

66. एफ. ई. पार्जिटर, ऐंश्येंट इंडियन हिस्टारिकल ट्रेडिशन, पृ. 155

67. मत्स्यपुराण 180/68

68. दप्तं जप्तं हुतं चेष्टं तपस्तप्तं कृतं च यत्।
ध्यानमध्ययनं ज्ञासं सर्वत्राक्षयं भवेत्।।

पद्मपुराण, अध्याय 26, पृ. 16

68. 'दशाश्वमेघावभृथस्नातकानां भी गीरध्याममलजभूर्द्धाभिषिक्तानां भारशिवानाम्। (संभवतः दश अश्वमेध यज्ञ होने के कारण यहाँ के एक घाट दशाश्वमेध का नाम पड़ा।)

एपिग्राफिया इंडिका 8, 269

70. कल्पसूत्र, 6/149-169; मोतीचंद्र, काशी का इतिहास, पृ. 38

71. कल्पसूत्र, 6/149

72. अंगुत्तरनिकाय, जिल्द 1, पृ. 290

73. वाराणसी प्रविश्याथ भासा संभासयन्जिनः।

चकार काशिदेशीयान् कौतुकाक्रांतचेतसः। बुद्धचरित, 15/101

74. हरमन जैकोबी, सेक्रेड बुक ऑफ् दि ईस्ट, जिल्द 49, भाग 1, पृ. 169
75. उत्तराध्ययन, 16/16
76. जगदीशचंद्र जैन, लाइफ इन ऐंश्येंट इंडिया, पृ. 220-221
77. भगवती सूत्र, पृ. 15
78. स्थानांगसूत्र 10, 717; निशीरथ सूत्र 9, 19
79. हरमन जैकोबी, सेक्रेड बुक आफ दि ईस्ट, जिल्द 22, पृ. 266 और 271
80. सुमंगलविलासिनी, जिल्द 2, पृ. 383
81. "भूतपुब्बं भिक्खवे ब्रह्मदत्ते नाम काशिराजा अहोसि अड्ढो महद्धनो महाभोगो महब्बलो, महाबाहनो, महाविजितो, परिपुण्णकोसकोट्ठामारो।"

    महाबग्गो (विनयपिटकं), दुतियो भागो, पृ. 262
82. महावस्तु, भाग 3, पृ. 402
83. दिव्यावदान, पृ. 73; देखें, विमलचरण लाहा, प्राचीन भारत का ऐतिहासिक भूगोल
84. दीघनिकाय, भाग। (सलक्खंधसुत्त), पृ. 84 (हिंदी)
85. जातक, जिल्द पाँचवीं पृ. 64, 476, 536
86. मललसेकर, डिक्शनरी आफ पालि प्रापर नेम्स, भाग दो, पृ. 626
87. पपंचसूदनी, जिल्द दूसरी, पृ. 188
88. तत्रैव, पृ. 65; देखें, ललितविस्तर, पृ. 19
89. ए. एस. अल्तेकर, एजूकेशन इन ऐंश्येंट इंडिया, (1934), पृ. 257
90. खुद्दकपाठ, अट्ठकथा, पृ. 198
91. धम्मपद अट्ठकथा, 3/445
92. दीघनिकाय, भाग दो, पृ. 146
93. विनयपिटक, जिल्द 1, पृ. 262
94. मोतीचंद्र, काशी का इतिहास, पृ. 49
95. सुत्तनिपात, अध्याय 2, पृ. 523
96. धम्मपद अट्ठकथा, जिल्द 3, पृ. 429
97. कैंब्रिज हिस्ट्री ऑफ् इंडिया, भाग 1, पृ. 213
98. महावस्तु, 3, 286
99. जातक, खंड 3, पृ. 384
100. जातक, खंड 4, पृ. 2; काशी का इतिहास, पृ. 49
101. महावग्ग, 10/2/3
102. दीघनिकाय, भाग 3, 60।1-10 (नालंदा)
103. संयुक्तनिकाय (हिंदी अनुवाद), दूसरा भाग, पृ. 641
104. "वाराणसियं किर कप्पासो पि मृदु, सुत्तकत्तिकायो पि तत्तवायो पि छेका। उदकंपि सुचिसिनिद्धं, तस्मां वत्थं उभतो भावविमट्ठं होति। द्वीस पस्सेसु मट्ठं मृदुसिनिद्धं खायति।" मज्झिमनिकाय, 2/3/7; देखें, भरत सिंह उपाध्याय, बुद्धकालीन भारतीय भूगोल, पृ. 368
105. थेरीगाथा, पृ. 374, 377
106. "...कासिकुत्तमधारिनि...कस्सोहाय गच्छसि"—थेरीगाथा, पृ. 298
107. मिलिंदपन्हो, पृ. 222
108. अंगुत्तरनिकाय, जिल्द तीसरी, पृ. 391

109. मिलिंदपन्हों, पृ. 243-48
110. जातक, (भदंत आनंद कौसल्यायन संस्करण), जिल्द पाँचवीं, पृ. 177 (सुतसोम जातक)
111. तत्रैव, जिल्द चौथी, पृ. 104 (उदय जातक)
112. तत्रैव, जिल्द चौथी, पृ. 119 (सोणदंड जातक)
113. तत्रैव, जिल्द छठी, पृ. 131 (खंडहाल जातक)
114. तत्रैव, जिल्द चौथी, पृ. 119 (युवंजय जातक)
115. तत्रैव, जिल्द चौथी, पृ. 15 (शंख जातक)
116. द्वादशयोजनिकं सकल वाराणसी नगरं। तत्रैव, खंड 5, पृ. 209
117. जातक, भाग 1, (तंडुनालि जातक), पृ. 208 (यह विवरण अतिशयोक्तिपूर्ण लगता है। जातक, खंड 3, पृ. 454 (भदंत आनंद कौसल्यायन संस्करण)
118. कैम्ब्रिज हिस्ट्री आफ इंडिया, भाग 1, पृ. 14
119. ए. एस. अल्तेकर, हिस्ट्री ऑफ् बनारस (बनारस, 1937), पृ. 12
120. जातक, भाग 1, संख्या 5, पृ. 162
121. जातक, भाग 4, संख्या 458, पृ. 308; उल्लेखनीय है कि राजघाट के उत्खनन से प्राचीरों, प्राकारों, एवं परिखाओं के अवशेषों का पता चला है, जो साहित्य की सूचना के स्पष्ट प्रमाण हैं।
122. जातक, खंड 6 सं. 539 (महाजनक जातक)
123. तत्रैव, खंड 6, संख्या 547 (महावेसत्त जातक)
124. तत्रैव भाग 3 पृ. 286; मोतीचंद्र, काशी का इतिहास, पृ. 47
125. जातक संख्या 457;

देखें, उदयनारायण राय, प्राचीन भारत में नगर तथा नगर जीवन, पृ. 126

126. यं किंविरतनं अत्थि कासिराज निवेसने।
रजतं जातरूपन्चं मुक्ता बेलुरिया बहु।
मणयो संखमुत्तन्य वत्थकं हरिचंदनं।
अजिनं दत्त भंडन्य लोहं, कालायनं बहु।।

जातक, भाग 5 (सं. 534) पृ. 462

127. जातक, भाग 2, संख्या 156, पृ. 183 (भदंत आनंद कौसल्यायन संस्करण)
128. ''एक भूमिद्विभूमिकादि भेदे गेहे सज्जेत्वा''

मोतीचंद्र, काशी का इतिहास, पृ. 48

129. जातक, भाग 3 संख्या 221, पृ. 395
130. ''कासिकवत्थं निवासेन्ति, काशिकाविलेपन''

जातक, भाग 1, संख्या 20, पृ. 505

131. अन्न पानं काशिकं चंदनन्च।
मनापिट्ठियो मालमुच्छादनन्च।। जातक, भाग 5, संख्या 518, पृ. 166
132. जातक, भाग 3 सं. 243, पृ. 356; जातक, भाग 5, संख्या 256, पृ. 61
133. मोतीचंद्र, सार्थवाह, पृ. 12
134. जातक, भाग 3, पृ. 348
135. जातक, भाग 2, पृ. 287;
जातक, भाग 1, (तंडुनालि जातक, पृ. 208
136. जातक, भाग 2, पृ. 145 (संख्या 147); मोतीचंद्र, काशी का इतिहास, पृ. 45
137. जातक, भाग 2, संख्या 163, पृ. 215

138. जातक, भाग 2, संख्या 163, पृ. 132
139. जातक भाग 1, पृ. 208
140. जेम्स लेग्गे, दि ट्रेवेल्स ऑफ् फाह्यान् (ओरियंटल पब्लिशर्स, नई दिल्ली, द्वितीय संस्करण, 1972 ई.), पृ. 94-96
141. थामस वाट्र्स, ऑन युवॉन च्वांग्स ट्रेवेल्स इन इंडिया, (लंदन, रायल एशियाटिक सोसायटी, 1905 ई.), भाग 2, पृ. 46
142. ए. कनिंघम, दि ऐंश्येंट् ज्योग्राफी ऑफ् इंडिया (इंडोलाजिकल बुक हाउस, वाराणसी, 1963), पृ. 367
143. सेमुअल बील, चाइनीज एकाउंटस ऑफ् इंडिया, (इंडोलाजिकल बुक हाउस, वाराणसी, 1963), पृ. 291
144. यात्रा विवरण के मूल को इकट्ठा करने वाले फाङ्-चि का कहना है कि इस देव मंदिर में 100 फीट ऊँचे शिवलिंग की पूजा की जाती थी।
देखें, मोतीचंद्र, काशी का इतिहास, पृ. 103
145. उल्लेखनीय है इस स्तंभ पर संघ में भेद पैदा करने वालों के विरुद्ध राजाज्ञा का उल्लेख था।
146. यह प्राचीन काल में 'मृगदाव-विहार' के नाम से जाता था। उत्खननों से आधुनिक सारनाथ से इसकी समता में अब कोई संदेह नहीं रह जाता।
147. संभवतः यह आवृत्ति-स्थल अष्टकोणीय था। जैसा कि धमेक स्तूप था।
देखें—आर्कियोलाजिकल सर्वे ऑफ् इंडिया, भाग 1, पृ. 111
148. थामस वाटर्स, ऑन, युवान-च्वांग्स ट्रेवेल्स इन इंडिया, भाग दो, पृ. 48; उल्लेखनीय है उत्खनन से भी विहार एवं धर्मचक्र प्रवर्तन मुद्रा में मूर्ति मिली है। देखें, आर्कियोलाजिकल सर्वे ऑफ् इंडिया, भाग 1, पृ. 107 और आगे।
149. सेमुअल बील, चाइनीज एकाउंट्स ऑफ् इंडिया, भाग 3, पृ. 297; थामस वाटर्स, ऑन् युवॉन्-च्वांग्स ट्रैवेल्स इन इंडिया, भाग 2, पृ. 50
150. थामस वाटर्स, ऑन् युवॉन्-च्वांग्स ट्रैवेल्स इन इंडिया, भाग 2, पृ. 53
151. सेमुअल बील, चाइनीज एकाउंट्स ऑफ् इंडिया, भाग 2 पृ. 297
152. विद्या प्रकाश एवं टी. एन. राय, बुलेटिन ऑफ् द यू. पी. हिस्टारिकल सोसाइटी, संख्या 4 (राइट्स एंड मानुमेंट्स ऑफ् यू. पी.), लखनऊ, 1965, पृ. 33
153. कृष्णदेव, एनुअल बिबलियोग्राफी ऑफ् इंडियन हिस्ट्री एंड इंडोलाजी (1947), पृ. 49-51
154. कृष्णदेव, क्वायंस डिवाइसेस फ्राम राजघाट सील्स, जर्नल ऑफ् दि न्यूमिसमैटिक्स सोसायटी ऑफ् इंडिया 3, (दिसंबर 1941), पृ.77
155. मोतीचंद्र, काशी का इतिहास, पृ. 56
156. ई. ग्रीब्ज, काशी, पृ. 3-4
157. एम. ए. शेरिंग, दि सेक्रेड सिटी ऑफ् हिंदूज, पृ. 291
158. इंडियन आर्कियोलाजी, ए रिव्यू, 1957-58, पृ. 50
159. अमलानंद घोष, दि सिटी इन अर्ली हिस्टारिक इंडिया, पृ. 64
160. ए. के. नारायण एवं पुरुषोत्तम सिंह, एक्सकेवेशंस एट राजघाट, खंड 3, पृ. 6। वीरेन्द्र प्रताप सिंह ने उपर्युक्त मत का खंडन करते हुए यह प्रमाणित किया है कि यह प्राकार ही रहे होंगे। अपने मत के समर्थन में उन्होंने उन खातों का उल्लेख किया है जहाँ प्राकार के अवशेष मिले हैं, जिसका उल्लेख उत्खननकर्ताओं ने भूलवशं नहीं किया है।
देखें, वीरेन्द्र प्रताप सिंह, सम आसपेक्ट्स आफ लाइफ इन ऐंश्येंट वाराणसी एज रिविल्ड थ्रो

दि आर्कियोलाजिकल सोर्सेज 1980, अध्याय 2

161. ए. के. नारायण और टी. एन. राय, एक्सकेवेशंस ऐट राजघाट, भाग 1, पृ. 22-25
162. तत्रैव, भाग 2, पृ. 10
163. तत्रैव, भाग 1, पृ. 26
164. ए. के. नारायण और टी. एन. राय, एक्सकेवेशंस ऐट राजघाट, भाग 1, पृ. 26, चित्र 5, प्लेट 4, 5
165. वीरेन्द्र प्रताप सिंह, सम आसपेक्ट्स आफ लाइफ इन ऐंश्येंट वाराणसी एज रिविल्ड थ्रो दि आर्कियोलाजिकल सोर्सेज, पृ. 88 और चित्र संख्या-2
166. अवधकिशोर नारायण और टी. एन. राय. एक्सकेवेशंस ऐट राजघाट, भाग 1, पृ. 28, प्लेट 10 ।, 18
167. उल्लेखनीय है घरों में सोख्ता घड़ों को गड्ढा खोदकर रखा जाता था। जिसमें घर की गंदगी आदि इकट्ठा की जाती थी।
168. ए. के. नारायण एवं टी. एन. राय, एक्सकेवेशंस ऐट राजघाट, पृ. 28
169. तत्रैव भाग 3, पृ. 14
170. उल्लेखनीय है कि लोहे की कीलों का प्रयोग खपरैलों को बाँधने के लिए किया जाता था।
171. बी. सी. भट्टाचार्य, दि हिस्ट्री ऑफ् सारनाथ, (बनारस, 1924), पृ. 47
172. निग्रोध मृग जातक, संख्या 12 (फाउसबोल संस्करण)
173. चूँकि खुदाई उस समय हुई थी जब स्तरीकरण के सिद्धांत शोधकर्ताओं द्वारा प्रयुक्त नहीं किए जाते थे तथा तत्कालीन विद्वान् कच्ची ईंटों, फूस की झोपड़ियों आदि अवशेषों पर ध्यान नहीं देते थे, साथ ही भारतीय मृतिकापात्रों का विशेष अध्ययन, जो अब हो रहा है, उसका प्रचलन नहीं था। ऐसी स्थिति में संभव है उसके महत्त्व का उचित मूल्याँकन न कर सके हों।
174. इपिग्राफिया इंडिका, भाग 9, पृ. 325
175. आर्कियोलाजिकल् सर्वे ऑफ् इंडिया, वार्षिक रिपोर्ट 1907-8, पृ. 78
176. तत्रैव, 1904-5, पृ. 212
177. कनिंघम, आर्कियोलाजिकल् सर्वे रिपोर्ट्स, भाग 1, पृ. 111।
178. दयाराम साहनी ने आभिलेखिक आधार पर इसे सातवीं या आठवीं शताब्दी का माना है। कैटलाग आफ दि म्यूजियम ऑफ आर्कियोलाजी एट सारनाथ, (कलकत्ता 1914), पृ.11
179. बंगाल एशियाटिक सोसाइटी जर्नल, 1854, पृ. 469
180. एशियाटिक सोसाइटी रिसर्चेज्, 1856, पृ. 369
181. आर्कियोलाजिकल् सर्वे ऑफ् इंडिया (वार्षिक रिपोर्ट), 1904-5, पृ. 59 और आगे।
184. बी. मजूमदार, ए गाइड टू सारनाथ, (दिल्ली, 1937), पृ. 25
185. आर्कियोलाजिकल् सर्वे ऑफ् इंडिया (वार्षिक रिपोर्ट), 1914-15 (1920) पृ. 97 और आगे।
186. तत्रैव, 1919-20 (1922), पृ. 26 और आगे; तत्रैव, 1921-22, पृ. 82 और आगे; तत्रैव 1927 (1931), पृ. 92
187. विद्वानों का पहले ऐसा मत था कि यह मंदिर से पानी निकालने के लिए एक नाली थी। उत्खनन से यह निश्चित हो गया कि यह एक सुरंग थी जो एक कमरे में जाती थी, जहाँ बौद्ध भिक्षु एकांत साधना करते थे।
188. सेमुअल बील, चाइनीज एकाउंट्स् ऑफ् इंडिया, भाग 3, पृ. 297
189. आर्कियोलाजिकल् सर्वे ऑफ् इंडिया, (वार्षिक रिपोर्ट), 1904-05, पृ. 74; जर्नल यू. पी. हि. सो., भाग 15, पृ. 55-64

190. आर्कियोलाजिकल् सर्वे आफ् इंडिया, (वार्षिक रिपोट), 1904-05, पृ. 78
191. उल्लेखनीय है कि अहिच्छत्र की खुदाई में इसी प्रकार का एक 'त्रिमेधि स्तूप' या मंदिर मिला है जिसकी चोटी पर शिवलिंग प्रतिष्ठापित था।
192. एशियाटिक रिसर्चेज, 5, पृ. 131-132; देखें—मोतीचंद्र, काशी का इतिहास, पृ. 54
193. आर्कियोलाजिकल् सर्वे ऑफ् इंडिया, वार्षिक रिपोर्ट, 1903-04, पृ. 221
194. तत्रैव, 1907-08, पृ. 65
195. बुलेटिन आफ दि यू. पी. हिस्टारिकल सोसाइटी, संख्या 4, लखनऊ, (1965) पृ. 41
196. थामस वाटर्स, आन् युवान् च्वाँग्स् ट्रेवेल्स् इन इंडिया, भाग दो, पृ. 47
197. आर्कियोलाजिकल सर्वे ऑफ् इंडिया (वार्षिक रिपोर्ट), 1905-06, पृ. 68
200. आर्कियोलाजिकल सर्वे ऑफ् इंडिया (वार्षिक रिपोर्ट), 1904-5, पृ. 69
201. तत्रैव, पृ. 70
202. तत्रैव, 1907-08, पृ. 45
203. आर्कियोलाजिकल सर्वे ऑफ् इंडिया (वार्षिक रिपोर्ट), 1907-08, पृ. 46
204. जैसाकि पहले उल्लेख किया जा चुका है कि इन कमरों में बौद्ध भिक्षु एकांत साधना करते थे।
205. आर्कियोलाजिकल सर्वे ऑफ् इंडिया (वार्षिक रिपोर्ट), 1907-08, पृ. 54
206. आर्कियोलाजिकल सर्वे ऑफ् इंडिया (वार्षिक रिपोर्ट), 1907-08, पृ. 56
207. तत्रैव, पृ. 59। रचना में ये तीनों संघाराम सारनाथ के अन्य विहारों से मिलते-जुलते हैं संभवतः ये विहार कुषाण काल में निर्मित हुए और इनका वर्तमान स्वरूप गुप्तकाल में प्राप्त हुआ। अतः यह निश्चित है कि ये संघाराम पहले 5वीं शताब्दी में हूणों के आक्रमण से नष्ट हुआ। तदुपरांत छठी शताब्दी में पुनः इनका जीर्णोद्धार हुआ जो पुनः 11 वीं शताब्दी में मुसलमानों के आक्रमण से नष्ट हो गया।
208. आर्कियोलाजिकल सर्वे ऑफ् इंडिया (वार्षिक रिपोर्ट), 1904-05, पृ. 74
209. जर्नल ऑफ दि यू. पी. हिस्टोरिकल सोसायटी, भाग 11 (2 दिसंबर 1938), पृ. 25-26।
210. ए. कनिंघम, दि ऐंश्येंट् ज्योग्राफी ऑफ् इंडिया, पृ. 369
211. वी. जायसवाल, अकथा : ए सैटेलाइअ सेटिलमेन्ट आफ सारनाथ, वाराणसी (रिपोर्ट ऑफ् एक्सकैवेशन्स कन्डक्टेड इन द इयर 2002), भारती, अंक 26, 2000-2002, पृ. 61-180.

# 4.

# कुशीनगर

कुशीनगर प्राचीन भारत के तत्कालीन महाजनपदों में से एक एवं मल्ल राज्य की राजधानी था।[1] यह नगर 26°45' उत्तरी अक्षांश और 83°55' पूर्वी देशांतर के बीच स्थित था। वर्तमान समय में यह गोरखपुर से 32 मील पूर्व, देवरिया से 21 मील उत्तर और पड़रौना से 13 मील दक्षिण-पश्चिम में स्थित है। कनिंघम ने कुशीनगर को वर्तमान देवरिया जिले में स्थित कसिया से समीकृत किया है।[2] अपने समीकरण की पुष्टि में उन्होंने परिनिर्वाण मंदिर के पीछे स्थित स्तूप में मिले ताम्रपत्र का उल्लेख किया है जिस पर 'परिनिर्वाणचैत्य ताम्रपत्र इति' उल्लिखित है।[3] कनिंघम के इस समीकरण से विंसेंट स्मिथ[4] और पार्जिटर प्रभृति विद्वान् सहमत नहीं हैं। उनके अनुसार कसिया के अवशेषों एवं चीनी यात्री ह्वेनसाँग के यात्रा विवरणों में पर्याप्त भिन्नता है। इस भिन्नता को ध्यान में रखते हुए स्मिथ ने कुशीनगर को नेपाल में पहाड़ियों की पहली शृंखला के पार स्थित होने के मत को उचित माना है।[5] रीज डेविड्स के अनुसार यदि हम चीनी यात्रियों के यात्रा विवरणों पर विश्वास करें तो कुशीनगर के मल्लों का प्रदेश, शाक्य प्रदेश के पूर्व में पहाड़ी ढाल पर स्थित होना चाहिए। कुछ अन्य विद्वान् उनका प्रदेश शाक्यों के दक्षिण में एवं वज्जिगण के पूर्व में स्थित बतलाते हैं।[6] लेकिन बाद के (1906-7) पुरातात्विक उत्खनन से प्राप्त सामग्रियों के आधार पर कनिंघम की समीक्षा को उचित मानते हुए कसिया और कुशीनगर को एक ही मानना उचित होगा।

कनिघम को इन भग्नावशेषों से 'महापरिनिर्वाण विहार' नामांकित अनेक मृण्मुद्राएँ और स्तूप के भीतर से कुछ ताम्रपत्र भी मिले हैं। इनके अतिरिक्त इन खंडहरों से बुद्ध की वैसी ही विशाल मूर्ति प्राप्त हुई है, जैसी कि ह्वेनसाँग ने कुशीनगर में देखी थी। तथागत की निर्वाण मूर्ति बौद्ध शिल्पियों का प्रिय विषय रही है, परंतु कसिया जैसी पत्थर की विशाल प्रतिमा अन्यत्र नहीं मिलती। ये विभिन्न तथ्य भी कनिंघम के समीकरण के औचित्य की पुष्टि करते हैं।

वैदिक साहित्य में मल्लों अथवा उनकी राजधानी का कोई उल्लेख नहीं मिलता है परंतु परवर्ती साहित्य में उनका वर्णन अनेक ग्रंथों में मिलता है। महाभारत के भीष्मपर्व[7] में यह मल्ल राष्ट्र के रूप में वर्णित है, जो अंग, वंग और कलिंग के समान ही पूर्वी भारत में एक प्रमुख राज्य था। बुद्ध-पूर्व युग में वहाँ महासम्मत वंश का राज्य था। इस कुल में इक्ष्वांकु (ओवकाक), कुश तथा महासुदस्सन प्रमुख शासक हुए थे।[8] उनके समय में यह नगर कुशावती नाम से विख्यात था। इसका विस्तार 12 ली×12 ली (=144 वर्ग ली क्षेत्रफल) में था। बुद्ध मेतय के शासन काल में इसे केतुमती नाम से जाना जाता था।[9]

गौतम बुद्ध के पूर्व मल्ल राजतंत्रात्मक राज्य था। वह कब और कैसे गणराज्यों में परिवर्तित हो गया यह कहना कठिन है? किंतु बुद्ध के काल में उसकी स्थिति निश्चित रूप से एक स्वतंत्र गणराज्य की थी। मल्लों के संस्थागार का उल्लेख अनेक स्थलों पर हुआ है जहाँ एकत्र होकर वे विचार-विमर्श करते थे। बुद्ध काल में मल्लों की राजधानी कुशीनगर एक महत्त्वपूर्ण नगर के रूप में प्रसिद्धि प्राप्त कर चुकी थी।

## बौद्ध साहित्य में वर्णित कुशीनगर

बौद्ध साहित्य में कुशीनगर का विशद वर्णन मिलता है। इसमें कुशीनगर के साथ कुशीनारा[10], कुशीनगरी[11] और कुशीग्राम[12] प्रभृति अन्य नामों का भी उल्लेख है। बुद्ध-पूर्व युग में यह कुशावती के नाम से विख्यात थी। बुद्ध ने कुशीनगर को प्राचीन कुशावती से अभिहित किया था। विस्तार और समृद्धि की दृष्टि से उनका कहना था कि यह राजधानी पूर्व से पश्चिम 12 योजन लंबी एवं उत्तर से दक्षिण 7 योजन चौड़ी थी।[13] इसमें सात प्राकार, चार तोरण और खजूर वृक्षों के सात निकुंज थे।[14] यह नगर हिरण्यवती नदी के पश्चिमी तट के समीप एक प्रमुख स्थलमार्ग पर स्थित था।[15] इसी स्थल-मार्ग से बावरी ऋषि के शिष्यों के जाने का उल्लेख है।[16] बुद्ध की मृत्यु के समय महाकश्यप भी राजगृह से कुशीनगर इसी मार्ग से गए थे।[17]

इस नगर की स्थिति, रक्षा एवं व्यापार की दृष्टि से सर्वथा अनुकूल थी। नगर के समीप ही उपवत्तन नामक शालवन था जिसके एक भाग को मल्लों ने प्रमोद उद्यान में परिणत कर दिया था। यह हिरण्यवती के दूसरे किनारे पर स्थित था।[18] इस उपवत्तन शालवन में ही भगवान् ने अंतिम निवास किया था। और यहीं युगल साल वृक्षों के नीचे उनका महापरिनिर्वाण हुआ था। उपवत्तन शालवन को कनिंघम ने वर्तमान कसया के 'माथा कुँवर कोट' से समीकृत किया है।[19]

बौद्ध ग्रंथों में कुशीनगर एवं अन्य प्रमुख नगरों के बीच की दूरी उल्लिखित है जो इस नगर की स्थिति निश्चित करने में सहायक है। कुशीनगर से पावा कि दूरी तीन गव्यूत (लगभग 3/4 योजन, आधुनिक 6 मील) थी।[20] बुद्ध ने अपनी अंतिम यात्रा में इसी रास्ते से ककुक्षा नदी को पार किया था।[21] राजगृह से इस नगर की

दूरी 25 योजन[22] एवं सागल (स्यालकोट) से 100 योजन थी।[23] ह्वेनसाँग कुशीनगर से 700 मील चलकर वाराणसी पहुँचा था।[24]

कुशीनगर बहुत समृद्धिशाली नगर था। स्वयं बुद्ध ने इसकी प्रशंसा की है। बुद्धघोष ने उन विशिष्ट कारणों का उल्लेख किया है, जिनसे प्रेरित होकर बुद्ध ने कुशीनगर को परिनिर्वाणार्थ चुना था–

1. 'महासुदस्सन' सुतांत का उपदेश वहीं किया गया था।
2. सुभद्र की प्रवज्या वहीं संभव थी।
3. अस्थि विभाजन की समस्या हल करने वाला व्यक्ति वहाँ उपस्थित था।[25]

दिग्विजयी चक्रवर्ती सम्राट महासुदर्शन[26] के राज्यकाल में कुशावती (कुशीनगर) 84000 नगरियों में प्रमुख थी।[27] यह समृद्ध, रमणीय, जनाकीर्ण एवं धन्य-धान्य संपन्न थी। यह देवताओं की राजधानी अलकमंदा की भाँति दिन-रात दस शब्दों से गुंजायमान रहती थी।[28] लेकिन यहाँ यह उल्लेखनीय है कि बुद्ध के काल में यह नगर राजगृह, वैशाली और श्रावस्ती की तरह प्रथमकोटि का नगर नहीं था।[29] अतः यह कहा जा सकता है कि इस नगर का क्रमशः ह्रास हुआ था।

बुद्ध का कुशीनगर से विशेष लगाव था। पूर्व जन्मों में भी यह नगरी उनकी क्रीड़ास्थली रह चुकी थी। एक उल्लेख के अनुसार वे सात बार चक्रवर्ती सम्राट बनकर कुशीनगर में राज्य कर चुके थे।[30] अंतिम बार जब बुद्ध यहाँ आए तो मल्लों ने उनका स्वागत किया। स्वागत-सत्कार में सम्मिलित न होने वाले व्यक्तियों के लिए 500 मुद्रा दंड का प्रावधान था। इस प्रकार हम देखते हैं कि कुशीनगर बुद्ध की शिक्षाओं से पूर्णरूपेण प्रभावित हुआ और वहाँ के अनेक संभ्रांत व्यक्ति उनके समर्थक बने। अतः ऐसे अनेक उद्धरणों से यह स्पष्ट है कि बौद्ध धर्म का स्वयं बुद्ध के समय में ही बहुविध विकास हो चुका था। और अनेक संभ्रांत व्यक्तियों ने इस धर्म की सदस्यता स्वीकार की थी।

ज्ञातव्य है कि कुशीनगर में ही बुद्ध ने परिनिर्वाण प्राप्त किया था। वहाँ के मल्लों ने भगवान् के अंतिम संस्कार का समुचित प्रबंध किया था। 6 दिनों तक वे लोग उनके निष्प्राण शरीर का नृत्य, गीत, वाद्य एवं गंध पुष्पादि से सत्कार करते रहे। सातवें दिन वे उसे मुकुट बंधन चैत्य ले गए।[31] शालवन से चलकर वे नगर में उत्तर द्वार से प्रविष्ट हुए और पूर्व द्वार से निकलकर चैत्य स्थान पर पहुँचे। वहीं पर चक्रवर्ती राजोचित विधान के अनुसार दाह-संस्कार किया गया।[32] मुकुट बंधन चैत्य को वर्तमान रामाभार तालाब के पश्चिमी तट पर स्थित एक विशाल स्तूप के खंडहर से समीकृत किया जा सकता है, जो माथा कुँवर के कोट से लगभग एक मील की दूरी पर स्थित है।[33]

दाह-संस्कार के पश्चात् अस्थि-विभाजन के संदर्भ में विवाद उत्पन्न हो गया। इस अवसर पर उपस्थित लोगों में वैशाली के लिच्छवि, कपिलवस्तु के शाक्य, अल्लकप

के बुली, रामग्राम के कोलिय, पावा के मल्ल, मगधराज अजातशत्रु तथा वेठ-द्वीप (विष्णुद्वीप) के ब्राह्मण मुख्य थे।[34] कुशीनगर के मल्लों ने विभाजन का विरोध किया। प्रतिद्वंद्वी राज्यों की सेनाओं ने उनके नगर को घेर लिया। युद्ध प्रायः निश्चित था, किन्तु द्रोण ब्राह्मण के आ जाने से अस्थि अवशेषों का आठ भागों में विभाजन संभव हुआ।[35] विभिन्न राज्यों के प्रतिनिधि अस्थि अवशेषों को अपनी राजधानियों में ले गए और वहाँ नवनिर्मित स्तूपों में उन्हें स्थापित किया गया। साँची के तोरण पर उत्कीर्ण चित्र इस घटना के ज्वलंत उदाहरण है।[36] इसके अतिरिक्त तोरण के मध्य भाग में नीचे की ओर नगर के परिखा तथा प्राकार का भी अंकन मिलता है। प्राकार के भीतर नगर के कुछ विशिष्ट भवन भी दृष्टिगोचर होते हैं।[37]

कुशीनगर के मल्लों का अपना संथागार था, जहाँ पर राजनीतिक तथा धार्मिक विषयों पर विवाद होते थे। आनंद जिस समय तथागत की मृत्यु का समाचार लेकर कुशीनगर गए उस समय मल्ल अपनी राज्य सभा में थे। तत्पश्चात् उन्होंने अपने संथागार में ही तथागत के अंतिम संस्कार के प्रारूप पर विचार-विमर्श किया था। दीघनिकाय में महापरिनिब्बान सुतांत में कुशीनारा के मल्लों में पुरिष नामक एक अधिकारी वर्ग का उल्लेख मिलता है जो रीज डेविड्स के मतानुसार अधीनस्थ कर्मचारियों का एक वर्ग था।[38]

## चीनी यात्रियों का कुशीनगर

पाँचवीं शताब्दी ई. में जब फाह्यान ने भारत का भ्रमण किया तो कुशीनगर को उपेक्षित एवं निर्जन पाया। केवल कुछ स्थानों पर स्तूप और संघाराम बने हुए थे। सातवीं शताब्दी में जब ह्वेनसाँग भारत आया तो उस समय भी यह स्थान निर्जन था। उसने यहाँ मात्र कुछ संघाराम देखे थे। इस संबंध में चीनी यात्रियों का विवरण निम्नलिखित है–

**फाह्यान :** चीनी यात्री फाह्यान 399-414 ई. के बीच कुशीनगर आया था। उसने कुशीनगर को पिप्पलिवन के अंगार स्तूप के पूर्व में 12 योजन और वैशाली से 12 योजन की दूरी पर स्थित बतलाया।[39] उसने संपूर्ण जनपद को निर्जन एवं उजाड़ पाया था। फाह्यान ने नगर के उत्तर निरंजना नदी के किनारे शालवन में दो वृक्षों के बीच बुद्ध के परिनिर्वाण प्राप्त करने के स्थान का उल्लेख किया है।[40] शालवन के विहार में उस समय भी कुछ भिक्षु निवास करते थे। फाह्यान लिखता है कि परिनिर्वाण स्तूप के अतिरिक्त वहाँ चार अन्य स्तूप थे जो क्रमशः निम्नलिखित चार स्थानों पर बने थे–

(1) जहाँ सुभद्र[41] ने अर्हतत्त्व को प्राप्त किया था।
(2) जहाँ वज्रपाणि यक्ष की गदा गिरी थी।
(3) जहाँ मल्लों ने बुद्ध के निष्प्राण शरीर का सप्ताहपर्यंत पूजन किया था।

(4) जहाँ बुद्ध के अस्थि अवशेषों को विभाजित किया गया था।

फाह्यान के भारत आगमन के समय यहाँ गुप्तों का साम्राज्य था। उस समय भारतवर्ष कला और संस्कृति के क्षेत्र में अपनी पराकाष्ठा पर था। कुमारगुप्त के शासन काल में हरिबल स्वामी ने कसिया के सुविख्यात परिनिर्वाण मंदिर के निकटवर्ती स्तूप का जीर्णोद्धार किया।

फाह्यान यहाँ से 12 योजन चलकर उस स्थान पर पहुँचा था जहाँ बुद्ध ने लिच्छवियों को वापस भेजा था, क्योंकि वे लोग उनके साथ परिनिर्वाण स्थल तक जाना चाहते थे। यहीं एक पत्थर की लाट (स्तंभ) थी जिस पर उनके परिनिर्वाण की घटना का अंकन था।[42]

**ह्वेनसाँग का विवरण :** सातवीं शताब्दी में जब ह्वेनसाँग कुशीनगर आया तो उस समय इस स्थान की स्थिति अच्छी नहीं थी। यह नगर 10 ली की परिधि में फैला मात्र खंडहर सदृश्य रह गया था।[43] यहाँ की जनसंख्या अत्यल्प थी। नगर के उत्तर पश्चिम चुंड[44] के निवास-स्थान पर अशोक द्वारा बनवाया गया एक स्तूप था।

नगर के उत्तर-पश्चिम तीन-चार ली की दूरी पर स्थित अजितवती[45] नदी के पश्चिमी किनारे पर ह्वेनसाँग ने सालवन का उल्लेख किया है। इस सालवन में विभिन्न घटनाओं के स्मारकस्वरूप अनेक स्तूप बने हुए थे। इनमें से दो का संबंध बुद्ध के पूर्व जन्म की कथाओं से था। वहाँ पर ईंटों से निर्मित एक बड़ा चैत्य था, जिसमें एक मूर्ति रखी थी। इसमें बुद्ध परिनिर्वाण को प्राप्त तथा उत्तर की ओर सिर किए हुए लेटी अवस्था में दिखाए गए थे। इस चैत्य के समीप अशोक-निर्मित 200 फुट ऊँचा एक भग्न स्तूप था। स्तूप के सामने मौर्यकालीन प्रस्तर-स्तंभ था, जिस पर परिनिर्वाण का वृत्तांत उत्कीर्ण था।[46]

अन्य स्तूपों में सुभद्र के मरण-स्थल से संबद्ध स्तूप का उल्लेख किया जा सकता है जो विहार से पश्चिम की ओर स्थित था। वह ब्राह्मण मतावलंबी था। सुभद्र ने एक सौ बीस वर्ष की अवस्था में गौतम बुद्ध से दीक्षा ली थी।[47] इन स्तूपों के अतिरिक्त वज्रपाणि यक्ष के गदापतन, देवताओं द्वारा तथागत के शरीर पूजन एवं माया देवी के विलाप आदि घटनाओं से संबद्ध स्थानों पर भी स्तूप निर्मित थे।[48]

नगर के उत्तर हिरण्यवती (अजितवती) नदी के दूसरे तट से 300 पग दूर एक स्थल पर बुद्ध के दाह-संस्कार का उल्लेख है।[49] इस स्थल पर भी एक स्तूप था जिसकी मिट्टी पवित्र मानी जाती थी। स्थल पर निर्मित एक ऐसे स्तूप का भी ह्वेनसाँग ने उल्लेख किया है, जो महाकाव्य द्वारा बुद्ध की पादवंदना से संबद्ध था। एक दूसरे स्तूप को अशोक ने बनवाया था। वह उस स्थान पर था, जहाँ बुद्ध की अस्थियों का बँटवारा आठ नरेशों के बीच हुआ था। उसके सामने एक स्तंभ था जिस पर उपर्युक्त घटना का वृत्तांत उत्कीर्ण था।[50]

यद्यपि ह्वेनसाँग ने यहाँ के विहारों के भिक्षुओं की संख्या का उल्लेख नहीं किया

है, परन्तु उसके वर्णन से हमें तत्कालीन विहारों के और उनमें सन्निहित तत्त्वों का पूर्ण परिचय प्राप्त होता है।

**इत्सिग** : सातवीं शताब्दी के अंत में इत्सिंग नामक एक अन्य चीनी यात्री भी कुशीनगर आया था। उसके समय में कुशीनगर की स्थिति अच्छी थी। संभवतः वह महाराज हर्ष का सुफल संरक्षण था। इत्सिंग ने लिखा है कि शालवन तथा मुकुट बंधन (पन्-द-न) प्रसिद्ध चैत्य थे, जहाँ शरद तथा वसंत ऋतु में दूर-दूर से श्रद्धालु आया करते थे। उस समय विहार में रहने वाले भिक्षुओं की संख्या सौ थी। वहाँ के भिक्षुओं के पास पर्याप्त साधन थे; अतः यात्रियों के स्वागत-सत्कार में उन्हें कठिनाई नहीं होती थी। एक बार अकस्मात् वहाँ 500 भिक्षुओं का समूह (जत्था) आ पहुँचा जिनका स्थानीय विहार में भोजन आदि से स्वागत-सत्कार किया गया।

इत्सिंग ने समय की गणना के लिए प्रयुक्त एक ऐसे विशिष्ट विधान का उल्लेख किया है जिसका इन विहारों में प्रयोग किया जाता था।[51]

## पुरातात्विक शोध का इतिहास

कुशीनगर के संदर्भ में प्राप्त साहित्यिक स्रोतों की पुष्टि प्रायः पुरातात्विक साक्ष्यों से भी होती है। कसिया के अवशेषों को सर्वप्रथम प्रकाश में लाने का श्रेय बुकानन[52] और लिस्टन[53] को है। कुशीनगर को कसिया से समीकृत करते हुए भी ये विद्वान् इस स्थल के ऐतिहासिक महत्त्व से अवगत न थे। 1854 ई. में एच. एच. विल्सन ने भी कसिया को कुशीनगर से समीकृत किया।[54] परंतु कुशीनगर की ओर इतिहास प्रेमियों का ध्यान कनिंघम द्वारा 1860-61 ई. में इस क्षेत्र की खुदाई के बाद ही आकृष्ट हुआ। उत्खनन के परिणामों के आधार पर कनिंघम ने आधुनिक 'कसिया' को कुशीनगर से समीकृत किया।[55] कनिंघम के उत्खनन के समय यहाँ पर माया कुँवर का कोट एवं रामाभार नामक दो बड़े तथा कुछ अन्य छोटे टीले मात्र अवशिष्ट थे। यह समस्त भू-भाग वनाच्छादित एवं दुर्गम्य था। निकटवर्ती ग्रामों के निवासी इन टीलों की ईंटें निकाला करते थे, जिससे प्राचीन स्मारकों का दुरुपयोग हो रहा था। मुकुट बंधन चैत्य के ऊपर रामाभार भवानी की मठिया और एक अन्य स्तूप के ऊपर किसी नट की समाधि बन चुकी थी।[56]

कनिंघम के पश्चात् उनके सहायक अधिकारी कार्लाइल ने 1875 से 1877 ई. तक कसिया में महत्त्वपूर्ण सर्वेक्षण किया और कई टीलों की खुदाई करवाई। कसिया के सुप्रसिद्ध परिनिर्वाण प्रतिमा मंदिर एवं निकटस्थ स्तूप के अनुसंधान का श्रेय कार्लाइल को ही प्राप्त है।[57] सन् 1896 ई. में प्रांतीय सरकार की ओर से विंसेंट स्मिथ ने कसिया का सर्वेक्षण किया।[58]

पुनः पुरातत्व विभाग द्वारा फोगेल के निर्देशन में 1904 से 1907 ई. तक तथा हीरानंद शास्त्री की देख-रेख में 1910-12 तक उत्खनन किया गया। इसके

परिणामस्वरूप बहुत-से स्तूप, चैत्य तथा विहार प्रकाश में आये। ये स्मारक एक-दूसरे के सान्निध्य में ही नहीं थे, अपितु इनका निर्माण विभिन्न चरणों में हुआ था। तिथि तथा संवतयुक्त अभिलेखों के अभाव में इन स्मारकों का तिथि-निर्धारण दुष्कर है। यद्यपि इन स्मारकों में प्रयुक्त ईंटों की नाप से तिथि-निर्धारण किया जा सकता है, परंतु स्मारकों के परवर्ती निर्माताओं द्वारा पूर्वकालीन ईंटों के तिथि-निर्धारण के संदर्भ में इनकी माप का प्रयोग सर्वथा निरापद नहीं कहा जा सकता।

## प्राचीन कुशीनगर के पुरावशेष

कुशीनगर के बौद्ध स्मारक वस्तुतः दो स्थानों में केंद्रित हैं। शालवन, जहाँ बुद्ध को परिनिर्वाण प्राप्त हुआ था और मुकुट बंधन चैत्य, जहाँ उनका दाह-संस्कार हुआ था। परिनिर्वाण स्थल को अब 'माथा कुँवर का कोट' नाम से जाना जाता है, जबकि मुकुट बंधन चैत्य का प्रतिनिधित्व आधुनिक रामाभार का टीला करता है। 'माथा कुँवर का कोट' के गर्भ में परिनिर्वाण मंदिर एवं मुख्य स्तूप छिपे हुए थे। ये दोनों स्तूप कुशीनगर के सर्वाधिक महत्त्वपूर्ण स्मारक थे। इनके चारों ओर समय-समय पर अनेक स्तूपों, चैत्यों तथा विहारों का निर्माण होता रहा।

**मुख्य स्तूप** : इस स्तूप की खुदाई सर्वप्रथम कार्लाइल ने 1879 ई. में की थी। उस समय यह बहुत जीर्ण-शीर्ण दशा में था। इस स्तूप के शिखर तथा खंड भाग पूर्णतः नष्ट हो चुके थे।[59] केवल अधोभाग ही अवशिष्ट था। ह्वेनसाँग ने इस स्तूप की ऊँचाई 200 फुट बताई है और इसके निर्माण का श्रेय अशोक को दिया है।[60] परंतु कार्लाइल ने शिखर सहित इसकी ऊँचाई 150 फुट बताई है। इसकी नींव जिस पर स्तूप और मंदिर निर्मित हुए थे, पृथ्वी की सतह से 2.74 मीटर ऊँचाई पर थी। इस स्तूप में प्रयुक्त ईंटें विभिन्न आकार की थीं। कार्लाइल के अनुसार इस स्तूप के नीचे अन्य प्राचीन स्तूपों के ध्वंसावशेष दबे हुए थे।

1910 ई. में हीरानंद शास्त्री के निर्देशन में इस स्तूप की खुदाई पुनः आरंभ हुई। ऊपर के गुंबद को हटाने पर गोलाकार भित्ति में सबसे ऊपर कुछ नक्काशीदार ईंटें तथा जयगुप्त नामक राजा का एक ताँबे का सिक्का मिला। ऐसा प्रतीत होता है कि इन नक्काशीदार ईंटों को अन्य प्राचीन स्मारकों से लिया गया था।[61] खुदाई करने पर 14 फुट (2.74 मी.) नीचे ईंटों का एक वृत्ताकार कक्ष मिला।[62] इसकी ऊँचाई और व्यास 0.64 मीटर (2 फुट 1 इंच) था। इसके अंदर ताम्रपत्र द्वारा बंद एक ताम्रघट रखा था। इस ताम्रघट में बालू, लकड़ी के कोयले, कीमती पत्थर, कौड़ियाँ और दो ताम्र नलियाँ मिली हैं। इसके अतिरिक्त कुमारगुप्त प्रथम के कुछ रजत सिक्के तथा एक छोटी स्वर्ण एवं रजत नली भी मिली है। स्वर्ण नली में भूरे रंग का कोई पदार्थ तथा किसी तरल पदार्थ की दो बूँदें रखी हुई थीं। मुखाच्छादन के रूप में प्रयुक्त ताम्रपत्र पर संस्कृत भाषा में 'निदानसूत्र' लिखा गया है। परिनिर्वाण चैत्य में हरिबल

स्वामी ने इसे स्थापित किया था।[63] फ्लीट ने प्रतिमा पर अंकित लिपि को 5वीं शताब्दी का माना है।[64] कुमारगुप्त प्रथम के सिक्कों की प्राप्ति से यह निश्चित हो जाता है कि ऊपरी स्तूप की संरचना भी इसी शताब्दी में हुई थी।

इस स्तूप के 10.36 मीटर नीचे खोदने पर 2.82 मीटर ऊँचे एक छोटे स्तूप का अवशेष मिला। इसके पश्चिमी पार्श्व में प्रथम शताब्दी में निर्मित बुद्ध की एक ध्यानावस्थित मृणमूर्ति स्थापित की गई थी।[65] स्तूप के भीतर एक मिट्टी के पात्र में कुछ जला हुआ कोयला रखा था। संभवतः यह कोयला किसी भिक्षु की चिता का था, जिसे इसमें रख दिया गया था। यह स्तूप अच्छी दशा में था, अतः हीरानंद शास्त्री ने इस स्तूप को मुख्य स्तूप से बहुत पूर्व का माना है।[66]

उपर्युक्त विवरण से स्पष्ट है कि इस स्तूप का कई बार परिवर्धन एवं जीर्णोद्धार किया गया। यहाँ सर्वप्रथम एक छोटे-से स्तूप का निर्माण हुआ और कालांतर में उसके आकार में निरंतर अभिवृद्धि होती रही। पाँचवीं शताब्दी में हरिबल स्वामी ने इसका जीर्णोद्धार करवाया और परवर्ती काल में भी उसकी आवश्यक मरम्मत होती रही। 75 फुट ऊँचा स्तूप का वर्तमान कलेवर 1927 में भक्तों के किए गए कार्य का सुफल है।

**परिनिर्वाण मंदिर :** यह मंदिर मुख्य स्तूप के पश्चिम में स्थित था। सर्वप्रथम कार्लाइल ने 1876 ई. में इस मंदिर और परिनिर्वाण प्रतिमा को खोज निकाला था। कार्लाइल को ऊँची दीवालें तो मिली थीं, परंतु छत के अवशेष नहीं मिले थे। इसमें केवल गर्भगृह और उसके आगे एक प्रवेश कक्ष था। इस टीले के गर्भगृह में खुदाई करते समय कार्लाइल को एक ऊँचे सिंहासन पर तथागत की 20 फुट (6.1 मी. ) लंबी परिनिर्वाण मुद्रा की प्रतिमा मिली थी। यह प्रतिमा चित्तीदार बलुआ पत्थर की है। इसमें बुद्ध को पश्चिम की तरफ मुख करके लेटे हुए दिखाया गया है। इसका सिर उत्तराभिमुख है, दाहिना हाथ सिर के नीचे और बायाँ हाथ जंघे पर स्थित है। पैर एक-दूसरे के ऊपर हैं।[67] इस प्रतिमा को ईंटों के बने एक सिंहासन पर स्थापित किया गया था। यह सिंहासन 24 फुट लंबा तथा 5 फुट 6 इंच चौड़ा था। सिंहासन के ऊपर पत्थर की पट्टियाँ जड़ी हुई थीं। सिंहासन के अग्रभाग में तीन शोक संतप्त मूर्तियाँ हैं।[68] इसके नीचे पाँचवीं शताब्दी का लेख उत्कीर्ण है।[69] इस लेख से यह स्पष्ट हो जाता है कि परिनिर्वाण मूर्ति का प्रतिष्ठापक हरिबल[70] नामक व्यक्ति था। और इसका शिल्पी मथुरा का दिन्न था।

मलबे की सफाई के पश्चात् कार्लाइल को निर्वाण मंदिर का पता चला। मंदिर की दीवाल की मोटाई 3.05 मीटर और गर्भगृह की लंबाई-चौड़ाई 9.35×3.66 मीटर थी। प्रवेश कक्ष की लंबाई 10.92 मीटर तथा चौड़ाई 4.57 मीटर थी। सफाई के समय कार्लाइल को अल्प मात्रा में चौरस ईंटें और टेढ़ी दीवाल के अवशेष मिले थे जिसके आधार पर कालाईल ने यह मत व्यक्त किया था कि इस मंदिर की छत मेहराब गुंबज से युक्त थी। इसका प्रवेश द्वार पश्चिम की ओर था। उत्तर और दक्षिण

की दीवालों में एक-एक खिड़कियाँ थीं। यहाँ यह उल्लेखनीय है कि मूर्ति की दृष्टि से इस मंदिर का गर्भगृह छोटा है और प्रदक्षिणा के लिए पर्याप्त स्थान नहीं है।

इसमें कोई संदेह नहीं कि परिनिर्वाण प्रतिमा की स्थापना 5वीं शताब्दी में हुई थी; परंतु यह मंदिर इतना प्राचीन नहीं प्रतीत होता। मूर्ति पर प्रयुक्त परवर्ती प्लास्टर इस बात का सूचक है कि यह मंदिर कई शताब्दियों तक परिवर्तित होता रहा। उत्तरी और दक्षिणी दीवालों के नीचे, मूर्ति से युक्त पूर्ववर्ती मन्दिर के अवशेष, उस स्थान से मिले हैं जहाँ से कार्लाइल को परिनिर्वाण मंदिर के अवशेष मिले थे।[71] लेकिन यह कहना कठिन है कि यह वही प्राचीन मंदिर था, जिसमें परिनिर्वाण प्रतिमा सर्वप्रथम स्थापित की गई थी और जिसका उल्लेख ह्वेनसाँग ने किया था।[72] कार्लाइल द्वारा अन्वेषित इस परिनिर्वाण मंदिर का निर्माण 11वीं-12वीं शताब्दी में हुआ होगा जबकि कुशीनगर अवनति की ओर अग्रसर था। कार्लाइल ने इस मूर्ति की मरम्मत और मंदिर का जीर्णोद्धार करवाया।[73] आधुनिक काल में भी इसका कई बार जीर्णोद्धार होता रहा।[74]

मंदिर के चारों तरफ विहार बने हुए थे। जिन्हें अध्ययन की सुविधा की दृष्टि से कई वर्गों में विभाजित किया जा सकता है—

**पश्चिमी वर्ग :** स्तूप और निर्वाण मंदिर के चारों ओर ईंटों से निर्मित कई स्थापत्य है जिनका समय-समय पर एक धार्मिक मठ के रूप में विकास होता रहा। यहाँ से दो मठों (क्यू और क्यू[1]) का पता चला है। यहाँ उत्खनन से बड़ी मात्रा में लिपियुक्त और तिथिपरक वस्तुएँ प्रकाश में आई हैं। यहीं से प्राप्त मिट्टी की एक मुहर पर बने दो साल वृक्षों के नीचे बुद्ध की समाधि और दो पंक्तियों में 'महापरिनिर्वाण भिक्षु संघ' लेख लिखा हुआ है।[75] दो अन्य मुहरें भी मिलीं हैं, जिन पर मैत्रेय की आकृति है, परंतु लेख वही है। इन लेखों की तिथि चौथी शताब्दी प्रतीत होती है। चाँदी का एक सिक्का मिला है, जिसे क्षत्रप नरेश दामसेन का माना जा सकता है। इसके अतिरिक्त कुछ टूटी हुई मृण्मूर्तियाँ और बड़ी मात्रा में मृण्भांड भी मिले हैं। इन समस्त वस्तुओं का निचली सतह से मिलना यह सिद्ध करता है कि ये दोनों मठ चौथी शताब्दी के पहले निर्मित हुए होंगे। उत्खनन से पश्चिम मंदिर के सामने कई भवन प्रकाश में आए हैं जिनका प्रसार 107.93 मीटर लंबाई में था।

इन भवनों में 45.72 मीटर वर्गाकार घेरे में फैला सबसे बड़ा एक मठ था। इस मठ के चारों ओर 3.05 मीटर चौड़ा गलियारा बना था। इसमें भिक्षुओं के निवास के लिए छोटे-छोटे कई कमरे बने थे। कमरों और गलियारों की फर्श कंकरीट की बनी थी। मठ की दीवालें बहुत बड़ी और मोटी थीं जिससे इस मठ के कई मंजिला होने का अनुमान किया जाता है। उत्खनन में एक कुएँ से 900 ई. की एक अभिलिखित मुहर भी मिली है। जिसके आधार पर यह कहा जा सकता है कि इस भवन का निर्माण 8वीं शताब्दी में हो चुका था और विनाश 900 ई. के आसपास हुआ।[76]

ऐसा लगता है कि इस भवन निर्माण के एक शताब्दी बाद प्राचीन भवन के स्थान पर एक नए भवन का निर्माण हुआ और परवर्ती भवन के निर्माताओं ने पुराने भवन के पुरावशेषों का भरपूर उपयोग किया।

मुख्य भवन के दक्षिण-एक दूसरे से संबंधित चार अन्य भवनों के अवशेष प्रकाश में आए हैं। उल्लेखनीय है कि एक-दूसरे से संबंधित होते हुए भी ये सभी भवन योजना और आकार में परस्पर भिन्न हैं। मंदिर के उत्तर-पूर्व में एक चौकोर विहार था। इस विहार के बीच में आँगन और उसके चारों ओर 12 कमरे थे। विहार में चौकोर बरामदा भी बना था। पश्चिम में एक ऐसा मठ मिला है। जिसके आँगन में एक तालाब था। इन दोनों विहारों की खुदाई से गुप्तकाल (चौथी-पाँचवीं शताब्दी) की लिखित मुहरें, धातु, पाषाण पात्र एवम् अन्य उपयोगी वस्तुएँ मिली हैं।

एक अन्य विहार का भी अवशेष मिला है। विहार का केंद्रीय भाग आयताकार और उसकी दीवालें नीची थीं। पूर्व में एक समान दूरी पर गड्ढे निर्मित थे। ऐसी संभावना है कि इन गड्ढों में लकड़ी के खंभे रहे होंगे, जिनके सहारे लकड़ी की छत टिकी रही होगी। इन्हें स्तंभ-गर्त कह सकते हैं। संभवतः इस भवन का उपयोग विचार-विमर्श के निमित्त सभा-भवन के रूप में किया जाता था। इस विहार के नीचे अन्य अवशेष विद्यमान थे, परंतु यह स्पष्ट नहीं है कि ये अवशेष मूल विहार की नींव हैं या किसी अन्य विहार के खंडहर। ऊपरी सतह से कुछ मृष्भांड और लोहे का एक चम्मच मिला है।[77]

उपर्युक्त विहार के दक्षिण 34.53 मीटर वर्गाकार घेरे में विस्तृत एक अन्य विहार (ओ) का अवशेष मिला है। इस विहार के बीच में आँगन और इसके चारों तरफ गलियारेयुक्त 20 कमरे थे। यह विहार आकार में मेजर किटाई द्वारा उत्खनित सारनाथ के विहार से पर्याप्त समानता रखता है।[78] इसकी बाहरी दीवाल की मोटाई 5 फुट तथा आँगन के चारों तरफ की दीवाल की मोटाई 4 फुट 2 इंच है। इस विहार में प्रयुक्त ईंटों की माप 14इंच×8½इंच से 9 इंच× 2 इंच से 2½इंच है।

उत्खनन करने पर इन विहारों से बड़ी मात्रा में मुहरें तथा चंद्रगुप्त द्वितीय (400ई.) का एक सोने का सिक्का मिला है। इसके अतिरिक्त एक कमरे से कुषाण काल (प्रथम शताब्दी ई.) का एक अभिलेख भी प्राप्त हुआ है। आँगन की खुदाई से मथुरा में निर्मित लाल पत्थर की कुछ मूर्तियाँ मिली हैं।[79] अतः यह निश्चित होता है कि इस वर्ग के सभी विहारों का निर्माण प्रथम शताब्दी में और इनका विनाश 5वीं-6वीं शताब्दी अर्थात् गुप्त काल में हुआ।[80]

**दक्षिणी वर्ग :** इस वर्ग के स्मारकों में अधिकांश छोटे-छोटे स्तूप थे जिनकी स्थापना श्रद्धालु भक्तों एवं तीर्थयात्रियों द्वारा की गई थी। ये स्मारक दक्षिण ओर से एक निश्चित लंबाई की दीवाल से आवृत्त थे। स्मारकों के मध्य में दो ऐसे स्तूप थे जिनमें प्रयुक्त ईंटें अनिश्चित आकार की थीं और नीचे की कार्निसेज और अलंकृत

स्तंभ मुख्य स्तूप के समान थे। इससे यह स्पष्ट होता है कि इसका निर्माण मुख्य स्तूप के साथ ही हुआ होगा।

इसके उत्तर एक आयताकार विहार (एफ) था जिसका अधिष्ठान मुख्य स्तूप के समान था। इसके भीतर ईंट की कब्रनुमा एक ठोस संरचना थी। यह निर्माण पूर्ववर्ती प्रतीत होता है, क्योंकि इसकी नींव एक पंक्ति में नहीं है। पश्चिमाभिमुख इसका प्रवेश द्वार 1.57 मीटर चौड़ा था। इसके दोनों किनारों पर बुद्ध की ध्यानावस्थित मृण्मूर्ति स्थापित थी।

**पूर्वीभाग :** पूर्वी वर्ग के अवशेषों में सबसे रोचक तथा महत्त्वपूर्ण अवशेष था, एक चबूतरेनुमा बड़ा स्थापत्य। यह संरचना पक्की ईंटों की बनी थी तथा मुख्य संरचना के तिरछे थी। यह दो चबूतरों से युक्त था। निचला चबूतरा चौकोर और सीढ़ियों से युक्त था। ऊपरी चबूतरा अपेक्षाकृत छोटा था और उसके चारों तरफ 3.66 मीटर ईंटों का बना एक प्रदक्षिणा-पथ था। यह प्रदक्षिणा-पथ चारों तरफ समान नहीं है क्योंकि दोनों चबूतरे एक-दूसरे के समानांतर नहीं थे। निचले चबूतरे की दीवालें सादी थीं जबकि ऊपरी चबूतरे में अलंकृत साँचे में ढली ईंटों एवं कार्निसेज का प्रयोग किया गया था। यह (7 वीं शती में) निर्मित स्तूपों से घिरा हुआ था।

2.54×2.52 मीटर परिधि में विस्तृत इस चबूतरे-युक्त भवन के उत्तर-पश्चिम एक छोटे भवन 'एच' का अवशेष मिला है। इस भवन में प्रयुक्त ईंटें बड़े आकार की हैं। इनकी नाप 48.26×25.4×7.62 से. मी. और 46.20×25.4×6.98 से. मी. थी। इस प्रकार की ईंटें मौर्यकाल में प्रयुक्त होती थीं। अतः यह भवन मौर्यकाल का प्रतीत होता है। यहाँ से कुषाणों के ताँबे के सिक्के मिले हैं। इन कुषाण सिक्कों में 8 कनिष्क के और 4 कैडफिसेस द्वितीय के हैं। इसके आसपास परंतु नीचे दबे पड़े अनेक छोटे स्तूप मिले हैं जिसके आधार पर इन स्तूपों के भवन से पूर्व के होने का अनुमान किया जाता है।

**उत्तरी वर्ग :** इस वर्ग के बने भवन मौर्यकालीन थे, जो समय-समय पर श्रद्धालु तीर्थयात्रियों द्वारा बनवाए गए थे। निचली सतह से दो चौकोर मकानों के अवशेष मिले हैं।[81] पश्चिम की ओर दीवालों में प्रयुक्त ईंटें मौर्ययुगीन प्रतीत होती हैं। सतह से नीचे खोदने पर एक पकाई मिट्टी की पहली शताब्दी ई. पू. की नारी प्रतिमा और 5 वीं शताब्दी का एक खंडित प्रस्तर-अभिलेख मिला है। इनके उत्तर में दो अन्य भवनों के अवशेष मिले हैं जिन्हें क्रमशः 'आई' तथा 'जे' कहा गया है। 'आई' भवन आयताकार है जो 103 फुट लंबा और 97 फुट चौड़ा है। इसमें चारों ओर कमरे बने थे और बीच में 67'·7''×66'·6'' नाप का खाली स्थान था जिसमें 44 फुट चौकोर और 2 फुट गहरा जलकुंड बना था। यह जलकुंड 2 फुट चौड़ी दीवाल से आवृत्त था जिसके ऊपर 1 फुट 2 इंच चौड़ी नीची दीवाल उठी हुई थी। इस दीवाल के ऊपरी भाग से बड़े आकार की ईंटें मिली हैं। जिनकी माप 16 इंच×10 इंच×2½

इंच थी।[82] ऐसा आभास होता है कि इस दीवाल के सामने लकड़ी के खंभे के सहारे बरामदा था। यह बरामदा पूर्व ओर 9 फुट 5 इंच चौड़ा था। इसकी फर्श कंकरीट की थी जो भूमि से 3 फुट नीचे थी।

इस भवन का प्रवेश कक्ष आयताकार था। यह कक्ष ईंटों से निर्मित एक चबूतरे से युक्त था। यह चबूतरा लंबाई×चौड़ाई में क्रमशः 4 फुट 3 इंच×5 फुट 6 इंच विस्तृत था। इसकी ऊँचाई 9 इंच थी। इसी प्रकार के एक स्थापत्य का अवशेष सारनाथ में भी मिला था।[83]

इस भवन से सटा हुआ एक अन्य भवन (जे) भी था पर उसकी पूर्ण खुदाई नहीं हो पाई है। लेकिन एक अंश की खुदाई से यह निश्चित हो गया है कि यह एक कमरों से युक्त विहार था और इसमें बीच में 30 फुट चौकोर आँगन था।[84] इन मठों के बौद्ध विहार होने के संदर्भ में संदेह है। संभवतः ये मठ तीर्थयात्रियों के आवास रहे होंगे। इस भवन से कुछ लेखयुक्त मुहरें मिली हैं जो 'डी' मठ से प्राप्त मुहरों के समान हैं। इनमें से एक मुहर 900 ई. की है। इससे इस मठ के परवर्ती होने की सूचना मिलती है। संभवतः इस मठ का निर्माण 10वीं–11वीं शताब्दी में कभी हुआ था।

**माथा कुँवर का मंदिर :** परिनिर्वाण मंदिर से दक्षिण-पश्चिम दिशा में एक फर्लांग चलने पर माथा कुँवर का मंदिर मिलता है। इसका उत्खनन कार्लाइल ने किया था। यहीं बुद्ध ने निर्वाण प्राप्त किया था। इसके खंडहरों को आजकल माथा कुँवर कोट के नाम से जाना जाता है।[85] इस मंदिर में भूमि स्पर्श मुद्रा में बुद्ध की 3.05 मीटर ऊँची विशाल प्रतिमा स्थापित थी। यह गया के काले पत्थर से निर्मित थी। इस मूर्ति की पादपीठिका पर 11 वीं शताब्दी का एक लेख है। इससे आभास होता है कि इस मूर्ति तथा मंदिर की रचना ग्यारहवीं-बारहवीं शताब्दी में किसी कलचुरि नरेश के समय में हुई होगी।[86] इस मूर्ति को जनरल कनिंघम ने 1861 ई. में पाया था। कालांतर में 1876 ई. में कार्लाइल ने इस मंदिर का उत्खनन कराया। पुनः 1911 की खुदाई में इसका प्राचीन सिंहासन भी मिल गया। इस मूर्ति की मरम्मत कराने के बाद उसे पुनः पुराने स्थान पर स्थापित कर दिया गया और 1927 ई. में इसी स्थान पर वर्तमान मंदिर का निर्माण किया गया।

परवर्ती उत्खननों से अब यह प्रायः निश्चित हो गया है कि उपर्युक्त मंदिर एक स्वतंत्र रचना न होकर एक बड़े विहार का अंग था। यह विहार 114 फुट (34. 75 मीटर) चौकोर क्षेत्र में विस्तृत था। इसमें 13.41 मीटर वर्गाकार आँगन और 2. 59 मीटर चौड़े गलियारे बने थे। इस पूर्वाभिमुख विहार में आँगन के चारों ओर कमरे बने हुए थे। पश्चिमी किनारे पर बीच में बने एक कमरे में उपर्युक्त मूर्ति स्थापित थी।

उत्खनन से बुद्ध के जीवन की घटनाओं से संबद्ध 10वीं-11वीं शताब्दी की मिट्टी की मुहरें मिली हैं। कार्लाइल को इसी काल का एक शिलापट्ट[87] भी मिला था

जिससे इसके कलचुरि वंश के किसी स्थानीय शासक (संभवतः भीमत द्वितीय) द्वारा बनवाए जाने की पुष्टि होती है।

उत्खनन में मुख्य स्तूप और निर्वाण मंदिर के चारों ओर फैले अनेक सहायक मठ मिले हैं। इस वर्ग के चारों ओर बनी एक दीवाल से इसकी पुष्टि होती है। टूटी ईंटों से निर्मित 14.5687 हेक्टेयर असमान चतुर्भुज क्षेत्रफल में विस्तृत यह दीवाल पूर्णतः भूमि के अंदर छिपी हुई थी। इसकी प्रत्येक भुजा 381 मीटर लंबी थी।[88]

आधुनिक युग में माथा कुँवर नाम से एक नवीन मंदिर का निर्माण हुआ। इस समय अन्य प्राचीन अवशेषों के अतिरिक्त यह मंदिर तथा स्तूप ही कुशीनगर के मुख्य दर्शनीय स्थल हैं। 1956 में भगवान् बुद्ध की 2500 वीं जयंती के अवसर पर कार्लाइल द्वारा निर्मित परिनिर्वाण मंदिर को तोड़कर विस्तृत और भव्य नए मंदिर का निर्माण किया गया।

**रामाभार का टीला :** कुशीनगर-देवरिया मार्ग पर माथा कुँवर मंदिर से 1.61 कि. मी. की दूरी पर रामाभार नाम से प्रसिद्ध एक टीला है। इसी के पास रामाभार झील या तालाब भी स्थित है। संभव है इस टीले का नामकरण उक्त झील के नाम पर ही किया गया हो। इस स्थान पर मल्लों की अभिषेकशाला थी और वहीं पर बुद्ध का अंतिम संस्कार किया गया था। इसे उस समय 'मुकुट बंधन चैत्य' के नाम से जाना जाता था।[89]

कनिंघम के प्रथम सर्वेक्षण के समय रामाभार 'भवानी की मठिया' बन चुकी थी। समस्त भूभाग वनाच्छादित एवं दुर्गम्य था। निकटवर्ती ग्रामवासियों द्वारा इन टीलों की ईंटें निकाल लिए जाने के कारण यह मात्र खंडहर के रूप में अवशिष्ट था। प्रथम बार इसकी खुदाई एक राजकीय कर्मचारी ने कराई थी।[90] उत्खनन का द्वितीय चरण 1910 ई. में हीरानंद शास्त्री की अध्यक्षता में प्रारंभ हुआ जिससे इसके वास्तविक स्वरूप का पता चला। 115 फुट व्यास में इसकी नींव थी और ऊपर 112 फुट व्यास का स्तूप बना था।[91] शास्त्रीजी को 1.52 मीटर नीचे खोदने पर ईंटों की एक दीवाल का पता चला। परंतु इस भवन की तिथि के बारे में कुछ कह पाना आज संभव नहीं है।

श्री हीरानंद शास्त्री को टीले के पूर्वी भाग में उत्खनन से एक बड़े स्तूप का अवशेष मिला था। उत्खनन से प्राप्त मौर्यकालीन ईंटें इस स्तूप की प्राचीनता की परिचायक हैं। स्मरणीय है कि यह स्तूप भी कई बार बनाया गया। स्तूप के अवशिष्ट भाग से यह स्पष्ट होता है कि मुकुट बंधन स्तूप शालवन के परिनिर्वाण स्तूप से अधिक विस्तृत था। इस स्तूप के चारों ओर अन्य छोटे स्तूप, मंदिर तथा विहारों के अवशेष मिले हैं।

मुख्य स्तूप की भाँति यह चैत्य भी अपनी पवित्रता के लिए प्रसिद्ध था। संभवतः इसीलिए इस चैत्य के चारों ओर सहायक स्मारक बने हुए थे।

**कसिया से प्राप्त वस्तुएँ :** यहाँ के खंडहरों से प्राप्त बड़ी मात्रा में पत्थर, मिट्टी और धातु की मूर्तियाँ, सिक्के, मुहरें, विभिन्न प्रकार के पात्र, चित्रित प्रस्तर खंड, काष्ठ स्तंभ, नक्काशीदार ईंटें आदि प्राचीन कुशीनगर के महत्त्व के परिचायक हैं। यहाँ से प्राप्त मूर्तियों में अधिकांश मिट्टी तथा पाषाण की बनी हुई हैं। विभिन्न मूर्तियों में बुद्ध तथा बोधिसत्व की प्रतिमाएँ प्रमुख हैं। एक मूर्ति माया देवी की और एक सारिपुत्र की है। इसके अतिरिक्त पौराणिक देवताओं, विष्णु, गरुड़ और गणेश आदि की भी प्रतिमाएँ मिली हैं, लेकिन इनकी संख्या अपेक्षाकृत कम है। इन मूर्तियों में सर्वाधिक महत्त्वपूर्ण बुद्ध की परिनिर्वाण प्रतिमा है। इसके अतिरिक्त श्याम रंग की प्रस्तर प्रतिमा भी मिली हैं। जिसे अब 'माथा कुँवर' के नाम से जाना जाता है। यहाँ से प्राप्त मूर्तियों में कुछ लाल पत्थर की बनी हैं। संभवतः ये मूर्तियाँ मथुरा से लाकर यहाँ स्थापित की गई थीं।

धातु तथा पाषाण के कुछ पात्र एवं अन्य उपयोगी वस्तुएँ भी मिली हैं। परिनिर्वाण स्तूप से स्वर्ण, रजत तथा ताम्र नलिकाएँ भी मिली हैं, जिसमें धातु खंड रखे गए थे। प्राप्त धातु पात्रों में लोटा, चम्मच, घंटा, धूपदान आदि का मुख्य रूप से उल्लेख किया जा सकता है। एक 2.15 सें. मी. लंबा चम्मच मिला है।[92] एक लोहे की कुल्हाड़ी भी मिली है। पत्थर की बनी वस्तुओं में चक्की तथा तश्तरी मुख्य हैं। मिट्टी की बनी हुई वस्तुओं की संख्या सर्वाधिक है। इनमें विभिन्न प्रकार के बर्तन (मनुष्य और पशु आकृतियों से चित्रित), दीपक, मिट्टी की गोलियाँ तथा मकराकृति वाला धूपदान उल्लेखनीय हैं।[93]

कुशीनगर से 995 मिट्टी की मुहरें भी मिली हैं। इनमें 314 अखंडित तथा 681 खंडित हैं। इनमें से अधिकांश मुहरें प्रमुख संघों की हैं। अन्य मुहरों का संबंध एरंड, विष्णुद्वीप तथा सारनाथ के विहारों से हैं। महापरिनिर्वाण तथा मुकुट बंधन विहारों की प्रारंभिक मुद्राओं पर भिन्न-भिन्न लेख तथा चित्र अंकित हैं। इन मुहरों में 250 मुहरें 720 ई. की और 540 मुहरें 900 ई. की हैं। इसके अतिरिक्त एक मुहर जिस पर बुद्ध को दो साल वृक्षों के नीचे परिनिर्वाणावस्था में प्रदर्शित किया गया है, 400 ई. की है।[94] इन विहारों से प्राप्त परवर्ती मुहरें जिन पर धर्मचक्र एवं हिरण के चिन्ह अलंकृत हैं, सारनाथ से प्राप्त मुहरों से समानता लिए हुए हैं। वस्तुतः यह सारनाथ का चिन्ह था जिसे कालांतर में अन्य संघारामों ने भी अपना लिया। एक अन्य मुहर पर 'आर्याष्ट वृद्धे' नामक लेख अंकित है। संभवतः यह उन आठ स्तूपों की तरफ संकेत करता है जिनमें बुद्ध के अस्थि अवशेष समाधिस्थ किए गए थे।[95]

कुशीनगर के अवशेषों में कुछ सिक्के भी उपलब्ध हुए हैं, परंतु इनकी संख्या अपेक्षाकृत कम है। पूर्ववर्ती सिक्कों में कुषाण शासक विम कडफाइसेस के चार और कनिष्क प्रथम के आठ ताँबे के सिक्के मिले हैं। चंद्रगुप्त द्वितीय (400 ई.) का एक स्वर्ण सिक्का[96], क्षत्रप नरेश दामसेन, कुमारगुप्त प्रथम (मोर प्रकार) के रजत और

जयगुप्त के ताँबे के सिक्कों का उल्लेख प्रमुख रूप से किया जा सकता है। सिक्कों की अपेक्षा अभिलेखों की संख्या अधिक है। यद्यपि इन लेखों में तिथि-संवत् तो अंकित नहीं है, लेकिन लिपि वैभिन्य के आधार पर इन्हें विभिन्न कालों का माना जा सकता है। ये लेख मुद्राओं, मृण्मूर्तियों और ताम्रपत्रों पर अंकित हैं। बुद्ध की परिनिर्वाण प्रतिमा के लेख का वर्णन ऊपर किया जा चुका है। इस प्रतिमा का प्रतिष्ठापक सुवीर था।[97] जैसा कि पहले कहा जा चुका है कि ये मूर्तियाँ मथुरा शिल्प से समानता लिए हुए हैं।

यहाँ से प्राप्त अन्य वस्तुओं में कीमती पत्थर (मूँगा, मोती, माणिक, पन्ना) के मनके, कौड़ियाँ तथा हाथी-दाँत की मुहरें भी हैं लेकिन इनकी संख्या अत्यल्प हैं। इस नगर के लंबे इतिहास एवं महत्त्व को देखते हुए यहाँ से प्राप्त पुरातात्विक सामग्री अत्यंत कम है। संभवतः इसका मुख्य कारण यह है कि कुशीनगर के बौद्ध अवशेष किसी दुर्घटना के कारण आकस्मिक विनाश को नहीं प्राप्त हुए, बल्कि उनका धीरे-धीरे विनाश हुआ। इस प्रक्रिया में यहाँ जो भी महत्वपूर्ण पुरावस्तुएँ रहीं वे अन्य लोगों द्वारा पहले ही हटा ली गईं और कालांतर में यहाँ के अवशेष वनों से आच्छादित हो गए।[98]

## संदर्भ

1. अंगुत्तरनिकाय, भाग 1, पृ. 213; तत्रैव, भाग 4 पृ. 252; महावस्तु, भाग 1 पृ. 34
2. ए. कनिंघम, दि ऐंश्येंट ज्योग्राफी ऑफ् इंडिया, पृ. 363
3. आर्कियोलाजिकल् सर्वे ऑफ् इंडिया, वार्षिक रिपोर्ट, 1911-12, पृ. 17
4. विस्तृत, जर्नल् ऑफ् दि रायल् एशियाटिक सोसायटी (1902), पृ. 139 और आगे; स्मिथ, अर्ली हिस्ट्री आफ इंडिया (चतुर्थ संस्करण), पृ. 167, पादटिप्पणी–5 (स्मिथ का यह मत सर्वमान्य नहीं है क्योंकि ह्वेनसाँग के विवरणों के आधार पर कुछ निश्चित करना संभव नहीं है। ह्वेनसाँग के आगमन के पश्चात् भी इस स्थान पर निरंतर परिवर्तन होते रहे। रोचक है, सारनाथ में भी, जिसकी स्थिति संदिग्ध नहीं है, ऐसी ही विषमता पाई जाती है।
5. जर्नल आफ दि रायल एशियाटिक सोसायटी, 1913, पृ. 152; तु., विमल चरण लाहा, प्राचीन भारत का ऐतिहासिक भूगोल, पृ. 171
6. रीज़ डेविड्स, बुद्धिस्ट इंडिया, वाराणसी, इंडोलाजिकल बुक हाउस (1979) पुनर्मुद्रित, पृ. 26
7. महाभारत, भीष्मपर्व, 10/45
8. महावंश, भाग दो, पृ. 1-6; जातक (फाउसबाल संस्करण), भाग दो, पृ. 65; दीर्घनिकाय, भाग 2, (हिंदी अनुवाद राहुल सांस्कृत्यायन एवं जगदीश काश्यप, महाबोधि सभा, सारनाथ 1935), पृ. 152
9. जी. पी. मललसेकर, डिक्शनरी आफ पालि प्रापर नेम्स, भाग 1, (लंदन, पालि टेक्ट्स सोसाइटी, 1974, पुनर्मुद्रित), पृ. 563
10. दीघनिकाय, भाग दो, पृ. 109; दीपवंस, भाग 3, पृ. 32
11. दिव्यावदान, पृ. 152, 153, 194
12. तत्रैव, पृ. 108

13. द्रष्टव्य, दीघनिकाय, (हिंदी अनुवाद, राहुल सांस्कृत्यायन एवं जगदीश काश्यप, महाबोधि सभा, सारनाथ (वाराणसी, 1935 ई.), भाग दो, पृ. 146-152 :अयं कुशीनारा कुशावती नाम राजधानी अहोसि...)
14. दीघनिकाय, भाग दो, पृ. 170-171
15. इस नदी को अधिकांश विद्वानों ने छोटी गंडक से समीकृत किया है; (देखें, कनिंघम, ऐंश्येंट ज्योग्राफी ऑफ इंडिया, पृ. 364) भिक्षु धर्मरक्षित के मतानुसार कसिया के समीप बहने वाली कुसमीनारा तथा हिरवा की नारी उसी के अवशेष हैं। द्रष्टव्य भिक्षु धर्मरक्षित, कुशीनगर का इतिहास, पृ. 32
16. सुत्तनिपात, 5, 10, 12
17. विनयपिटक, भाग दो, पृ. 284
18. सारत्थप्पकासिनी, जिल्द पहली, पृ. 222; तुलनीय, भरत सिंह उपाध्याय, बुद्धकालीन भारतीय भूगोल (प्रथम संस्करण), पृ. 320
19. आर्कियोलाजिकल सर्वे आफ इंडिया, वार्षिक रिपोर्ट, 1861-62, पृ. 77-38; तुल., ऐंश्येंट ज्योग्राफी आफ इंडिया पृ. 364
20. सुमंगल विलासिनी, भाग दो, पृ. 573
(पावानगरतो तोणि गावुतानि कुसीनारा नगर)
21. भरत सिंह उपाध्याय, बुद्धकालीन भारतीय भूगोल, (प्रथम संस्करण), पृ. 318
22. 'कुसीनारातों याव राजगहं पंचसीवति योजनानि'

सुमंगल विलासिनी, भाग दो, पृ. 609

23. 'एकाहेनेव योजनसतिकं मग्गं खेपेत्व...सावलनगरं पाविसि'

जातक, खंड 5, पृ. 290 (फाउसबाल संस्करण)

24. थामस् वाटर्स, आन् युवान् च्वांग्स ट्रेवेल्स् इन इंडिया, भाग दो, पृ. 46
25. सुमंगलविलासिनी, भाग दो, पृ. 573
26. भगवान् बुद्ध का पूर्व जन्म में यह एक नाम था।
27. 'चतुरासोति नगरसहसानि पमुखानि', दीघनिकाय का यह वर्णन अतिरंजित है। दीघनिकाय, (हिंदी अनुवाद–राहुल सांस्कृत्यापन एवं जगदीश काश्यप, महाबोधि सभा, सारनाथ, 1935 ई.), भाग दो, पृ. 159। जबकि संयुक्तनिकाय में इसे 84 नगरों में एक बतलाया गया है। द्रष्टव्य–संयुक्तनिकाय, भाग 3, पु. 144; तुलनीय–डिक्शनरी आफ पालि प्रापर नेम्स, भाग 1 पृ, 663
28. ये शब्द नगर की समृद्धि एव वैभव के सूचक थे जो निम्नलिखत थे–
'हत्थिसद्‌द, अस्ससद्‌द, भेरिसद्‌द, मुतिंगसद्‌द, गीत (संख), सद्‌द, सम्मसद्‌द, ताल्वसद्‌द, तथा अस्नाथपिवस्थस्वाद थातसभनेन सद्‌द', द्रष्टव्य–दीघनिकाय, भाग दो, पृ. 147
29. उल्लेखनीय है इसी कारण आनंद ने बुद्ध को चंपा, राजगृह, श्रावस्ती, साकेत, कोशांबी, और वाराणसी आदि नगरों को परिनिर्वाण योग्य बताया था। द्रष्टव्य– दीघनिकाय, भाग 2, पृ. 152
30. दीघनिकाय, भाग दो, पृ. 198 (पालि ग्रंथों में केवल दो पूर्व जन्मों का वृत्तांत मिलता है। एक जन्म में वे महाराजा कुश थे और दूसरे जन्म में चक्रवर्ती सम्राट महासुदर्शन। इनकी कथा अन्य ग्रंथों के अतिरिक्त कुश और महासुदस्सन जातकों में भी वर्णित है)
31. यह चैत्य मुकुट बंधन इसलिए कहलाता था कि यहाँ मल्ल राजाओं का अभिषेक किया जाता था और उनके शिर पर मुकुट बाँधा जाता था।
32. ह्वेनसाँग ने भ्रमवश दाह-चैत्य को नगर से उत्तर की ओर बताया है। दाह-संस्कार की विधि स्वयं

बुद्ध ने आनंद को बताई थी। वही विधान आनंद ने मल्लों को बताया। देखें, दीघनिकाय, भाग दो।

33. भरत सिंह उपाध्याय, बुद्धकालीन भारतीय भूगोल (प्रथम संस्करण), पृ. 321
34. उल्लेखनीय है उत्खनन से वेठ द्वीप विहार की एक मुहर मिली है जिस पर लेख 'श्री विष्णु द्वीप विहार भिक्षु-संघस्य' अंकित है। द्रष्टव्य—आर्कियोलाजिकल सर्वे ऑफ इंडिया, वार्षिक रिपोर्ट, 1906-7, पृ. 61
35. जी. पी. मललसेकर, डिक्शनरी आफ पालि प्रापर नेम्स (पालि टेक्ट्स सोसायटी 1974, पुनर्मुद्रित), भाग 1, पृ. 654; दीघनिकाय, भाग 2, पृ. 150
36. मार्शल, ए गाइड टू साँची, पृ. 53-54 और प्लेट संख्या 4
37. उदयनारायण राय, प्राचीन भारत में नगर तथा नगर जीवन, पृ. 362
38. टी. डब्ल्यू. रीज़ डेविड्स, बुद्धिस्ट इंडिया (इंडोलाजिकल बुक हाउस, वाराणसी, पुनर्मुद्रित, 1979), पृ. 21
39. गाइल्स, ट्रेवेल्स् ऑफ् फाह्यान, पृ. 41
40. ह्वेनसाँग् द्वारा वर्णित यह हिरण्यवती नदी ही थी जो नगर के दक्षिण में बहती थी। जेम्स लेग्गे, दि ट्रैवेल्स ऑफ् फाह्यान् (दिल्ली, 1972), पृ. 70, पाद-टिप्पणी।
41. यह बनारस का एक ब्राह्मण था जो बुद्ध से शिक्षा ग्रहण करने के लिए यहाँ आया हुआ था। देखें, दीघनिकाय, भाग 2, पृ. 144
42. जेम्स लेग्गे, दि ट्रैवेल्स आफ फाह्यान (दिल्ली ओरियंटल पब्लिशर्स, 1972, पुनर्मुद्रित), पृ. 82
43. वाटर्स, आन युवान च्वाँग्स ट्रैवेल्स इन इंडिया, भाग दो पृ. 134
44. इस चुंड को दीघनिकाय में पावा का निवासी बतलाया गया है। फाह्यान ने भी इस स्तूप का उल्लेख नहीं किया है। देखें, दीघनिकाय, भाग दो, पृ. 135-136
45. ऐसी संभावना है कि ह्वेनसाँग के समय हिरण्यवती नदी को अजितवती (जो कभी जीती न जा सके) नाम से जानते थे।
46. तत्रैव, भाग दो, पृ. 28
47. तत्रैव, पृ. 30
48. वाटर्स, आन युवान च्वाँग्स ट्रैवेल्स इन इंडिया, भाग 2, पृ. 39
    माया देवी के स्वर्ग से उतरकर अपने मृत पुत्र के लिए विलाप करने की कथा अनेक बौद्ध ग्रंथों में पाई जाती है, परंतु दीघनिकाय में इसका उल्लेख नहीं मिलता।
49. सेमुअल बील, बुद्धिस्ट रिकार्ड्स आफ दि वेस्टर्न वर्ल्ड, भाग 3 (कलकत्ता, 1958), पृ. 287। दीघनिकाय के अनुसार यह स्थान नगर से पूर्व में था। भाग, 2, पृ. 141
50. पूर्वोल्लिखित, आन युवान च्वाँग्स ट्रैवेल्स इन इंडिया, भाग दो, पृ. 42
51. जे. तकाकुसू, ए रेकार्ड आफ दि बुद्धिस्ट रिलिजन (लंदन, आक्सफोर्ड, 1896), पृ. 29-30, 38-39 और 145
52. ईस्टर्न इंडिया, भाग दो, पृ. 357
53. ज. ए. सी. बं., 1837, पृ. 417
54. ज. रा. ए. सो., 1856, पृ. 246, यहाँ इसका नाम 'कुसिया' दिया गया है।
55. आ. स. रि., अंक 1, पृ. 76-85
56. नलिनाथ दत्त और कृष्णदत्त बाजपेयी, डेवलपमेंट आफ बुद्धिज्म इन उत्तर प्रदेश (पब्लिकेशन ब्यूरो, लखनऊ, 1956), प्रथम संस्करण, पृ. 357
57. आर्कियोलाजिकल सर्वे आफ इंडिया (वार्षिक रिपोर्ट), अंक 18, कलकत्ता, 1883), पृ. 62 और

आगे; अंक 22 (कलकत्ता, 1885), पृ. 16 और आगे।

58. ज. रा. ए. सो, 1902, पृ. 139

59. कार्लाइल के समय अंड के नीचे का गोलाकार भाग 25 फुट ऊँचा था और उसकी परिधि 56 फुट थी।

60. थामस वाटर्स, आन युवान च्वाँग्स ट्रैवेल्स इन इंडिया, जिल्द दो, पृ. 28

61. आर्कियोलाजिकल सर्वे आफ इंडिया (वार्षिक रिपोर्ट), 1910-11, पृ. 64

62. देबला मित्रा, बुद्धिस्ट् मानुमेंट्स, (कलकत्ता, 1971), पृ 70

63. यह हरिबल स्वामी वही था जिसने परिनिर्वाण प्रतिमा को स्थापित किया था।

64. आर्कियोलाजिकल सर्वे आफ इंडिया, (वार्षिक रिपोर्ट), 1910-11, पृ. 64

65. देबला मित्रा बुद्धिस्ट् मानुमेंट्स (कलकत्ता, 1971), पृ. 70

66. आर्कियोलाजिकल सर्वे आफ इंडिया, वार्षिक रिपोर्ट , 1910-11, पृ. 64-65

67. कार्लाइल को यह मूर्ति 1877 ई. में खुदाई करते समय ऊपरी सतह से 10 फुट नीचे मिली थी। उसी समय यह मूर्ति कई खंडों में विभक्त थी। इस मूर्ति की पहले भी मरम्मत की गई थी। देखें, आ. स. रि., भाग 18, पृ. 57-58 और भाग 22, पृ. 17। ऐसा लगता है कि इस प्रकार की प्रतिमाओं का कुशीनगर में प्राधान्य था और इनकी पूजा की जाती थी। परिनिर्वाण से संबंधित अन्य छोटी प्रतिमाएँ भी मिली हैं। इसी प्रकार की एक विशाल प्रतिमा अजंता की गुफा नं. 26 में भी उपलब्ध है। देखें, नलिनाक्ष दत्त एवं कृष्णदत्त बाजपेयी, डेवलपमेंट ऑफ् बुद्धिज्म इन उत्तर प्रदेश, पृ. 360 (पादटिप्पणी)।

68. इन मूर्तियों की पहचान कठिन है बाईं तरफ एक नारी की प्रतिमा है, जो दोनों हाथ जमीन पर रखकर शोकसंतप्त मुद्रा में झुकी हुई है। दाईं ओर की मूर्ति स्त्री की है अथवा पुरुष की, यह तो स्पष्ट नहीं है पर यह मूर्ति भी शोकसंतप्त मुद्रा में दाएँ हाथ से सिर को पकड़े हुए हैं। बीच की मूर्ति बैठी हुई है। ये मूर्तियाँ आनंद, सुभद्र और मल्लिका को हो सकती है। बीच की मूर्ति हरिबल की भी हो सकती है।

69. देयधर्म्मोयं महावीरस्वामिनो हरिबलस्य।
प्रतिमा चेयं घटित दिन्नेन माथुरेण।।
देखें, आ. स. इ. ए. रि., 1906-07, पृ. 49

70. यह हरिबल स्वामी संभवतः वही है जिसने मुख्य स्तूप में ताम्रपत्र को स्थापित किया था।

71. देखें, फोगल, आर्कियोलाजिकल् सर्वे ऑफ् इंडिया, वार्षिक रिपोर्ट, 1904-5 पृ. 48-49

72. सेमुअल बील, बुद्धिस्ट रिकार्ड्स ऑफ् दि वेस्टर्न वर्ल्ड, भाग 3 (कलकत्ता संस्करण, 1958), पृ. 283

73. परिनिर्वाण प्रतिमा अपनी कलात्मकता के लिए प्रसिद्ध है। इसकी विशेषता यह है कि मूर्ति को तीन ओर से देखने पर इसके तीन भाव प्रकट होते हैं—मूर्ति पैर की ओर से देखने पर शांत, बीच से देखने पर शोकसंतप्त, तथा सिर की ओर से देखने पर प्रसन्न मुद्रा में प्रतीत होती है।

74. मई 1955 में भारत सरकार द्वारा एक समिति गठित की गई जिसका प्रमुख उद्देश्य बुद्ध के जीवन से संबंधित स्थलों का पुनरुद्धार करना था।

75. आर्कियोलाजिकल सर्वे ऑफ इंडिया, वार्षिक रिपोर्ट, 1906-7, पृ. 63

76. आर्कियोलाजिकल सर्वे ऑफ इंडिया, वार्षिक रिपोर्ट, 1905-06

77. तत्रैव, 1906-07 पृ. 44

78. आ. स.रि., भाग 1, पृ. 127, प्लेट 32

79. आर्कियोलाजिकल सर्वे ऑफ इंडिया, वार्षिक रिपोर्ट, 1906-7, पृ. 50; उल्लेखनीय है कि लाल

पत्थर की मूर्तियों का प्रचलन उस समय मथुरा में था तथा इन मूर्तियों की माँग सर्वत्र रहती थी। अतः संभव है यहीं से लाकर इन मूर्तियों को यहाँ स्थापित किया गया होगा।

80. उल्लेखनीय है कि हूणों ने 5वीं और 6वीं शताब्दी में गुप्तों को आक्रांत किया था। संभव है कि यह विनाश उन्हीं के द्वारा हुआ हो।
81. संभवतः ये प्रारंभिक मंदिरों के अवशेष हो सकते हैं।
82. आर्कियोलाजिकल सर्वे ऑफ इंडिया, वार्षिक रिपोर्ट, 1906-7, पृ. 53
83. मेजर किटोई को सारनाथ के एक मठ से इसी तरह के अवशेष मिले थे। इस चबूतरे पर बुद्ध की प्रतिमा रहती थी। हालाँकि किटोई द्वारा उत्खनित मठ दक्षिणाभिमुख था जबकि कुशीनगर का यह मठ उत्तराभिमुख था, लेकिन दोनों मठ में यह चबूतरा पश्चिम दीवाल से सटा था। अतः यह निश्चित होता है कि इस चबूतरे पर बुद्ध की प्रतिमा स्थापित रही होगी।
84. आर्कियोलाजिकल सर्वे ऑफ इंडिया, वार्षिक रिपोर्ट, 1906-7, पृ. 54
85. ए. कनिंघम, दि ऐंश्येंट् ज्योग्राफी ऑफ् इंडिया (इंडोलाजिकल बुक हाउस, वाराणसी, 1963), पृ. 364
86. देबला मित्रा, बुद्धिस्ट मानुमेंट्स, पृ. 71
87. उद्धृत, अभिलेख, वी. वी. मिराशी, 'इंसक्रिप्शंस आफ दी चेदि कलचुरि एरा', प्लेट दो, कार्पस् इंसक्रिप्सनम् इंडिकेरम, भाग 4 (ऊटकसंड, 1955), पृ. 375 और आगे।
88. स्मरणीय है कि इस विहार का निर्माण परवर्ती होने के कारण इससे भी निश्चित होता है कि चीनी यात्रियों के यात्रा विवरणों में इसका कोई उल्लेख नहीं मिलता।
89. दीघनिकाय, भाग दो, पृ. 141, 161; चीनी यात्री ह्वेनसाँग ने भी इसका उल्लेख किया है। देखें, सेमुअल बील, बुद्धिस्ट रेकार्ड्स आफ दि वेस्टर्न वर्ल्ड, भाग 3, पृ. 287
90. आ. स. रि., भाग 18, पृ. 75; इन्होंने उल्लेख किया कि इस उत्खनन में मृणमूर्तियों के अलावा कुछ नहीं मिला था।
91. देबला मित्रा बुद्धिस्ट मानुमेंट्स (कलकत्ता, 1971 ई.), 71
92. आर्कियोलाजिकल सर्वे ऑफ इंडिया, वार्षिक रिपोर्ट, 1906-7, पृ. 55
93. नलिनाक्ष दत्त एवं कृष्णदत्त बाजपेयी, डेवलपमेंट् ऑफ् बुद्धिज्म इन उत्तर प्रदेश (लखनऊ, 1956), पृ. 364
94. आर्कियोलाजिकल सर्वे ऑफ इंडिया, वार्षिक रिपोर्ट, 1906-7, पृ. 58
95. तत्रैव, पृ. 90; देबला मित्रा, बुद्धिस्ट् मानुमेंट्स पादटिप्पणी, पृ. 69
96. यह सिक्का धनुर्धारी प्रकार का है जिसका वजन 120.5 ग्रेन है। देखें, बी.ए. स्मिथ, ज.रा.ए. सो. (1889), पृ. 80 और 1893, पृ. 104
97. लेख इस प्रकार है–'देयधर्मोय शाक्यभिक्षोभदंत सुवीरस्य कृतिर्दिनस्य' देखें, आर्कियोलाजिकल् सर्वे ऑफ् इंडिया, 1906-07, पृ. 49; नलिनाक्ष दत्त एवं कृष्णदत्त बाजपेयी, डेवलपमेंट ऑफ् बुद्धिज्म इन उत्तर प्रदेश, पृ. 366
98. आर्कियोलाजिकल सर्वे ऑफ इंडिया, (वार्षिक रिपोर्ट,) 1904-05, पृ. 45; तत्रैव, 1910-11, पृ. 68-69

# 5.

# श्रावस्ती

## स्थिति

प्राचीन श्रावस्ती के अवशेष आधुनिक 'सहेत'-'महेत' नामक स्थानों पर प्राप्त हुए हैं।[1] यह नगर $27^{o}31'$ उत्तरी अक्षांश और $82^{o}1'$ पूर्वी देशांतर पर स्थिर था।[2] 'सहेत' का समीकरण 'जेतवन' से तथा 'महेत' का प्राचीन श्रावस्ती नगर से किया गया है। प्राचीन टीला एवं भग्नावशेष गोंडा एवं बहराइच जिलों की सीमा पर बिखरे पड़े हैं, जहाँ बलरामपुर स्टेशन से पहुँचा जा सकता है। बहराइच एवं बलरामपुर से इसकी दूरी क्रमशः 26 एवं 10 मील है।[3] आजकल 'सहेत' (जेतवन) का भाग बहराइच जिले में और 'महेत' गोंडा जिले में पड़ता है। बलरामपुर-बहराइच मार्ग पर सड़क से 800 फुट की दूरी पर 'सहेत' स्थित है जबकि 'महेत' 1/3 मील की दूरी पर स्थित है।[4] विंसेंट स्मिथ ने सर्वप्रथम श्रावस्ती का समीकरण चरदा से किया था जो 'सहेत-महेत' से 40 मील उत्तर-पश्चिम में स्थित है।[5] लेकिन जेतवन के उत्खनन से गोविंद चंद गहड़वाल के 1128 ई. के एक अभिलेख की प्राप्ति से इसका समीकरण 'सहेत-महेत' से निश्चित हो गया है।[6]

प्राचीन श्रावस्ती नगर अचिरावती नदी (आधुनिक राप्ती) के तट पर स्थित था।[7] यह नदी नगर के समीप ही बहती थी। बौद्ध युग में यह नदी नगर को घेर कर बहती थी।[8] बौद्ध साहित्य में श्रावस्ती का वर्णन कोशल जनपद की राजधानी और राजगृह से दक्षिण-पश्चिम में कालक और अस्सक तक जाने वाले राजमार्ग पर सावत्थी नामक दो महत्त्वपूर्ण पड़ावों के रूप में मिलता है।[9]

## नामकरण

श्रावस्ती कोशल का एक प्रमुख नगर था। भगवान् बुद्ध के जीवन काल में यह कोशल देश की राजधानी थी।[10] इसे बुद्धकालीन भारत के 6 महानगरों (चंपा, राजगृह, श्रावस्ती,

साकेत, कोशांबी और वाराणसी) में एक माना जाता था।[11] इसके नाम की व्युत्पत्ति के संबंध में कई मत प्रतिपादित हैं। सावत्थी, संस्कृत श्रावस्ती का पालि और अर्द्धमागधी रूप है। बौद्ध ग्रंथों के अनुसार यहाँ पर पहले सवत्थ नामक एक ऋषि रहते थे। उनके नाम पर इसका सावत्थी नाम उसी प्रकार पड़ा, जिस प्रकार काकंद, माकंद तथा कोसंबी नाम पड़े थे।[12] ब्राह्मण साहित्य, महाकाव्यों एवं पुराणों के अनुसार श्रावस्ती का नामकरण श्रावस्त या श्रावस्तक के नाम के आधार पर हुआ था। श्रावस्तक युवनाश्व का पुत्र था और पृथु की छठी पीढ़ी में उत्पन्न हुआ था।[13] मत्स्य एवं ब्रह्मपुराणों में इस नगर के संस्थापक का नाम श्रावस्तक के स्थान पर श्रावस्त मिलता है।[14] श्रावस्ती एक समृद्ध, जनाकीर्ण और व्यापारिक महत्त्व वाली नगरी भी। यहाँ मनुष्यों के उपभोग-परिभोग की सभी वस्तुएँ सुलभ थीं; अतः इसे सावत्थी (सब्ब अत्थि) कहा जाता था।[15] पहले यह केवल एक धार्मिक स्थान था, किंतु कालांतर में इस नगर का समुत्कर्ष हुआ। जैन साहित्य में इसके लिए चंद्रपुरी[16] तथा चंद्रिकापुरी[17] नाम भी मिलते हैं।

महाकाव्यों एवं पुराणों में श्रावस्ती को राम के पुत्र लव की राजधानी बताया गया है। कालिदास[18] ने इसे 'सारावती' नाम से अभिहित किया है। उच्चारण संबंधी समानता के आधार पर 'श्रावस्ती' और 'सारावती' दोनों एक ही प्रतीत होते हैं, और एक निश्चित स्थान की तरफ इंगित भी करते हैं।

श्रावस्ती न केवल बौद्ध और जैन धर्मों का एक महत्त्वपूर्ण केंद्र था अपितु यह ब्राह्मण धर्म एवं वेद विद्या का भी एक महत्त्वपूर्ण केंद्र था। यहाँ वैदिक शिक्षा केंद्र के कुलपति के रूप में जानुस्सोणि का नामोल्लेख मिलता है।[19] कालांतर में बुद्ध के जीवन-काल से संबंधित तथा प्रमुख व्यापारिक मार्गों से जुड़े होने के कारण श्रावस्ती की भौतिक समृद्धि में वृद्धि हुई।

## महाकाव्यों तथा पुराणों में वर्णित श्रावस्ती

महाकाव्यों में श्रावस्ती का विशद वर्णन मिलता है। वायुपुराण[20] और रामायण[21] में दो कोशल नगरों की चर्चा है—उत्तर कोशल जिसकी राजधानी श्रावस्ती थी और दक्षिण कोशल जिसकी राजधानी कुशावती थी। राम के शासन काल में इन दोनों राजधानियों का वर्णन मिलता है। राम ने अपने पुत्र लव को श्रावस्ती का और कुश को कुशावती का राजा बनाया था।[22] वर्तमान समय में श्रावस्ती बलरामपुर से 10 मील, अयोध्या से 58 मील तथा राजगीर से 720 मील दूर स्थित है।[23] मत्स्य, लिंग और कूर्म पुराणों में श्रावस्ती को गौडा में स्थित बतलाया गया है, जिसका समीकरण कनिंघम ने आधुनिक गोंडा से किया है।[24] श्रावस्ती की संस्थापना श्रावस्तक ने की थी। वायुपुराण के अनुसार श्रावस्तक के पिता का नाम अंध था।[25] मत्स्य[26] और ब्रह्म पुराणों[27] में श्रावस्त (श्रावस्तक) को युवनाश्व का पुत्र और अद्र का पौत्र कहा गया है (वायुपुराण के

अनुसार यह अंध्र तथा भागवत पुराण के अनुसार चंद्र था)।[28] महाभारत में इनसे अलग सूचना मिलती है। इसमें श्रावस्तक को श्राव का पुत्र तथा युवनाश्व का पौत्र कहा गया है।[29] कुछ पुराणों में श्रवस्तक (श्रावस्तक) को युवनाश्व का पुत्र और आद्र का पौत्र कहा गया है।[30]

## जातकों में वर्णित श्रावस्ती

जातकों में श्रावस्ती का विशद वर्णन मिलता है। इनके अनुसार श्रावस्ती का धार्मिक वायुमंडल बौद्ध धर्म से अधिक प्रभावित था। इस नगर में गौतम बुद्ध के अनेक व्याख्यान हुए थे, जिनसे प्रभावित होकर समस्त वर्गों के अनेक व्यक्तियों ने इस धर्म को अपना लिया था। नगर-श्रेष्ठी अनाथपिंडक बुद्ध का परम भक्त था। उसके घर में पाँच सौ भिक्षुओं के निमित्त प्रतिदिन भोजन तैयार कराया जाता था।[31]कहा जाता है कि अनाथपिंडक ने अपने द्वारा बनवाए हुए सभी भवनों को बौद्ध संघ को समर्पित कर दिया था। समर्पण की यह क्रिया बड़े समारोह के साथ संपादित हुई थी। इसमें उसने 18 करोड़ मुद्राएँ व्यय की थीं।[32] इन निवास गृहों में गंधकुटी, करेरिकुटी तथा कोसंबकुटी उल्लेखनीय हैं। कोसंबकुटी एवं करेरिकुटी का नामकरण उसके समीप करेरि और कोसंब वृक्षों के नाम के आधार पर हुआ।[33] गंधकुटी जेतवन के मध्य बनी हुई थी।[34] पाटिकाराम नामक एक अन्य विहार भी श्रावस्ती के ही समीप था। जब सुनक्षत्र लिच्छवि पुत्र भिक्षु संघ को छोड़कर गया, तब भगवान् इस विहार में ही निवास कर रहे थे।[35] एक अन्य विहार राजकाराम था जो पसेनदि (प्रसेनजित) द्वारा बनवाया गया था। यह नगर के दक्षिण-पश्चिम स्थित था।[36] यहीं पर आम्रवनों के बीच एक बड़ा तालाब था जिसे जेतवन पोक्खरणि के नाम से जाना जाता था। इसके चारों तरफ उपवन इतने घने थे कि यह एक जंगल के समान प्रतीत होता था।[37] श्रावस्तीवासियों ने बुद्ध प्रमुख भिक्षु संघ को आतिथ्य सत्कार की इच्छा से दान दिया। उन्होंने विहार में एक धर्मघोष[38] नामक भिक्षु को नियुक्त किया।[39] श्रावस्ती से व्यापार का भी उल्लेख जातकों में आया है। व्यापारियों द्वारा एक पुराने जलाशय को खोदने से लोहा, जस्ता, शीशा, रत्न, सोना, मुक्ता और बिल्लौर आदि धातुएँ प्राप्त हुई थीं।[40] कुंभ जातक में श्रावस्ती में सामूहिक सुरा-उत्सव मनाने का उल्लेख मिलता है।[41]

## बौद्ध साहित्य में श्रावस्ती

बुद्ध काल में कोशल जैसे समृद्धशाली जनपद की राजधानी होने के कारण श्रावस्ती का ऊँचा स्थान था। साथ ही बौद्ध धर्म के प्रचार का प्रमुख केंद्र होने के कारण बौद्ध साहित्य में इस नगर का विशद वर्णन मिलता है। ललितविस्तर[42] के अनुसार श्रावस्ती कोशल जनपद की राजधानी थी। यह राजाओं, राजकुमारों, मंत्रियों, सभासदों

तथा उनके समर्थकों—क्षत्रियों, ब्राह्मणों एवं गृहस्वामियों से भरी हुई थी।[43] इस नगर के नागरिक तथागत के बड़े प्रशंसक थे। बौद्ध धर्म के प्रचार की ओर संकेत करते हुए मिलिंदपन्हों में भिक्षुओं की संख्या 5 करोड़ बतलायी गई है[44], जो निश्चय ही अतिरंजना है। बुद्धघोष के अनुसार उस समय श्रावस्ती में 57 हजार परिवार निवास करते थे।[45] इसी ग्रंथ में यहाँ की जनसंख्या 18 करोड़ बताई गई है, जो स्पष्टतः अतिरंजित है।[46]

श्रावस्ती की भौतिक समृद्धि का प्रमुख कारण यह था कि यहाँ पर तीन प्रमुख व्यापारिक पथ मिलते थे जिससे यह व्यापार का एक महान केंद्र बन गया था। यह नगर पूर्व में राजगृह से, उत्तर-पश्चिम में तक्षशिला से और दक्षिण में प्रतिष्ठान से जुड़ा हुआ था।[47] राजगृह से 45 योजन दूर आकर बुद्ध (शास्ता) ने श्रावस्ती में विहार किया था।[48] श्रावस्ती से राजगृह का रास्ता वैशाली होकर गुजरता था। यह मार्ग सेतव्य, कपिलवस्तु, कुशीनारा (कुशीनगर), पावा, भोगनगर और वैशाली से होकर जाता था।[49] प्रतिष्ठान को जाने वाला मार्ग साकेत, कोशांबी, विदिशा, गोनधा और उज्जैन से होकर गुजरता था।[50] इस नगर का संबंध वाराणसी से भी था। इन दोनों के मध्य कोटागिरी नामक स्थान पड़ता था।[51] श्रावस्ती से तक्षशिला का मार्ग सोरेय्य (सोरों) होते हुए जाता था। इस मार्ग में सार्थ निरंतर चलते रहते थे।[52] इस प्रकार हम देखते हैं कि श्रावस्ती का बौद्ध काल में भारत के सभी प्रमुख नगरों से घनिष्ट व्यापारिक संबंध था।

पालि साहित्य में विभिन्न नगरों से श्रावस्ती की दूरी दी हुई है, जिससे उसका व्यापारिक महत्त्व प्रकट होता है। श्रावस्ती से तक्षशिला 192 योजन[53], संकाश्य (संकीसा) से 30 योजन[54], साकेत 6 योजन, राजगृह 60 योजन, मच्छिकासंड 30 योजन[55], उग्रनगर 120 योजन तथा चंद्रभागा नदी (चेनाव) 120 योजन[56] पर थी। प्राचीन भारत में 'योजन' की माप निश्चित न होने के कारण श्रावस्ती से इन स्थानों की वास्तविक दूरी निश्चित करना कठिन है।

श्रावस्ती से भगवान् बुद्ध के जीवन और कार्यों का विशेष संबंध था। उल्लेख्य है कि बुद्ध ने अपने जीवन के अंतिम पच्चीस वर्षों के वर्षावास श्रावस्ती में ही व्यतीत किए थे। बौद्ध धर्म के प्रचार की दृष्टि से भी श्रावस्ती का महत्त्वपूर्ण स्थान था। भगवान् बुद्ध ने प्रथम निकायों के 871 सुत्तों का उपदेश श्रावस्ती में दिया था, जिनमें 844 जेतवन में, 23 पुब्बाराम में और 4 श्रावस्ती के आस-पास के अन्य स्थानों में उपदिष्ट किए गए।[57] बौद्ध धर्म प्रचार केंद्र के रूप में श्रावस्ती की ख्याति का ज्ञान यहाँ उपदिष्ट सूत्रों के आधार पर निश्चित हो जाता है।

बुद्ध के जीवन-काल में श्रावस्ती के दक्षिण में स्थित जेतवन एवं पुब्बाराम दो प्रसिद्ध वैहारिक अधिष्ठान् एवं बौद्धमत के प्रभावशाली केंद्र थे। बौद्ध ग्रंथों के अनुसार जेतवन का आरोपण, संवर्धन तथा परिपालन जेत नामक एक राजकुमार द्वारा किया

गया था।[58] राजगृह में वेणुवन और वैशाली के महावन के ही भाँति जेतवन का भी विशेष महत्त्व था।[59] इस नगर में निवास करने वाले अनाथपिंडक ने जेतवन में विहार (भिक्षु विश्राम स्थल), परिवेण (आँगनयुक्त घर), उपस्थान शालाएँ (सभागृह), कापिय कुटी (भंडार), चंक्रम (टहलने के स्थान), पुष्करणियाँ और मंडप बनवाए।[60] अनाथपिंडक के निमंत्रण पर भगवान बुद्ध श्रावस्ती स्थित जेतवन पहुँचे। अनाथापिण्डक ने उन्हें खाद्य भोज्य अपने हाथों से अर्पित कर जेतवन को बौद्ध संघ को दान कर दिया। इसमें अनाथ पिंडक को 18 करोड़ मुद्राओं को व्यय करना पड़ा था। उल्लेखनीय है कि इस घटना का अंकन भरहुत कला में भी हुआ है।[61] तथागत ने जेतवन में प्रथम वर्षावास बोधि के चौदहवें वर्ष में किया था। इससे यह निश्चित होता है कि जेतवन का निर्माण इसी वर्ष (514-513 ई. वर्ष पूर्व) में हुआ होगा। उल्लेखनीय है कि जेतवन के निर्माण के पश्चात् अनाथपिण्डक ने तथागत को निमंत्रित किया था।

जेतवन के पश्चात् दूसरा महत्त्वपूर्ण स्थान पुब्बाराम (पूर्वाराम) था। इसका निर्माण नगर के एक प्रमुख धनिक सेठ मिगार (मृगधर) की पुत्रवधू विशाखा ने कराया था। यह नगर के पूर्वी द्वार के पास स्थित था।[62] संभवतः इसीलिए इसका नाम पूर्वाराम पड़ा। इसके निर्माण तथा समर्पण में लगभग 27 करोड़ मुद्राओं का व्यय करना पड़ा था। यह लकड़ी (रुक्ख) तथा पत्थर द्वारा निर्मित था, जिसमें दो मंजिलें थीं।[63] पूर्वाराम विहार की आधुनिक स्थिति सहत-महेत के पास उनके पूर्व का हनुमनवा स्थान है।

इसके अतिरिक्त बौद्ध साहित्य में मल्लिकाराम का निर्माण प्रसेनजित की महारानी मल्लिका द्वारा किया गया था। यह एक परिब्राजकाराम था; जहाँ विभिन्न सम्प्रदायों के मध्य शास्त्रार्थ होता था।[64] तीर्थकाराम एक बड़ा आराम था जिसमें 700से 3000 तक परिब्राजक निवास कर सकते थे।

इस नगर की परिखा, प्राकार एवं नगर द्वार के विषय में प्राचीन ग्रंथों में उल्लेख मिलते हैं। उस समय भवन निर्माण में मुख्यतः लकड़ी का उपयोग होता था। नगर के चारों ओर मिट्टी के प्राकार बने थे। नगर के द्वार एवं राजमार्ग पर्याप्त चौड़े थे। संयुक्त-निकाय में उल्लेख है कि यहाँ के नागरिक हाथी (हत्थिखंडम् भारोहेय्य), घोड़े (अस्सपिठिम आरोहेय्य) तथा पालकी पर चढ़कर (पलङ्कम आरोहेय्य) राजमार्गों पर निकलते थे।[65] श्रावस्ती में मुख्यतः चार दरवाजे थे, जिनमें तीन तो उत्तर-पूर्व एवं दक्षिण दरवाजों के नाम से प्रसिद्ध थे। इनमें से जेतवन से नगर में आने का प्रवेश द्वार दक्षिण द्वार था। पूर्वाराम पूर्व दरवाजे के सामने था। इनके अतिरिक्त पश्चिम दरवाजे का होना भी स्वाभाविक है तथापि इसका वर्णन त्रिपिटक या अट्ठकथा में नहीं मिलता। उल्लेखनीय है इन प्रवेश-द्वारों के अतिरिक्त उत्खनन से कई अन्य प्रवेश द्वारों का भी पता चला है लेकिन ये दरवाजे वास्तविक नहीं थे। बल्कि समय-समय पर प्राकारों के गिर जाने के कारण सुविधानुसार प्रयोग में लाए गए स्थानापन्न दरवाजे थे।[66]

## जैन ग्रंथों में वर्णित श्रावस्ती

बौद्ध मतावलंबियों की भाँति जैन धर्मानुयायी भी इस नगर को एक प्रमुख धार्मिक स्थान मानते थे। वे इसे चंद्रपुरी या चंद्रिकापुरी के नाम से अभिहित करते थे। जैन धर्म के प्रचार केंद्र के रूप में भी यह विख्यात था। श्रावस्ती जैन धर्म के तीसरे तीर्थंकर संभवनाथ[67] और आठवें तीर्थंकर चंद्रप्रभानाथ[68] की जन्मस्थली थी। महावीर ने भी यहाँ एक वर्षावास व्यतीत किया था।[69] जैन साहित्य में सावत्थि अथवा सावत्थिपुर के प्रचुर उल्लेख मिलते हैं। तृतीय तीर्थंकर संभवनाथ के गर्भ, जन्म, तप और केवल ज्ञान कल्याणक यहीं संपन्न हुए थे। एक मत के मतानुसार श्रीवास्त द्वारा इस नगर की स्थापना की गई और इन्हीं के नाम पर इसका श्रावस्ती नाम पड़ा।[70] श्रावस्ती के महाश्रेष्ठि नंदिनीप्रिय, नागदत्त आदि से जैन धर्म के अध्ययनार्थ श्रावस्ती में लोग दूर-दूर से आते थे। इसमें कश्यप के पुत्र कपिल एवं जैन विद्वान् केशी के नाम विशेष रूप से उल्लेखनीय है।[71]

जैन ग्रंथ भगवती सूत्र (320 ई. पू. से 600 ई. से मध्य) के अनुसार श्रावस्ती नगर आर्थिक क्षेत्र में भौतिक समृद्धि के चरमोत्कर्ष पर थी। यहाँ के व्यापारियों में शंख और मक्खलि मुख्य थे जिन्होंने यहाँ के नागरिकों के भौतिक समृद्धि के विकास में महत्त्वपूर्ण योगदान दिया था।[72]

इस नगर में एक बहुत ही धनी श्रेष्ठि मिगार था जो जैन धर्म का प्रबल समर्थक था जबकि उसकी पुत्रवधू विशाखा बौद्ध धर्म की अनुयायी थी।[73] भगवती मूत्र से पता चलता है कि आजीवक संप्रदाय का प्रधान मक्खलिपुत्र गोशाल महावीर का शिष्य था। जैने स्रोतों से पता चलता है कि कालांतर में श्रावस्ती आजीवक संप्रदाय का एक प्रमुख केंद्र बन गया। हरमन जैकोबी[74] और बी.एम. बरुआ[75] का मत है कि कुछ दिनों तक महावीर, मक्खलिपुत्र गोशाल के शिष्य थे। मक्खलिपुत्र गोशाल का जन्म श्रावस्ती में हुआ था। गोशाल महावीर से उम्र में बड़ा था। बाद में सिद्धांतीय मतभेदों के कारण गोशाल ने महावीर का साथ छोड़ दिया और आजीवक संप्रदाय के प्रमुख के रूप में श्रावस्ती में 16 वर्ष व्यतीत किए।[76]

ईसा के पूर्व ही यहाँ संभवनाथ का एक मंदिर निर्मित हुआ था। फाह्यान ने जब श्रावस्ती की यात्रा की थी उस समय इस मंदिर का अवशेष मात्र शेष था। इस स्थल पर उत्खनन से एक नवीन जैन-मंदिर (शोभनाथ) के अवशेष मिले हैं, जिसकी ऊपरी बनावट से यह मध्य युग का प्रतीत होता था। साथ ही बहुत सी जैन प्रतिमाएँ भी मिली हैं।[77] यह नगर अधिक समय तक श्वेतांबर जैन श्रमणों की केंद्र-स्थली था, किन्तु बाद में यह दिगंबर संप्रदाय का केंद्र बन गया।[78]

## फाह्यान का इतिवृत्त

फाह्यान साकेत से दक्षिण दिशा की ओर आठ योजन चलकर कोशल[79] जनपद के नगर श्रावस्ती[80] में पहुँचा था। फाह्यान लिखता है कि नगर में अधिवासियों की संख्या कम है और वे बिखरे हुए हैं। उसकी यात्रा के दौरान यहाँ पर सब मिलाकर केवल दो सौ परिवार ही रह गए थे। वह आगे लिखता है कि इस नगर में प्राचीन काल में राजा प्रसेनजित[81] राज्य करते थे। यहाँ पर महा प्रजापति का प्राचीन विहार विद्यमान है। नगर के दक्षिणी द्वार के बाहर 1200 कदम की दूरी पर वह स्थान है जहाँ वैश्याधिपति अनाथपिंडक (सुदत्त) ने एक विहार बनवाया था। जेवतन विहार से उत्तर-पश्चिम चार ली की दूरी पर 'चक्षुकरणी' नामक एक वन है, जहाँ जन्मांध लोगों को श्री बुद्धदेव की कृपा से ज्योति प्राप्त हुई थी। जेतवन संघाराम के श्रमण भोजनांतर प्रायः इस वन में बैठकर ध्यान लगाया करते थे। फाह्यान के अनुसार जेतवन विहार के पूर्वोत्तर 6.7 ली की दूरी पर माता विशाखा द्वारा निर्मित एक विहार था।[82]

फाह्यान पुनः लिखता है कि जेतवन विहार के प्रत्येक कमरे में, जहाँ कि भिक्षु रहते हैं, दो-दो दरवाजे हैं; एक उत्तर और दूसरा पूर्व की ओर। वाटिका उस स्थान पर बनी है जिसे सुदत्त ने सोने की मुहरें बिछाकर खरीदा था। बुद्धदेव इस स्थान पर बहुत समय तक रहे और उन्होंने लोगों को धर्मोपदेश दिया। बुद्ध ने जहाँ चक्रमण किया, जिस स्थान पर बैठे, सर्वत्र स्तूप बने हैं, और उनके अलग-अलग नाम हैं। यहीं पर सुंदरी ने एक मनुष्य का वध करके श्री बुद्धदेव पर दोषारोपण किया था।[83]

फाह्यान आगे उस स्थान को इंगित करता है जहाँ पर श्री बुद्धदेव और विधर्मियों के बीच शास्त्रार्थ हुआ था। यहाँ एक 60 फुट ऊँचा विहार बना हुआ था।

## ह्वेनसाँग का इतिवृत्त

ह्वेनसाँग लिखता है कि विशोका जिले से 500 ली (100 मील) उत्तर-पूर्व श्रावस्ती देश स्थित था। यह देश 6000 ली परिधि में फैला हुआ था। इस समय यह नगर पूर्णतः विनष्ट एवं जनशून्य हो गया था। जिससे इसकी सीमा निर्धारित करना कठिन है। नगर के दीवालों की परिधि लगभग 20 ली में फैली थी।[84] यहाँ की जलवायु अनुकूल थी और अन्नादि की उपज अच्छी होती थी। प्रकृति उत्तम और स्वाभावानुकूल थी तथा मनुष्य शुद्ध आचरण वाले और धर्मिष्ठ थे। यहाँ कई सौ संघाराम थे, जिनमें से अधिकांशतः विनष्ट हो गए हैं। इसके अतिरिक्त 100 देव मंदिर भी हैं, जिसमें असंख्य धर्मावलंबी उपासना करते थे। ह्वेनसाँग के अनुसार राजधानी के पूर्व थोड़ी दूरी पर एक छोटा-सा स्तूप है जो प्रसेनजित द्वारा भगवान बुद्ध के लिए बनवाया गया था। इसके पार्श्व में एक अन्य स्तूप है। यह उसी स्थान पर बना है जहाँ अंगुलिमाल ने नास्तिकता का परित्याग कर बौद्ध धर्म को अंगीकृत किया था।[85]

नगर से 5-6 ली दक्षिण जेतवन है जहाँ सुदत्त (अनाथपिंडाद)[86] द्वारा भगवान् बुद्ध के लिए विहार एवं मंदिर बनवाए गए थे। प्राचीन काल में यहाँ एक संघाराम भी था जो ह्वेनसाँग के समय में पूर्णतः नष्ट हो गया था।[87]

ह्वेनसाँग के अनुसार जेतवन मठ के पूर्वी प्रदेश-द्वार पर दो 70 फुट ऊँचे प्रस्तर स्तंभ थे। इन स्तंभों का निर्माण अशोक ने करवाया था। बाएँ खंभे में विजय प्रतीक स्वरूप चक्र तथा दाएँ खम्भे पर बैल की आकृति बनी हुई थी।[88]

ह्वेनसाँग आगे लिखता है कि अनाथपिंडाद विहार के उत्तर-पूर्व एक स्तूप है, वह यह वह स्थान है जहाँ भगवान् बुद्ध ने एक रोगी भिक्षु को स्नान कराकर रोग-निवृत्त किया था।[89] स्तूप के निकट ही एक कूप है जिसमें से तथागत अपनी आवश्यकता के लिए जल लिया करते थे। इसके समीप अशोक निर्मित एक स्तूप है, जिसमें बुद्ध के अस्थि अवशेष रखे गए थे। इसके अतिरिक्त यहाँ पर कई ऐसे स्थल हैं जहाँ पर बुद्धदेव के टहलने और धर्मोपदेश करने के स्थानों पर स्तूप बने हुए हैं।

ह्वेनसाँग पुनः लिखता है कि जेतवन मठ के 60-70 कदम की दूरी पर 60 फुट ऊँचा एक विहार है जिसमें पूर्वाभिमुख बैठी हुई भगवान् बुद्ध की एक मूर्ति है। भगवान् बुद्ध ने यहाँ पर विरोधियों से शास्त्रार्थ किया था। इस विहार के 5-6 ली पूर्व दिशा में एक स्तूप है जहाँ सारिपुत्र ने तीर्थकों से शास्त्रार्थ किया था।[90] इस स्तूप के पार्श्व में एक मंदिर है जिसके सामने एक बुद्ध स्तूप है। जेतवन विहार के 3-4 ली उत्तर-पूर्व आप्तनेत्रवन नामक एक जंगल था। इस स्थल पर तथागत भगवान् तपस्या करने के लिए आए थे। इसके स्मृतिस्वरूप श्रद्धालुओं ने यहाँ शिलालेखों एवं स्तूपों का निर्माण करवाया था।[91] नगर के दक्षिण एक स्तूप है, यह वन स्थान है जहाँ बुद्ध ज्ञान प्राप्त करके अपने पिता से मिले थे। नगर के उत्तर में भी एक स्तूप है जहाँ बुद्ध के स्मृति अवशेष संगृहीत हैं। ये दोनों स्तूप सम्राट् अशोक द्वारा बनवाए गए थे।[92]

## पुरातत्त्व में श्रावती

श्रावस्ती के प्राचीन इतिहास को प्रकाश में लाने के लिए प्रथम प्रयास जनरल कनिंघम ने किया। उन्होंने सन् 1863 ई. में उत्खनन प्रारंभ करके लगभग एक वर्ष के कार्य में जेतवन का थोड़ा भाग साफ कराया। इसमें उनको एक बोधिसत्व की 7 फुट 4 इंच ऊँची प्रतिमा प्राप्त हुई जिस पर अंकित लेख से इसका श्रावस्ती विहार में स्थापित होना ज्ञात होता है। यह मूर्ति भिक्षुबल द्वारा कोसंबकुट्टी के विहार में स्थापित की गई थी। इस प्रतिमा के अधिष्ठान पर अंकित लेख में तिथि नष्ट हो गई है, परंतु लिपिशास्त्र के आधार पर यह लेख कुषाण-काल का प्रतीत होता है।[93] कनिंघम ने इस आधार पर सहेत के क्षेत्र को जेतवन और महेत के क्षेत्र को श्रावस्ती से समीकृत किया था।[94] कनिंघम के अनुकरण पर डब्ल्यू. सी. बेनेट ने पक्की कुटी टीले की

कुछ खुदाई करवाई थी।[95] चीनी यात्रियों के यात्रा विवरणों के आधार पर इस टीले का समीकरण कनिंघम ने अंगुलिमाल स्तूप[96] से किया था।

सन् 1876 ई. में कनिंघम ने इन स्थानों की खुदाई पुनः आरंभ करवाई, जिसमें 16 इमारतों की नीवें प्रकाश में आईं। इनमें अधिकांश स्तूप और परवर्ती काल के मंदिर थे।[97] इस बार उनको यहाँ से सिक्के और मृण्मूर्तियाँ भी मिलीं। उत्खनन से यह निश्चित हुआ कि जिस स्थान पर बोधिसत्व की विशाल मूर्ति मिली थी, वहाँ कोशंब-कुट्टी नामक विहार था। उसी के उत्तर में गंधकुटी अथवा मुख्य विहार था।

कनिंघम के सहेत में उत्खनन के समय (1875-76 ई.) डब्ल्यू. होवी ने महेत में खुदाई की। इसमें उन्हें महेत के पश्चिम में स्थित शोभनाथ जैन मंदिर के खंडहरों में कुछ मूर्तियाँ मिली।[98] श्री होवी ने इस क्षेत्र का गहन अन्वेषण 15 दिसम्बर 1884 से 15 मई 1885 तक किया तथा इसे क्षेत्र में बड़ी संख्या में स्मारकों का पता लगाया। अपनी रिपोर्ट में[99] होवी ने कुछ स्मारकों का समीकरण चीनी यात्रियों द्वारा वर्णित स्मारकों से करने का प्रयास किया, परंतु अधिकांश स्मारकों के विषय में प्रर्याप्त प्रमाण का अभाव है। होवी द्वारा उत्खनित वस्तुओं में कुछ निम्नलिखित हैं[100]–

1. संवत् 1176 (1119 ई.) का एक शिलालेख।[101]
2. गुप्तलिपि में अभिलिखित एक लाल रंग का बलुए पत्थर का टुकड़ा।
3. जैन तीर्थंकरों की मूर्तियों पर अंकित दो अभिलेखों के छः टुकड़े।
4. एक प्राचीन दावात।
5. एक अग्निमुख नाग की काँसे की प्रतिमा।
6. कच्ची मिट्टी की दस मुहरें । ये सभी बौद्ध धर्म से संबंधित हैं।
8. कच्ची मिट्टी की 500 मुहरें।
9. कर्नेकी (संभवतः कनिष्क) की एक तांबे की मुद्रा।

होवी के उत्खनन के 23 वर्ष उपरांत फरवरी-अप्रैल 1908 ई. में जे. पी. एच. फोगल तथा श्री दयाराम साहनी ने उत्खनन किया। फोगल ने महेत के प्राचीर की दीवालों और उसके प्रवेश-द्वारों की खोज की तथा उसके विस्तार को निरूपित किया। महेत के प्रमुख टीलों में उन्होंने पक्की कुटी, कच्ची कुटी और शोभनाथ मंदिर की खोज की। कच्ची कुटी में विशेष रूप से मिट्टी की मूर्तियाँ, खिलौने आदि मिले, जिनका कलात्मक एवं ऐतिहासिक दोनों महत्व हैं। शोभनाथ मंदिर से अनेक जैन मूर्तियाँ भी प्राप्त हुईं। सहेत के क्षेत्र से भी अनेक विहारों, स्तूपों और मंदिरों की रूपरेखा स्पष्ट की गई और बुद्ध तथा बोधिसत्व की मूर्तियाँ, सिक्के, मृण्मूर्तियाँ और मुहरें निकाली गईं।[102] इन वस्तुओं में सबसे महत्त्वपूर्ण कन्नौज के राजा गोविंदचंद्र का एक दानपत्र है। इसी लेख के आधार पर विद्वानों ने सहेत को जेतवन से और महेत को श्रावस्ती से समीकृत किया है।

सन् 1910-11 ई. में विख्यात पुरातत्त्ववेत्ता सर जान मार्शल की अध्यक्षता में

# फलक-6

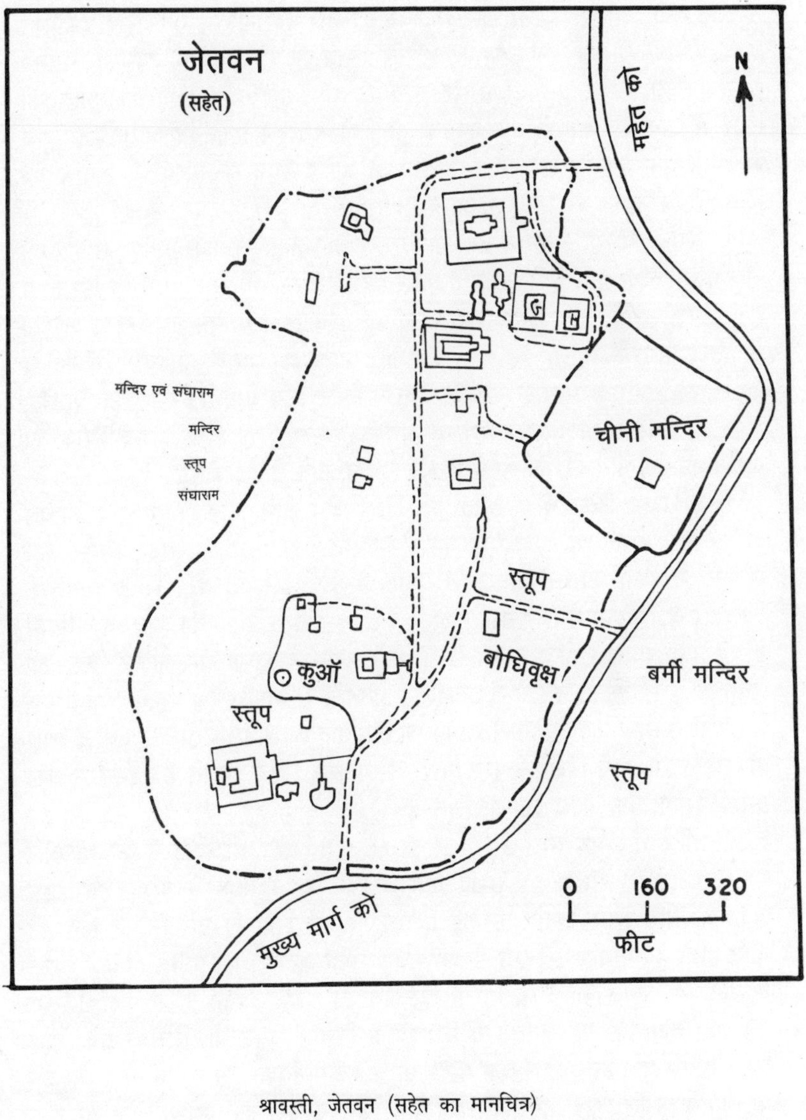


श्रावस्ती, जेतवन (सहेत का मानचित्र)

दयाराम साहनी ने इस क्षेत्र की पुनः खुदाई की। इनका मुख्य कार्यस्थल जेतवन टीला था। उस उत्खनन में कुछ अभिलेख, मूर्तियाँ, बड़ी मात्रा में मुद्राएँ तथा लेखयुक्त मुहरें, साँचे, मृण्मूर्तियाँ, मृण्भांड और ईंटें आदि मिली हैं।[103]

यद्यपि कनिंघम और होवी के उत्खननों में महेत और श्रावस्ती के समीकरण में कोई संदेह नहीं रह जाता फिर भी विंसेंट स्मिथ ने 1898 में एक लेख प्रकाशित करके कनिंघम के इस समीकरण पर आपत्ति प्रस्तुत की।[104] स्मिथ के तर्क का अनुमान चीनी यात्रियों के यात्रा-विवरणों पर आधारित था। उन्होंने श्रावस्ती को नेपाल की तराई में बालापुर, कामदी और इंतावा गाँवों के मध्य में स्थित बतलाया है। स्मिथ ने अपने एक परवर्ती लेख में बोधिसत्व के प्राप्ति-स्थान के संदर्भ में आपत्ति की जिस पर कनिंघम का सिद्धांत आधारित था।

स्मिथ का यह अनुमान तर्कसंगत नहीं प्रतीत होता, क्योंकि पर्याप्त साहित्यिक और पुरातात्त्विक प्रमाणों ने श्रावस्ती का सहेत-महेत से समीकरण प्रमाणित कर दिया है। अधिक संभव है कि स्मिथ द्वारा अन्वेषित बालापुर के भग्नावशेष सेतव्य के हों। साहित्यक प्रमाणों से भी इस बात की पुष्टि होती है। पालि साहित्य[105] में सेतव्य को श्रावस्ती और राजगृह के मार्ग के बीच में स्थित कहा गया है। इस प्रकार सेतव्य, संभवतः श्रावस्ती और कपिलवस्तु के बीच कहीं स्थित रही होगी। अतः स्मिथ का यह कथन कि सेतव्या ही श्रावस्ती थी, उचित नहीं प्रतीत होता।

**सहेत का उत्खनन :** 'सहेत' जो कि प्राचीन जेतवन विहार था, एक अत्यंत प्राचीन और महत्त्वपूर्ण स्थल था। यह संपूर्ण क्षेत्र 457·2×152·4 मीटर विस्तृत क्षेत्र में फैला था। यह टीला मैदान से 16 फुट ऊँचाई पर स्थित था। इस पुरातात्त्विक स्थल पर बड़ी संख्या में छोटे-छोटे टीले मिले हैं। इन टीलों में 20 का उत्खनन कनिंघम ने करवाया था। श्री होवी ने भी सहेत का उत्खनन करवाया था, लेकिन किसी भी भवन का पूर्ण उत्खनन न होने से तत्कालीन इतिहास पर प्रकाश नहीं पड़ता।[106] विभिन्न उत्खननों से सहेत का जेतवन से समीकरण निर्विवाद रूप से सिद्ध होता है। बौद्ध-स्थल होने के कारण यहाँ विशेष रूप से मंदिर, स्तूप और विहार मिलते हैं। इनमें से कुछ प्रमुख पुरातात्त्विक स्थल निम्नलिखित हैं—

**मंदिर और मठ स्थल 19 :** इसकी खोज सर्वप्रथम श्री होवी ने की थी और मानचित्र पर इसे संख्या 21 से दिखाया था।[107] उन्होंने सतह से 3 फुट नीचे इस भवन के चारों तरफ खुदाई करवाई जिससे इस मंदिर के दो बार निर्मित होने की पुष्टि होती है। निर्माण संरचना से यह भवन 10वीं शताब्दी का प्रतीत होता है, परंतु कालांतर में फोगल की अध्यक्षता में इस क्षेत्र का पुनः उत्खनन प्रारंभ हुआ, जिससे यह ज्ञात हुआ कि यह जेतवन में स्थित एक विशाल भवन था, जिसका प्रवेश-द्वार पूर्व की ओर था। इस मठ में एक मंदिर भी था। आँगनयुक्त इस मठ में बौद्ध भिक्षुओं के निवास के लिए 24 कमरे बने हुए थे।[108] इस संरचना का निर्माण तीन बार इसी

नींव पर हुआ था। प्रारंभिक भवन का निर्माण, जिसकी दीवालें स्पष्ट हैं, छठी शताब्दी में हुआ था और मध्यवर्ती भवन का निर्माण-गुप्त काल में हुआ था। इसका काल-निर्धारण दीवालों की निर्माण-पद्धति एवं एक कमरे से प्राप्त पकाई मिट्टी की मुहर से संभव हुआ। इस मुहर में बुद्ध को धर्मचक्र-प्रवर्तन मुद्रा में अंकित दिखाया गया है और नीचे गुप्त-लिपि में तीन पंक्तियाँ अंकित हैं। परवर्ती भवन इसी नींव पर 10 वीं शताब्दी में निर्मित हुआ था। श्री होवी के उत्खनन से भी इस तथ्य की पुष्टि होती है।

अन्य उत्खनित वस्तुओं में बुद्ध प्रतिमाओं की संख्या अधिक है। इनमें से एक प्रतिमा अविलोकितेश्वर और मैत्रेय के साथ भूमि स्पर्श मुद्रा में है। एक अन्य मूर्ति में भगवान् बुद्ध एक बंदर से कटोरा ग्रहण कर रहे हैं। यह दृश्य वैशाली की उस घटना का विवरण प्रस्तुत करता हैं जिसमें बुद्ध एक बंदर से शहद ग्रहण करते हुए प्रदर्शित किए गए हैं। ये दोनों मूर्तियाँ 9वीं-10वीं शताब्दी की हैं।

इस स्थान पर नवीनतम संरचना 11वीं-12वीं शताब्दी में हुई, जो चौकोर है। इसका एक भाग 35.90 मीटर विस्तृत है। इसके आंतरिक भाग के बीच में एक खुला आँगन था, जिसके चारों ओर कक्ष बने हुए थे। कक्ष और आँगन के मध्य गलियारा भी था। इसमें बने कमरे छोटे आकार के हैं। एक कमरे में पश्चिमी दीवाल की ओर एक ईंट का बना 1.20 मीटर का चबूतरा था। यहीं एक कमरे से कन्नौज के शासक गोविंदचंद्र गहड़वाल का लिखित ताम्रपत्र मिला है।[109] इन महत्त्वपूर्ण सूचनाओं से जेतवन की सहेत से समानता निश्चित हो जाती है। साथ ही इससे यह भी स्पष्ट हो जाता है कि यहाँ बौद्ध धर्म का प्रभाव 12वीं शताब्दी तक स्थाई रहा।

मठ के समीपवर्ती पूर्व और उत्तर-पूर्व कई स्तूपों का निर्माण हुआ, जिनमें आठ स्तूप मुख्य हैं। इनमें से एक स्तूप का नवीनीकरण दयाराम साहनी द्वारा किया गया। यहाँ से 5 वीं शताब्दी की एक लिपियुक्त मुहर मिली है जिस पर बुद्धदेव का नाम अंकित है। इन स्तूपों के उत्तर-पश्चिम एक अष्टभुजीय कुआँ स्थित था, जो आज भी वर्तमान है।[110]

**मंदिर स्थल 11 और 12 :** ये दोनों भवन एक समान थे। इनका प्रवेश-द्वार उत्तराभिमुख था। प्रत्येक मंदिर एक केंद्रीय कक्ष से युक्त था जो अंदर से 2.10 मीटर (7 फुट) चौकोर क्षेत्र में विस्तृत था। इस कक्ष में एक 6 इंच ऊँचा ईंटों का चबूतरा था। मंदिर के दोनों किनारे के कक्ष अपेक्षाकृत बड़े थे, जिनकी भीतरी लंबाई-चौड़ाई 10 फुट×9 फुट थी। केंद्रीय कक्ष की बनावट से ऐसा प्रतीत होता है कि उसमें बुद्ध प्रतिमा स्थापित रही होगी और किनारे के कमरों में अन्य देवताओं की प्रतिमाएँ स्थापित रही होंगी। कनिंघम का मत है कि मध्य का कमरा बुद्ध प्रतिमा से युक्त रहा होगा और किनारे के कमरे बौद्ध-भिक्षुओं के आवासगृह रहे होंगे।[111]

**मंदिर स्थल 6 और 7 :** अष्टभुजीय कुएँ के उत्तर दो मंदिरों के अवशेष मिले

हैं। इनमें से मंदिर स्थल 6 का प्रवेश-द्वार उत्तर की ओर है, जबकि मंदिर स्थल 7 का प्रवेश-द्वार पूर्व की तरफ है। मंदिर स्थल-अपेक्षाकृत बड़ा है जो कि एक 3.60 मीटर वर्गाकार कमरे से युक्त था। इस मंदिर में प्रयुक्त ईंटें बड़े आकार की हैं, जिससे संभावना है कि यह मंदिर जेतवन के प्राचीन मंदिरों में से एक था।

**स्तूप स्थल 17 और 18 :** पूर्व उल्लिखित मंदिर के पूर्व में दो स्तूप थे जिन्हें स्तूप 17 और 18 नाम दिया गया है। स्तूप स्थल 17 का मूल वर्गाकार है, उसके ऊपर वृत्ताकार अंड है। इसका व्यास 6.70 मीटर था। यह भाग बाद में जोड़ा गया प्रतीत होता है। प्रारंभिक अधिष्ठान 60 से0 मी0 उँचा था, जो कुषाणकालीन (प्रथम शती ई.) है। स्तूप का अधोभाग कंकरीट फर्श के सतह से नीचे खुला नहीं था, लेकिन इस संरचना की गहराई को ज्ञात करने के लिए स्तूप को शीर्ष पर खोल दिया गया तथा परवर्ती स्तर की सतह से लगभग 2.10 मीटर नीचे मध्यभाग में एक दंड गाड़ दिया गया। इस स्तूप के गर्भ में एक धातु-पात्र मिला है, जिसमें सोने के तार, मनके एवं स्फटिकतुल्य वस्तुएँ थीं।[112] ये सभी वस्तुएँ तथा सतह के नीचे की संरचना कुषाणकालीन (प्रथम शती ई.) है।

इसका समीपवर्ती स्तूप स्थल 18 अपेक्षाकृत छोटा है। इसके अंड का व्यास 4.20 मीटर (14 फुट) है। उत्खनन में इस स्तूप के गर्भ से भी एक अभिलिखित मिट्टी का कटोरा मिला है, जिसमें हड्डियों के टुकड़े, पत्थर के मनके एवं मोतियाँ थीं। कटोरे पर कुषाण-लिपि में 'भदंत बुद्धदेव' लिखा है। इस स्तूप का निर्माण भी कृषाण-काल में हुआ था, इस मंदिर के सम्मुख दो चबूतरों के अवशेष भी मिले हैं। इन चबूतरों (चंक्रम) का निर्माण उसी स्थान पर किया गया है जहाँ बुद्ध टहलते थे।

**स्तूप स्थल 5 :** जेतवन विहार में स्थित यह एक महत्त्वपूर्ण स्तूप था, जो 9. 10 मीटर ऊचा शंक्वाकार टीले से ढका था। इसका उत्खनन सर्वप्रथम कनिंघम ने करवाया था।[113] इस स्तूप के ऊपर का भाग गोलार्द्धीय स्तूप की भाँति था, जिसके नीचे एक चौकोर कक्ष था। यह संरचना ठोस ईंटों से निर्मित थी। इसकी प्रत्येक भुजा की लंबाई 7.50 मीटर थी। स्तूप की सफाई करते समय इसके तल में दो चबूतरों का पता चला। निचला चबूतरा 24.90×21.30 मीटर चौड़ा था। एक अन्य परवर्ती चबूतरे के अवशेष भी मिले हैं जो 17.80×15 मीटर चौड़ा था। इसमें प्रयुक्त ईंटें 11×7½×2इंच आकार की हैं।[114] निरीक्षण करने पर पता चला कि इसकी पूर्वी दीवाल में प्रवेश-द्वार के चिन्ह थे, जिससे यह निश्चित हो गया कि वास्तव में यह एक प्रदक्षिणा पथयुक्त स्तूप था, किंतु बाद में इसे पूजागृह (मंदिर) बना दिया गया तथा कालांतर में इसके प्रवेश द्वार को बंद करके इसे स्तूप रूप में परिवर्तित कर दिया गया।[115] प्रारंभिक प्रदक्षिणा पथ युक्त स्तूप कुषाणकालीन प्रतीत होता है। जेतवन में यह सबसे लंबा स्तूप है। उत्खनन में यहाँ से कुछ मिट्टी की मुहरें भी मिली हैं, जो बुद्ध के जीवनकालीन चिन्हों से युक्त हैं। स्तूप के ऊपरी भाग से प्राप्त वस्तुएँ 8वीं-10वीं

शताब्दी की हैं, जो परवर्ती स्तूप निर्माण का काल-क्रम निश्चित करती हैं।

**मंदिर और मठ स्थल 1 :** इस मंदिर की अंशतः खुदाई कनिंघम ने करवाई थी। इस मठ के अवशेष अब भी द्रष्टव्य हैं। इसकी पूर्व से पश्चिम लंबाई 150 फुट तथा चौड़ाई 142½ फुट है। जेतवन में स्थित यह एक बड़ा विहार है जो उत्तर किनारे पर स्थित है। पूर्वाभिमुख इस मठ में एक मंदिर और मंडपयुक्त आँगन भी था। सामान्य योजना के आधार पर निर्मित इस मठ के मध्य में आँगन में एक कुएँ के अवशेष भी मिले हैं। पूर्वी पंक्ति का केंद्रीय कक्ष अन्य सभी कक्षों में बड़ा था। ऐसा प्रतीत होता है कि इसकी छत महाकक्ष (हाल) के मध्य स्थित चार स्तंभों पर आधारित थी। इन स्तंभों के आधार में प्रयुक्त ईंटों के केवल अवशेष मात्र ही द्रष्टव्य हैं। बरामदे में प्रयुक्त खंभे संभवतः लकड़ी के बने थे। आँगन और कक्षों की फर्श में कंकरीट का प्रयोग मिलता है।

इस मठ में मंदिर और मंडप बने होने के कारण यह मठ संख्या 19 से भिन्न था। मंदिर में प्रयुक्त ईंटें कई आकार की हैं,[116] यथा–13 इंच×7इंच×2½ इंच, 10 इंच×10 इंच×2½इंच×9इंच×7½इंच×1¾इंच। मंडप स्थल के बाहरी भाग में एक ढलावदार बरामदा बना था। उपासना स्थल को जाने वाले पथ एवं मंडप के मध्य यह बरामदा अंतराक्षेप स्वरूप स्थित था।

**मंदिर स्थल 2 :** मंदिर स्थल 3 से 61 मीटर उत्तर में यह मंदिर स्थित था। इसका उत्खनन सर्वप्रथम कनिंघम ने करवाया और स्थिति के आधार पर इसे गंधकुटी से समीकृत किया।[117] कनिंघम के पश्चात् श्री होवी ने इस स्थल का उत्खनन किया। होवी ने सर्वप्रथम प्रवेश-कक्ष का पता लगाया और मंदिर के चारों तरफ के कंकरीट, फर्श और चहारदीवारी को स्पष्ट किया। इस चहारदीवारी की लंबाई पूर्व से पश्चिम 115 फुट तथा चौड़ाई एवं मोटाई क्रमशः 39 फुट और 8 फुट थी। दक्षिण और पश्चिमी तरफ से कंकरीट फर्श को हटाने पर होवी को नीचे अधिष्ठान के अवशेष मिले। इस अधिष्ठान की लंबाई एवं चौड़ाई क्रमशः 75 फुट एवं 57 फुट थी। अधिष्ठान के पूर्वी किनारे पर 15 फुट 6 इंच गहरा एवं 12 फुट चौड़ा एक प्रक्षेपण है, जो दो कक्षों में विभाजित है। ये कक्ष आपस में संबंधित नहीं हैं, अधिक संभव है कि ये सीढ़ियों से युक्त रहे हों। इस अधिष्ठान की वर्तमान ऊँचाई 7 फुट से अधिक नहीं है।

फोगल ने कनिंघम के मत का खंडन करते हुए इस स्थान को गंधकुटी से समीकृत करने में आपत्ति की है। उन्होंने इस बात पर बल दिया कि यदि उन दिनों बुद्ध के जीवन से संबंधित स्थलों पर गंधकुटी का निर्माण होता था, तो क्या कारण है कि उत्खनन में किसी भी स्थल से इसके अवशेष नहीं मिलते? साथ ही गंधकुटी से संबंधित स्थापत्य-कला का भी कोई उदाहरण ज्ञात नहीं हो पाया है।[118] भरहुत स्तूप[119] में चित्रित गंधकुटी के अग्र उत्सेध का ही चित्रण किया गया है। जिससे इस

भवन की निर्माण योजना एवं रूपाँकन के संदर्भ में निष्कर्ष निकालना कठिन है। अतः हमें केवल पालि साहित्य में वर्णित उद्धरणों पर ही विश्वास करना चाहिए। गन्धकुटी के सन्दर्भ में एच. सी. नार्मन[120] ने एक निबंध प्रकाशित कर, तीन मुख्य बातों पर जोर दिया है–

1. यह बुद्ध का व्यक्तिगत निवास-स्थान था।
2. यह स्मारकों के मध्य में स्थित होता था।[121] इस पर चढ़ने के लिए एक सीढ़ी बनी होती थी।
3. इस मंदिर में पुष्पों का संग्रह होता था, जो अपने सुगंध के नामानुरूप थी।

उपर्युक्त मत पर विचार करने से गंधकुटी का स्मारकों के मध्य स्थित होना निश्चित हो जाता है जबकि यह उत्खनित स्थल मध्य में स्थित नहीं था।[122] जहाँ तक काल का प्रश्न है यह मंदिर गुप्त काल से पूर्ववर्ती नहीं है। अतः उपर्युक्त आधार पर मंदिर स्थल 2 का गंधकुटी से समीकरण उचित नहीं प्रतीत होता।

**मंदिर स्थल 3 :** इस मंदिर का भी उत्खनन सर्वप्रथम कनिंघम ने ही किया था। पूर्वाभिमुख यह मंदिर बोधिवृक्ष से 76.20 मीटर दूरी पर स्थित है। यह वहीं स्थित है जहाँ अनाथपिंडक ने कोसंबकुट्टी का निर्माण कराया था। कनिंघम ने भी इसकी पहचान कोसंबकुट्टी से की है।[123] इस कोसम्बकुट्टी का उपयोग बुद्ध के व्यक्तिगत कार्यों के लिये किया जाता था।[124] उत्खनन में यहाँ से बोधिसत्व की एक प्रतिमा भी मिली जिस पर प्रथम शताब्दी ई. की लिपि में लेख अंकित है। विश्वास किया जाता है। कि यह प्रतिमा कोसंबकुट्टी में बल नामक भिक्षु द्वारा कुषाण काल में स्थापित की गई थी।

इस मंदिर का परिमाण 5.75×5.45 मीटर क्षेत्र में था। इस परिमाण के अंदर तहखाना, मंदिर की दीवालें और मंडप स्थित थे। मंदिर की भीतरी परिधि 2.45 मीटर चौकोर थी और इसकी दीवालें 1.20 मीटर मोटी थीं।

इस मंदिर के दक्षिण-पूर्व और उत्तर-पूर्व में ठोस ईंटों के बने दो चबूतरे (चंक्रम) थे। इस पर चढ़ने के लिए बीच से सीढ़ियाँ बनी थीं। दक्षिण-पूर्व वाला चबूतरा 10 फुट चौड़ा और 4 फुट ऊँचा था। पूर्व की ओर इसकी लंबाई 53 फुट थी। उत्तर-पूर्व वाले चबूतरे की लंबाई पश्चिम से पूर्व 61 फुट और चौड़ाई 5 फुट थी। मंदिर के अत्यंत समीप स्थित होने के कारण अभिलेख में वर्णित चंक्रम से इसकी समता स्थापित की जा सकती है।[125] एक अन्य चंक्रम के अवशेष बोधगया के महाबेधि मंदिर से मिले थे। बोधगया से प्राप्त चंक्रम छायादार थी।

उत्खनन से प्राप्त बौद्ध-प्रतिमा पर अंकित कुषाण लिपि में[126] चंक्रम का वर्णन है जिसकी खोज कनिंघम ने की थी, परंतु यह निश्चित नहीं कि यह तथागत के टहलने के लिए बना वास्तविक कोसंबकुट्टी का चंक्रम था। कोशंबकुट्टी नामक यह

भवन श्रावस्ती के दो प्रमुख भवनों में एक था। यह प्रायः असंभव प्रतीत होता है कि इन भवनों के विनाश के पश्चात् बुद्ध की उपासना स्थल के लिए किसी और स्थान का चुनाव किया गया हो। अतः पालि-साहित्य में वर्णित कोशंबकुट्टी तथा उत्खनन में प्राप्त इस स्थल के समीकरण में किसी प्रकार का संशय नहीं रह जाता।

## 'महेत' का उत्खनन

महेत का समीकरण प्राचीन श्रावस्ती से किया गया है। कनिंघम ने इसकी परिधि का विस्तार 17300 फुट निर्धारित किया है।[127] फोगल ने श्रावस्ती नगर का घेरा 17250 फुट तथा संपूर्ण क्षेत्रफल 40.773 एकड़ निशिचित किया है। इस नगर में ईसा पूर्व छठी शताब्दी से लेकर 12वीं शताब्दी के बीच निरंतर परिवर्तन होते रहे। चीनी यात्रियों ने इस नगर को परित्यक्त एवं निर्जन पाया। कोशल राज्य के पतन के पश्चात् इस नगर का क्रमशः ह्रास होता गया। अतः श्रावस्ती नगर के विस्तार का कभी मौका नहीं मिल पाया। इस नगर का पूर्ण विनाश 12 वीं शताब्दी ई. में मुसलमानों द्वारा किया गया। इस प्रकार फोगल द्वारा उल्लिखित वर्तमान महेत का 17250 फुट का घेरा श्रावस्ती की प्राचीन सीमा से बढ़ा हुआ नहीं प्रतीत होता।

विस्तार और विन्यास की दृष्टि से महेत प्राचीन नगर का एक प्रमुख स्थल था। नगर का बाहरी विस्तार मिट्टी की प्राचीरों से परिवेष्टित था। प्राचीरों की ऊँचाई एक समान नहीं है। पश्चिम ओर की प्राचीरें 35 से 40 फुट ऊँची हैं, जबकि दक्षिण और पूर्व की प्राचीरों की ऊँचाई 25 फुट से 30 फुट है। [128] उन्नीसवीं शताब्दी में संपूर्ण क्षेत्र वनों से आच्छादित था। प्राचीरों के बीच-बीच में खुला भाग था, जिन्हें लोग दरवाजा कहते थे।[129] इस तरह के दरवाजों की संख्या अट्ठाइस है, जिसमें फोगल ने ग्यारह को ही दरवाजा माना है। जिनमें से उत्तर और पूर्व की ओर एक-एक, दक्षिण की ओर चार और पश्चिम की ओर पाँच दरवाजे हैं।

उपर्युक्त दरवाजों में से कुछ का नामकरण उसकी स्थिति के आधार पर किया गया है। उदाहरणार्थ—एक दरवाजा पिपरहवा के नाम से जाना जाता है। इसका नामकरण प्राचीर के आस-पास एक विशेष प्रकार के वृक्ष (पीपल) के उगने के कारण हुआ था। अन्य मुख्य दरवाजों में गंगापुर, बंकी, गेलही, नौसहरा, काँदभारी एवं बाजार दरवाजे हैं।[130]

उत्खनन में इस स्थल से कच्ची कुटी, पक्की कुटी एवं शोभनाथ मंदिर के अवशेष मिले हैं। इन स्थलों से प्राप्त वस्तुओं में मृण्मूतियाँ, मृण्भांड, मुहरें, प्रतिमाएँ एवं लोहे के उपकरण भी हैं।

**कच्ची कुटी :** इसका उत्खनन सर्वप्रथम होवी ने किया था। तत्पश्चात् फोगल ने इस खंडहर से विभिन्न काल की संरचनाओं का पता लगाया। उत्खनन के समय फोगल को टीले के ऊपरी हिस्से में आधुनिक काल का एक ईंटों का मंदिर मिला

## फलक-7

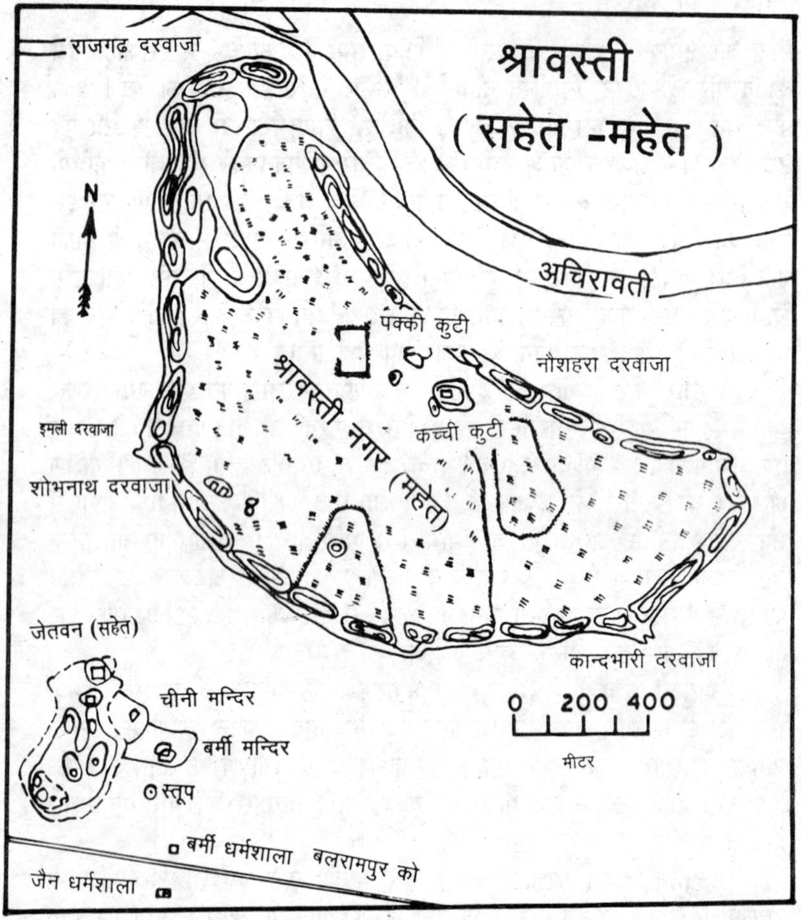


श्रावस्ती, सहेत एवं महेत का मानचित्र

था; जिसकी उत्तरी और पश्चिमी दीवालें अब भी विद्यमान हैं। अन्य दोनों किनारे (पूर्वी और उत्तरी) कच्ची चिनाई से पुनर्निर्मित हैं, जिसका निर्माण वहाँ निवास करने वाले किसी महात्मा ने करवाया था। इसी महात्मा ने पूर्ववर्ती चिनाई को खुदवाकर मंदिर का भी निर्माण करवाया था। इस वर्तमान मंदिर का प्रवेश-द्वार पूर्व तरफ से है। पूर्ववर्ती मंदिर का वास्तविक द्वार पश्चिम तरफ से था, जिसे यहाँ निवास करने वाले किसी साधू ने एक बड़े पत्थर से बंद कर दिया था। यह पत्थर (3 फुट 6 इंच ×1 फुट 6 इंच×7½ फुट) एक मूर्ति की पीठिका प्रतीत होती है। संभव है यह पीठिका एवं मूर्ति पहले इसी मंदिर में स्थापित रही हों।[131]

उत्खनन में फोगल को यहाँ से कुछ पत्थर के टुकड़े मिले थे, जो निश्चित रूप से किसी प्रतिमा के खंडित अंश हैं। यद्यपि ये टुकड़े इतने छोटे हैं कि इनको मिलाकर किसी प्रतिमा का प्रारूप तैयार करना कठिन है; फिर भी यह तो लगभग निश्चित है कि परवर्ती काल में निर्मित यह मंदिर जिसके खंडहर अभी भी वर्तमान हैं, एक प्रस्तर प्रतिमा से युक्त रहा होगा।

इस मंदिर का अधिष्ठान (नींव) अत्यंत प्राचीन है, जिसका विस्तार पूर्व से पश्चिम 105 फुट तथा उत्तर से दक्षिण 72 फुट था। मंदिर में पहुँचने के लिए पश्चिम तरफ से 45 फुट लंबी और 14 फुट 5 इंच चौड़ी सीढ़ियाँ बनी थीं।[132]

मंदिर के आयताकार अधिष्ठान (नींव) का प्रत्येक किनारा 18 फुट से 19 फुट के प्रक्षेपण से युक्त था। इसका उत्तरी-पूर्वी किनारा पुनर्निर्मित है। 14 फुट ऊँची उत्तरी दीवालें अभी भी सुरक्षित हैं। इस दीवाल का ऊपरी भाग अनलंकृत ईंटों से निर्मित भित्तिस्तंभ की पंक्तियों से सुसज्जित है, जिनमें 11 इंच विस्तृत निमग्नफलक आपस में 3 फुट 10 इंच की दूरी पर बने हैं।

इसमें प्रयुक्त ईंटें भिन्न आकारों की हैं। सबसे निचली परतों में डिनेटेड ईंटों का प्रयोग मिलता है। इसके ऊपर की परतों में गोलाकार ईंटों का प्रयोग मिलता है। कार्निश के नीचे 6 से 8 फुट की दूरी पर वीप-होल्स की कतारें भी मिली हैं।

श्री होवी ने कच्ची कुटी के उत्खनन में दक्षिण और उत्तरी ओर की दीवालों के नींच की खुदाई करके दो कक्षों का पता लगाया।[133] ये दोनों कक्ष आकार में आयताकार थे जो ऊँची ईंटों की दीवालों से परिवेष्टित थे। निर्माण संरचना के आधार पर फोगल ने इन कक्षों को आवास-गृह नहीं माना है। कच्ची कुटी से नौशहरा और काँदभारी दरवाजों की ओर दो रास्ते जाते थे।

उत्खनन में यहाँ से फोगल को 356 मृण्मूर्तियाँ एवं कुछ प्रस्तर प्रतिमाएँ मिली थीं।[134] इसमें से अधिकांश मूतियाँ खंडित हैं। अन्य वस्तुओं में मिट्टी की मुहरें, मृण्भांड एवं लोहे के उपकरण उल्लेखनीय हैं।

**शोभनाथ का मंदिर :** यह मंदिर महेत के पश्चिम में स्थित है। इस मंदिर का शोभनाथ नाम तीसवें तीर्थकर संभवनाथ के नाम पर पड़ा। विश्वास किया जाता है

कि जैनियों के तीसरे तीर्थकर संभवनाथ का जन्म श्रावस्ती में ही हुआ था।[135] श्री होवी ने सर्वप्रथम यहाँ 1824-25 और 1875-76 में सीमित उत्खनन करवाया था लेकिन उत्खनन से प्राप्त विवरण अत्यंत संक्षिप्त एवं संदिग्ध है।

उत्खनन से पता चलता है कि इस मंदिर का पूर्वी किनारा पूर्व से पश्चिम 59 फुट और उत्तर से दक्षिण 49 फुट है। यह खंडित ईंटों से निर्मित एक दीवाल (8½ फुट×1फुट) से घिरा है। एक पूरी ईंट की नाम 12 इंच×7इंच×2इंच है। चिनाई में काफी संख्या में छोटी नक्कशीदार ईंटे प्रयुक्त हुई थीं। संभवतः ये नक्काशीदार ईंटें किसी पुरानी संरचना से ली गई थीं।

आँगन को घेरने वाली दीवाल की ऊँचाई को बाहर की तरफ 4 फुट 6 इंच तथा अंदर फर्श की सतह से 2 से 3 फुट की ऊँचाई तक ही सीमित रखा गया है। आँगन में पूर्व की तरफ से सीढ़ियों के माध्यम से प्रवेश किया जा सकता है जिनकी लंबाई 23 फुट 6 इंच तथा चौड़ाई 12 फुट 6 इंच है तथा जो नीचे की तरफ घुमावदार बनाई गई हैं। उल्लेखनीय है कि इस तरह की नक्काशीदार ईंटें अन्य खंडहरों से भी मिली हैं। उत्खनन से यह ज्ञात होता है कि ये सीढ़ियाँ बाहरी आँगन में बनी हुई हैं जो 50 फुट चौड़ा तथा अंदर के आँगन के फर्श की सतह से 5 फुट नीचे है। इस निचली सतह से यह शीघ्रता से अनुमान नहीं लगाना चाहिए कि बाहरी आँगन जिसकी अंशतः खुदाई हुई थी, पूर्ववर्ती काल से सम्बन्धित है। इसके विपरीत यह एक प्राभाविक रूप से परवर्ती परिवर्धन है क्योंकि इसकी दीवालों का निर्माण अंदर के आँगन की दीवालों पर किया गया है। सतह में अंतर संभवतः इस परिस्थिति के कारण होता है क्योंकि अंदर का पश्चिमी आँगन, पहले के अवशेषों पर निर्मित है, लेकिन इस तथ्य की पुष्टि अभी उत्खनन से नहीं हो सकी है।

शोभनाथ मंदिर का ऊपरी भाग एक गुम्बदाकार इमारत है, जो प्रत्यक्ष रूप में पठान युग के मुसलमानी मकबरा जैसी प्रतीत होती है। यह मंदिर सन् 1885 में पूर्व सुरक्षित था लेकिन श्री होवी के उत्खनन के समय से तथा उसके कारण वह आंशिक रूप से जीर्ण-शीर्ण हो गया है।[136]

**पक्की कुटी :** 'महेत' में स्थित पक्की कुटी एक महत्त्वपूर्ण स्थल है जो कच्ची कुटी से उत्तर-पश्चिम में स्थित है। इसका आधुनिक नाम यहाँ निवास करने वाले किसी फकीर (साधु) के निवास-स्थान के कारण पड़ा। कनिंघम ने इसे चीनी यात्रियों के अंगुलिमाल स्तूप से समीकृत किया है। इस खंडहर की आंशिक खुदाई श्री होवी ने की थी। कालांतर में फोगल ने इस क्षेत्र का उत्खनन करवाया जिससे ज्ञात हुआ कि इसका आकार चतुष्कोणीय था। इसका उत्तर से दक्षिण विस्तार 120 फुट तथा पूर्व से पश्चिम 77 फुट 8 इंच था। इस कुटी के पूर्वी किनारे का उत्खनन अभी नहीं हो पाया है। संभव है कि इस भवन का विस्तार और आगे तक रहा हो।

इस कुटी की आंतरिक संरचना में अनियमित ढंग की दीवालें तथा आयताकार

एवं वर्गाकार कक्ष मिले हैं। इन कक्षों में दरवाजों एवं खिड़कियों का अभाव इस तथ्य का साक्षी है कि इस संरचना का प्रयोग आवासगृह के रूप में नहीं होता था। वस्तुतः यह एक स्तूप था। उत्खनन में इस स्थल से कोई भी ऐसी वस्तु नहीं मिली है, जिससे इसकी बुद्धकालीन विहार की सूचना को प्रश्रय मिले।

टीले के केंद्र में वक्राकार दीवालें भी मिली हैं। श्री होवी ने उत्खनन करते समय इस कुटी के मध्य भाग में दक्षिण से उत्तर की ओर एक सुरंग बना दी ताकि वर्षा से इस टीले की रक्षा हो सके। होवी को भूमि की सतह पर विभाजक दीवालों के भी अवशेष मिले हैं।

उत्खनन में पक्की कुटी से ऐसी कोई वस्तु नहीं मिली, जिससे उसकी धार्मिकता प्रामाणित हो सके। चीनी यात्रियों के यात्रा विवरणों में उल्लिखत प्राचीन न्यायालय कक्ष की संरचना को होवी पक्की कुटी से समीकृत करते हैं। होवी इस संरचना को परवर्ती काल की पुनर्निर्मित संरचना मानते हैं।[137]

**स्तूप 'ए' :** इस स्तूप को श्री होवी ने ह्वेनसाँग द्वारा वर्णित अंगुलिमाल स्तूप से समीकृत किया है। यह पक्की कुटी से पूर्व में और कच्ची कुटी से उत्तर-पूर्व में स्थित था। होवी ने 9 फुट की परिधि में 30 इंच तक नीचे खुदाई की और पाया कि इसका आंतरिक भाग ठोस है। स्तूप के ऊपर का अंड 20 फुट परिधि में विस्तृत था। इसमें प्रयुक्त ईंटें कई आकार की हैं। सबसे बड़ी ईंटें 12½इंच×9इंच×2¼ इंच आकार की हैं। इस स्तूप के बाहरी स्थल का उत्खनन फोगल ने 8 फुट नीचे तक करवाया था। इसका निचला अधिष्ठान एक आयताकार चबूतरे (72 फुट×45 फुट) से युक्त था, जिसके पूर्व में सीढ़ियाँ थीं। ये सीढ़ियाँ 22 फुट लंबी और 14 फुट चौड़ी थीं, जो कच्ची कुटी और शोभनाथ मंदिर में प्रयुक्त सीढ़ियों के सदृश थीं। उत्तरी ओर का चबूतरा सुरक्षित था जिसकी ऊँचाई 4 फुट थी। यहाँ से प्राप्त अधिकांश ईंटें खंडित हैं। वैसे सामान्यतया ईंटों की माप 12½इंच×9 इंच×2¼इंच है। चिनाई में नक्काशीदार ईंटों का सर्वथा अभाव मिलता है।[138]

कच्ची कुटी के द्वार से स्तूप की दिशा में फोगल ने 6½ फुट विस्तृत एक खत्ती खुदवाई थी। यहाँ से उन्हें एक निचली संरचना के अवशेष मिले थे। इस संरचना में प्रयुक्त ईंटों की चार परतों का भी पता चलता है। उत्खनन में बड़ी संख्या में छोटे मृण्भांड एवं कुछ मृण्मूर्तियाँ भी मिली हैं।

श्रावस्ती का वैज्ञानिक उत्खनन 1959-60 ई. में श्री कृष्ण कुमार सिनहा द्वारा किया गया,[139] जिससे यहाँ की दुर्ग संरचना तथा सुरक्षात्मक दीवाल के काल-क्रम पर महत्त्वपूर्ण प्रकाश पड़ा है। इनके उत्खनन से ज्ञात हुआ कि श्रावस्ती का विकास तीन कालों में हुआ था। इन कालों में यहाँ से प्राप्त वस्तुओं तथा निर्माण प्रक्रिया में अंतर दृष्टिगत होता है।

प्रथम काल में नगर की बाहरी दीवालों का निर्माण नहीं हुआ था। उल्लेखनीय

है परवर्ती काल में बाहरी दीवालें मिलती हैं। इस काल के मृण्भांड विकसित परंपरा में मिलते हैं। यहाँ से उत्तरी कृष्ण परिमार्जित मृण्भांड बड़ी संख्या से प्राप्त हुए हैं। यहाँ से प्राप्त कुछ मृण्भांड 600 ई. पू. के एथेनियन कलशों के समान हैं।[140] इस प्रकार के मृण्भांडों का विस्तार भारत-पाकिस्तान उपमहाद्वीपीय क्षेत्र में मिलता है। इसके अतिरिक्त शीशे की पारभाषी चूड़ियाँ भी मिली हैं। धातु के रूप में इस समय मुख्यतः ताँबे का ही प्रयोग किया जाता था, तथापि लोहे का प्रचलन भी हो चुका था। ताँबे का प्रयोग मुख्य रूप से गृहस्थी के सामानों एवम् आभूषणों के रूप में किया जाता था।[141]

यद्यपि प्रथम काल के अंत तथा द्वितीय काल के प्रारंभ में समय की दृष्टि से कोई विशेष अंतर नहीं है तथापि दोनों की निर्मित वस्तुओं में पर्याप्त भिन्नता दिखाई देती है। द्वितीय काल में लोहे का उपयोग प्रचुरता से मिलता है। साथ ही अस्थिनिर्मित वाणाग्र भी बड़ी संख्या में मिले हैं। इस काल की मुख्य विशेषता दुर्ग-संरचना है। मुख्य प्राचीरों के परवर्ती कालों में विस्तृत रूप से समान अंतराल पर बने दुर्ग एवम् इनकी दीवालें नगर के विकास-क्रम को सिद्ध करती है। श्रावस्ती की नगरीय दीवालों की संरचना की तुलना कौटिल्य के अर्थशास्त्र में उल्लिखित दुर्ग-संरचना से की जा सकती है।[142]

श्रावस्ती के इस सीमित क्षेत्र के उत्खनन से सुरक्षा प्राचीरों पर पूर्णतः प्रकाश नहीं पड़ता है। ऐसा प्रतीत होता है कि इन रक्षा-प्राचीरों का निर्माण हिन्द-यवन राजाओं के आक्रमण के सुरक्षार्थ किया गया था। यह घटना मौर्यवंश  के पतन के पश्चात् स्थानीय राज्यों के अभ्युदय के समकालिक है। द्वितीय काल में निर्मित मकानों में मिट्टी के गारे से युक्त पकी ईंटों का प्रयोग मिलता है। इस काल की निर्माण संरचना की तीन अवस्थाएँ दृष्टिगत होती हैं। श्री सिनहा[143] ने इन तीनों प्रावस्थाओं का काल-क्रम निम्नलिखित रूप से निर्धारित किया है–

प्रारम्भिक प्रावस्था–275 ई. पू. से 200 ई. पू.
मध्यवर्ती प्रावस्था–200 ई. पू. से 125 ई. पू.
परवर्ती प्रावस्था–125 ई. पू. से 50 ई. पू.।

उत्खनन से तृतीय काल के अवशेष अत्यंत सीमित क्षेत्र से मिले हैं, इससे यह प्रतीत होता है कि इस समय यह नगर विनष्ट हो चुका था। उत्खनन से परवर्ती काल में निर्मित कुछ संरचनाओं का भी पता चला है।

## संदर्भ


1. द्रष्टव्य आ. स. रि., भाग 1, पृ. 330; तत्रैव, भाग 11, पृ. 78 और आगे।
2. एम. वेंकटरम्मैया, श्रावस्ती, (आर्कियोलाजिकल् सर्वे ऑफ् इंडिया, दिल्ली 1981), पृ. 1
3. विमलचरण लाहा, प्राचीन भारत का ऐतिहासिक भूगोल (उत्तर प्रदेश हिन्दी ग्रंथ अकादमी, लखनऊ, 1972), पृ. 210

4. दि मेमायर्स ऑफ् दि आर्कियोलाजिकल सर्वे ऑफ् इंडिया, भाग 50 (दिल्ली 1935) में उद्धृत विमलचरण लाहा का लेख 'श्रावस्ती इन इंडियन लिटरेचर', पृ. 1
5. ज. रा. ए. सो., 1900, पृ. 9
6. आ. स.इ.ए.रि. 1907-08, पृ. 131-132; तुलनीय, विशुद्धानन्द पाठक, हिस्ट्री ऑफ् कोशल, (मोतीलाल बनारसीदास, वाराणसी, 1963 ई.) पृ. 63
7. विनय महावग्ग, पृ. 191-192; परमत्थजोतिका, पृ. 511
8. राहुल सांस्कृत्यायन, पुरातत्त्व निबंधावली (इलाहाबाद, 1958), पृ. 24
9. विमलचरण लाहा, प्राचीन भारत का ऐतिहासिक भूगोल, (उत्तर प्रदेश हिन्दी ग्रंथ अकादमी, लखनऊ, प्रथम संस्करण, 1972), पृ. 211
10. भरत सिंह उपाध्याय, बुद्धकालीन भारतीय भूगोल (हिन्दी साहित्य सम्मेलन, प्रयाग, संवत् 2018), पृ. 236, दीधनिकाय, पृ. 152; राखिल, दि लाइफ् ऑफ् दि बुद्ध लीजेंड् एंड हिस्ट्री, पृ. 136
11. दीधनिकाय, पृ. 152; राखिल, दि लाइफ् ऑफ् दि बुद्ध लीजेंड् एंड हिस्ट्री, पृ. 136
12. 'सावत्थीति सवत्थयस्य इसिनो निवासत्थानाभूता नगरी, यथा काकंदी माकंदीति।'
    पपंचसूदनी, भाग।, पृ. 59;
    द्रष्टव्य, विमलचरण लाहा, मेमायर्स ऑफ् दि आर्कियोलाजिकल् सर्वे ऑफ् इंडिया, भाग 50, पृ. 6-7
13. विश्वगश्वा पृथोः पुत्र पुत्रस्तस्मादार्दश्चजज्ञिवान्।
    आर्द्रात्तु युवनाश्वस्तु श्रावस्तस्य तु चात्मज :।।
    तस्य श्रावस्तको ज्ञेय श्रावस्ती येन निर्मितः।
    श्रावतस्य तु दायादो वृहदाश्वो महाबलः।।

    महाभारत, आदिपर्व, अध्याय 201, श्लोक 3-4;
14. श्रावस्तश्च महातेजा वत्सकस्तत्सुतोऽभवत्
    निर्मिता येन श्रावस्ती गौडदेशे द्विजोत्तम्।।

    मत्स्यपुराण, अध्याय 12, श्लोक 29;

    देखें, ब्रह्मपुराण, अध्याय 8, श्लोक 53।
15. 'यं किं च मनुस्सान उपभोग–परिभोगं सब्बं एत्थ अत्थीति सावत्थो।'
    एक किंवदंती के अनुसार एक बार काफिले वालों ने आकर यहाँ पूछा कि यहाँ क्या सामान है? (किं भण्डं अत्थि) इसके उत्तर में उनसे कहा गया 'सब कुछ है।' (सब्बं अत्थीति) 'सब्बं अतीति वचनमुपादाय सावत्थि'

    पपंचसूदनी, भाग 1, पृ. 59-60
16. जैन हरिवंशपुराण, पृ. 717; देखें, विशुद्धानंद पाठक, हिस्ट्री ऑफ् कोशल पृ. 61
17. वही, पृ. 61
18. कालिदास, रघुवंश, अध्याय 15, श्लोक 97;
    देखें, विशुद्धानंद पाठक, हिस्ट्री ऑफ् कोशल, (मोतीलाल बनारसीदास, वाराणसी, 1963), पृ. 59
19. दीघनिकाय, (पालि टेक्स्ट सोसायटी, लंदन), भाग 1, पृ. 235;
    सुमंगलविलासिनी, भाग 2, पृ. 399; मज्झिमनिकाय, भाग 1, पृ. 16
20. कुशस्य कोशलो राज्यं पुरी वापि कुशस्थली।
    रम्या निर्मिता तेन विंध्यपर्वत सानुषु।।
    उत्तर कोशले राज्ये लवस्य च महात्मनः।
    श्रावस्ती लोकविख्याता कुशवशं निबोधत।।

    वायुपुराण, अध्याय 88, 197-98;

देखिए, उदयनारायण राय, प्रचीन भारत में नगर तथा नगर जीवन, पृ. 116

21. कोशलेष कुशम् वीरम् उत्तरेषु लवं तथा।
अभिषिच्य महात्मानावुभौ रामः कुशीलवौ।।
कुशस्य नगरी रम्या विंध्यपर्वत रोधसि।
कुशावतीति नाम्ना सा कृता रामेण धीमता।।
श्रावस्तीति पुरी रम्या श्रावीता च लवस्य च।
अयोध्यां विजना कृत्वा राधवो भरस्तदा।।

रामायण, उत्तरकांड, सर्ग 1, 20-22

22. मेमायर्स आफ दि आर्कियोलाजिकल सर्वे ऑफ् इंडिया, भाग 50, पृ. 7
23. रामायण, उत्तरकांड, अध्याय 121;
नंदूलाल डे, दि ज्योग्राफिकल् डिक्शनरी ऑफ् ऐंश्येंट एंड मिडिवल इंडिया, पृ. 197
24. ए. कनिंघम, दि ऐंश्येंट ज्योग्राफी ऑफ् इंडिया, पृ. 343
25. वायुपुराण, अध्याय 88, पृ. 24-26;
द्रष्टव्य, विष्णुपुराण, अध्याय 4, पृ. 2-12
26. मत्स्यपुराण, अध्याय 12, पृ. 29-30
27. ब्रह्मपुराण, अध्याय 7, पृ. 53;
द्रष्टव्य, मेमायर्स ऑफ् आर्कियोजालिकल सर्वे आफ इंडिया, संख्या 50. पृ. 6
28. भागवतपुराण, अध्याय 9, पृ. 20-21
29. महाभारत, वनपर्व, 20/3-4; 11/21-22
30. ब्रह्मपुराण, 6, 53; मत्स्यपुराण, 12 29-30
31. जातक, भाग 4, पृ. 91 (भदंत आनंद कौसल्यायन संस्करण)
32. तत्रैव, भाग 1, पृ. 92
33. 'करेरिमंडपो तस्सा कुटिकाय द्वारेथितो तस्मा करेरिकुटिकाय द्वारेथितो तस्मा करेरिकुटिका ति वुच्चति'
'कोसंबरुक्खस्स द्वारे थित्तता कोसंबकुटिका ति'

सुगंलबिलासिनी, भाग 2, पृ. 407

34. तत्रैव, भाग 1, पृ. 92 (सो मज्झे गंधकुटीं कारेसि)
35. तत्रैव, भाग 1, पृ. 389
36. तत्रैव, भाग 2, पृ. 15
37. जातक, भाग 4, पृ. 228
38. वह भिक्षु जो धर्मोपदेश की घोषणा किया करता था।
39. जातक, (भदंत आनंद कौसल्यायन संस्करण), खंड तृतीय, पृ. 15
40. तत्रैव, पृ. 24
'जरुदपानं खणमाना, वाणिजा उदकत्थिका
अजझगंसू अयोलोहं, तिपुसीसन्ची वाणिजा।
रतनं जातरूपंच मुक्ता बेकुरिया बाहु।।
41. तत्रैव, भाग 5, पृ. 98
42. ललितविस्तर अध्याय 1
43. विमलचरण लाहा, श्रावस्ती इन इंडियन लिटरेचर, दि मेमायर्स ऑफ् दि आर्कियोलाजिकल सर्वे आफ इंडिया भाग 50, पृ. 20

44. 'नगरे महाराज पंचकोटिमत्ता अरियसावका भगवती उपासक-उपासिकायो सत्तण्णा सहसानि तोझि सतहससानि अनागामि फले पतित्थिता ने सब्बेऽपि गिही न पच्चजिता।'

मिलिंदपन्हो, पृ. 349

45. परमत्थजोतिका, भाग 1, पृ. 371; सामंतपासादिका, भाग 3, पृ. 636
46. भरतसिंह उपाध्याय, बुद्धकालीन भारतीय भूगोल (हिन्दी साहित्य सम्मेलन, प्रयाग, संवत् 2018), पृ. 237
47. विशुद्धानंद पाठक, हिस्ट्री ऑफ् कोशल, (मोतीलाल बनारसीदास, वाराणसी 1963), पृ. 59
48. 'राजगंह कपिलवस्थुतो दूरं सट्ठि योजनानि, सावत्थि पन पंचदश।
सत्था राजगहतो पंचतालीसयोजनं आगन्त्वा सावत्थियं विहरति।'

मज्झिमनिकाय, अट्ठकथा, 1/3/4

49. मोतीचंद्र, सार्थवाह, (बिहार राष्ट्र-भाषा परिषद, पटना, 1953), पृ. 17
50. सुत्तनिपात (सारनाथ संस्करण), पृ. 212-13
51. मज्झिमनिकाय, (पालि टेक्स्ट् सोसायटी, लंदन), भाग 1, पृ. 473; मोतीचंद्र, सार्थवाह, पृ. 17
52. भरतसिंह उपाध्याय, बुद्धकालीन भारतीय भूगोल, पृ. 239
53. 'वुक्कसाति नाम कुलपुत्रो (तक्कसलातो) अट्ठ हि उनकानि योजनसतानि गतो जेतवनद्वारकोठकस्थ पन समीपे गच्छत्तो'

मज्झिमनिकाय, अट्ककथा, 3/4/10

54. 'सावत्थितो संकस्य नगरं तिसयोजनानि'

धम्मपद अट्ठकथा, 14/2

55. राहुल सांकृत्यायन, पुरातत्त्व निबंधावली, पृ. 20
56. 'वीसं योजनसतं पच्चुग्गत्वा चंद्रभागाय नदियातोरे'

धम्मपद अट्ठकथा 6/4

57. भरतसिंह उपाध्याय, बुद्धकालीन भारतीय भूगोल, पृ. 237
58. तंहि जेतेन राजकुमारेन रोपितं संवर्द्धितं परिपालित।
सो च तस्सि सामी अहोसि, तस्मा, जेतवने ति वुच्चति।।

पपंचसूदनी, भाग 1, पृ. 60

59. उदयनारायण राय, प्राचीन भारत में नगर तथा नगर जीवन, पृ. 118
60. विनयपिटक (हिन्दी अनुवाद), पृ. 462; बुद्धकालीन भारतीय भूगोल, पृ. 240; तुल. विशुद्धानन्द पाठक, हिस्ट्री आफ कोशल, (मोतीलाल बनारसीदास, वाराणसी, 1963), पृ. 61
61. बरुआ, भरहुत, भाग 2, पृ. 31
62. धम्मपदटीका, भाग 1, पृ. 384; अंगुत्तरनिकाय, प्रथम भाग (हिन्दी अनुवाद, भदंत आनंद कौसल्यायन, महाबोधि सभा, कलकत्ता 1957, पृ. 212; मेमायर्स आदि दि आर्कियोलाजिकल सर्वे आफ इंडिया भाग 50, पृ. 25
63. राहुल सांकृत्यायन, पुरातत्व निबंधावली, पृ. 79
64. दीघनिकाय भाग 1, पृ. 178
65. मज्झिमनिकाय, भाग 2, पृ. 22
66. देखें, आ. स. इ. ए. रि., 1907-08, पृ. 84
67. जैन हरिवंशपुराण, पृ. 717
68. एस. स्टीवेंसन, हार्ट आफ जैनिज्म, (दिल्ली, 1970) पृ. 42
69. सी. जे. शाह, जैनिज्म इन नार्थ इंडिया, पृ. 26

70. कोशल, रिसर्च ऑफ् दि इंडियन् रिसर्च सोसायटी आफ अवध, भाग 3, पृ. 23
71. तत्रैव, पृ. 24
72. जोगेन्द्र चंद्र शिकदार, स्टडीज इन भगवती सूत्राज, (रिसर्च इंस्टीट्यूट आफ प्राकृत जैनोलाजी एंड अहिंसा, मुजफ्फरपुर, 1964), पृ. 307
73. के. सी. जैन, लार्ड महावीर एंड हिज टाइंस, पृ. 63
74. हरमन याकोबी, से. बु. ई. (जैन सूत्राज), मोतीलाल बनारसीदास, दिल्ली, 1964, पुनर्मुद्रित), भाग 45, पृ. 30
75. बेनी माधव बरुआ, ए हिस्ट्री ऑफ् बुद्धिस्टिक इंडियन फिलासफी, पृ. 300
76. के. सी. जैन, लार्ड महावीर एंड हिज टाइंस, पृ. 165
77. ज. रा. ए. सो., 1908, पृ. 102
78. वृहत्कथाकोश (ए. एन. उपाध्याय द्वारा संपादित), पृ. 8, 348
79. इस नाम के दो भारतीय राज्य थे–उत्तरी एंव दक्षिणी कोशल। यह उत्तरी कोशल था जो कि आधुनिक अवध का एक भाग था।
80. इसका आधुनिक समीकरण सहेत-महेत हैं; द्रष्टव्य, जेम्स लेग्गे, दि ट्रैवेल्स् ऑफ् फाह्यान, (ओरियंटल पब्लिशर्स, दिल्ली, 1972), पृ. 56
81. यह राजा गौतम बुद्ध का समकालीन था।
82. जेम्स लेग्गे, दि ट्रेवल्स ऑफ् फाह्यान, पृ. 59
83. जेम्स लेग्गे, दि ट्रैवेल्स ऑफ् फाह्यान, पृ. 60
84. थामस् वाटर्स, आन् युवान् व्हाँग्स् टैवेल्स इन इंडिया (पुनर्मुद्रित, मुंशीराम मनोहरलाल, दिल्ली, प्रथम संस्करण, 1961), भाग 1, पृ. 377
85. सेमुअल बील, चाइनीज् एकाउंट्स ऑफ् इंडिया, भाग 3 (कलकत्ता, 1958), पृ. 260
86. सुदत्त का नाम अनाथपिंडाद भी लिखा है, अर्थात् अनाथ और दीन पुरुषों का मित्र।
87. थामस् वाटर्स, ऑन् युवान् च्वाँग्स् ट्रैवेल्स् इन् इंडिया, भाग 1, पृ. 382
88. तत्रैव, पृ. 383
89. तत्रैव, पृ. 387
90. तत्रैव, पृ. 394
91. थामस् वाटर्स, ऑन् युवॉन् च्वाँग्स ट्रैवेल्स् इन् इंडिया, भाग 1, पृ. 397
92. तत्रैव, पृ. 400
93. उल्लेखनीय है कि इसी प्रकार की बोधिसत्व की एक और लेखयुक्त प्रतिमा सारनाथ से मिली है जो इसी भिक्षु बल द्वारा कनिष्क के राज्यकाल के तृतीय वर्ष में स्थापित की गई थी। अतः यह प्रतिमा प्रारंभिक कुषाणकाल की प्रतीत होती है।
देखें, ब्लाक, ज.ए.सो.बं., भाग 67 (1898), प्लेट 1, पृ. 274 और आगे (प्लेट के साथ)। एपिग्राफिया इंडिका, भाग 8 (1905-6), पृ. 179 और आगे (प्लेट के साथ)।
94. ए. कनिंघम, आर्कियोलाजिकल् सर्वे रिपोर्ट्स भाग 1, पृ. 377 और आगे।
95. बेनेट के उत्खनन के लिए द्रष्टव्य, गजेटियर ऑफ् दि प्राविंस ऑफ् अवध (इलाहाबाद, 1878), पृ. 286
96. पूर्ववर्ती लेखक इसे अंगुलिमालिय स्तूप कहते हैं, जबकि इसका सही प्राकृत रूप अंगुलिमाल होना चाहिए।
देखें, जातक, (फाउसबोल संस्करण), भाग 5, पृ. 466
97. ए. कनिंघम, आर्कियोजालिकल् सर्वे रिपोर्ट्स, भाग 11, पृ. 78

98. आर्कियोलाजिकल् सर्वे ऑफ् इंड़िया, (वार्षिक रिपोर्ट), 1907-8, पृ. 83
99. जर्नल ऑफ् एशियाटिक सोसायटी ऑफ् बंगाल (1892), प्लेट 1, अतिरिक्त संख्या (भाग 61)
100. आर्कियोजालिकल् सर्वे ऑफ् इंडिया, (वार्षिक रिपोर्ट), 1907-8, पृ. 131-132
101. इस शिलालेख पर 18 पंक्तियों में देवनागरी लिपि एवं संस्कृत भाषा में एक लेख खुदा हुआ है। लेख भगवान् बुद्ध की वंदना से प्रारंभ होता है, जिसे छोड़कर शेष संपूर्ण लेख छंदों में हैं।
102. विस्तार के लिए द्रष्टव्य, आर्कियोजालिकल् सर्वे ऑफ् इंडिया (एनुअल रिपोर्ट), 1907-08, पृ. 117
103. मेमायर्स आफ दि आर्कियोजालिकल् सर्वे ऑफ् इंडिया, सेख्या 50, पृ. 3
104. वी. ए. स्मिथ, कौशांबी एंड श्रावस्ती, जर्नल ऑफ् दि रायल एशियाटिक सोसाइटी (1898), पृ. 527
105. सुत्तनिपात (सारनाथ संस्करण), पृ. 212-13; जी. पी. मललसेकर, डिक्शनरी ऑफ् पालि प्रापर नेम्स, भाग दो, (लंदन 1960), पृ. 1126
106. आर्कियोजालिकल् सर्वे ऑफ् इंडिया (वार्षिक रिपोर्ट 1907-8), पृ. 117
107. जर्न- ऑफ् दि एशियाटिक सोसायटी ऑफ् बंगाल, भाग 1, अतिरिक्त संख्या 1892, प्लेट 5
108. आ.स.इ.ए.रि., 1907-8,पृ. 119
109. देबला मित्रा, बुद्धिस्ट मानुमेंट्स (कलकत्ता, प्रथम संस्करण, 1971), पृ० 77
110. आ.स.इ.ए.रि., 1807-8, पृ. 120
111. तत्रैव, 1907-8, पृ. 121
112. देबला मित्रा, बुद्धिस्ट मानुमेंट्स (कलकत्ता, प्रथम संस्करण 1971 ई.), पृ. 78
113. आर्कियोजालिकल् सर्वे रिपोर्ट, भाग 11, पृ. 88
114. आ.स.इ.ए.रि., 1907-8, पृ. 122
115. देबला मित्रा, बुद्धिस्ट मानुमेंट्स, पृ. 78
116. आर्कियोजालिकल् सर्वे ऑफ् इंडिया, वार्षिक रिपोर्ट, 1907-08, पृ. 125
117. कनिंघम, आ.स.इ.ए.रि., भाग 11, पृ. 84
118. आ.स.इ.ए.रि., 1907-08, पृ. 123-124
119. बरुआ, भरहुत, भाग 2, पृ. 31; रीज डेविड्स, बुद्धिस्ट इंडिया, चित्र संख्या–23
120. आ.स.इ.ए.रि., 1907-08, पृ. 124
121. जातकों में भी गंधकुटी को मध्य में स्थित बतलाया गया है–
'सो मज्झे गंधकुटी कारेसि', जातक, खंड 1, पृ. 92
122. भारतवर्ष में किसी भी बुद्धकालीन स्थल से इस प्रकार के भवन मध्य में नहीं मिलते। भवन संख्या 1 को संभवतः इस वर्णन के आधार पर गंधकुटी से समीकृत किया जा सकता है।
123. आ.स.इ.ए.रि., 1907-08, पृ. 122
124. कोसंबकुट्टी का वर्णन साहित्य में भी मिलता है, देखें, सुमंगलविलासिनी, भाग 2, पृ. 407
125. एम. वेंकटरम्मैया, श्रावस्ती, पृ. 18
126. एपिग्राफिया एंडिका, भाग 8 पृ. 180-181
127. ए. कनिंघम, ऐंश्येंट ज्योग्राफी ऑफ् इंडिया, पृ. 346
128. आ.स.इ.ए.रि., 1907-08, पृ. 84
129. ऐसा प्रतीत होता है कि चार दरवाजों (पूर्व, पश्चिम, उत्तर दक्षिण) को छोड़कर प्रवेश के लिए प्रयुक्त होने वाले ये वास्तविक दरवाजे नहीं थे; वरन् समय-समय पर नागरिकों द्वारा सुविधानुसार बनाए गए स्थानापन्न दरवाजे थे।

130. आ.स.इ.ए.रि. 1907-08, पृ. 85-90
131. आ.स.इ.ए.रि. 1907-08, पृ. 91
132. तत्रैव, पृ. 92
133. होवी ने इन दोनों कक्षों को 'ए' और 'बी' नामों से अभिहित किया है।
134. आ.स.इ.ए.रि., 1907-08, पृ. 95
135. देखें; व्यूहलर और बर्गेस 'दि इंडियन सेक्ट ऑफ् जैनाज, (लंदन 1903) पृ. 67
136. आर्कियोंजाजिकल् सर्वे ऑफ् इंडिया, वार्षिक रिपोर्ट, 1907-08, पृ. 114
137. देबला मित्रा, बुद्धिस्ट मानुमेंट्स, पृ. 78
138. आ.स.इ.ए.रि., 1907-08, पृ.110
139. कृष्ण कुमार सिनहा, एक्सकैवेशंस ऐट श्रावस्ती, (वाराणसी, 1967)
140. रोचक हैं कि इस तरह के मृण्भांड भारत के अन्य स्थलों से नहीं मिले हैं।
141. कृष्ण कुमार सिनहा, एक्सकैवेशंस ऐट श्रावस्ती, पृ. 9
142. अर्थशास्त्र (आर. शामशास्त्री संस्करण), मैसूर 1919, अध्याय 2
143. कृष्ण कुमार सिनहा, एक्सकैवेशन्स ऐट श्रावस्ती, (वाराणसी, 1967), पृ. 12

## 6.

# अयोध्या

अयोध्या प्राचीन भारत का एक महत्वपूर्ण नगर था। यह नगर वर्तमान रूप में फैजाबाद रेलवे स्टेशन से 3 मील दूर (26° 48" उत्तरी अक्षाँश से 82° 13" पूर्वी देशांतर) पर स्थित है।[1] महाकाव्यों में इस नगर का विशद वर्णन मिलता है। रामायण में अयोध्या का उल्लेख कोशल जनपद की राजधानी के रूप में किया गया है।[2] पुराणों में इस नगर के संबंध में कोई विशेष उल्लेख नहीं मिलता है, परन्तु इस नगर के शासकों की वंशावलियाँ अवश्य मिलती हैं, जो इस नगर की प्राचीनता एवं महत्त्व के प्रामाणिक साक्ष्य हैं। ब्राह्मण साहित्य में इसका वर्णन एक ग्राम के रूप में किया गया है।[3] राम के समय यह नगर अवध नाम की राजधानी से सुशोभित था।[4] बौद्ध-ग्रंथों के अनुसार अयोध्या पूर्ववर्ती तथा साकेत परवर्ती राजधानी थी। हिंदुओं के साथ पवित्र स्थानों में इसका नाम मिलता है। फाह्यान ने इसका 'शा-चें' नाम से उल्लेख किया है, जो कन्नौज से 13 योजन दक्षिण-पूर्व में स्थित था।[5] मललसेकर ने पालि-परंपरा के साकेत को सई नदी के किनारे उन्नाव जिले में स्थित सुजानकोट के खंडहरों से समीकृत किया है।[6] नालिनाक्ष दत्त एवं कृष्णदत्त बाजपेयी ने भी इसका समीकरण सुजानकोट से किया है।[7] थेरगाथा अट्ठकथा[8] में साकेत को सरयू (सरजू) नदी के किनारे बताया गया है। अतः संभव है कि पालि का साकेत, आधुनिक अयोध्या का ही एक भाग रहा हो।

प्राचीन काल में इस नगर का उल्लेख साकेत, इक्ष्वाकभूमि, रामपुरी और कोशल प्रभृति अन्य नामों से किया गया है।[9] इसका एक अन्य नाम विनीता भी था[10] सरयू नदी के किनारे स्थित यह नगर 12 योजन की लंबाई और 9 योजन की चौड़ाई में फैला हुआ था।[11] स्कंदपुराण के अनुसार यह नगर मत्स्याकार था, जिसका विस्तार पूर्व-पश्चिम में एक योजन तथा सरयू से दक्षिण और तमसा से उत्तर में भी एक-एक योजन था।[12] भागवतपुराण[13] में इसका उल्लेख एक शहर के रूप में मिलता है। बुद्ध काल में कोशल दो प्रांतों (उत्तर कोशल और दक्षिण कोशल) में विभक्त हो गया।

सरयू नदी दोनों प्रान्तों के मध्य विभाजक रेखा का काम करती थी। उत्तर कोशल की राजधानी श्रावस्ती तथा दक्षिंण कोशल की राजधानी अयोध्या थी।[14]

अयोध्या और साकेत दोनों नगरों को कुछ विद्वानों ने एक ही माना है। कालिदास ने भी रघुवंश[15] में दोनों नगरों को एक माना है जिसका समर्थन जैन साहित्य में भी मिलता है।[16] कनिंघम ने भी अयोध्या और साकेत को एक ही नगर से समीकृत किया है।[17] इसके विपरीत विभिन्न विद्वानों ने साकेत को भिन्न-भिन्न स्थानों से समीकृत किया है। इसकी पहचान सुजानकोट[18], आधुनिक लखनऊ[19], कुरसी[20] ((Kursi), पशा (पसाका)[21] और तुसरन विहार[22] (इलाहाबाद से 27 मील दूर स्थित है) से की गई है। इस नगर के समीकरण में उपर्युक्त विद्वानों के मतों में सबल प्रमाणों का अभाव दृष्टिगत होता है। बौद्ध ग्रंथों में भी अयोध्या और साकेत को भिन्न-भिन्न नगरों के रूप में प्रस्तुत किया गया है। बाल्मीकि रामायण में अयोध्या को कोशल की राजधानी बताया गया है और बाद के संस्कृत ग्रंथों में साकेत से मिला दिया गया हैं। 'अयोध्या' को संयुक्तनिकाय में एक ओर गंगा के किनारे स्थित एक छोटा गाँव या नगर बतलाया गया है। जबकि 'साकेत' उससे भिन्न एक महानगर था।[23] अतएव किसी भी दशा में ये दोनों नाम एक नहीं हो सकते। रीज डेविड्स का कथन है कि दोनों नगर वर्तमान लंदन और वेस्टमिंस्टर के समान एक-दूसरे से सटे रहे होंगे[24] जो कालांतर में विकसित होकर एक हो गए। अयोध्या संभवतः प्राचीन राजधानी थी और साकेत परवर्ती।[25] विशुद्धानंद पाठक भी रीज डेविड्स के मत का समर्थन करते हैं और इस परिवर्तन के लिए सरयू नदी की धारा में परिवर्तन या किसी प्राकृतिक कारण को उत्तरदायी मानते हैं जिसके कारण अयोध्या का संकुचन हुआ और दूसरी तरफ नई दिशा में परवर्ती काल में साकेत का उद्भव हुआ।[26]

साक्ष्यों के अवलोकन से दोनों नगरों के अलग-अलग अस्तित्व की सार्थकता सिद्ध हो जाती है तथा साकेत के परवर्ती काल में विकास की बात सत्य के अधिक समीप लगती है। इस संदर्भ में ई. जे. थामस रामायण की परंपरा को बौद्ध परंपरा की अपेक्षा उत्तरकालीन मानते हैं। उनकी मान्यता है कि पहले कोशल की राजधानी श्रावस्ती थी और बाद में जब कोशल का विस्तार दक्षिण की ओर हुआ तो अयोध्या राजधानी बनी, जो साकेत के ही किसी विजयी राजा द्वारा दिया हुआ नाम था।[27]

पिछले दशक में कुछ पुरातत्वविदों यथा–प्रो. ब्रजवासी लाल[28] तथा हंसमुख धीरजलाल साँकलिया[29] ने रामायण इत्यादि में वर्णित अयोध्या की पहचान नगर की भौगोलिक स्थिति, प्राचीनता एवं सांस्कतिक अवशेषों का अध्ययन किया; वरन् रामायण में वर्णित उपर्युक्त विवरणों के अंतर की व्याख्या भी प्रस्तुत की है। इन दोनों विद्वानों का यह मत था कि पुरातात्विक दृष्टि से न केवल अयोध्या की पहचान की जा सकी हैं, वरन् रामायण में वर्णित अन्य स्थान यथा–नंदीग्राम, शृंगवेरपुर, भारद्वाज आश्रम, परियर एवं बाल्मीकि आश्रम भी निश्चित रूप से पहचाने जा सकते हैं। इस संदर्भ

में प्रो. ब्रजवासी लाल द्वारा विशद रूप में किए गए पुरातात्विक सर्वेक्षण एवं उत्खनन उल्लेखनीय हैं। पुरातात्विक आधार पर प्रो. लाल ने रामायण में उपर्युक्त स्थानों की प्राचीनता को लगभग सातवीं सदी ई. पू. में रखा। इस साक्ष्य के कारण रामायण एवं महाभारत की प्राचीनता का जो क्रम था, वह परिवर्तित हो गया तथा महाभारत पहले का प्रतीत हुआ। इस प्रकार प्रो. लाल तथा सांकलिया का मत हेमचंद्र राय चौधरी[30] के मत से मिलता है। श्री रायचौधरी का भी कथन था कि महाभारत में वर्णित स्थान एवं घटनाएँ रामायण में वर्णित स्थान एवं घटनाओं के पूर्व की हैं।

श्री मुनीशचंद्र जोशी[31] ने प्रो. लाल एवं सांकलिया के इस मत की खुलकर आलोचना की, तथा तैत्तिरीय आरण्यक[32] में उद्धृत अयोध्या के उल्लेख का वर्णन करते हुए यह मत प्रस्तुत किया–

1. जब तैत्तिरीय आरण्यक की रचना हुई, उस समय मनीषियों की नगरी अयोध्या एवम् उसकी संस्कृति–अगर यह थी तो–को लोग पूर्णतः भूल गये थे।
2. अयोध्या पूर्णतः पौराणिक नगरी प्रतीत होती है।
3. आधुनिक अयोध्या और राम से इसका साहचर्य परवर्ती काल का प्रतीत होता है।

इन आधारों पर श्री जोशी ने कहा कि वैदिक या पौराणिक सामग्री के आधार पर पुरातात्विक साक्ष्यों का समीकरण न तो ग्राह्य है न उचित। उनका यह भी कथन था कि अधिकतर भारतीय पौराणिक एवं वैदिक सामग्री का उपयोग धर्म एवं अनुष्ठान के लिए किया गया था तथा ऐतिहासिक रूप से उनकी सत्यता संदिग्ध है।

श्री जोशी के मतों का खंडन प्रो. ब्रजवासी लाल ने पुरातत्त्व में छपे अपने एक लेख में[33] किया है। श्री लाल का कहना है कि श्री जोशी का प्रथम मत उनके तृतीय मत से मेल नहीं खाता। उनका कहना है कि प्रथम तो जोशी यह मानने को तैयार हीं नहीं होते एवं द्वितीय यह स्पष्ट नहीं है कि राम एवं आधुनिक अयोध्या का संबंध किस काल में एवं कैसे जोड़ा गया। प्रो. लाल का कहना है कि अयोध्या शब्द न केवल तैत्तिरीय आरण्यक में है, बल्कि इसका उल्लेख अथर्ववेद[34] में भी मिलता है। इसके विस्तृत अध्ययन से अयोध्या शब्द का प्रयोग अयोध्या नगरी से नहीं वरन् 'अजेय' से लिया जा सकता है। तैत्तिरीय आरण्यक में वर्णित अयोध्या नगरी का समीकरण उन्होंने मनुष्य शरीर से किया है तथा श्रीमद्‌भागव्‌दगीता[35] में आए उस श्लोक का जिक्र किया है जिसमें शरीर नामक नगर का वर्णन है। श्री लाल का कहना है कि तैत्तिरीय आरण्यक,[36] अथर्ववेद तथा श्रीमद्‌भागवद्‌गीता में शरीर के एक समान उल्लेख मिलते हैं। जिसमें कहा गया है कि देवताओं की इस स्वर्णिम नगरी के आठ चक्र (परिक्षेत्र) और नौ द्वार हैं, जो हमेशा प्रकाशमान रहता है। नगर के प्रकाशमान होने की व्याख्या मनुष्य के ध्यानमग्न होने के पश्चात् ज्ञान ज्योति के प्राप्त होने

की स्थिति से की गई है। आठ चक्रों (परिक्षेत्रों) का समीकरण आठ धमनियों के जाल–नीचे की मूलधारा से शुरु होकर ऊपर की सहस्र धारा तक–से की गई है। नवद्वारों का समीकरण शरीर के नवद्वारों–दो आँख, नाक के दो द्वार, दो कान, मुख, गुदा एवं शिश्न– से किया गया है।

प्रो. ब्रजवासी लाल[37] ने श्री मुनीशचंद्र जोशी[38] के शोधपत्र एवं संबंधित सामग्री का विस्तृत विवेचन करके अपने इस मत का पुष्टीकरण किया कि आधुनिक अयोध्या एवं रामायण में वर्णित अयोध्या एक ही है। यदि पुरातात्विक सामग्री एवं रामायण में वर्णित सामग्री में मेल नहीं खाता तो इसका अर्थ यह नहीं कि अयोध्या की पहचान गलत है या कि वह पौराणिक एवं काल्पनिक नगर था। वास्तव में दोनों सामग्रियों के मेल न खाने का मुख्य कारण रामायण के मूल में किया गया बार-बार परिवर्तन है।

## महाकाव्यों में अयोध्या

अयोध्या का उल्लेख महाकाव्यों में विस्तार से मिलता है। रामायण के अनुसार यह नगर सरयू नदी के तट पर बसा हुआ था तथा कोशल राज्य का सर्वप्रमुख नगर था।[39] इसे देखने से ऐसा प्रतीत होता था कि मानों मनु ने स्वयं अपने हाथों के द्वारा इसका निर्माण किया हो।[40] यह नगर 12 योजन लंबाई में और 3 योजन चौड़ाई में फैला हुआ था।[41] जिसकी पुष्टि बाल्मीकि रामायण में भी होती है।[42] एक परवर्ती जैन लेखक हेमचंद्र[43] ने नगर का क्षेत्रफल 12×9 योजन बतलाया है[44] जो कि निश्चित ही अतिरंजित वर्णन है। साक्ष्यों के अवलोकन से नगर के विस्तार के लिए कनिंघम[45] का मत सर्वाधिक महत्त्वपूर्ण लगता है। उनकी मान्यता है कि नगर की परिधि 12 कोस (24 मील) थी; जो वर्तमान नगर की परिधि के अनुरूप है।

धार्मिक महत्ता की दृष्टि से अयोध्या हिंदुओं और जैनियों का एक पवित्र तीर्थस्थल था। इसकी गणना भारत की सात मोक्षदायिका पुरियों में की गई है।[46] इस नगर में कंबोजीय अश्व एवं शक्तिशाली हाथी थे। रामायण के अनुसार यहाँ चातुर्वर्ण्य व्यवस्था थी–यथा–ब्राह्मण, क्षत्रिय, वैश्य एवं शूद्र। उन्हें अपने विशिष्ट धर्मों एवं दायित्वों का निर्वाह करना पड़ता था। रामायण में उल्लेख है कि कौशल्या को जब राम वन गमन का समाचार मिला तो वे मूर्च्छित होकर गिर पड़ीं। उस समय कौशल्या के समस्त अंगों में धूल लिपट गई थी, और श्रीराम ने अपने हाथों से उनके अंगों की धूल पोंछी।[47] इस प्रसंग के संदर्भ में एच. डी. सांकलिया[48] का विचार है कि कमरे की फर्श यदि पक्की रही होती तो ऐसा होना संभव नहीं था। अतः प्रकारांतर से यह निष्कर्ष निकाल सकते हैं कि अयोध्या के भवन मिट्टी के बने थे। इस तथ्य की पुरातात्विक प्रमाणों से भी पुष्टि होती है। प्राचीन स्थलों की खुदाई में कच्चे भवनों के अवशेष कई स्थानों पर मिलें हैं।

यह नगर बड़े-बड़े फाटकों और दरवाजों से सुशोभित था। यहाँ पर सब प्रकार के यन्त्र और अस्त्र-शस्त्र संचित थे। इसके पृथक्-पृथक् बाजार थे। इस पुरी में सभी कलाओं के शिल्पी निवास करते थे।[49] उसके चारों ओर गहरी खाईं खुदी थी। जिसमें प्रवेश करना या लाँघना अत्यंत कठिन था। यह नगरी दूसरों के लिए सर्वथा दुर्गम एवं दुर्जेय थी।[50] नगर के भीतर सुंदर लंबी तथा चौड़ी सड़कें थी जिन पर प्रतिदिन जल का छिड़काव होता था तथा फूल बिखेरे जाते थे।[51] प्रतिदिन जल का छिड़काव सूचित करता है कि तत्कालीन सड़कें कच्ची थीं। यह नगर व्यापार का एक व्यापारिक केंद्र भी था। व्यापार के निमित्त विभिन्न देशों से यहाँ पर वणिक आया करते थे।[52] यहाँ संपूर्ण प्रकार के शिल्पी रहते थे।[53] रामायण में अयोध्या की व्यापारिक समितियों को 'निगम' कहा गया है। इस ग्रंथ से विदित होता है कि महत्त्वपूर्ण अवसरों पर निगमों के प्रतिनिधि राजसभा में आमंत्रित किए जाते थे।[54] इस नगर में ऐसे-ऐसे वीर योद्धा थे जो शब्दवेधी वाण चला सकते थे जिनका निशाना अचूक होता था।[55] ये अपने बाहुबल से तीखे अस्त्रों से वनों में मस्त विचरण करने वाले सिंह, व्याघ्र और शूकरों को मार सकने में समर्थ थे।[56]

नगर में बस्ती बहुत ही सघन थी। यहाँ नागरिकों सहित दशरथ इस नगर में उसी प्रकार निवास करते थे, जिस प्रकार स्वर्गलोक में इन्द्र निवास करते हैं।[57] रामायण में यहाँ के नागरिकों के सामाजिक एवं धार्मिक जीवन का एक आदर्श चित्रण मिलता है। निम्न जातियों के लोग उच्च जातियों का सम्मान व आदर करते थे। वहाँ के क्षत्रिय ब्राह्मणों के अनुयायी थे और वैश्य क्षत्रियों के अनुयायी थे। शूद्र अपने कार्य और सेवा के प्रति सजग रहना अपना कर्तव्य समझते थे। वे तीनों वर्णों की सेवा करते थे।[58] वहाँ के ब्राह्मण जितेंद्रिय, अपने कर्मों में संलग्न, दानी-एवं स्वध्यावसायी थे।[59] वे धर्मशील, सुसंयत तथा महर्षियों के तुल्य पुण्यात्मा थे। महातेजस्वी दशरथ इन नागरिकों के बीच उसी प्रकार सुशोभित थे जिस प्रकार नक्षत्रों के बीच चंद्रमा सुशोभित होता है।[60]

अयोध्या के सूर्यवंशी राजाओं को इक्ष्वाकु इसलिए कहा जाता है क्योंकि ये मनु के वंशज हैं।[61] पुराणों में इन राजाओं की वंशावलियाँ मिलती हैं।[62]

महाभारत[63] में सोलह राजाओं का उल्लेख मिलता है जिनमें से कुछ अयोध्या से संबंधित थे। ये मांधातृ, सागर, भगीरथ, अंबरीष, दिलीप द्वितीय और राम दाशरथि थे। महाभारत में ही इक्ष्वाकु, ककुष्ठा, युवनाश्व, रघु और निमि का उल्लेख मिलता है।[64] युधिष्ठिर के राजसूय यज्ञ के समय अयोध्या में दीर्घयग्न शासन कर रहे थे।[65] इक्ष्वाकु, मनु वैवस्वत के नवें पुत्र थे, जिन्होंने अयोध्या में शासन किया।[66]

रामायण में उल्लिखित राजाओं की वंशावलि संदेह पैदा करती है। रामायण में राम के काल तक 35 राजाओं का उल्लेख है। जबकि पुराणों में 63 राजाओं का उल्लेख मिलता है।[67] पुराणों में दिलीप नामधारी दो राजाओं की चर्चा है जिसमें एक

भगीरथ के पितामह तथा दूसरे रघु के पिता या पितामह थे जबकि रामायण में एक ही दिलीप की चर्चा मिलती है, जो भगीरथ के पिता और रघु के पितामह थे।[68]

इक्ष्वाकु वंश में अयोध्या के सिंहासन के उत्तराधिकार का प्रश्न सामान्यतः ज्येष्ठाधिकार के नियम से निश्चित किया जाता था। अयोध्या के नरेश वशिष्ठ गोत्र से संबंधित थे। वशिष्ठ उनके वंशानुगत पुरोहित थे।[69] अयोध्या युवनाश्व एवं उनके पुत्र मांधातृ के काल में ख्याति को प्राप्त हो गया था।[70]कालांतर में अयोध्या के प्रभुत्व में ह्रास दृष्टिगत होता है। राजा जह्नु के राजत्व काल में कान्यकुब्ज के हैहयों ने अयोध्या पर विजय प्राप्त की। यह नगर पुनः अंबरीष नाभागि के शासन काल में प्रसिद्धि को प्राप्त कर सका।[71] दशरथ के शासन काल में हुए अश्वमेघ यज्ञ में पूर्वी तथा दक्षिणी देशों एवं सुदूर पंजाब प्रदेश के नरेश आमंत्रित थे। पार्जिटर का विचार है कि तत्कालीन समय में अयोध्या एवं वशिष्ठों का सुसंस्कृत ब्राह्मण क्षेत्र से कोई विशेष संबंध नहीं था।[72]

## बौद्ध साहित्य में अयोध्या

बौद्ध साहित्य में भी अयोध्या का उल्लेख मिलता है। गौतम बुद्ध का इस नगर से विशेष संबंध था। उल्लेखनीय है कि गौतम बुद्ध के अयोध्या से विशेष संबंध की ओर लक्ष्य करके मज्झिमनिकाय में उन्हें कोसलक (कोसल का निवासी) कहा गया है।[73] धर्म-प्रचारार्थ वे इस नगर में कई बार आ चुके थे। एक बार गौतम बुद्ध ने अपने अनुयायियों को मानव जीवन की निस्सरता तथा क्षण-भंगुरता पर व्याख्यान दिया था। अयोध्यावासी गौतम बुद्ध के बहुत बड़े प्रशंसक थे और उन्होंने उनके निवास के लिए वहाँ एक विहार का निर्माण करवाया था।[74] संयुक्तनिकाय में उल्लेख आया है कि बुद्ध ने यहाँ की यात्रा दो बार की थी। उन्होंने यहाँ फेण सूक्त[75] और दारुक्खंधसुक्त[76] का व्याख्यान दिया था। इस सूक्त में भगवान् बुद्ध को गंगा नदी के तट पर विहार करते हुए बताया गया है।[77] इसी निकाय की अट्ठकथा में कहा गया है कि यहाँ के निवासियों ने गंगा के तट पर एक विहार बनवाकर किसी प्रमुख भिक्षु संघ को दान कर दिया था।[78] इस प्रकार पालि त्रिपिटक और अट्ठकथा दोनों साक्ष्यों में बुद्धकालीन अयोध्या की स्थिति गंगा नदी के तट पर वर्णित है। संभव है पालि साहित्यकारों ने दोनों नदियों को पवित्रता के आधार पर एक समझकर प्रयोग किया हो और इसी आधार पर अंतर स्थापित करने में असफल रहे होंगे। उल्लेखनीय है कि ह्वेनसाँग ने भी गंगा नदी पार करके अयोध्या में प्रवेश किया था जबकि वर्तमान अयोध्या नदी गंगा के तट पर स्थित नहीं है।[79] अतः जब तक हम पालि विवरणों को गलत न मानें, बुद्धकालीन अयोध्या का वर्तमान अयोध्या से समीकरण संभव नहीं है। बहुत संभव है कि पालि त्रिपिटक में वर्णित अयोध्या गंगा नदी के किनारे स्थित इसी नाम का कोई अन्य नगर रहा हो।[80]

पालि ग्रंथों में अयोध्या के लिए 'अयोज्झा' तथा 'अयुज्झनगर' शब्द आते हैं। अयुज्झा (आयुज्झ नगर) में अरिंदक तथा उसके उत्तराधिकारियों ने शासन किया था।[81] इसे कोशल में स्थित एक नगर से समीकृत किया गया है। घट जातक[82] में अयोध्या के कालसेन नामक नरेश का उल्लेख आया है। इसके शासन-काल में अंधकवेण्हु के दस पुत्रों ने इस नगर को बहुत क्षति पहुँचाई थी। उन्होंने आक्रमण करके इसके उद्यानों एवं प्राकारों को क्षतिग्रस्त कर दिया था।[83]

परवर्ती बौद्ध ग्रंथों में अयोध्या का वर्णन एक धार्मिक केंद्र के रूप में मिलता है। धार्मिक क्षेत्र में इसकी महत्ता का कारण सरयू के तट पर इसकी स्थिति तथा इक्ष्वाकु शासकों विशेषकर राम के जीवन के साथ इसका संबंध था। इसी कारण अयोध्या को इक्ष्वाकुभूमि तथा रामपुरी भी कहते थे।[84]

## चीनी यात्रियों का यात्रा विवरण

चीनी यात्री फाह्यान ने अयोध्या को 'शा-चे' नाम से अभिहित किया है। उसके यात्रा विवरण में इस नगर का अत्यंत संक्षिप्त वर्णन मिलता है। फाह्यान के अनुसार यहाँ बौद्धों एवं ब्राह्मणों में सौहार्द नहीं था। उसने यहाँ उन स्थानों को देखा था जहाँ बुद्ध बैठते और टहलते थे। इस स्थान की स्मृतिस्वरूप यहाँ एक स्तूप बना हुआ था।[85]

ह्वेनसाँग नवदेवकुल नगर से दक्षिण-पूर्व 600 ली यात्रा करके और गंगा नदी पार करके अयुधा (अयोध्या) पहुँचा था। यह संपूर्ण क्षेत्र 5000 ली तथा इसकी राजधानी 20 ली में फैला हुआ था।[86] यह असंग एवं बसुबंधु का अस्थायी निवास स्थान था। यहाँ फसलें अच्छी होती थीं और यह सदैव प्रचुर हरीतिमा से आच्छादित रहता था। इसमें वैभवशाली फलों के बाग थे तथा यहाँ की जलवायु स्वास्थ्यवर्द्धक थी। यहाँ के निवासी शिष्ट आचरण वाले, क्रियाशील एवं व्यावहारिक ज्ञान के उपासक थे। इस नगर में 100 से अधिक बौद्ध विहार और 3000 से अधिक भिक्षु थे, जो महायान और हीनयान मतों के अनुयायी थे। यहाँ 10 देव मंदिर थे जिनमें अबौद्धों की संख्या अपेक्षाकृत कम थी।

ह्वेनसाँग के अनुसार राजधानी में एक प्राचीन संघाराम था। यह वह स्थान है जहाँ देशबंधु[87] ने कठिन परिश्रम से विविध शास्त्रों की रचना की थी। इन भग्नावशेषों में एक महाकक्ष था जहाँ पर बसुबंधु विदेशों से आने वाले राजकुमारों एवं भिक्षुओं को बौद्धधर्म का उपदेश देते थे।

ह्वेनसाँग लिखते है कि नगर के उत्तर 40 ली दूरी पर गंगा के किनारे एक बड़ा संघाराम था, जिसके भीतर अशोक द्वारा निर्मित एक 200 फुट ऊँचा स्तूप था। यह वही स्थान था जहाँ पर तथागत ने देव समाज के उपकार के लिए तीन मास तक धर्म के उत्तमोत्तम सिद्धांतों का विवेचन किया था। इस विहार से 4-5 ली पश्चिम

में बुद्ध के अस्थियुक्त एक स्तूप था। जिसके उत्तर में उस प्राचीन विहार के अवशेष थे जहाँ सौतान्त्रिक संप्रदाय संबंधी विभाषा शास्त्र की रचना की गई थी।

ह्वेनसाँग के अनुसार नगर के दक्षिण-पश्चिम 5-6 ली की दूरी पर एक आम्रवाटिका में एक प्राचीन संघाराम था। यह वह स्थान था जहाँ असङ्ग[88] बोधिसत्व ने विधाध्ययन किया था।

आम्रवाटिका से पश्चिमोत्तर दिशा में लगभग 100 कदम की दूरी पर एक स्तूप था जिसमें तथागत के नख और बाल रखे हुए थे। इसके निकट ही कुछ प्राचीन दीवारों की बुनियादें थीं। यह वही स्थान है जहाँ पर वसुबंधु बोधिसत्व तुषित[89] स्वर्ग से उतरकर असङ्ग बोधिसत्व से मिले थे।[90]

## अयोध्या का पुरातात्विक उत्खनन

अयोध्या के सीमित क्षेत्रों में पुरातत्ववेत्ताओं ने उत्खनन कार्य किए। इस क्षेत्र का सर्वप्रथम उत्खनन प्रोफेसर अवध किशोर नारायण के नेतृत्व में काशी हिन्दू विश्वविद्यालय के एक दल ने 1969-70 में किया। यह उत्खनन मुख्यतः जैन घाट के समीप के क्षेत्र, लक्ष्मण टेकरी एव नल टीले के समीपवर्ती क्षेत्रों में हुआ।[91] उत्खनन से प्राप्त सामग्री को तीन कालों में विभक्त किया गया है—

**प्रथम काल :** उत्खनन में प्रथम काल के उत्तरी काले चमकीले मृण्भांड परंपरा (एन. बी. पी, बेयर) के भूरे पात्र एवं लाल रंग के मृण्भांड मिले हैं। इस काल की अन्य वस्तुओं में मिट्टी के कटोरे, गोलियाँ, खिलौना, गाड़ी के चक्र, हड्डी के उपकरण, ताँबे के मनके, स्फटिक, शीशा आदि के मनके एवं मृण्मूर्तियाँ आदि मुख्य हैं। जमाव के ऊपरी स्तर से 6 मानव आकृति की मृण्मूर्तियाँ मिली हैं। परवर्ती स्तरों से अयोध्या के दो जनपदीय सिक्के भी प्राप्त हुए हैं। इसके अतिरिक्त कुछ लोहे की वस्तुएँ भी मिली हैं। सीमित क्षेत्र में उत्खनन होने के कारण कोई भी संरचनात्मक अवशेष नहीं मिल सके।

**द्वितीय काल :** इस काल के मृण्भांड मुख्यतः ईसा के प्रथम शताब्दी के हैं। उत्खनन से प्राप्त मुख्य वस्तुओं में मकरमुख़ाकृति टोटी, दावात के ढक्कन की आकृति के मृत्पात्र, चिपटे लाल रंग के आधारयुक्त् लंबवत धारदार कटोरे, स्टैंप और मृत्पात्र खंड आदि हैं। अन्य प्रमुख वस्तुओं में हड्डी का एक कंघा, पक्की मिट्टी के लोढ़े, गोमेद के मनके और मिट्टी की मानव और पशु आकृतियाँ भी हैं। इस काल की सबसे महत्त्वपूर्ण उपलब्धि एक आयताकार पक्की ईंटों (35×25×5 से. मी.) की संरचना तथा एक मृतिकावलय कूप (रिंगवेल) है। इस संरचना की आंतरिक माप पूर्व से पश्चिम 88 से. मी. है।

**तृतीय काल :** इस काल का आरंभ एक लंबी अवधि के बाद मिलता है। उत्खनन से प्राप्त मध्यकालीन चमकीले मृत्पात्र अपने सभी प्रकारों में मिलते हैं। इसके

# फलक-8

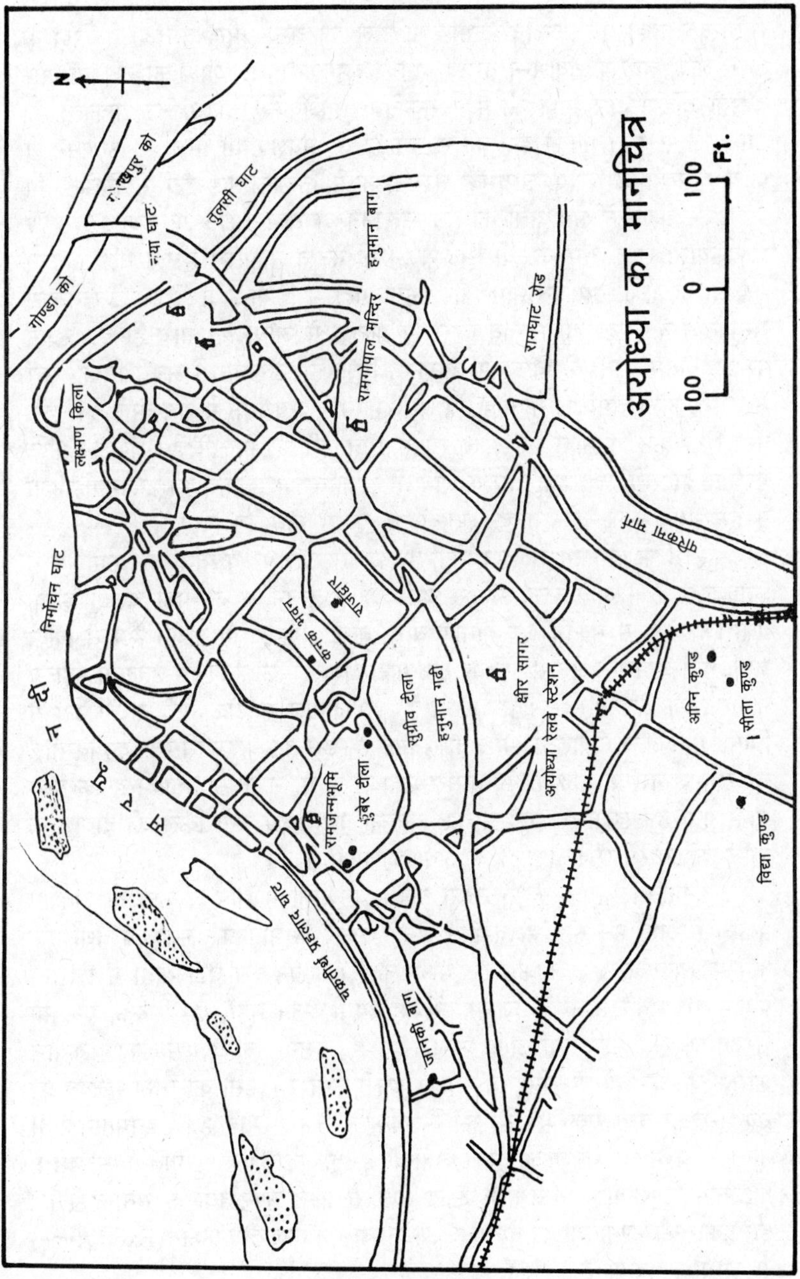


अयोध्या का मानचित्र

अतिरिक्त काही एव प्रोक्लेन मृण्भांड भी मिले हैं। अन्य प्रमुख वस्तुओं में मिट्टी के डैबर, लोढ़े, लोहे की विभिन्न वस्तुएँ, मनके, बहुमूल्य पत्थर, शीशे की एकरंगी और बहुरंगी चूड़ियाँ और मिट्टी की पशु आकृतियाँ (विशेषकर चिड़ियों की आकृति) हैं। इस काल से सात पक्की ईंटों की संरचनाओं के अवशेष भी मिले हैं। उत्खनन से प्राप्त ये सभी संरचनाएँ, प्रारंभिक संरचनाओं से निकाली गई ईंटों से निर्मित हैं।

अयोध्या के कुछ क्षेत्रों का पुनः उत्खनन दो सत्रों 1975-76 तथा 1976-77 में ब्रजवासी लाल और के. वी. सुंदरराजन् के नेतृत्व में प्रारंभ हुआ। यह उत्खनन मुख्यतः दो क्षेत्रों—रामजन्मभूमि और हनुमानगढ़ी में किया गया।[92] इस उत्खनन से संस्कृतियों का एक विश्वसनीय कालक्रम प्रकाश में आया है। साथ ही इस स्थान पर प्राचीनतम बस्ती के विषय में जानकारी मिली है। उत्खनन में सबसे निचले स्तर से उत्तरी काली चमकीले मृण्भांड एवं धूसर मृण्भांड परंपरा के मृत्पात्र मिले हैं। धूसर परंपरा के कुछ मृण्भांडों पर काले रंग में चित्रकारी भी मिलती है। यहाँ से प्राप्त मृण्भांड श्रावस्ती, पिपरहवा और कौशांबी से समानता ग्रहण किए हैं। उत्खननकर्ताओं ने इस प्रथम काल को सातवीं शताब्दी ई. पू. में निर्धारित किया है।

स्तरों के अनुक्रम से ज्ञात होता है कि इस टीले पर बस्तियों का क्रम तीसरी शताब्दी ई. तक अविच्छिन्न रूप से जारी था। उत्खनन से यह पता चलता है कि प्रारंभिक चरण में मकानों का निर्माण बाँस, बल्ली, मिट्टी तथा कच्ची ईंटों से किया जाता था। जन्मभूमि क्षेत्र से ईंटों की एक मोटी दीवाल मिली है। जिसे उत्खाता महोदय ने किले की दीवाल से समीकृत किया है। इस दीवाल के ठीक नीचे कच्ची ईंटों से निर्मित एक अन्य दीवाल के भी अवशेष मिले हैं। इस तल के ऊपरी स्तर का विस्तार, जो रक्षा प्राचीरों के बाद का है, तीसरी शताब्दी ई. पू. से प्रथम शताब्दी ई. के मध्य माना गया है। खुदाई में यहाँ से कुछ मृतिका वलय कूप तथा किले की दीवाल के बाहर की ओर परिखा (खाई) के अवशेष भी मिले हैं।

हनुमानगढ़ी क्षेत्र से भी उत्तरी काली चमकीली मृण्भांड संस्कृति के अवशेष प्रकाश में आए हैं। साथ ही यहाँ से अनेक प्रकार के मृतिका वलय कूप तथा एक कुएँ में प्रयुक्त कुछ शंक्वाकार ईंटें भी मिली हैं। उत्खनन से बड़ी मात्रा में विभिन्न प्रकार की वस्तुएँ मिली हैं, जिनमें मुख्यतः आधा दर्जन मुहरें, 70 सिक्के, एक सौ से अधिक लघु मृण्मूर्तियाँ आदि उल्लेखनीय हैं। इसमें सर्वाधिक महत्त्वपूर्ण कुषाण शासक वासुदेव की एक मिट्टी की मुहर (दूसरी शती ई.), इसी काल का मूलदेव का एक सिक्का तथा एक भूरे रंग की केश-विहीन जैन मृण्मूर्ति है।[93] हनुमानगढ़ी से प्राप्त अन्य मृण्मूर्तियाँ पहली-दूसरी शताब्दी ई. पू. की हैं। ये मृण्मूर्तियाँ अहिच्छत्र, कौशांबी, पिपरहवा और वैशाली आदि क्षेत्रों से प्राप्त मृण्मूर्तियों के समान ही हैं। इस प्रकार की मृण्मूर्तियों को वासुदेवशरण अग्रवाल ने विजातीय प्रकार (Exotic type) से अभिहित किया है।[94]

सबसे महत्वपूर्ण उपलब्धि आद्य ऐतिहासिक काल के रोलेटेड मृण्भांडों की प्राप्ति है। ये मृण्भांड प्रथम-द्वितीय शताब्दी ई. के हैं। इस प्रकार के मृण्भांडों की प्राप्ति से यह सिद्ध होता है कि तत्कालीन अयोध्या में वाणिज्य और व्यापार बड़े पैमाने पर होता था। यह व्यापार सरयू नदी के जलमार्ग द्वारा गंगा नदी से संबद्ध था। यह व्यापार मुख्यतः छपरा और पूर्वी भारत के ताम्रलिप्ति से होता था। अभी भी सरयू और गंगा नदी में बड़ी नावों से पूर्वी भारत से व्यापार होता है। रोलेटेड मृण्भांडों की प्राप्ति आंतरिक व्यापार का महत्त्वपूर्ण उदाहरण है। उल्लेखनीय है प्रायद्वीपीय भारत में इस प्रकार के मृण्भांड कभी-कभी पृष्ठ प्रदेशों (जैसे—ब्रह्मगिरि और सेगमेडु) में भी मिलते हैं।

आद्य ऐतिहासिक काल के पश्चात् यहाँ के मलबों और गड्ढों से प्राप्त वस्तुओं के आधार पर व्यावसायिक क्रम में अवरोध दृष्टिगत होता है। संभवतः यह क्षेत्र पुनः 11वीं शताब्दी में अधिवासित हुआ। यहाँ से उत्खनन में कुछ परवर्ती मध्यकालीन ईंटें, कंकड़, एवं चूने की फर्श आदि भी मिले हैं।

अयोध्या से 16 कि. मी. दक्षिण में तमसा नदी के किनारे स्थित नंदिग्राम में भी श्री ब्रजवासी लाल के नेतृत्व में उत्खनन कार्य किया गया। उल्लेख्य है कि राम के वनगमन के पश्चात् भरत ने यहीं पर निवास करते हुए अयोध्या का शासन कार्य संचालित किया था। यहाँ के सीमित उत्खनन से प्राप्त वस्तुएँ अयोध्या की वस्तुओं के समकालीन हैं।

अयोध्या तथा अन्य स्थानों के उत्खनन के आधार पर इसका काल 7वीं शताब्दी ई. पू. निर्धारित किया गया है।

श्री ब्रजवासी लाल के नेतृत्व में यह उत्खनन-कार्य 1979-80 में पुनः प्रारंभ हुआ।[95] इस उत्खनन के प्रारंभिक चरणों से अच्छी तरह पकाए गए एवं चमकदार उत्तरी काली चमकीले मृण्भांड (एन. बी. पी. वेयर) मिले हैं। इस मृण्भांड संस्कृति के काल में निर्मित मकानों में मुख्यतः कच्ची ईंटों का प्रयोग मिलता है। मकानों में मृत्तिका वलय कूपों का प्रावधान था। इस संस्कृति के पश्चात् यह स्थान शुंग, कुषाण, और गुप्त एवं मध्य कालों में आबाद रहा। उत्खनन में कच्ची ईंटों से निर्मित एक शुंग-कालीन दीवाल भी मिली है। इसके अतिरिक्त गुप्तकालीन भवन का एक भाग तथा कुछ तत्कालीन मृण्भांड भी मिले हैं जो शृंगवेरपुर और भारद्वाज आश्रम के मृणभांडों के समतुल्य हैं।

1981-82 ई. में सीमित क्षेत्र में उत्खनन किया गया। यह उत्खनन मुख्यतः हनुमानगढ़ी और लक्ष्मणघाट क्षेत्रों में हुआ। इसमें 700-800 ई. पू. के कलात्मक पात्र मिलें हैं। श्री लाल के उत्खनन से प्रमाणित होता है कि यह बौद्ध काल में अयोध्या का महत्त्वपूर्ण स्थान था। महात्मा बुद्ध की प्रमुख शिष्या विशाषा ने यहीं पर दीक्षा ग्रहण की थी, जिसकी स्मृतिस्वरूप विशाखा ने अयोध्या में मणि पर्वत के समीप एक

बौद्ध मठ की स्थापना की थी। संभव है कि कालांतर में समय-समय पर सरयू नदी के धारा परिवर्तन के कारण प्राचीन अयोध्या नगरी का कुछ क्षेत्र नदी द्वारा नष्ट कर दिया गया हो।

भारतीय पुरातत्त्व सर्वेक्षण विभाग, भारत सरकार, नई दिल्ली द्वारा बुद्ध रश्मि मणि और हरि माँझी के नेतृत्व में 2002-2003 ईसवी में रामजन्म भूमि क्षेत्र में उत्खनन कार्य किया गया। यह उतखनन कार्य सर्वोच्च न्यायालय के निर्देश पर संचालित हुआ। उत्खनन से पूर्व उत्तरी कृष्ण परिमार्जित (Pre NBP Culture) संस्कृति से लेकर परवर्ती मुगलकालीन संस्कृति तक के अवशेष प्रकार में आए। प्रथम काल के अवशेषों एवं रेडियो कार्बन तिथियों से यह निश्चित हो जाता हे कि मानव सभ्यता की कहानी अयोध्या में 1300 ईसा पूर्व से प्रारम्भ होती है।[96]

उत्खनन में उपलब्ध प्रथम काल की सामग्री एक सीमित क्षेत्र से ही प्राप्त हैं। संरचनात्मक क्रियाकलापों से परे प्रथम काल की संस्कृति इस क्षेत्र के अन्य उत्खनित पुरास्थलों शृंगवेरपुर, हुलासखेड़ा, सोहगौरा, नरहन और राजघाट के समान है। बीरबल साहनी पुरावानैस्पतिक संस्थान, लखनऊ से प्राप्त अयोध्या के प्रथम काल की कार्बन तिथियाँ निम्नलिखित हैं[97]—

| **नमूना संख्या** | **नमूनों की तिथि कार्बन-4 के अर्द्धजीवन पर आधारित (5570 ± 30 वर्ष)** | **पुर्नगणना वर्षा में (Calibrated Age)** |
|---|---|---|
| संख्या-7, अयोध्या-1, 2152 जी-7 (16) 9.15 मी. | 2830 ± 100 बी. पी. (880 ई. पू.) | 1190-840 ई. पू. |
| संख्या-8, अयोध्या-1, 2153 जी-7 (19) 11.00 मी. | 2860 ± 100 बी. पी. (910 ई. पू.) | 1210-900 ई. पू. |
| संख्या-9, अयोध्या-1, 2154 जी-7 (20) 11.53 मी. | 3200 ± 130 बी. पी. (1250 ई. पू.) | 1680-1320 ई. पू. |

इस नवीन पुरातात्विक साक्ष्य एवं अन्य स्थलों के तुलनात्मक अध्ययन से यह स्पष्ट होता है कि यहाँ से प्राप्त पूर्व उत्तरी कृष्ण परिमार्जित संस्कृति ;च्तम छठच बनसजनतमद्ध के साक्ष्य भारतीयों के आस्था एवं विश्वास को पुष्ट करते हैं। इस प्रमाण से हमें रामकथा और अयोध्या की प्राचीनता को कृष्ण, महाभारत और हस्तिनापुर के पूर्व के होने का सबल आधार मिलता है।

## संदर्भ

1. विशुद्धानंद पाठक, हिस्ट्री ऑफ् कोशल, (मोतीलाल बनारसीदास, वाराणसी, प्रथम संस्करण, 1963),

पृ. 49

2. एस. सी. डे, हिस्टारिसिटी ऑफ् रामायण एंड दि इंडो आर्यन सोसायटी इन इंडिया एंड सीलोन (दिल्ली, अजंता पब्लिकेशंस, पुनर्मुद्रित, 1976), पृ. 80-81
3. ऐतरेय ब्राह्मण, 7/3/1; देखें, ज.रा. ए. सो., 1971, पृ. 52, (पादटिप्पणी)
4. नंदूलाल डे, दि जियोग्रफिकल डिक्शनरी ऑफ, ऐंश्येंट एंड मिडिवल इंडिया, पृ. 14
5. जेम्स लेग्गे, दि ट्रैवेल्स ऑफ् फाह्यान् ओरियंटल पब्लिशर्स, दिल्ली, पुनर्मुद्रित 1972), पृ. 54
6. जी. पी. मललसेकर, डिक्शनरी ऑफ् पालि प्रापर नेम्स, भाग 2, पृ. 1086
7. नलिनाक्ष दत्त एवं कृष्णदत्त बाजपेयी, उत्तर प्रदेश में बौद्ध धर्म का विकास (प्रकाशन ब्यूरो, उत्तर प्रदेश सरकार, लखनऊ, प्रथम संस्करण, 1956) पृ. 7 एवं 12
8. थेरगाथा अट्ठकथा, भाग 1, पृ. 103
9. विविधतीर्थकल्प, पृ. 24
10. आवस्सक कमेंट्री, पृ. 24
11. विमल चरण लाहा, इंडोलाजिकल स्टडीज, भाग 3, पृ. 7
12. स्कंदपुराण, अध्याय 1, पृ. 64-65
13. अध्याय 9, पृ. 8, 19
14. नन्दूलाल डे, दि ज्योग्राफिकल डिक्शनरी ऑफ् ऐंश्येंट एंड मिडिवल इंडिया, पृ. 14
15. अध्याय 5, श्लोक 31
16. आदिपुराण 12, पृ. 77; विविधतीर्थकल्प, पृ. 55;
देखें, विशुद्धानंद पाठक, हिस्ट्री ऑफ् कोशल (मोतीलाल बनारसीदास, वाराणसी 1963 ई.) पृ. 55
17. ऐलक्जेंडर कनिंघम, ऐंश्येंट ज्योग्राफी ऑफ् इंडिया (इंडोलाजिकल बुक हाउस, वाराणसी, 1976), पृ. 405
18. नंदूलाल डे, दि जियोग्राफिकल डिक्शनरी ऑफ् ऐंश्येंट एंड मिडिवल इंडिया, पृ. 174
19. फर्गुसन, आर्कियोलाजी इन इंडिया, पृ. 110
20. बी. ए. स्मिथ, ज. रा. ए. सो., 1898, पृ. 124
21. विलियम होवी, ज. ऐ. सो. ब., 1900, पृ. 75
22. डब्ल्यू, वोस्ट, ज. रा. ए. सो., 1906, पृ. 437 और आगे।
23. भरतसिंह उपाध्याय, बुद्धकालीन भारतीय भूगोल, (हिंदी साहित्य सम्मेलन, प्रयाग, 2018), पृ. 254
24. रीज डेविड्स, बुद्धिस्ट इंडिया, पृ. 39
25. हेमचंद्र राय चौधरी, प्राचीन भारत का राजनैतिक इतिहास, (किताब महल, इलाहाबाद, 1976 ई.), पृ.91
26. विशुद्धानंद पाठक, हिस्ट्री ऑफ् कोशल, मोतीलाल बनारसीदास, वाराणसी, प्रथम संस्करण, 1963), पृ. 58
27. ई. जे. थामस, दि लाइफ ऑफ् बुद्ध ऐज लीजेंड इन हिस्ट्री, (स्टलेज एंड केगन पाल लिमिटेड, लन्दन, तृतीय संस्करण, पुनर्मुद्रित, 1952), पृ. 15
28. ब्रजवासी लाल, आर्कियोलाजी एंड टू इंडियन इपिक्स, एनल्स ऑफ् दि भंडारकर ओरियंटल रिसर्च इंस्टीट्यूट, जिल्द 54, 1973 ई.
29. हंसमुख धीरजलाल साँकलिया, रामायण मिथ आर रियलिटी, नई दिल्ली, 1973 ई.
30. हेमचन्द्र राय चौधरी, प्राचीन भारत का राजनैतिक इतिहास, पृ. 7

31. मुनीशचन्द्र जोशी, आर्कियोलाजी एंड इंडियन ट्रेडिशंस, सम आब्जर्वेशन्स्, पुरातत्त्व, जिल्द 8, 1978 ई., पृ. 89-102

32. तैत्तिरीय आरण्यक 1/27

अष्टाचक्र नवद्वारा देवानं पुरयोध्यां
तस्याम् हिरन्यकोशाह स्वर्गलोको जयोतिषावृतः
यो वयताम् ब्रह्ममनो वेद अमृतेनावृतमपुरीम्
तस्मै ब्रह्मा च आयुः कीर्तिम् प्रजाम् यदुह
विभ्राजमानाम् हरिणीम् यशशा संपरीवृत्ताम्
पुरम् हिरण्यमयोम् ब्रह्मा विवेशापराजिताम्।

33. ब्रजवासी लाल, वाज अयोध्या ए मिथिकल सिटी?, पुरातत्व, जिल्द 10, पृ. 47

34. अथर्ववेद, 10/2/28-33

35. श्रीमद्भागवद्गीता, 5/13

36. पूर्वउल्लिखित, 1/27

37. पूर्वउल्लिखित, पुरातत्व, जिल्द 10, पृ. 47

38. पूर्वउल्लिखित, पुरातत्व, जिल्द 8, पृ. 98-102

39. कोसलो नाम मुद्रितः स्फीतो जनपदो महान्।
निविष्टः सरयूतीरे प्रभूत धनधान्यवान।।

रामायण, बालकांड, सर्ग 5, पंक्ति 5

40. 'मनुना मानवेंद्रेण या पुरी निर्मिता स्वयम्'। तत्रैव, पंक्ति 12

41. विनोदविहारी दत्त, टाउन प्लानिंग इन ऐंश्येंट इंडिया (कलकत्ता, थैंकर स्पिंक एंड कं., 1925), पृ. 321-322; देखें विविध तीर्थकल्प, अध्याय 34)

42. आयता दश च द्वे योजनानि महापुरो।
श्रीमती त्रीण विस्तीर्णा सुविभक्तमहापथा।।

रामायण, बालकांड, सर्ग 5, पंक्ति 7

43. यह चालुक्य राजा जयसिंह सिद्धराज और उसके उत्तराधिकारियों का दरबारी कवि था।

44. द्वादशयोजनायामां नवयोजन विस्तृताम्।
अयोध्येल्यपराभिख्यां विनीतां सोऽकरोत्पुरीम्।।

त्रिशस्तिसलाकापुरुशचरित, पर्व1, अध्याय-2, श्लोक 912

45. ए. कनिंघम, ऐंश्येंट ज्योग्राफी आफ् इंडिया (इंडोलाजिकल बुक हाउस, 1963), पृ. 342

46. ये सात पुरियाँ निम्नलिखित थीं–
अयोध्या माया मथुरा काशी काँची अवंतिका।
पुरी द्वारावती चैव सप्तेते मोक्षदायिका।।

47. उपावृथ्योत्थितां दीनां वांडवामिव वाहिताम्।
पांसु गुंठित सर्वाङ्गगीविमवर्श च पाणिना।

रामायण, अयोध्याकांड, सर्ग 20, पंक्ति 34

48. हंसमुख धीरजलाल साँकलिया, अयोध्या मिथ आर रियलिटी (पीपुल्स पब्लिशिंग हाउस नई दिल्ली, 1973 ई.) पृ. 46

49. कपाट तोरणवर्ती सुविभक्तांतरायणाम्।
सर्वयंत्रायुधवती मुषितां सर्वशिल्पिभिः।।

रामायण, बालकांड, सर्ग 5, पंक्ति 12

50. दुर्गमभीपरिखाँ दुर्गमन्यैर्दुरा सदाम्।
वाजिवाराण संपूर्ण गोभिरूष्टैः खरैस्तथा।।

रामायण, बालकांड, सर्ग 5, पंक्ति 13

51. राजमार्गेण महता सुविभक्तेन शोभिता।
मुक्तपुष्पावकीर्णेन जलसिक्तेन नित्यशः।।

रामायण, बालकांड, सर्ग 5, पंक्ति 8

52. नानादेशनिवासैश्च वाणीभिरुपशोभिताम्।।

तत्रैव, बालकांड, सर्ग 5, पंक्ति 14

53. सर्वयंत्रयुधवतीमुषितां सर्वाशिल्पभिः।।

तत्रैव, बालकांड, सर्ग 5, पंक्ति 30

54. पौरजानपदश्रेष्ठा नैगमाश्च गणैः सह ।।

तत्रैव, अयोध्याकांड, अध्याय 14, 80

55. ये च वाणेन विध्यंति विविक्तपरापरम्।
शब्दवेध्यां च विततं लघुहस्ता विशाखाः।।

तत्रैव, बालकांड, सर्ग 5 पंक्ति 20

56. हिंसव्याघ्रवराहणं मत्तानां नदतां बने।
हत्तारो निशितैः शस्तैर्वलाद्वाहुबलैरपि।।

तत्रैव, बालकांड, सर्ग 5, पंक्ति 22

58. क्षत्र ब्रह्ममुखं चासीद्वैश्याः क्षत्रमनुव्रता।
शुद्राः स्वकर्मनिरतास्त्रीचर्णानुपचारिणः।।

तत्रैव, बालकांड, सर्ग 6, पंक्ति 22

59. स्वकर्मनिरता नित्यं ब्राह्मणा विजितेंद्रियाः।
दानाध्ययनशीलाश्च संयताश्च प्रतिग्रहे।।

तत्रै, बालकांड, सर्ग 6, पंक्ति 13

60. ता पुरीं स महातेजा राजा दशरथो महान।
शशास शमितामित्रों नक्षत्राणीव चंद्रमा।।

तत्रैव, बालकांड, सर्ग 6, पंक्ति 27

61. विष्णुपुराण (विल्सन संस्करण), भाग 3, पृ. 259
62. एफ, ई. पार्जिटर, ऐंश्येंट इंडियन् हिस्टारिकल ट्रेडिशन (मोतीलाल बनारसीदास, दिल्ली, 1962), पृ. 90
63. महाभारत, 4/55/2170
64. तत्रैव, 13/227-34
65. तत्रैव, 241-42
66. वायुपुराण, 85, 3-4
67. पार्जिटर, ऐंश्येंट इंडियन हिस्टारिकल ट्रेडिशन, पृ. 91
68. विमलचरण लाहा, इंडोलाजिकल स्टडीज, भाग 2 (इलाहाबाद, 1954), पृ. 19
69. विष्णुपुराण, भाग 4, पृ. 3, 18; पद्मपुराण भाग 6, पृ. 219, 44
70. महाभारत, 3, पृ. 126
71. ब्रह्मपुराण, 78, 55-57; पद्मपुराण, 5/22/7-18
72. एफ. ई. पार्जिटर, ऐंश्येंट इंडियन हिस्टारिकल ट्रेडिशन, (मोतीलाल बनारसीदासी, दिल्ली, 1962)

पृ. 314
73. मज्झिम निकाय, भाग 2, पृ. 124
74. मललसेकर, डिक्शनरी ऑफ् पालि प्रापर नेम्स, भाग 1, पृ. 165
75. संयुक्तनिकाय (पालि टेक्ट्स सोसाइटी), भाग 3, पृ. 140 और आगे।
76. तत्रैव, भाग 4, पृ. 179 और आगे;
विनयेंद्रनाथ चौधरी, बुद्धिस्ट सेंटर्स इन ऐंश्येंट इंडिया, पृ. 81
77. संयुक्तनिकाय (हिंदी अनुवाद), भाग, 1 पृ. 382
78. सारत्थप्पकासिनी, भाग 2, पृ. 320;
भरत सिंह उपाध्याय, बुद्धकालीन भारतीय भूगोल, पृ. 252
79. वाटर्स, ऑन युवॉन् च्वाँग्स ट्रैवेल्स इन इंडिया, भाग 1, पृ. 354
80. विनयेंद्रनाथ चौधरी, बुद्धिस्ट सेंटर्स इन ऐंश्येंट इंडिया (कलकत्ता, 1969) पृ. 81
81. दीपवंस, भाग 2, पृ. 15; वमसत्थप्पकासिनी (पालि टेक्ट्स सोसायटी), भाग1, पृ. 127; विमलचरण लाहा, इंडोलाकिल स्टडीज, भाग 3, पृ. 23
82. घट जातक, संख्या 454
83. जातक (फाउसबाल संस्करण), खंड 4, पृ. 82-83
84. विविधतीर्थकल्प, पृ. 24; विमलचरण लाहा, इंडोलाजिकल स्टडीज, भाग 2 पृ. 7
85. जेम्स लेग्गे, दि ट्रैवेल्स् ऑफ् फाह्यान, (ओरियंट्ल पब्लिशर्स, नई दिल्ली, द्वितीय संस्करण, 1972), पृ. 54-55
86. थामस वाटर्स, ऑन् युवॉन् च्वाँग्स ट्रैवेल्स् इन् इंडिया, भाग 1, पृ. 355
87. बसुबंधु का अध्यापन एवं परिश्रम आदि अयोध्या में ही हुआ था।
88. असंग बोधिसत्व का छोटा भाई बसुबंधु बोधिसत्व था।
89. प्राचीन काल में बौद्धों की यह इच्छा रहती थी कि वे लोग मृत्यु के पश्चात् तुषित स्वर्ग में मैत्रेय के निकट निवास करें।
90. थामस वाट्र्स, ऑन् युवॉन् च्वाँग्स ट्रैवेल्स् इन इंडिया, भाग 1, पृ. 357
91. इ.आ.रि., 1959-70, पृ. 40-41
92. इ. आ. रि. 1976-77, पृ. 52
93. यह जैन मृण्मूर्ति चौथी शताब्दी ई. पू. की है जो प्राचीनता की दृष्टि से भारत वर्ष में जैनमूर्तियों में प्रथम रचना है।
94. इ. आ. रि., 1976-77, पृ. 53
95. इ. आ.रि., 1979-80, पृ. 76-77
96. हरि माँझी और बी. आर. मणि, अयोध्या 2002-2003, एक्सकैवेशन्स ऐट दी ''डिस्प्यूटेड साइट'', भारतीय पुरातत्व सर्वेक्षण विभाग, नई दिल्ली, 2003 (छाया प्रति)।
97. के. एन. दीक्षित, रामायण, महाभारत एण्ड आर्कियोलाजी, **पुरातत्व**, अंक-33, 2002-2003, पृ. 114-118.

# 7.

# मथुरा

मथुरा प्राचीन भारत के एक नगर एवं शूरसेन जनपद की राजधानी के रूप में विख्यात था। इस नगरी की आधुनिक स्थिति यमुना नदी के उत्तरी किनारे पर 27° 31' उत्तरी अक्षांश और 77° 14' पूर्वी देशांतर के मध्य है। यह आगरा और दिल्ली से क्रमशः 58 कि. मी. उत्तर-पश्चिम एवं 145 कि. मी. दक्षिण-पश्चिम में स्थित है। प्राचीन नगरों कौशांबी एवं संकिसा से इसकी दूरी क्रमशः 270 कि. मी. एवं 4 योजन थी।[1] मथुरा तथा उसके आसपास का प्रदेश प्राचीन काल में शूरसेन जनपद के नाम से प्रसिद्ध था। यह नगर उसकी राजधानी था। इस जनपद का नाम संभवतः राम के अनुज शत्रुघ्न के पुत्र शूरसेन के नाम के आधार पर पड़ा था। पुराणों में उल्लेख है कि शत्रुघ्न ने राजा लवण का वध करके मथुरा नामक पुरी को बसाया था।[2] प्राचीन ग्रंथों—हिंदू, बौद्ध, जैन एवं यूनानी साहित्य में इस जनपद का शूरसेन नाम अनेकशः मिलता है। प्राचीन ग्रंथों में मथुरा का मेथोरा,[3] मदुरा,[4] मत-औ-लौ,[5] मो-तु-लो[6] तथा सौरीपुर[7] (सौर्यपुर) नामों का भी उल्लेख मिलता है। इन उद्धरणों से ऐसा प्रतीत होता है कि शूरसेन जनपद की संज्ञा ईसवी सन् के आरंभ तक जारी रही[8] और शक-कुषाणों के प्रभुत्व के साथ ही इस जनपद की संज्ञा राजधानी के नाम पर 'मथुरा' हो गई। इस परिवर्तन का मुख्य कारण शक-कुषाणकालीन समय में यह नगर इतनी प्रसिद्धि को प्राप्त हो चुका था कि लोग जनपद के नाम को भी मथुरा नाम से पुकारने लगे और कालांतर में जनपद का शूरसेन नाम जनसाधारण के स्मृत्ति पटल से विस्मृत हो गया। प्राचीन शूरसेन जनपद का विस्तार दक्षिण में चंबल नदी से लेकर उत्तर में वर्तमान मथुरा नगर से 75 कि. मी. उत्तर में स्थिति कुरु राज्य की सीमा तक था। उसकी सीमा पश्चिम में मत्स्य और पूर्व में पांचाल जनपद से मिलती थी।

मथुरा नगर को महाकाव्यों एवं पुराणों में 'मधुरा' एवं 'मधुपुरी' नामों से संबंधित किया गया है।[9] विद्वानों ने 'मधुपुरी' की पहचान मथुरा के 6 मील पश्चिम में स्थित वर्तमान महोली से की है।[10] प्राचीन काल में यमुना नदी मथुरा के पास से गुजरती

थी, आज भी इसकी स्थिति यही है। प्लिनी[11] ने यमुना को जोमेनस कहा है जो मेथोरा और क्लीसोवोरा[12] के मध्य बहती थी। लास्सेन ने क्लीसोबोरा का समीकरण कृष्णपुर के रूप में किया है।[13] उपर्युक्त उद्धरणों से इतना तो प्रायः निश्चित है कि वर्तमान मथुरा नगर अपने प्राचीन स्थान पर अवस्थित नहीं है। नदी के अनवरत कटाव के फलस्वरूप इसका बसाव निरंतर उत्तर की ओर बढ़ता जा रहा है।

मथुरा का प्राचीनतम उल्लेख महाकाव्यों तथा पौराणिक साहित्य में मिलता है। नगर का नामकरण संभवतः 'मधु' नामक दैत्य के कारण हुआ था। जैसा कि ऊपर वर्णित है कि शत्रुघ्न ने यमुना नदी के तट पर बसी इस अर्द्धचंद्राकार नगरी की स्थापना श्रावण महीने में की थी।[14] श्रावण महीने में इसकी स्थापना के कारण ही संभवतः उसी महीने से उत्सव आदि करने की परंपरा रही है। महाकाव्यों के काल में ही यह नगरी इतनी वैभवशाली हो गई थी कि उसे देवनिर्मिता कहा जाने लगा था।[15] शत्रुघ्न ने कुछ समय तक इस नए प्रदेश में निवास करके यहाँ की शासन-व्यवस्था को सुदृढ़ किया। यहाँ से जाते समय उन्होंने अपने पुत्र सुबाहु को इस नए जनपद शूरसेन का शासक नियुक्त किया।।[16] मनुस्मृति में मथुरा के शूरसेन लोगों का उल्लेख किया गया है, और इसे ब्रह्मर्षि देश के अंतर्गत स्थित बताया गया है।[17] प्राचीन काल में ब्रह्मावर्त तथा ब्रह्मर्षिदेश को बहुत पवित्र समझा जाता था।[18]

महाभारत में मथुरा के राजवंश को यदु अथवा यदुवंशीय कहा गया है। यह यादव वंश मुख्यतः दो घरानों में विभक्त था। ये घराने थे—वीतिहोत्र एवं सात्वत। सात्वत वर्ग भी कई शाखाओं में विभक्त था जिनमें देवावृद्ध, अंधक, महाभोज तथा वृष्णि प्रमुख थे।[19] यदु और यदुवंश का उल्लेख ऋग्वेद में भी मिलता है। इस वंश का संबंध तुर्वश, द्रुह्य, अनु एवं पुरु से था।[20] ऋग्वेद[21] से पता चलता है कि यदु तुर्वश किसी दूरस्थ प्रदेश से यहाँ आए थे। वैदिक साहित्य में सत्वातों का भी उल्लेख मिलता है।[22] शतपथ ब्राह्मण के अनुसार एक बार भरतवंश के शासकों ने सात्वतों से उनके यज्ञ का घोड़ा छीन लिया था। भरतवंशीय शासकों द्वारा सरस्वती, यमुना और गंगा के तट पर यज्ञ किए जाने के उल्लेख से उनके राज्य की भौगोलिक स्थिति स्पष्ट हो जाती है।[23] अतः सत्वातों का राज्य भी इसी के समीपवर्ती क्षेत्रों में रहा होगा। इस प्रकार महाभारत एवं पुराणों में वर्णित सत्वातों का मथुरा से संबंध स्पष्ट हो जाता है।

## पुराणों में मथुरा

मथुरा के गौरवमय इतिहास की विशद चर्चा पुराणों में मिलती हैं। विभिन्न धर्मों से संबंधित होने के कारण मथुरावास का क्रमशः महत्त्व बढ़ा था। ऐसी धारणा थी कि यह नगरी पापहारिणी है तथा इसमें निवास करने वालों को मोक्ष की प्राप्ति होती है।[24] वराहपुराण में वर्णित है कि इस महापुरी में जो लोग पवित्र विचार से रहते

हैं, वे मनुष्य के रूप में साक्षात् देवता हैं।[25] मथुरा में श्राद्ध कर्म का विशेष फल मिलता है। यहाँ श्राद्धकर्ता के पूर्वजों को आध्यात्मिक तृप्ति मिलती है।[26] मथुरा में तपस्या कर उत्तनिपाद के पुत्र ध्रुव ने नक्षत्र मंडल में स्थान प्राप्त किया था।[27] पुराणों में मथुरा का माहात्म्य वर्णित है। पृथ्वी के यह पूछने पर कि मथुरा जैसे तीर्थ का माहात्म्य क्या है? महावराह ने कहा था—"मुझे इस वसुंधरा में पाताल अथवा अंतरिक्ष से भी मथुरा अधिक प्रिय है।[28] वराहपुराण में मथुरा की भौगोलिक स्थिति के संदर्भ में उल्लेख मिलता है।[29] जहाँ मथुरा मंडल की माप बीस योजन बतायी गयी है।[30] इस मंडल में मथुरा, वृंदावन, गोकुल, गोवर्द्धन आदि नगर और ग्राम एवं वन, कुंड, तड़ाग, मंदिर एवं असंख्य तीर्थों के होने का वर्णन है। पुराणों में इनका विशद वर्णन मिलता है। साथ ही गंगा के समान ही गौरवशालिनी यमुना के महत्त्व का भी पर्याप्त विवेचन किया गया है।

पुराणों से राजाओं की वंशावलियाँ एव उनके शासन करने के तथ्य की भी पुष्टि होती है। वृष्णियों एवं अंधकों के आदि स्थान मथुरा पर, राक्षसों के आक्रमण का उल्लेख ब्रह्मपुराण में मिलता है।[31] वृष्णियों एवं अंधकों ने भयभीत होकर मथुरा को छोड़कर अपनी राजधानी द्वारावती में स्थापित की थी।[32] इस नगरी को मगध नरेश जरासंध ने 23 अक्षौहिणी सेना से घेर लिया था।[33] उसी समय अपने महाप्रस्थान के समय युधिष्ठिर ने वज्रनाभ को मथुरा के राजसिंहासन पर अधिष्ठित किया।[34] गुप्तवंश के उत्कर्ष के पूर्व यहाँ पर सात नाग-नरेश राज्य कर रहे थे।[35] उग्रसेन और कंस मथुरा के राजा थे जिस पर अंधकों के उत्तराधिकारी शासन करते थे।[36] पार्जिटर के अनुसार सुदास के शासन के कुछ वर्षों पूर्व शूरसेन और मथुरा के प्रदेशों पर राम के भाई शत्रुघ्न की विजय के फलस्वरूप कुछ वशिष्ठों को दूसरे राज्य में जाना पड़ा था।[37] सात्वत भीम ने शत्रुघ्न के पुत्रों को मथुरा से निकाला और उसने तथा उसके उत्तराधिकारियों ने शासन किया।[38] शत्रुघ्न के पुत्र शूरसेन ने यमुना के पश्चिम में स्थित सात्वत यादवों पर आक्रमण करके वहाँ के शासक माधव लवण को मारकर मथुरा को अपनी राजधानी बनाया।[39]

## बौद्ध साहित्य में वर्णित मथुरा

बौद्ध साहित्य में शूरसेन जनपद और उसकी राजधानी मथुरा का विशद वर्णन मिलता है। मिलिंदपन्हों[40] में इसका उल्लेख भारत के प्रसिद्ध स्थानों में हुआ है। इसी ग्रंथ में प्रसिद्ध नगरों एवम् उनके निवासियों के नामोल्लेख के एक प्रसंग में माधुरका (मथुरा के निवासी) का भी उल्लेख मिलता है,[41] जिससे विदित होता है कि राजा मिलिंद (मिनांडर ) के समय (150 ई. पू.) या इस ग्रंथ की रचना के समय (150ई. पू. 400 ई. के मध्य) मथुरा नगर पालि परंपरा में एक सुप्रतिष्ठित नगर के रूप में प्रसिद्ध हो चुका था। ललितविस्तर में मथुरा को वैभवशालिनी और घनी आबादी वाला नगरी

तथा कंस के वंशज राजा सुबाहु की राजधानी बताया गया है।[42] अंगुत्तरनिकाय के पंचकनिपात में मथुरा में पाँच दोषों का उल्लेख किया गया है। यहाँ की सड़कें विषम, धूलयुक्त, भयंकर कुत्तों तथा राक्षसों से युक्त थीं तथा यहाँ भिक्षा भी सुलभ नहीं थी।[43] परंतु परवर्ती ग्रंथों में मथुरा के इन दोषों का संकेत नहीं मिलता। अतः यह कहा जा सकता है कि बाद के दिनों में यह नगरी उपर्युक्त दोषों से मुक्त हो चुकी थी।

मथुरा का बौद्ध धर्म के साथ घनिष्ठ संबंध था। भगवान् बुद्ध के जीवन-काल से ही इस संबंध का प्रारंभ हो गया था जो कुषाण-काल तक अक्षुण्ण रहा। अंगुत्तरनिकाय के अनुसार भगवान् बुद्ध एक बार मथुरा गए थे और वहाँ उन्होंने उपदेश भी दिया था।[44] इसी निकाय में वेरंजक-ब्राह्मण-सुत्त में भगवान् बुद्ध द्वारा मथुरा से वेरंजा के मध्य यात्रा किए जाने का भी उल्लेख है।[45] अतः पालि विवरण से यह निश्चित होता है कि बुद्धत्व प्राप्ति के बारहवें वर्ष में ही भगवान् बुद्ध ने मथुरा की यात्रा की थी[46] और वहाँ से लौटकर वे वेरंजा आ गए जहाँ से उन्होंने श्रावस्ती की यात्रा की।[47] भगवान् बुद्ध के एक प्रमुख शिष्य महाकाच्यायन मथुरा में बौद्ध धर्म के प्रचारार्थ आए थे और उन्होंने जाति विषयक एक प्रवचन दिया था। इस नगर में अशोक के पथ-प्रदर्शक उपगुप्त,[48] बसुबंधु के एक शिष्य गुणप्रभ[49] ध्रुव,[50] एवं प्रख्यात गणिका वासवदत्ता[51] भी निवास करती थी।

मथुरा का देश के अन्य भागों से व्यापारिक संबंध भी था। यह उत्तरापथ और दक्षिणापथ दोनों भागों से जुड़ा हुआ था।[52] राजगृह से तक्षशिला वाले तत्कालीन व्यापारिक मार्ग के मध्य यह नगर स्थित था।[53] मथुरा से एक मार्ग वेरंजा, सोरेय्य, कणकुंज होते हुए पयागतिथ्थ पहुँचता था जहाँ से वह गंगा पार करके बनारस पहुँचता था।[54] श्रावस्ती और मथुरा एक सड़क मार्ग द्वारा संबद्ध थे।[55अ] इस नगर के व्यापारी पाटलिपुत्र से जलमार्ग से व्यापारिक वस्तुओं का आदान-प्रदान करते थे। उस समय ऐसा प्रतीत होता था मानों दोनों नगरों के मध्य नावों का पुल बँधा हो।[55ब] इसके अतिरिक्त भारत के अन्य प्रमुख व्यापारिक नगरों, इंद्रप्रस्थ, कौशांबी, श्रावस्ती तथा वैशाली आदि से भी यहाँ के नागरिकों के वाणिज्य संबंध थे।[56]

इस नगर में अनेक समृद्ध एवं धनी व्यापारी रहते थे, जिनमें 'नट' और 'भट' नामक दो प्रमुख व्यापारियों का विशेष उल्लेख मिलता है।[57]। बौद्ध ग्रंथों में शूरसेन के राजा अवंतिपुत्र की चर्चा है, जो मातृपक्ष से उज्जयिनी के राजवंश से संबंधित था। इस शासक ने बुद्ध के एक प्रमुख शिष्य महाकाच्यायन से ब्राह्मण धर्म पर वाद-विवाद किया था।[58] दीपवंस से पता चलता है कि राजा साधीन के पुत्र एवं पौत्र मथुरा नगरी पर राज्य करते थे।[59] बौद्ध-साहित्य में उल्लेख मिलता है कि भगवान् बुद्ध शूरसेन जनपद में चारिका करते हुए एक बार मथुरा गए थे, जहाँ आनंद ने उन्हें उरुमुंड पर्वत पर स्थित गहरे नीले वर्ण का एक हरा-भरा वन दिखलाया था।[60]

इस वन को देखकर भगवान् बुद्ध ने भविष्यवाणी की थी कि मेरे परिनिर्वाण के एक सौ वर्ष पश्चात् नट और भट नामक दो भाई यहाँ विहार बनवाएँगे। उन्होंने यह भी कहा था कि यहीं उपगुप्त की दीक्षा होगी जो सुदूर देशों में बुद्ध धर्म का प्रचार करेगा।[61]

## जैन साहित्य में मथुरा

मथुरा जिस प्रकार हिंदू और बौद्धधर्म के लिए अग्रणी था, उसी प्रकार जैन धर्म और कला का भी अत्यंत प्राचीन काल से प्रमुख स्थान था। ईसा से लगभग दो सौ वर्ष पूर्व से ही यहाँ के स्वच्छंद वातावरण में जैन धर्मानुयायी, हिन्दू और बौद्धों के साथ प्रीतिपूर्वक अपना उच्च जीवन बिता रहे थे। जैन ग्रंथों में उल्लेख है कि यहाँ पार्श्वनाथ और महावीर स्वामी ने यात्रा की थी।[62] पउमचरिय[63] में एक कथा वर्णित है जिसके अनुसार सात साधुओं द्वारा सर्वप्रथम मथुरा में ही श्वेतांबर जैन संप्रदाय का प्रचार किया गया था। जैन सूत्रों में मथुरा को 'पाखंडिगर्भ' कहा गया है। इससे मालूम होता है कि युग प्रधान आर्य-रक्षित आचार्य विहार करते हुए मथुरा में आए और वे 'भूतगुहा' नामक चैत्य में ठहरे।[64]

जैन परंपरओं से ज्ञात होता है कि मथुरा में एक देवनिर्मित रत्नमय[65] स्तूप था।[66] वृहत्कल्पभाष्य[67] में कहा गया है कि जैसे 'धर्मचक्र' के लिए उत्तरापथ और 'जीवंत स्वामी' प्रतिमा के लिए कोशल प्रसिद्ध है, उसी प्रकार देवनिर्मित स्तूप के लिए मथुरा प्रसिद्ध है। मथुरा के इस स्तूप का सबसे प्राचीन उल्लेख व्यवहारभाष्य में मिलता है।[68] यहाँ के निवासियों द्वारा थूप-मद्द और चैत्य-मद्द नामक एक उत्सव भी मनाया जाता था।[69]

मथुरा में जैन धर्म का बड़ा प्रभाव था जिसके फलस्वरूप मथुरा नगरी में जो नए गृहों का निर्माण होता था, उनके आलों (उतरंग) में मंगलार्थ 'अर्हत प्रतिमा' स्थापित की जाती थी; अन्यथा उन घरों के गिर जाने की आशंका रहती थी। इस प्रकार के 'मंगलचैत्य' मथुरा नगरी और उसके आसपास के छियानवे ग्रामों के घरों और चौराहों पर बनाए गए थे।[70] यह नगर व्यापार का भी एक महत्त्वपूर्ण केंद्र था और विशेषकर सूती एवं रेशमी वस्त्र के लिए प्रसिद्ध था।[71] यहाँ के निवासी मुख्यतः व्यापार पर ही जीवित रहते थे, कृषि पर नहीं।[72] व्यापार मुख्यतः स्थलमार्ग से ही होता था।[73]

मथुरा जैन आगमों की वाचना के लिए भी प्रसिद्ध था। इन आगमों की पाटलिपुत्र में प्रथम वाचना होने के पश्चात् जब कालक्रम से जैन आगमों का विच्छेद होने लगा तो महावीर के निर्वाण के 827-840 वर्ष पश्चात् (360-370ई.) में आर्य स्कंदिल की अध्यक्षता में मथुरा में दूसरी परिषद् बुलाई गई।[74]

मथुरा के कंकाली टीले की खुदाई से अनेक जैन मूर्तियाँ मिली हैं। यहीं पर दो जैन स्तूपों के अवशेष भी मिले हैं। इसमें प्राचीनतम स्तूप का निर्माण तीसरी शताब्दी

ई. पू. में हुआ था।[75] ऐसा उल्लेख मिलता है कि मथुरा का यह स्तूप प्रारंभ में स्वर्णजटित था और इसे 'कुबेरा' नाम की देवी ने सातवें तीर्थंकर सुपार्श्वनाथ की स्मृति में बनवाया था। कंकाली टीले के उत्खनन से कुछ अभिलेख भी मिले हैं जिनमें सबसे महत्त्वपूर्ण शक नरेश महाक्षत्रप षोडास का एक अभिलेख है।[76] इस अभिलेख में अर्हत वर्धमान की प्रार्थना की गई है। यहाँ एक श्राविका (समन साविका) का भी उल्लेख मिलता है, जिसने अपने तीन पुत्रों—पलघोष, पोथघोष और घनघोष के साथ अर्हत की प्रार्थना की थी।

साहित्यिक एवं पुरातात्विक साक्ष्यों से मथुरा में जैन धर्म के विकास का पता चलता है। अनेकानेक शिलालेखों की प्राप्ति इस तथ्य की स्पष्ट साक्षी है कि तत्कालीन समाज के व्यापारी तथा निम्न वर्ग दोनों समुदायों के व्यक्ति बहुत बड़ी संख्या में जैन धर्मानुयायी थे; क्योंकि दान देने वालों में कोषाध्यक्ष, गंधी, धातुकर्मी, गोष्ठियों के सदस्य, ग्राम प्रमुख, सार्थवाहों की पत्नियाँ, नर्तकों की पत्नियाँ, स्वर्णकार तथा गणिका जैसे वर्गों के व्यक्ति सम्मिलित थे।[77] इन शिलालेखों में विभिन्न गणों, कुलों, शाखाओं तथा संभागों का भी उल्लेख है, जिससे यह निश्चित होता है कि जैन संघ सुगठित एवं सुव्यवस्थित था। तीर्थंकरों की अनेक प्रतिमाओं की प्राप्ति से यह सिद्ध होता है कि इस काल में मूर्तिपूजा पूर्णरूपेण स्थापित एवं प्रचलित हो चुकी थी।[78]

बौद्ध, शैव, वैष्णव आदि मतावलंबियों की भाँति मथुरा जैन मतावलंबियों का भी एक पवित्र स्थान रहा है। फिर भी यह निश्चित नहीं हो पाता कि जैन धर्म का मथुरा में कब प्रारंभ हुआ। परवर्ती जैन धर्म ग्रंथों में वर्णित अनुश्रुतियों में मथुरा स्थित जैन प्रतिष्ठानों को अत्यंत प्राचीन बतलाया गया है तथा उन्हें अनेक तीर्थंकरों के साथ संबद्ध किया गया है। एक अनुश्रुति में मथुरा को इक्कीसवें तीर्थंकर नेमिनाथ[79] की जन्मभूमि बताया गया है, किंतु उत्तरपुराण में इनकी जन्मभूमि मिथिला वर्णित है।[80] विविधतीर्थकल्प से ज्ञात होता है कि नेमिनाथ का मथुरा में विशिष्ट स्थान था।[81]

मथुरा अत्यंत प्राचीन काल से ही विदेशी आक्रामक जातियों, यथा—शक, यवन एवं कुषाणों के अधिकार क्षेत्र में शासित रहा। इन राजाओं ने भारतीय समाज में वैदिक धर्म के विपरीत विकसित श्रमण-परंपरा (बौद्ध एवं जैन) को अपनाकर इन धर्मों को प्रोत्साहित किया। मथुरा में जैन धर्म के प्रचार का दूसरा प्रमुख कारण यह था कि यह स्थान प्राचीन काल से ही व्यापारिक केंद्र के रूप में विकसित हो गया था। अहिंसावादी जैन धर्मावलंबियों ने कृषि-कार्य में होने वाली हिंसा के कारण ही आजीविका का प्रधान माध्यम व्यापार और वाणिज्य को माना है। इस प्रकार श्रमण-परंपरा में विश्वास करने वालों का मुख्यतः विकास इसी तरह के अन्य व्यापारिक केंद्रों में भी दृष्टिगत होता है।

## चीनी यात्रियों का मथुरा

पाँचवीं शताब्दी ई. में जब फाह्यान भारत आया तो उसने भिक्षुओं से भरे हुए अनेक विहारों को देखा था। सातवीं शताब्दी में ह्वेनसाँग ने भी यहाँ अनेक विहारों को देखा। इन दोनों चीनी यात्रियों का यात्रा विवरण निम्नलिखित है–

**फाह्यान :** पीतू देश से होता हुआ चीनी यात्री फाह्यान 80 योजन चलकर मताउला[82] (मथुरा) जनपद पहुँचा था। उस समय इस नगर में बौद्ध धर्म अपने विकास की पराकाष्ठा पर था। उसने लिखा है कि यहाँ 20 से भी अधिक संघाराम थे, जिनमें तीन सहस्र से अधिक भिक्षु निवास करते थे।[83] यहाँ के निवासी अत्यंत श्रद्धालु थे और वे साधुओं का आदर करते थे। राजा भिक्षुओं को भिक्षा (भेंट) देते समय अपने मुकुट उतार लेते थे और अपने बंधुओं तथा अमात्यों के साथ अपने हाथों से परसते (देते) थे। यहाँ के लोग अपने आपसी झगड़ों को स्वयं तय कर लेते थे; किसी न्यायाधीश या कानून की शरण नहीं लेनी पड़ती थीं। लोग राजा की भूमि को जोतते थे तथा उपज का कुछ अंश राजा को देते थे।

यहाँ की जलवायु शीतोष्ण थी। प्रजा सुखी थी। राजा न तो प्राणदंड देता था, न शारीरिक दंड। अपराधी को अवस्थानुसार उत्तर या मध्यम अर्थदंड दिया जाता था।[84] बार-बार अपराधों की पुनरावृत्ति पर दाहिना हाथ काट दिया जाता था। फाह्यान लिखता हैं कि संपूर्ण राज्य में चांडालों को छोड़कर कोई अधिवासी न जीवहिंसा करता था, न मद्यमान करता था और न लहसुन-प्याज खाता था। चांडाल (दस्यु) नगर के बाहर निवास करते थे। क्रय-विक्रय में सिक्कों एवं कौड़ियों का प्रचलन था।[85]

बुद्ध के परिनिर्वाण के अनंतर विभिन्न जनपदों से राजाओं और सेठों ने भिक्षुओं के लिए विहारों का निर्माण करवाया। साथ ही खेत, वन, घर, उपवन, वहाँ की प्रजा और पशुओं को दान कर दिया। दान की गई वस्तुओं का वर्णन ताम्रपत्र पर उल्लिखित है। फाह्यान लिखता है कि यह परंपरा प्राचीन काल से चली आ रही है और आज भी उसी रूप में विद्यमान है।[86]

श्रमणों का कृत्य शुभ कार्यों से धनोपार्जन करना, सूत्र का पाठ करना और ध्यान लगाना था। जब किसी साम्राज्य के आगंतुक (अतिथि) आते थे तो स्थाई रहने वाले भिक्षु उनका स्वागत करते थे।[87]

फाह्यान ने भिक्षु संघ के स्थान पर सारिपुत्त, महामौद्गलायन और काश्यप के बने स्तूपों को देखा था। सारिपुत्त कुलीन ब्राह्मण थे। उन्होंने बुद्ध से प्रव्रज्या के लिए प्रार्थना की थी।[88]

फाह्यान ने लिखा है कि जब भिक्षु वार्षिक अन्नहार पा जाते थे तब सेठ और ब्राह्मण अन्य उपस्कार बाँटते थे। भिक्षु उन्हें लेकर यथाभाग विभक्त कर लेते थे। धर्म और संघ के नियम परंपरा आज तक वैसी ही थी, जैसाकि बुद्ध के समय प्रचलित थी।

**ह्वेनसाँग :** कनिंघम की गणना के अनुसार ह्वेनसाँग 635 ई. (संवत् 692) में मथुरा पहुँचा था।[89] ह्वेनसाँग ने इस नगर के बारे में विस्तार से लिखा है। वह लिखता है कि इस नगर का विस्तार 5000 ली (लगभग 833 मील) और नगर (राजधानी) की परिधि 20 ली (लगभग 3.5 मील) थी।[90] ह्वेनसाँग के इस विवरण के आधार पर कनिंघम ने मथुरा राज्य में केवल बैराठ और अतरंजी जनपदों के बीच के भूभाग को ही नहीं वरन् आगरा से परे दक्षिण में नरवर और श्योपुरी तक तथा पूर्व में सिंध नदी तक के विशाल क्षेत्र को भी सम्मिलित माना है।[91]

ह्वेनसाँग ने मथुरा मंडल की उपज और यहाँ के निवासियों के संबंध में भी विस्तार से लिखा है। उसके अनुसार यहाँ की भूमि उपजाऊ और अन्न उत्पादन के लिए अधिक उपयुक्त थी। कपास की उपज अच्छी होती थी। यहाँ के निवासी विनम्र और सहिष्णु थे। लोग कर्म में विश्वास करते थे और नैतिक तथा बौद्धिक श्रेष्ठता का सम्मान करते थे।[92]

ह्वेनसाँग के अनुसार मथुरा में 20 से अधिक संघाराम थे; जिनमें 2000 भिक्षु निवास करते थे। इन भिक्षुओं में हीनयान और महायान दोनों मतों के समर्थक थे। इसके अतिरिक्त यहाँ पाँच देवमंदिर भी थे जिनमें सभी धर्मों के साधू पूजा करते थे। तथागत के साथियों के पवित्र अवशेषों पर भी स्मारक रूप में कई स्तूप बने हुए थे। इन स्तूपों के दर्शनार्थ विभिन्न धार्मिक अवसरों पर संन्यासी बड़ी संख्या में यहाँ आते थे और बहुमूल्य वस्तुएँ भेंट में चढ़ाते थे। ये संन्यासी अपने-अपने संप्रदाय के अनुसार अलग-अलग पवित्र स्थानों का दर्शन-पूजन करते थे।

ह्वेनसाँग ने लिखा है कि नगर के एक मील पूर्व उपगुप्त द्वारा निर्मित एक संघाराम था। इसके भीतर एक स्तूप था। जिसमें तथागत के नाखून संचित थे। संघाराम के उत्तर में 20 फुट ऊँची और 30 फुट चौड़ी एक गुफा थी। उपगुप्त द्वारा निर्मित संघाराम को ग्राउस ने कंकाली टीले पर स्थित माना है।[93] कनिंघम ने इस संघाराम का उल्लेख नगर के पश्चिम में किया है।

विहार से 24-25 ली (लगभग 5 मील) दक्षिण-पूर्व में एक सूखा तालाब था जिसके किनारे एक स्तूप था। ह्वेनसाँग के अनुसार बुद्ध के इस स्थान पर आगमन के समय एक बंदर ने उन्हें थोड़ा-सा मधु दिया था जिसे बुद्ध ने थोड़े-से फल के साथ मिश्रित करके अपने शिष्यों में बँटवा दिया था। इससे बंदर को इतनी प्रसन्नता हुई कि वह एक गड्ढे में गिरकर मर गया और अपने पूर्वोक्त-पुण्यजन्यकृत्य के कारण अगले जन्म में मनुष्य योनि प्राप्त करने में सफल रहा।[94] इस सूखे तालाब के पास ही एक घना जंगल था, जिसमें चार बुद्धों के चरण-चिन्ह सुरक्षित थे। इसके निकट ही उन स्थानों पर बने स्तूप हैं जहाँ सारिपुत्र तथा बुद्ध के अन्य 1250 शिष्यों ने कठोर तपस्या की थी।[95]

## मथुरा क्षेत्र में अनुसंधान तथा उत्खनन

मथुरा और उसके आस-पास के क्षेत्रों में पुरातात्विक सामग्री प्रचुर मात्रा में मिलती है। वर्तमान नगर को देखने से स्पष्ट होता है कि संपूर्ण नगर प्राचीन टीलों पर बसा है। ये टीले 10 मील के क्षेत्रफल में विस्तृत हैं। इनमें से अधिकतर टीलों के गर्भ से अत्युच्च कोटि की कलाकृतियाँ प्रकाश में आई हैं। इनसे इस नगर की प्राचीनता, समृद्धि तथा कला-उत्कर्ष का ज्ञान होता है।

सर्वप्रथम 1836 ई. में कर्नल एल. आर. स्टैची को यहाँ लाल पत्थर की बनी एक मूर्ति मिली थी। इस मूर्ति पर आसवपान (मधुपान) का दृश्य अंकित है। इस मूर्ति को कर्नल स्टैची ने एशियाटिक सोसाइटी ऑफ बंगाल को हस्तांतरित कर दिया था। वर्तमान समय में यह भारतीय संग्रहालय कलकत्ता में सुरक्षित है।[96]

एलेक्जेंडर कनिंघम ने 1853 ई. में कटरा केशवदेव से कई मूर्तियाँ एवं लेख प्राप्त किए। एक प्रस्तर अभिलेख पर समुद्रगुप्त तक गुप्त वंश के राजाओं की वंशावली मिलती है।[97] 1862 ई. में पुनः इसी स्थान से कनिंघम को कुछ वास्तु अवशेष मिले। प्रमुख वस्तुओं में कनिंघम ने गुप्त संवत् 230 (सन् 549-50) में बनी हुई यश विहार में स्थापित सर्वांगसुंदर बुद्ध की मूर्ति खोज निकाली।[98] इससे यह निश्चित होता है कि कटरा क्षेत्र में एक महत्त्वपूर्ण बुद्ध विहार था। छठवीं शताब्दी ई. में यहाँ एक विष्णु मंदिर की स्थापना हुई जिसका उल्लेख अनेक विदेशी यात्रियों ने भी किया है।[99]

1860 ई. में मथुरा में जिला कचहरी के निर्माण के समय 'जेल' टीले (जमालपुर टीले)[100] को समतल किया गया। उस समय अनेक प्रतिमाएँ और लेखों की प्राप्ति हुई जो अब कलकत्ता, लखनऊ और मथुरा संग्रहालयों में सुरक्षित है।[101] लेखों की प्राप्ति से यह निश्चित हुआ है कि यहाँ हुविष्क का एक विहार एवं दधिकर्ण नाग का एक मंदिर था।[102] इस उत्खनन से मूर्तियाँ, शिलापट्ट, स्तंभ, वेदिकास्तंभ, स्तंभाधार आदि के रूप में मथुरा कला का भंडार मिला है। इसी स्थान से बुद्ध की अत्यंत उत्कृष्ट अभिलिखित प्रतिमा भी मिली है, जिसका निर्माण कुमारगुप्त प्रथम के शासन-काल में यशदिन्न नामक कलाकार ने किया था[103] 1869 ई. में भगवान लाल इंद्राजी को सप्तर्षि टीले से गांधार कला की स्त्री-मूर्ति और क्षत्रपकालीन सिंहशीर्ष मिला था। उस पर खरोष्ठी में कई महत्त्वपूर्ण लेख अंकित थे, जिनसे मथुरा के क्षत्रपकालीन इतिहास पर प्रचुर प्रकाश पड़ता है। यह विशिष्ट अभिलिखित कृति लंदन के ब्रिटिश संग्रहालय में प्रदर्शित है। स्त्री-मूर्ति कंबोजिका, गांधार कला-शैली की सर्वोत्तम मूर्तियों में अपना स्थान रखती है। यह कंबोजिका महाक्षत्रप राजुबुल की पत्नी और प्रसिद्ध शक शासक षोडास की माता थी।[104]

1871 ई. में कनिंघम ने पुनः मथुरा की यात्रा की और उन्होंने दो अन्य

टीलों—कंकाली और चौबारा का उत्खनन करवाया। कंकाली टीले से मथुरा कला का प्रचुर भंडार मिला। उत्खनित वस्तुओं से यह ज्ञात होता है कि यहाँ कभी जैनियों का स्तूप था। कनिंघम ने यहाँ से कनिष्क के राज्य-संवत् 5 से लेकर वासुदेव के राज्य संवत्सर 18 तक की अभिलिखित प्रतिमाएँ प्राप्त कीं।[105] चौबारा टीला मुख्यतः 12 टीलों का एक समूह है, जहाँ पर कभी बौद्धों के स्तूप थे। यहीं के एक टीले से सोने का बना एक धातुकरंडक (गोल्डेन कास्केट्स) भी मिला था। एक स्तूप से एक और धातुकरंडक मिला था जो अब कलकत्ता संग्रहालय में है।[106]

तत्पश्चात् एफ. एस. ग्राउस ने चौबारा टीले की खुदाई करवाईं उसने यहाँ से अनेक मूर्तियाँ एवं अलंकृत वास्तु अवशेषों का पता लगाया। ग्राउस के मथुरा आगमन के पूर्व अनेक दुर्लभ कलाकृतियाँ मथुरा से बाहर चली गई थीं। उसने यहाँ 1874 ई. में एक संग्रहालय की स्थापना की जिससे मथुरा कला के बहिर्गमन में कमी आई।

इसके पश्चात् फ्यूहरर ने 1888 से 1891 ई. तक लगातार कंकाली टीले का उत्खनन करवाया। उत्खनन में यहाँ से बड़ी संख्या में जैन मूर्तियाँ एवं वास्तु खंड मिले हैं, जिनका काल दूसरी शताब्दी ई. पू. से 12 वीं शताब्दी के मध्य निर्धारित किया गया है।[107]

फ्यूहरर ने 1896 ई. में पुनः कटरा टीले का उत्खनन प्रारंभ कराया, जिसमें उन्हें प्राचीन केशवदेव मंदिर के अवशेष मिले। इस मंदिर का विनाश औरंगजेब द्वारा 1669 ई. में किया गया था। यह मंदिर आयताकार था। कटरे की चौड़ाई 633 फुट और लंबाई 443 फुट थी। इसके मध्य में एक 86 फुट चौड़ा और 72 फुट लंबा चबूतरा था, जिस पर औरंगजेब ने मस्जिद निर्मित कराई। मस्जिद के पीछे दक्षिणी कोण पर 162 फुट दूर एक प्राचीन ईंटों की संरचना मिली है जिसे फ्रांसीसी यात्री टैवरनियर (1650 ई.) और बर्नियर (1663 ई.) ने अपने यात्रा विवरणों में प्राचीन केशवदेव मंदिर का अवशेष माना है।[108] इस मंदिर की नींव और वास्तु अवशेषों का पता लगाने के लिए फ्यूहरर ने 80 फुट लंबी, 20 फुट चौड़ा और 25 फुट गहरी एक खत्ती खोदी। लेकिन उत्खनन में न तो कोई ब्राह्मण धर्म संबंधी मूर्ति मिली और न तो कोई अभिलेख। किन्तु बौद्ध स्तूप के कुछ अवशेष मिले। सतह से 20 फुट नीचे फ्यूहरर ने इस स्तूप का प्रदक्षिणा-पथ खोजा। उत्खनन में लाल बलुआ पत्थरों के टुकड़े तथा एक अभिलेख मिला, जिससे ज्ञात होता है कि इस स्तूप की अन्य भित्तियाँ वर्तमान मस्जिद के नीचे दबी होने के कारण फ्यूहरर और अधिक उत्खनन नहीं कर सके।[109]

इस उत्खनन के 14 वर्षों बाद 1909 ई. में रायबहादुर राधाकृष्ण मथुरा संग्रहालय के सहायक संग्रहालयाध्यक्ष नियुक्त हुए। उन्होंने अथक अध्यवसाय से मथुरा एवं उसके आस-पास के क्षेत्रों का सर्वेक्षण करवाया तथा मूर्तियों, अभिलेखों, इमारती पत्थरों,

# फलक-9 मथुरा के प्रमुख स्थल

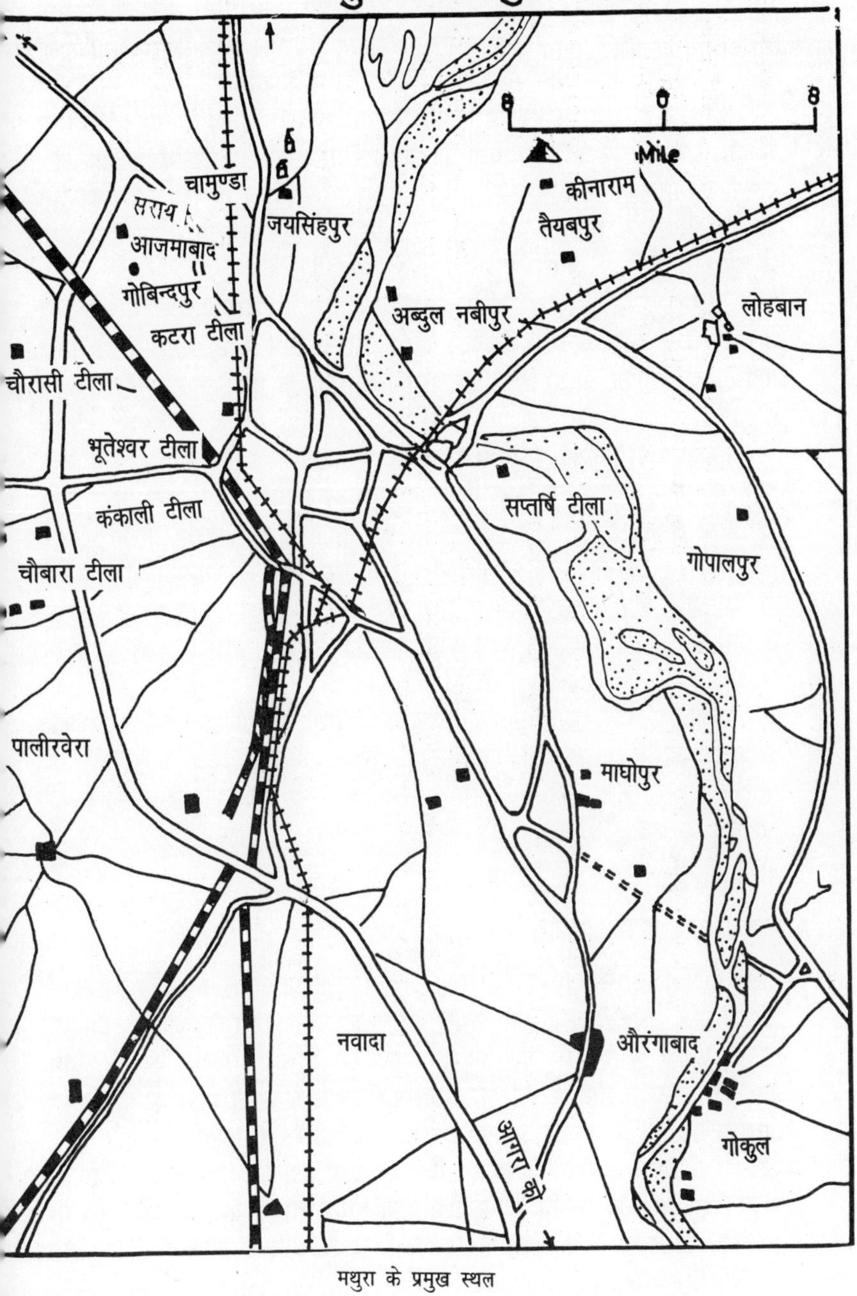


मथुरा के प्रमुख स्थल

सिक्कों आदि को संग्रहीत किया। इसी समय डा. फोगल ने मथुरा संग्रहालय में विद्यमान कलावशेषों की एक अनुक्रमणिका तैयार की जिसके प्रकाशन ने देश-विदेश के विद्वानों और कलाप्रेमियों का ध्यान मथुरा की ओर आकृष्ट किया।

1912 में राय बहादुर राधाकृष्ण ने माट गाँव के इतोकरी नामक टीले से विमकैडफिसेस, कनिष्क और चष्टन की प्रतिमाएँ प्राप्त कीं।[110] उन्हें यमुना नदी और अनेक प्राचीन कूपों से 600 मूर्तियाँ एवं वास्तुखंड भी प्राप्त हुए।[111] विभिन्न काल की इन असंख्य मूर्तियों एवं वास्तुखंडों के अध्ययन एवं अनुशीलन से भारतीय कला के इतिहास में मथुरा कला का स्थान बढ़ जाता है।

1953 ई. में पुरातत्व सर्वेक्षण विभाग के एम. वेंकटरमैया और बल्लभशरण ने कटरा टीले का उत्खनन करवाया। यद्यपि इस उत्खनन का पूर्ण विवरण उपलब्ध नहीं है; लेकिन फिर भी यहाँ से प्राप्त वस्तुओं में मिट्टी के मनके और मुहरें महत्वपूर्ण हैं।

पश्चिम जर्मनी के पुरातत्ववेत्ताओं के एक दल ने 1966 से 1974 ई. तक हर्बर्ट हर्टिल के निर्देशन में सोंख क्षेत्र का उत्खनन किया।[112] इस उत्खनन में ईसा की प्रथम सहस्राब्दी से लेकर कृषाणकाल के अंत तक के अवशेष मिले।

अंतिम उत्खनन भारतीय पुरातत्व सर्वेक्षण द्वारा मथुरा में कंकाली टीले के समीप बी. के. थापर और मुनीशचंद्र जोशी द्वारा 1975 से 1976 तक किया गया। उत्खनन से पाँच सांस्कृतिक कालों के अवशेष प्राप्त हुए। इस उत्खनन की सबसे महत्वपूर्ण उपलब्धि एक कुषाणकालीन जलाशय है।[113]

जनवरी 1975 ई. में पूना के आर. बी. जोशी को गोवर्द्धन पहाड़ी पर कुछ पुरापाषाणकालीन प्रस्तर उपकरण मिले। इसके अतिरिक्त कुछ अन्य उपकरण मुनीशचंद्र जोशी तथा आर. सी शर्मा को मिले हैं। इन उपकरणों की प्राप्ति से यह निश्चित हो जाता है कि इस क्षेत्र में मानव सभ्यता की कहानी 5000 ई. पू. से प्रारंभ होती है।[114]

## कटरा क्षेत्र का उत्खनन

1953 ई. में वेंकटरम्मैया एवं बल्लभशरण ने कटरा टीले का सर्वप्रथम वैज्ञानिक उत्खनन किया। उन्हें अनेक सिक्के, मृण्मूर्तियाँ, वास्तुखंड, उत्तरी काले चमकीले मृत्पात्र एवं चित्रित सलेटी मृत्पात्रों के कुछ अवशेष प्राप्त हुए जिससे इस क्षेत्र के सांस्कृतिक क्रम की जानकारी होती है। इसके अतिरिक्त इस टीले से दो मिट्टी के प्राकारों के अवशेष भी मिले हैं।[115] इन उत्खननकर्ताओं ने औरंगजेब के मकबरे से 5000 मीटर दूर एक छोटी-सी खत्ती खोदी जिसमें उन्हें सतह से 42 फुट नीचे प्राकृतिक मिट्‌टी मिली। यहाँ से कुछ हस्तनिर्मित मृत्पात्र प्राप्त हुए। स्तर से चित्रित सलेटी मृण्भांड का कोई भी टुकड़ा नहीं मिला जबकि सतह से इसके टुकड़े मिले हैं[116] प्राकृतिक

मिट्टी से 6 फुट ऊपर अनलंकृत सलेटी एवं चमकदार काले मृत्पात्र भी मिलें हैं। यहाँ से उत्तरी काली चमकीली मृत्पात्र के टुकड़ों का सर्वथा अभाव दिखलाई पड़ता है। अन्य महत्त्वपूर्ण वस्तुओं में तश्तरियाँ, गोलियाँ, मनके एवं नाव के आकार की चिड़िया और अलंकृत मृण्भांड प्रमुख हैं। अन्य स्थलों से प्राप्त वस्तुओं एवं कटरा से प्राप्त आरंभिक वस्तुओं के तुलनात्मक अध्ययन के आधार पर इनका काल निर्धारण छठी शताब्दी ई. पू. में किया गया है।[117]

दूसरे चरण की प्रमुख उपलब्धि उत्तरी काली चमकीली मृद्भांड का प्रयोग था। कालानुक्रम की सुविधा से इन्हें कई कालों में विभाजित किया जा सकता है। प्रारंभिक काल में बाँस और नरकुल से निर्मित झोपड़ियाँ, कच्ची ईंटें, अस्थिनिर्मित बेधक बाण-फलक, गोमेद जंतर और मनके मिलते हैं। मूर्तियों में मातृदेवी तथा पशु आकृतियाँ (मुख्य रूप से कुत्ते की लाल रंग की प्रतिमा) मुख्य हैं। इस काल में मृतिका-वलय कूप भी मिलते हैं।

प्राप्त वस्तुओं के द्वितीय समूह में गोमेद के मनके, चौकोर ताँवे के सिक्के, बेलनाकार मृणमूर्तियाँ, मनके, कर्णाभूषण, रेखित गोमेद-मनके, ताँबे की अंजन-शलाका, सलेटी रंग की मातृदेवी की मृण्मूर्तियाँ आदि मुख्य हैं। यहाँ से किसी भवन की निश्चित योजना का अनुमान नहीं लगता। फिर भी उत्खनन से प्राप्त बाहरी दीवालों, नालियों और मृतिकावलय कूपों के अवशेषों से भवन निर्माण की विशिष्ट कला का ज्ञान होता है। यह चरण द्वितीय शताब्दी के उत्तरार्द्ध में विकसित था।[118]

यह स्थल कुछ दिनों बाद नष्ट (उजाड़) हो गया। तृतीय काल से बड़ी मात्रा में विभिन्न वस्तुओं के बने मनके मिलते हैं। ये स्फटिक, गोमेद, तामड़ा पत्थर, नीलम, सूर्यकांतमणि, घोंघा, मिट्टी आदि के बने हैं। इसके अतिरिक्त ताँबे के सिक्के (कुछ कुषाण शासकों) तथा एक कलश भी मिला है। सोंख से भी इसी तरह का एक कलश मिला है जिसे प्रथम शताब्दी ई. पू. का माना गया है। अतः समानता के आधार पर इसे भी इसी काल का माना जा सकता है।

चौथा चरण 100 ई. से 350 ई. के बीच का है। पाँचवाँ और अंतिम काल गुप्तकाल से संबंधित है। इस काल की प्राप्त मुद्राओं, मृण्मूर्तियों और मुहरों से इसकी पुष्टि होती है।[119] कटरा से प्राप्त 38 मूर्तियाँ और वास्तु अवशेष संप्रति मथुरा संग्रहालय में प्रदर्शित हैं।[120]

## सोंख का उत्खनन

जर्मन पुराविद प्रो. हर्बर्ट हर्टल के निर्देशन में गोवर्द्धन नगर से 13 कि. मी. दक्षिण सोंख नामक स्थान पर 1966 से 1974 तक उत्खनन कार्य किया गया।[121]टीलों के उत्खनन से इस क्षेत्र के 3000 वर्षों के क्रमिक इतिहास के साक्ष्य उपलब्ध हुए। वहाँ ईसा की प्रथम सहस्राब्दी के प्रारंभ से लेकर कुषाण काल के अंत तक के अवशेष

मिले हैं। कालक्रमानुसार सोंख से उद्घाटित संस्कृति का वर्णन निम्नलिखित है[122]—

| स्तर क्रम | काल |
|---|---|
| 1 से 15 | तृतीय शताब्दी से 19 वीं शताब्दी तक |
| 16 से 17 | कुषाण शासक बासुदेव तथा कनिष्क तृतीय |
| 18 से 20 | कुषाण शासक हुविष्क |
| 21 | कनिष्क प्रथम |
| 22 | विम कैडफिसेस तथा कनिष्क |
| 23 से 24 | क्षत्रप तथा मथुरा शासक रामदत्त |
| 25-28 | मथुरा के मित्रवंशी शासक (ब्रह्ममित्र, विष्णुमित्र, सूर्यमित्र, गोमित्र) |
| 29-30 | मध्य शुंग काल |
| 31-32 | प्रारंभिक शुंग काल |
| 33-34 | मौर्य युग |
| 35-36 | प्रारंभिक तथा प्राक्मौर्य युग |
| 37-40 | चित्रित सलेटी मृण्भांड (पी. जी. डब्ल्यू.) तथा कृष्ण लोहित मृण्भांड (ब्लैक एंड रेड) ई. पू. प्रथम सहस्राब्दी के प्रारंभ से लेकर लगभग 600 ई. पू. तक) |

सोंख उत्खनन में सबसे निचले स्तरों से चित्रित सलेटी मृद्भांड कृष्ण लोहित मृण्भांड के साथ मिले हैं, जिससे यह निश्चित हो जाता है कि यह क्षेत्र 800 ई. पू. में आवासित हो गया था। स्तर 35 और 36 में प्राप्त मौर्यकालीन वस्तुएँ चौथी शताब्दी ई. पू. की प्रतीत होती हैं। स्तर 34 और 33 से हर्टिल ने चाँदी के आहत एवं अलिखित ढलवे सिक्के प्राप्त किए थे।[123] स्तर 32 से प्राप्त वस्तुओं में एक परिवर्तन दृष्टिगत होता है। यद्यपि कुछ मृण्मूर्तियाँ पहले जैसी ही थीं, फिर भी अधिकांश मृण्मूर्तियाँ (मुख्यतः मातृदेवी) लंबे और ग्रीवायुक्त प्रकार की हैं। इस काल की निर्मित मृण्मूर्तियों के शिर की बनावट में अंतर मिलता है। उत्खनन में यहाँ से एक कटोरे में 42 ताँबे के आहत सिक्के भी मिले हैं।

स्तर 30 और 29 से प्राप्त मातृदेवी की मूर्तियों का इस स्तर में अभाव दिखलाई पड़ता है। स्तर 29 से एक ताँबे का सिक्का[124] मिला है। पुनः इस काल में भी कोई लिखित सिक्का नहीं मिलता। इन दोनों स्तरों को द्वितीय शताब्दी ई. पू. के उत्तरार्द्ध में रखा जा सकता है।

स्तर 28 से सर्वप्रथम लिखित सिक्के मिलते हैं। एक सिक्के पर लेख'गोमितस' मिलता है। इससे यह निश्चित होता है कि इसे मथुरा के किसी गोमित्र नामक शासक ने जारी किया था। स्तर 28 में मिट्टी की दीवालों का प्रयोग आरंभ हो चुका था।

स्तर 27 में भवनों के निर्माण में एक महत्त्वपूर्ण परिवर्तन मिलता है। यहाँ सर्वप्रथम भवनों में पक्की ईंटों का प्रयोग मिलता है। एक मकान में दो या तीन कमरे होते थे। प्रत्येक मकान के साथ सामने दीवाल से घिरी खुली भूमि होती थी। संभवतः इस जमीन का उपयोग खाद्यान्न उत्पादन के रूप में में किया जाता रहा होगा। संपूर्ण भवन एक निश्चित पंक्ति में बने थे।[125]

उत्खनन में इस स्तर से दो प्लाट (भवनों)–क और ख के चिन्ह मिले हैं। भवन 'क' में 2.70×6.50 मीटर का एक हालनुमा बड़ा कमरा था; जिसकी फर्श पक्की ईंटों से ढकी थी। यह भवन एक आँगन से युक्त था। जिसकी उत्तर-दक्षिण की लंबाई 10 मी. तथा पूर्व-पश्चिम की लंबाई 5 मी. थी। आँगन के पश्चिम समान आकार के तीन कक्ष थे। इनमें से एक कक्ष का प्रवेश द्वार आँगन से था जबकि दो कमरों का प्रवेश पश्चिम की ओर से था। पक्की ईंटों से निर्मित एक चूल्हे का भी अवशेष यहाँ से मिला है। पूर्व की ओर से यह आँगन दरवाजे रहित एक लंबी दीवाल से घिरा था।[126]

इस भवन से संयुक्त एक अन्य आवासीय भवन (ख) का भी पता चलता है। दोनों भवन 90 से. मी. के एक रास्ते से आपस में संयुक्त थे। एक अन्य भवन के अवशेष भी मिले हैं जो भवन (ख) से जुड़ा हुआ था। ये सभी भवन सुविधाओं से युक्त थे।

भवनों की छतों के निर्माण के लिए प्रायः खपरैल का प्रयोग अधिक होता था। इन भवनों में प्रयुक्त खपरैल मुख्यतः 33×22 से. मी. आकार की हैं। भवनों की छतें अधिकतर चिअंकी होती थीं। इस स्तर की कालाविधि प्रथम शताब्दी ई. पू. का उत्तरार्द्ध मानी जा सकती है।[127]

स्तर 26 और 25 में भी भवन निर्माण की पद्धति का अनुकरण मिलता है। पुनः स्तर 23 और 24 में भवन निर्माण में तो कोई विशेष परिवर्तन नहीं दिखाई पड़ता है; लेकिन इस काल में भवनों का निर्माण खुले मैदान में होने लगा था। मकान भी एक-दूसरे से अलग होते थे। इनमें प्रयुक्त ईंटें 40×25×5 से. मी. और 42×26×6 से. मी. की थीं। एक पूर्व मकान (ए) के दक्षिण पश्चिमी किनारे में एक स्नानगृह और शौचगृह भी मिले हैं। स्नानगृह की दीवालें एवं फर्श पक्की ईंटों से बने थे जिसमें आँगन के रास्ते शौचालय से पहुँचा जा सकता था। छत किसी अन्य वस्तु से ढकी थी; क्योंकि यहाँ कोई भी खपरैल के अवशेष नहीं मिले हैं।[128]

स्तर 22 से 16 तक को कुषाण काल के अंतर्गत रखा जाता है। स्तर 21 से 16 तक भवनों में प्रयुक्त ईंटें 37×25×5 सें. मी. आकार की हैं। इन स्तरों से

कुषाणकालीन भवनों के अनेक प्रमाण मिले हैं। इन भवनों में पहुँचने के लिए सामान्यतः गलियाँ या खुले रास्ते थे। दुकानें मुख्यतः राजमार्ग पर स्थित थीं। भवनों के भीतर प्रत्येक कमरे का उपयोग किस रूप में होता था, कहना कठिन है। सामान्यतः दक्षिणी पश्चिमी कमरे का उपयोग स्नानगृह के रूप में किया जाता था।[129]

स्तर 15 से 1 तक के प्राप्त अवशेष तीसरी शताब्दी ई. से 19वीं शताब्दी ई. के हैं। सबसे ऊपर स्तर से एक नवीन किले के अवशेष मिले हैं। प्राचीन किला हति सिंह नामक एक जाट द्वारा बनवाया गया था जो भरतपुर के सूरजमल का समकालीन था। किले के अंदर से 16 से. मी. आकार के तोप के लोहे के गोले मिले हैं। इन गोलों से यह निश्चित होता है कि इस किले का विनाश संभवतः मराठों द्वारा 1770 ई. में किया गया।[130]

सोंख का यह उत्खनन भारतीय स्थापत्य कला इतिहास की संरचना की दृष्टि से विशेष उल्लेखनीय है। उत्खनन से दो प्राचीनतम मंदिरों के अवशेष प्रकाश में आए हैं। मंदिरों की तिथि-युक्त वस्तुओं की प्राप्ति के आधार पर इनका काल द्वितीय शताब्दी ई. में निर्धारित किया गया है। दोनों मंदिरों का विवरण निम्न है–

मंदिर संख्या 1 का निर्माण एक खुले मैदान के पूर्व में किया गया था। यह मंदिर संख्या 2 के समान था। अश्वपाद आकार के गर्भगृह को आलों से युक्त तीन दीवालों से घेर दिया गया था, जिससे मंदिर के विस्तार का आभास मिलता है। गर्भगृह के चारों ओर प्रदक्षिणापथ के प्रमाण मिले हैं। उत्खनन में कनिष्क प्रथम से लेकर वासुदेव प्रथम के काल तक (लगभग 100 ई. से 200 ई. तक) इस मंदिर के निर्माण के आठ स्तरों का पता चलता है।[131]

मंदिर संख्या 2 की रूपरेखा मंदिर संख्या 1 से अधिक प्राचीन हैं। मंदिर की पूर्वकालीन संरचना 48×32×7 से. मी. की कच्ची ईंटों से की गई है। यह संरचना पूर्व-पश्चिम दिशा में स्थित है जिसका प्रवेश-द्वार पूर्व की ओर है। मंदिर की लंबाई 7.3 मीटर है। अश्वपाद आकार के गर्भगृह (3.80 मी.) के चारों ओर ईंटों से निर्मित पंद्रह स्तंभों के प्रमाण मिले हैं। स्तंभों का निर्माण 1¼ मी. से 1½ मीटर अंतराल से किया गया है। गर्भगृह और स्तंभों के मध्य की दूरी 0.85 मीटर है। जिस प्लेटफार्म पर मंदिर निर्मित है उसकी लंबाई-चौड़ाई 15×11.50 मीटर है।[132]

मंदिर के दक्षिण में प्लेटफार्म से लगभग 5 मीटर की दूरी पर पत्थर की रेलिंग के कुछ भाग मिले हैं। उत्खनन से पूर्व में प्रवेश-द्वार के कुछ प्रस्तर अवशेष प्राप्त हुए हैं, जिससे यह निश्चित होता है कि मंदिर के दक्षिण में पत्थर के एक रेलिंग का निर्माण किया गया था। और इसका प्रवेश द्वार पूर्व की ओर था। ईंटों के मलबे से प्राप्त सिक्कों के आधार पर मंदिर के दूसरे चरण का निर्माण कनिष्क प्रथम के शासन काल में माना गया है।[133]

उत्खनन में मंदिर से नाग आकृतियाँ बड़ी संख्या में प्राप्त हुई हैं। एक प्रस्तर

खंड पर हाथी और मकर का अंकन है, हाथी के सूंड़ में कमल है। प्रवेश-द्वार के पश्चिम की ओर शालभंजिका की एक मूर्ति मिली है।[134] द्वार शाखा के एक भाग में 19 नाग आकृतियाँ अंकित हैं। बड़ी संख्या में इन नाग आकृतियों की प्राप्ति से यह प्रायः निश्चित हो जाता है कि नाग पूजा की उपासना हेतु बना यह मंदिर अपने काल के श्रेष्ठ कलाकारों द्वारा निर्मित था।

इन मंदिरों के अतिरिक्त कुषाणकालीन पक्की ईंटों से निर्मित सुंदर एवं सुदृढ़ भवनों के पुरावशेषों को भी सोंख उत्खनन की उपलब्धि कहा जा सकता है। यहाँ से सात भवनों की निर्माण योजना स्पष्ट रूप से ज्ञात हो सको हैं। इनमें से 16 कक्षों वाला एक विशाल भवन विशेष महत्त्व का है। मंदिर संख्या 1 के समीप तक जाती हुई एक गली के भी अवशेष मिले हैं।

सोंख उत्खनन से मातृदेवी की मौर्यकालीन अनेक मूर्तियाँ मिली हैं। अन्य पुरावस्तुओं में ताँबे के 120 सिक्के, विष्णु की एक प्रस्तर प्रतिमा, झूले पर खड़ी हुई काँसे की एक युगल मूर्ति[135] तथा पकी मिट्टी की महिषासुर मर्दिनी[136] की एक मूर्ति यहाँ की मुख्य उपलब्धि हैं।

## कंकाली टीले के समीपवर्ती क्षेत्र का उत्खनन

भारतीय पुरातत्व सर्वेक्षण विभाग ने इस ऐतिहासिक नगरी के प्राचीन स्वरूप की विस्तृत जानकारी के लिए इसके पूर्वी, दक्षिणी, पश्चिमी एवं उत्तरी भागों में 14 स्थलों पर उत्खनन कराया।[137] कंकाली टीले के समीप श्री मुनीशचंद्र जोशी के निर्देशन में उत्खनन कराया गया। इस उत्खनन से प्राचीन मथुरा के स्वरूप एवं उसके क्रमिक विकास के उत्थान एवं पतन का पता नहीं चलता क्योंकि सभी टीले अस्त-व्यस्त हो गए हैं, तथा प्राचीन नगर के अवशेषों पर वर्तमान नगरी स्थित है। फिर भी मथुरा का ग्राम से नगर रूप में परिवर्तन तथा प्राचीन संस्कृति के अनेक महत्त्वपूर्ण तथ्य प्रकाश में आए हैं। उत्खनन से प्राप्त पुरातात्विक क्रम जिन्हें पाँच सांस्कृतिक कालों में विभाजित किया गया है, निम्नलिखित हैं[138]–

**प्रथम काल** : ई. पू. से छठी शताब्दी से लेकर ई. पू. चतुर्थ शताब्दी तक।
**द्वितीय काल** : ई. पू. चतुर्थ शताब्दी के अंतिम दशकों से लगभग ई. पू. 200 तक।
**तृतीय काल** : ई. पू. 200 से लेकर प्रथम शताब्दी ई. तक।
**चतुर्थ काल** : प्रथम शताब्दी के प्रारंभ से लेकर तृतीय शताब्दी तक।
**पंचम काल** : चतुर्थ शताब्दी ई. से लेकर छठी शताब्दी तक।

## प्राचीन बस्ती

उत्खनन के प्राप्त प्रमाणों से यह सिद्ध होता है कि आरंभिक काल में मथुरा एक

छोटे गाँव के रूप में था। द्वितीय काल में यह गाँव मिट्टी के एक सुरक्षा प्राकार से घिरे लगभग 3 कि. मी. क्षेत्रफल में फैल गया।[139] इस काल का नगर तीन ओर (पश्चिम, उत्तर और दक्षिण) से अर्द्ध-चंद्राकार सुरक्षा प्राकार से परिवेष्ठित था। पूर्व से यमुना प्रवाहित होती थी जो भी नगर की सुरक्षा में सहायक थी। प्राप्त प्रमाणों से यह ज्ञात होता है कि तीसरे काल में इस प्राकार का सुरक्षा-प्राकार के रूप में उपयोग समाप्त हो चुका था। चतुर्थ काल में पुनः इसकी उपयोगिता समझी गई। अतः इसकी मरम्मत कराकर इसे ऊँचा एवं सुदृढ़ किया गया। चतुर्थ काल में एक अंतःसुरक्षा प्राकार का भी निर्माण मिलता है। यह अंतःसुरक्षा प्राकार वर्तमान कटरा टीले के समीप छोटे-छोटे टीले के रूप में विद्यमान है। पाँचवें काल में टीलों के अस्त-व्यस्त होने के कारण अन्य विस्तृत जानकारी नहीं हो पाई है, परन्तु साक्ष्यों के अवलोकन से यह निश्चित होता है कि इस काल में मथुरा की कला चरम सीमा पर पहुँच चुकी थी।

**प्रथम काल :** प्रमाणों के आधार पर इस काल को दो उपकालों में विभक्त किया जा सकता है–

प्रथम उपकाल में प्राकृतिक धरातल के बिल्कुल ऊपर स्थित है। इस उपकाल में मथुरा के प्राचीन वास्तु अवशेष, मिट्टी का एक फर्श तथा चबूतरा मिला है। मिट्टी का फर्श पीली मिट्टी का बना था। तथा इसमें स्तंभ-विवर थे।[140] इस स्तंभ बिवर में झोपड़ियाँ खड़ी करने के लिए लट्ठे या बाँस गाड़े गए होंगे। और बाद में ऊँची फर्श पर मिट्टी का एक चबूतरा बनाया गया होगा। इस काल की मिट्टी के बर्तनों में चित्रित धूसर (पी. जी. डब्ल्यू.) प्रमुख है। इसके अतिरिक्त सीमित संख्या में कृष्ण लेपित (ब्लैक स्लिप्ड वेयर) एवं कृष्ण लोहित (ब्लैक एंड रेड) भांड भी मिले हैं। अन्य मृत्पात्रों में सादे सलेटी (प्लेन ग्रे वेयर) तथा लाल मृत्पात्र (रेड वेयर) मुख्य थे।

दूसरे उपकाल में चित्रित्र धूसर (पी. जी. डब्ल्यू.), सादे सलेटी (प्लेन ग्रे वेयर) एवं लाल रंग के मृत्पात्रों के अतिरिक्त उत्तरी काले चमकीले मृण्भांड (एन.बी.पी. वेयर) के 15 टुकड़ें मिले हैं।[141]

**द्वितीय काल :** इस युग में मथुरा की बस्ती का काफी विस्तार हो चुका था। इसी क्षेत्र को घेरकर बनाया गया प्राकार (धूलकोट) इस काल की सर्वप्रथम उपलब्धि है। असमतल प्राकृतिक भूमि पर मिट्टी एवं कंकड़ को बारी-बारी से भराई करके इसे ऊँचा बनाया गया था। अंदर की ओर यह ढालू था। बाहरी ओर से इसे सुदृढ़ बनाने के लिए मिट्टी तथा कंकड़ की आड़ी भराई की गई थी।[142]

इस काल में निर्मित मिट्टी के मजबूत चबूतरे, मिट्टी के फर्श एवं स्तंभ विवर युक्त मिट्टी के फर्श आदि मिले हैं। एक स्थान पर फर्श के जलने के भी निशान मिले हैं। अधिकतर मकान मिट्टी के ऊँचे चबूतरे पर बने थे। इन चबूतरों के किनारों पर प्रयुक्त बड़ी ईंटें 64 सें. मी.×42 सें. मी.×7/9 सें. मी. आकार की हैं। इन ईंटों को चबूतरे की मजबूती के लिए लगाया गया था। विभिन्न व्यासों वाले (55 से 90

सें. मी.) आकार के मृतिकावलय कूप (रिंगवेल) भी मिले हैं। एक स्थान पर गंदे पानी को सोखने के लिए सोख्ता घड़ों (सोकेज जार्स) के भी अवशेष मिले हैं।[143]

प्रथम काल के चित्रित धूसर मृत्पात्रों (पी. जी. डब्ल्यू.) का इस काल में अभाव दिखलाई पड़ता है। अब इनके स्थान पर उत्तरी काले चमकीले मृण्भांड (एन. बी. पी. डब्ल्यू) मिलने लगे थे। इसके अतिरिक्त इस काल के अन्य महत्त्वपूर्ण मृण्भांडों में सादे सलेटी तथा लाल मृण्भांड (रेड वेयर) भी थे।

इस काल की बड़ी संख्या में मातृदेवी, गजारोही तथा पशु आकृतियों से युक्त मृण्मूर्तियाँ मिली हैं।[144] उत्खनित अन्य महत्त्वपूर्ण वस्तुओं में ताँबे के आहत एवं अलिखित ढले सिक्के, खेलने की मुहरें, अलंकृत गोल बट्टियाँ, चूड़ियों के टुकड़े, मिट्टी के मनके, रत्न एवं लोहे के बाणाग्र आदि मिले हैं।[145]

**तृतीय काल :** तीसरे सांस्कृतिक काल में भवनों के निर्माण में कच्ची एवं पकी ईंटों का प्रयोग मिलता है। यद्यपि पकी ईंटों से (40/39×24×5 सें. मी.) भवन निर्माण का प्रचलन द्वितीय काल में ही प्रारंभ हो चुका था, किंतु बड़े पैमाने पर निर्माण कार्य तृतीय काल में ही दिखाई देता है। इस काल में मकानों की छत-निर्माण के लिए घास-फूस के अतिरिक्त खपरैलों का भी प्रचलन हो चुका था।[146] चबूतरों में अब सुर्खी का प्रयोग होने लगा था।

इस काल के प्रमुख भग्नावशेषों में मिट्टी के बड़े चबूतरे,[147] एक बहुत बड़े भवन के अवशेष, मृतिकावलय कूप एवं अनाज रखने वाले घड़े से युक्त एक कमरा, ईंटों एवं उनके टुकड़ों को समतल धरातल पर बिछाकर बनाए गए दो बड़े-बड़े आँगन तथा चूने से पलस्तर किया हुआ ईंटों का एक फर्श मुख्य है।[148] इस काल में घोड़े की नाल के आकार वाले चूल्हों के अतिरिक्त नालीनुमा चूल्हों का भी प्रचलन था।[149]

इस काल के आरंभिक चरण से निम्न स्तर के उत्तरी काले चमकीले मृण्भांड सीमित संख्या में मिले हैं। बाद के स्तरों में इस प्रकार के मृण्भांडों का सर्वथा अभाव दृष्टिगत होता है। इस काल के मृण्भांड मुख्य रूप से लाल रंग के मिलते हैं। अपवाद के तौर पर पहले चरण से सादे सलेटी रंग के मृण्भांड सीमित संख्या में मिले हैं।

**चतुर्थ काल :** इस काल में द्वितीय काल से निर्मित धूलकोट का जीर्णोद्धार व परिवर्द्धन दिखाई देता है। कटरा टीले के समीप स्थित लंबे ऊँचे एक टीले की आर-पार खुदाई करने पर यह ज्ञात हुआ कि वास्तव में एक यह अंतःप्राकार था निर्माण गीली मिट्टी के पिंडों की बार-बारी से आड़ी भराई तथा कंकड़युक्त मिट्टी भरकर किया गया था। इस प्राकार के बाहर से सुदृढ करने के लिए अधजली ईंटों, टुकड़ों व पक्की ईंटों के पिंडों से निर्मित दीवाल खड़ी की गई थी।[150]

आवासीय भवनों का निर्माण पकी ईंटों तथा मिट्टी द्वारा किया जाता था। घर के गंदे पानी के निष्कासन के लिए किसी-किसी स्थान पर पकी ईंटों की बनी नालियों की भी व्यवस्था की गई थी। मृतिकावलयकूपों का प्रयोग इस काल में प्रायः नहीं

मिलता है। घरों के फर्श पकी ईंटों, सुर्खी, सख्त मिट्टी एवं कभी-कभी कंकड़ के होते थे। पकी ईंटों में चिकनी मिट्टी का प्रयोग चिनाई के लिए गारे के रूप में किया जाता था। इस काल में भवनों के छत निर्माण में खपरैलों का प्रयोग अब बहुतायत से मिलता है। एक भवन से 32 से. मी×20 से.मी.×5 से.मी. आकार की खपरैल मिली है।[151] घोड़े के नाल के आकार के चूल्हों का प्रयोग सामान्यतया इस काल में भी होता था।

धूलकोट के बाहर स्थित कंकाली टीले पर किए गए उत्खनन से एक विशाल जलाशय का पता चला है। इस जलाशय का निर्माण चार चरणों में हुआ था। प्रथम चरण में केवल ईंटों के कुछ प्रारंभिक रद्दे विद्यमान हैं। द्वितीय चरण में इसकी मरंमत की गई तथा इसमें एक ढलुआ रास्ता जोड़ा गया। तीसरे चरण में इस जलाशय से नीचे उतरने वाले ढलुआ रास्ते का विस्तार किया गया तथा चौथे चरण में ऊपर के कुछ भद्‌दे निर्माण हुए। इस जलाशय के बाहर से एक अभिलेख मिला था, जो कनिष्क के पाँचवें संवत्सर वर्ष का है। इस अभिलेख के अनुसार इस जलाशय को विशाखमित्र नामक एक स्त्री द्वारा उपहार में दिया गया था।[152] इस जलाशय में विविध आकार की ईंटों (40×26×5 सें. मी.), (38×26×4 सें. मी.) तथा (30×15×5 सें मी.) का प्रयोग मिलता है। इसकी गहराई 3.96 मीटर थी। इसका गोपथ पकी ईंटों का बना है। आकार में यह आयताकार (8.10मीटर×9.10 मीटर) है जिसके पूर्व की ओर नीचे उतरने के लिए ढलुआ रास्ता है।[153]

इस युग में भी लाल मृत्पात्रों की बहुलता है। प्रचलित बर्तनों में मुख्य रूप से—चमकदार पालिशयुक्त सुराहीनुमा टोंटीदार पात्र, दावात के आकार वाले ढक्कन, तसले, सकोरे, हाड़ियाँ, सादे एवं टोंटियों से युक्त विविध प्रकार के घड़े इत्यादि थे।

**पंचम काल :** टीलों के अस्त-व्यस्त दशा में होने के कारण इस काल के विषय में समुचित जानकारी नहीं मिलती है किन्तु कुछ स्थानों पर मिले थोड़े-बहुत अवशेषों से इस काल के विषय में सीमित जानकारी मिल सकी है। इस काल के मृण्भांड मुख्यतः चतुर्थ काल के समान लाल रंग के हैं। प्रतिदिन प्रयोग में लाए जाने वाले बर्तनों में सकोरे, तसले, घड़े और हाड़ियाँ इत्यादि मुख्य है।[154]

इस काल में मिट्‌टी के चबूतरे, जिनके ऊपर भवन बनाए जाते थे, के अवशेष भी मिले हैं। इस काल में निर्मित भवनों में चतुर्थ काल में प्रयुक्त ईंटों का दुबारा प्रयोग किया गया है। फर्श पर कहीं-कहीं सुर्खी का भी प्रयोग मिलता है।

मथुरा में बस्तियाँ गुप्तकाल के बाद भी रहीं, किन्तु श्री मुनीशचंद्र जोशी को पूर्वी भाग में उत्खनन से कुछ मिट्टी और चूने के फर्शों को छोड़कर अंयत्र कोई वास्तु-अवशेष नहीं मिले।

संभावना है कि नगर के मुख्य भाग जहाँ वर्तमान बाजार और घनी आबादी है की खुदाई हो तो अन्य महत्वपूर्ण पुरातात्विक सामग्री मिल सकती है।

## सन्दर्भ


1. विनयेन्द्र नाथ चौधरी, बुद्धिस्ट सेंटर्स इन ऐंश्येंट इंडिया (कलकत्ता, 1969), पृ. 38
2. 'हत्वा च लवणं रक्षो मधुपुत्रम् महाबलम्।
   शत्रुघ्नो मदुरां नाम पुरी यत्र चकार वे।।'

   विष्णुपुराण, 1/12/4
3. मेक्रिण्डिल, ऐंश्येंट इंडिया एज डिस्क्राइब्ड बाई टालेमी (कलकत्ता, 1927), पृ. 98
4. 'मदुरा य सूरसेणा'
   देखें—इंडियन एण्टिक्वेरी, संख्या 20, पृ. 375
5. जेम्स लेग्गे, दि ट्रैवेल्स आफ फाह्यान (ओरियंटल पब्लिशर्स, दिल्ली, द्वितीय संस्करण, 1972), पृ. 42
6. थामस वाट्र्स, आन युवॉन् च्वाँग्स ट्रैवेल्स इन इंडिया (मुंशीराम मनोहर लाल ओरियंटल पब्लिशर्स एंड बुकसेलर्स, दिल्ली, प्रथम संस्करण, 1961 ई.) भाग 1, पृ. 301
7. हरमन जैकोबी, सेक्रेड बुक्स ऑफ दि ईस्ट, भाग 45, पृ. 112;
8. मनुस्मृति, भाग 2, श्लोक 18 और 20
9. रामायण, उत्तरकांड, सर्ग 62, पंक्ति 17
10. कृष्णदेव बाजपेयी, मथुरा, (मैकमिलन कंपनी आफ इंडिया लिमिटेड, दिल्ली प्रथम संस्करण, 1980) पृ. 2
11. प्लिनी, नेचुरल हिस्ट्री, भाग 6, पृ. 19; तुलनीय ए, कनिंघम, दि ऐंश्येंट ज्योग्राफी आफ इंडिया, (इंडोलाजिकल बुक हाउस, वाराणसी, 1963), पृ. 315
12. कनिंघम ने क्लीसोबेरा की पहचान केशवुर या कटरा केशवदेव के मुहल्ले से की है। उनके अनुसार यूनानी लेखकों के समय में यमुना की मुख्यधारा या उसकी बड़ी शाखा वर्तमान कटरा या केशवदेव के पूर्वी दीवार के समीप से बहती रही होगी और उसके दूसरी तरफ मथुरा नगर रहा होगा। देखें, ए, कनिंघम, दि ऐंश्येंट ज्योग्राफी ऑफ् इंडिया, इंडोलाजिकल बुक हाउस, वाराणसी, 1963 ई., पृ. 315
13. इंडिशे अल्टिस्कुड़ें, भाग 1, पृ. 127, टिप्पणी 3;
    तुलनीय विमलचरण लाहा, इंडोलाजिकल स्टडीज, भाग 2, पृ. 82
14. बाल्मीकि रामायण, उत्तरकांड, सर्ग 70, पंक्ति 8-9
15. इयम् मधुपुरी रम्या मधुरा देवनिर्मिता।
    निवेशं प्राप्नयाच्छीघ्रमेश मेऽस्तु वरः परः।।

    वाल्मीकि रामायण, उत्तरकांड, सर्ग 70, पंक्ति 5-6
16. शत्रुघातिनी शत्रुघ्न सुबाहो च बहुश्रुत।
    मथुराविदेशे सून्योर्निदवे पूर्वजोत्सुकः।।

    कालिदास, रघुवंशमहाकाव्यम्, 15/36

    उल्लेखनीय है कि शत्रुघ्न द्वारा इस जनपद पर सुबाहु के स्थान पर दूसरे पुत्र शूरसेन के नियुक्त करने का उल्लेख मिलता है। बहुत संभव है सर्वप्रथम कुछ दिन तक सुबाहु शूरसेन जनपद का शासक रहा हो और उसके पश्चात् शूरसेन वहाँ का शासक बना हो। इसी शूरसेन के नाम पर इस जनपद का नामकरण हुआ, जैसा कि पहले उल्लिखित है।
17. कुरुक्षेत्रं त मत्याश्च पंचाला शूरसेनकाः।
    एष ब्रह्मर्षिदेशो वे ब्रह्मावर्तादनंतरः।।

    मनुस्मृति, भाग 2, श्लोक 19

18. मनुस्मृति, भाग 2 श्लोक 18 तथा 20
19. एफ. ई. पार्जिटर, ऐंश्येंट इंडियन हिस्टारिकल ट्रेडिशन, (मोतीलाल बनारसी दास, दिल्ली, 1963) तुलनीय, हेमचंद्र राय चौधरी, प्राचीन भारत का राजनैतिक इतिहास (किताब महल, इलाहाबाद, द्वितीय संस्करण, 1976 ई.), पृ. 107
20. ऋग्वेद, 1/108/8
21. तत्रैव, 1/36!18;5/45/1
22. शतानीकः सामंतासु मेध्यम् सत्राजितो हयम्।
आदत्त यज्ञं काशीनम् भरतः सत्वतामिव।।

—शतपथ ब्राह्मण, 13/5/4/21

23. शतपथ ब्राह्मण, अध्याय 13/5/4/11; तुल. हेमचंद्र राय चौधरी, प्राचीन भारत का राजनैतिक इतिहास, पृ. 108
24. ये वसंति महाभागे मथुरायामितरे जनाः।
तेऽपि यांति परमां सिद्धिं मत्प्रसादन्न संशयः।।

वराहपुराण, पृ. 852, श्लोक 20

25. मथुरायां महापुर्या ये वसंति शुचिव्रताः।
बलिभिक्षाप्रदातारो देवास्ते नरविग्रहाः।।

तत्रैव, श्लोक 22

26. मथुराममंडमम् प्राप्य श्राद्धं कृत्वा यथाविधि।
तृप्ति प्रयांति पितरो यावस्थित्यग्रजन्मनः।।

तत्रैव, श्लोक 19

27. पद्मपुराण, पृ. 600, श्लोक 53
28. बराहपुराण, अध्याय 152
29. गोवर्द्धनो गिरिवरो यमुना च महानदी।
तयोर्मध्ये पुरोरम्या मथुरा लोकविश्रुता।।

बराहपुराण, अध्याय 165, श्लोक 23

30. 'शिंतिर्योजनानातं माथुरं मत्र मंडलम्।'

तत्रैव, अध्याय 158, श्लोक 1

31. ब्रह्मपुराण, अध्याय 14, श्लोक 54
32. हरिवंशपुराण, अध्याय 37
33. तत्रैव, अध्याय 195, श्लोक 3
34. स्कंदपुराण, विष्णु खंड, भागवत माहात्म्य, अध्याय 1
35. वायुपुराण, अध्याय 99;
विमलचरण लाहा, इंडोलाजिकल स्टडीज, भाग 2, पृ. 32
36. एफ. इ. पार्जिटर, ऐंश्येंट इंडियन हिस्टारिकल ट्रेडिशन, (मोतीलाल बनारसी दास, दिल्ली, 1962), पृ. 171
37. तत्रैव, पृ. 171
38. तत्रैव, पृ. 211
39. विमलचरण लाहा, प्राचीन भारत का ऐतिहासिक भूगोल, (उत्तर प्रदेश हिन्दी ग्रंथ अकादमी, लखनऊ, प्रथम संस्करण, 1972 ई.), पृ. 183
40. मिलिंदपन्हो (ट्रेंकनर संस्करण), पृ. 331

41. मिलिंदपन्हों (ट्रेंकनर संस्करण), पृ. 324
42. 'इयं मथुरा नगरी ऋद्धा च स्फीता च क्षेमा च सुभिक्षाचाकार्षाबाहुजन महुष्या।'' ललितविस्तर, पृ. 21; विमलचरण लाहा, ज्योग्राफिकल एसेज, पृ. 26। रोचक है कि पुराणों में राजा सुबाहु को शूरसेन का भाई और शत्रुघ्न का पुत्र बताया गया है। अतः ललितविस्तर का कंसकुल का शूरसेनों का शासक सुबाहु से उसकी समता नहीं की जा सकती। संभव है यह कोई अन्य बुद्धपूर्वकालीन शूरसेन जनपद का शासक रहा हो।
43. 'पंच इसमें भिक्खवे आदीवना मथुरायम्। कतमें पंच? विषमा, बहुरजा, चंडसुनखा, बालयक्खा दुल्लभपिंडो। इमे खो भिक्खवे पंच आदोरवा मधुरायंति।'

अंगुत्तरनिकाय, भाग 3, पृ. 256
44. अंगुत्तरनिकाय, भाग 2, पृ. 57; तत्रैव, भाग 3, पृ. 257
45. भरत सिंह उपापध्याय, बुद्धकालीन भारतीय भूगोल, पृ. 109
46. दिव्यावदान, पृ. 348 में उल्लिखित है कि भगवान बुद्ध ने अपने परिनिर्वाण काल से कुछ पहले ही मथुरा की यात्रा की थी–''भगवान्...परिनिर्वाणकालसमये...मथुरामनुप्राप्तः।'' पालि परंपरा से इसका मेल बैठाना कठिन है।
47. उल्लेखनीय है कि वेरंजा उत्तरापथ मार्ग पर पड़ने वाला बुद्धकाल में एक महत्त्वपूर्ण पड़ाव था, जो मथुरा और सोरेय्य के मध्य स्थित था।
48. वी. ए. स्मिथ, अर्ली हिस्ट्री ऑफ् इंडिया (चतुर्थ संस्करण), पृ. 199
49. सेमुअल बील, बुद्धिस्ट रेकार्ड्स आफ दि वेस्टर्न वर्ल्ड, भाग 1, पृ. 191 टिप्पणी।
50. स्कंदपुराण, काशी खंड, अध्याय 20
51. 'मथुरायां वासवदत्ता नाम गणिकां।'

दिव्यावदान (कावेल एवं नीलवाला संस्करण), पृ. 352
52. आर. सी. शर्मा, बुद्धिस्ट् आर्ट आफ मथुरा, (आगम कला प्रकाशन, नई दिल्ली 1984), पृ. 5
53. भरतसिंह उपाध्याय, बुद्धकालीन भारतीय भूगोल, पृ. 440
54. मोतीचंद्र, सार्थवाह, (बिहार राष्ट्रभाषा परिषद, 1953), 16

55अ. अंगुत्तरनिकाय, भाग 2, पृ. 57

55ब. 'यावच्च मथुरां यावच्च पाटलिपुत्रं अंतराय नौसङ् कमोऽवस्थापित :'।

दिव्यावदान, पृ. 386
56. जी. पी. मललसेकर, डिक्शनरी ऑफ् पालि प्रापर नेम्स, भाग 2, पृ. 930
57. विमलचरण लाहा, इंडोलाजिकल स्टडीज, भाग 2, पृ. 81
58. मज्झिमनिकाय, भाग दो, पृ. 83 और आगे;
    मललसेकर, डिक्शनरी ऑफ् पालि प्रापर नेम्स, भाग 2, पृ. 438
59. दीपवंस (ओल्डेनवर्ग संस्करण), पृ. 27;
    इंडोलाजिकल स्टडीज, भाग 2 पृ. 84
60. दिव्यावदान, पृ. 348-349
61. भरतसिंह उपाध्याय, बुद्धकालीन भारतीय भूगोल, पृ. 442;
    इंडोलाजिकल, स्टडीज, भाग 2, पृ. 40; तुल.-मोतीचंद्र, सार्थवाह, पृ. 141
62. विषाकसूत्र, पृ. 26, नायाधम्मकहाओ, पृ. 156
63. पउमचरिय, 2/2/89; ये सात साधु निम्नलिखित थे–
    (सुरमंत्र, श्रीमंत्र, श्रीतिलम, सर्वसुंदर, अनिल, ललित और जयमित्र)
64. आवश्यकचूर्णि, भाग 1, पृ. 411

45. रोचक हे यह देवनिर्मित शब्द स्तूप की प्राचीनता की ओर इंगित करता है, जब मानवीय निर्माण की परंपरा से भी पीछे देवनिर्माण की परंपरा में लोगों का विश्वास था।
66. जगदीशचंद्र जैन, प्राकृत साहित्य का इतिहास, पृ. 219;
वासुदेवशरण अग्रवाल, भारतीय कला, (पृथिवी प्रकाशन, वाराणसी, 1977)
67. बृहत्कल्पभाष्य, 5/1536
68. व्यवहारभाष्य, 5/27/28
69. वासुदेवशरण अग्रवाल, प्राचीन भारतीय लोकधर्म (अहमदाबाद, 1964), पृ. 91
70. बृहत्कल्पभाष्य, 1/1774
71. आवश्यकटीका (हरिभद्र), पृ. 307
72. वृहत्कल्पभाष्य, 1/1239
73. आचारांगचूर्णि, पृ. 280
74. नंदिचूर्णि, पृ. 8
75. जैन जर्नल, भाग 3 (अप्रैल 1969 ई.), पृ. 185-186
76. एपिग्राफिया इंडिका, भाग 2, पृ. 199
77. एस. बी. देव. हिस्ट्री ऑफ् जैन मॉनकिज्म, (पूना, 1959), पृ. 101
78. अमलानंद घोष, जैन कला एवं स्थापत्य (नई दिल्ली, 1975), पृ. 30
79. बी. सी. भट्टाचार्य, जैन आइकोनोग्राफी (लाहौर, 1939), पृ. 80
80. तत्रैव, पृ. 79
81. विविधतीर्थकल्प, पृ. 80
82. 'मूचा' (मोर का शहर) का विस्तार 27°30' उत्तरी आक्षांश से 77°43' पूर्वी देशांतर तक था। यह कृष्ण की जन्मस्थली थी जिसका राजचिन्ह मोर था।
83. जेम्स लेग्गे, दि ट्रेवेल्स ऑफ् फाह्मान (ओरियंटल पब्लिशर्स, दिल्ली, 1972), पृ. 42
84. तत्रैव, पृ. 43
85. तत्रैव, पृ. 43
86. जेम्स लेग्गे, दि ट्रेवेल्स ऑफ् फाह्मान, पृ. 43
87. तत्रैव, पृ. 44
88. तत्रैव, पृ. 45
89. ए. कनिंघम, दि ऐंश्येंट ज्योग्राफी ऑफ् इंडिया, (इंडोलाजिकल बुक हाउस, वाराणसी, 1963), प्रस्तावना, पृ. 5
90. थामस वाटर्स, ऑन् युवॉन् च्वाँग ट्रैवेल्स इन इंडिया, भाग 1, पृ. 301
91. ए. कनिंघम, ऐंश्येंट ज्योग्राफी ऑफ् इंडिया, (इंडोलाजिकल बुक हाउस, वाराणसी), पृ. 327-28
92. ग्राउस, मथुरा ए डिस्ट्रिक्ट मेमायर, (तृतीय संस्करण, 1883), पृ. 4
ह्वेनसाँग द्वारा वर्णित तथ्य आजकल मथुरा में नहीं दिखलाई पड़ते। मथुरा की भूमि न तो पैदावार योग्य है और न कपास की फसल ही अच्छी होती है। ऐसी स्थिति में यह भ्रम उत्पन्न होता है कि ह्वेनसाँग ने मथुरा के नाम पर किसी अन्य स्थान का विवरण तो नहीं लिखा है। ग्राउस का मत है ह्वेनसाँग के समय में मथुरा में मैनपुरी, आगरा, शिकोहाबाद तथा मुस्तफाबाद के कुछ परगने भी सम्मिलित रहे हों।
93. ग्राउस, मथुरा ए डिस्ट्रिक्ट मेमायर (तृतीय संस्करण, 1883), पृ. 113; उल्लेख्य हैं कि कंकाली टीला प्राचीन काल से ही जैनियों का एक बड़ा केन्द्र था और 11 वीं शताब्दी तक बना रहा। अतः इस अविध में यहाँ बोद्धों के किसी बड़े स्तूप या विहार का होना असंगत प्रतीत होता

है। बहुत संभव है कि यह संघाराम या तो वर्तमाल सप्तर्षि टीला पर था या उससे पूर्व की ओर था जो आजकल बुद्ध तीर्थ के नाम से विख्यात है।

94. ग्राउस महोदय ने बंदर वाले स्तूप का स्थान (दमदम) डीह निश्चित किया है। जो सराय जमालपुर के निकट और कटरा से दक्षिणी-पूर्व थोड़ी दूर पर है। कनिंघम भी इसकी पुष्टि करते हैं। इस बंदर का इतिहास बहुधा बौद्ध प्रस्तरों में प्रदर्शित किया गया है।
95. थामस वाट्र्स, ऑन् यूवान् च्वांग्स् ट्रैवेल्स इन इंडिया, (मुंशीराम मनोहर लाल ओरियंटल एंड पब्लिशर्स, नई दिल्ली, पुनमुर्दित, 1961), भाग 1, पृ. 311
96. जर्नल ऑफ् एशियाटिक सोसायटी ऑफ् बंगाल, भाग 5, 1836, पृ. 567
97. फ्लीट, गुप्त इंसक्रिप्संस, टेक्स्ट्स एंड ट्रांसलेशन पार्ट, 1963, पृ. 26-27 संख्या 4
98. टैवरनियर वायेज, पेरिस 1678, भाग 2, पृ. 71; वर्नियर वायेज, एम्सटर्डम 1699, भाग 2, पृ. 79; मनुसीस्टोरिया डी मोगोल, भाग 1, पृ. र98
100. कनिंघम ने इसे जेल टीले के नाम से संबोधित किया है। जबकि ग्राउस ने जमाल्लपुर टीले के नाम से अभिहित किया है।
101. जे. पी. एच. फोगल, मथुरा म्युजियम कैटलाग, (इलाहाबाद, 1910), पृ. 10
102. नीलकंठ पुरुषोत्तम जोशी, मथुरा की मूर्तिकला, (मथुरा, 1965) पृ. 5
103. आ. स. इ.ए.रि., भाग 3, 1873, पृ. 36 और प्लेट संख्या 36
104. आर. सी. शर्मा, बुद्धिस्ट आर्ट साफ् मथुरा, (आगम कला प्रकाशन, दिल्ली, 1984), पृ. 77
105. नीलकंठ पुरुषोत्तम जोशी, मथुरा की मूर्तिकला (मथुरा संग्रहालय, मथुरा, 1965, पृ. 6
106. आ. स. रि. भाग 3 (1873 ई.) पृ. 18 प्लेट संख्या 3
107. आर. सी. शर्मा, बुद्धिस्ट आर्ट ऑफ् मथुरा, (आगम कला प्रकाशन, नई दिल्ली 1984), पृ. 79
108. तत्रैव, पृ. 80
109. एनुअल प्रोग्रेस रिपोट् ऑफ् आर्कियोलाजिकल सर्वे, 1906, पृ. 1-2 देखें–
फोगल, कैटलाग ऑफ् दि आर्कियोलाजिकल म्यूजियम ऐट मथुरा (इलाहाबाद 1910), पृ. 17-18
110. विस्तार के लिए 'बुलेटिन ऑफ म्यूजियम एंड आर्कियोजाली इन यू. पी. संख्या 11-12 में प्रकाशित, आर. सी. शर्मा का पेपर (जून-दिसंबर 1973), पृ. 21-29
111. आर. सी. शर्मा, बुद्धिस्ट आर्ट ऑफ् मथुरा, (आगम कला प्रकाशन, दिल्ली, 1984, पृ. 81
112. हर्बर्ट हर्टिल, सम रिजल्ट्स ऑफ् दि एक्सकेवेशंस ऐट सोंख, (नई दिल्ली 1976), (जर्मन स्कालर्स ऑफ् इंडिया, भाग दो से पुनर्मुदित), पृ. 69-99
113. इ. आ. रि., 1973-74, पृ. 31-32; तत्रैव, 1974-75, पृ. 48'50; तत्रैव, 1975-76, पृ. 53-56; तत्रैव, ̨976-77, पृ. 54-56
114. आर. सी. शर्मा, मथुरा म्यूजियम एंड आर्ट, पृ. 8
115. इस उत्खनन की रिपोर्ट प्रकाशित न होने के कारण इस क्षेत्र के संबंध में संपूर्ण जानकारी नहीं मिल पाई है। केवल एक संक्षिप्त टिप्पणी इंडियन आर्कियोलाजी में प्रकाशित हुई थी। देखें–इ. आ. रि., 1954-55, पृ. 15-16,
116. आर. सी. शर्मा, बुद्धिस्ट आर्ट आफ् मथुरा, (आगम कला प्रकाशन, दिल्ली, 1984), पृ. 82
118. आर. सी. शर्मा, बुद्धिस्ट आर्ट ऑफ मथुरा, पृ. 83,
119. इ. आ. रि., बुद्धिस्ट आर्ट ऑफ मथुरा, पृ. 83,
120. कटरा से प्राप्त वस्तुओं के संग्रह के लिए द्रष्टव्य–एनुअल रिपोर्ट ऑफ् दि वर्किंग ऑफ् दि आर्कियोलाजिकल् म्यूजियम, (मथुरा, 31 मार्च 1955), पृ. 5 से 10

121. सोंख के उत्खनन के लिए द्रष्टव्य—हर्बर्ट हर्टिल, सम रिजल्ट्स ऑफ् दि एक्सकेवेशंस् ऐट सोंख, जर्मन स्कालर्स ऑफ् इंडिया, पुर्नमुद्रित, दिल्ली 1976, पृ.69-99
122. तत्रैव, चित्र संख्या 10
123. हर्बर्ट हर्टिल, सम रिजल्ट्स ऑफ् दि एक्सकेवेशन्स् ऐट सोंख, दिल्ली 1976, पृ. 79
124. इस सिक्के के पुरोभाग पर वृषभ के सम्मुख खड़ी एक मानव आकृति है और पृष्ठभाग पर उज्जैन प्रतीक है।
125. हर्बर्ट हर्टिल, सम रिजल्ट्स ऑफ् दि एक्सकेवेशंस ऐट सोंख, नई दिल्ली, 1976, पृ. 72
126. तत्रैव, पृ. 73
127. हर्बर्ट हर्टिल, सम रिजल्ट्स ऑफ् दि एक्सकेवेशन्स् ऐट सोंख, नई दिल्ली, 1976, पृ. 72
126. तत्रैव, पृ. 73
127. हर्बर्ट हर्टिल, सम रिजल्ट्स ऑफ् दि एक्सकेवेशन्स् ऐट सोंख, नई दिल्ली, 1976, पृ. 76
130. तत्रैव, पृ. 75
129. हर्बर्ट हर्टिल, सम रिजल्ट्स ऑफ् दि एक्सकेवेशन्स् ऐट सोंख, नई दिल्ली, 1976, पृ. 76
130. तत्रैव, पृ. 77
131. तत्रैव, पृ. 93
132. हर्बर्ट हर्टिल, सम रिजल्ट्स ऑफ् दि एक्सकेवेशन्स् ऐट सोंख , पृ. 94
133. तत्रैव, पृ. 95
134. तत्रैव, पृ. 99
135. हर्बर्ट हर्टिल, सम रिजल्ट्स ऑफ् दि एक्सकेवेशन्स् ऐट सोंख, चित्रसंख्या 33
136. तत्रैव, चित्रसंख्या 36
137. विस्तार के लिए द्रष्टव्य, आई. ए. आर., 1954-55, पृ. 15-16; तत्रैव, 1965-66, पृ. 41-42; 1970-71, पृ. 31-32; 1972-73, पृ. 29-30; 1973-74; पृ. 31-32; 1974-75, पृ. 48-50; 1975-76, पृ. 42-43; 1976-77, पृ. 54-56 और 88-89
138. एम. सी. जोशी, एंड ए. के. सिन्हा, क्रोनोलाजी ऑफ् मथुरा—एन एसेसमेंट, पुरातत्त्व, जिल्द 10, पृ. 39
139. इ. आ. रि., 1973-74, पृ. 32
140. इ. आ. रि., 1975-76, पृ. 53
141. तत्रैव, 1974-75, पृ. 49। ऐसा प्रतीत होता है कि चित्रित धूसर मृण्भांड का प्रयोग करने वाले लोग प्रथम काल के दूसरे चरण में एक नए मृत्पात्र (उत्तरी काली चमकीली मृण्भांड) से परिचित हो चुके थे।
142. इ. आ. रि., 1973-74, पृ. 31
143. इ. आ. रि., 1975-76, पृ. 55
144. मूर्तियों के यहाँ से बड़ी मात्रा में मिलने के कारण यह निश्चित हो जाता है कि इस काल में मृण्मूर्ति कला का काफी विकास हो चुका था।
145. इ. आ. रि., 1974-76, पृ. 54-55
146. इ.आ. रि. 1974-75, पृ. 50
147. इन चबूतरों का प्रयोग भवनों के आधार के रूप में किया जाता था।
148. तत्रैव, 1976-77, पृ. 55
149. ऐसा प्रतीत होता है कि इन बड़े चूल्हों का प्रयोग किन्हीं समारोह आदि के अवसर पर किया जाता था।

150. इ. आ. रि., 1973-74, पृ. 31
151. तत्रैव, 1976-77, पृ. 55
152. इ. आ. रि., 1974-75, पृ. 50
153. तत्रैव, पृ. 51
154. तत्रैव, 1976-77, पृ. 56

# 8.

# कौशाम्बी

कौशांबी प्राचीन भारत का एक प्रमुख नगर था। यह वत्स (वंश) जनपद की राजधानी थी जिसे इलाहाबाद के समीप आधुनिक कोसम ($25^{o}$ 20', 30" उत्तरी अक्षांश, $81^{o}$ 23', 12" पूर्वी देशांतर) से समीकृत किया गया है।[1] इसका वर्णन दीघनिकाय के महापरिनिब्बान-सुत्त[2] तथा महासुदस्सन-सुत्त में मिलता है, जिसमें इसे बुद्ध-कालीन भारत के 6 महानगरों (चंपा, राजगृह, श्रावस्ती, कौशांबी, साकेत तथा वाराणसी) में एक बताया गया है। इस नगर का सर्वप्रथम उल्लेख वैदिक साहित्य (शतपथ ब्राह्मण)[3] में मिलता है जिसमें एक शिष्य (प्रोतिकौसुरुवंदि) को 'कौशांबेय' (कौशांबी का निवासी) कहा गया है। इस नगर की उत्पत्ति के विषय में प्राचीन साहित्य में अनेक उद्धरण मिलते हैं। महाभारत तथा रामायण में इसकी उत्पत्ति की कथा वर्णित है। महाभारत के अनुसार उपरिचरवसु नामक कुरु राजवंश के शासक के कुशांब नामक पुत्र ने इसकी नींव डाली थी[4]; जबकि रामायण में कौशांबी की स्थापना का श्रेय कुश के कुशांब नामक पुत्र को दिया गया है।[5] पुराणों के अनुसार जब गंगा के प्रवाह के फलस्वरूप हस्तिनापुर का विनाश हो गया तो जनमेजय के वंशज निचक्षु ने अपनी राजधानी कौशांबी को स्थानांतरित कर दिया।[6] आचार्य बुद्धघोष ने इस नगर की उत्पत्ति के संदर्भ में दो अनुश्रुतियों का उल्लेख किया है।

1. इस नगर के 'कौशांबी' नाम पड़ने का कारण यह था कि इस नगर को बसाने के लिए यहाँ के बहुत से 'कोशंब' नामक वृक्षों का काटना पड़ा था।[7]

2. एक अन्य अनुश्रुति के अनुसार कुशांब (कुशांब) नामक ऋषि का आश्रमस्थल होने के कारण इसका कौशांबी नाम पड़ा।[8]

इन दोनों बौद्ध अनुश्रुतियों का समर्थन अप्रत्यक्ष रूप से जैन परम्परा[9] और अश्वघोष कृत सौदरनन्द काव्य[10] से भी होता है।

कौशांबी की पहचान आधुनिक कोसम नामक स्थान से की गई है। इसके समीकरण के संदर्भ में यहीं से प्राप्त संवत् 1921 (1565 ई.) के एक स्तंभलेख[11] का

उल्लेख भी समीचीन होगा जिसमें 'कौशांबीपुरी' का नाम आया है। इस लेख में इस नगर के सुवर्णकारों के कल्याण के लिए प्रार्थना की गई है।[12] इससे ज्ञात होता है कि इस लेख के प्राप्तिस्थान कोसम का ही पूर्वनाम कौशांबी था। कोसम के समीप स्थित पभोसा ग्राम से प्राप्त एक प्रस्तरखंड के ऊपर भ्रष्ट संस्कृत में एक लेख ''कौशांबीनगर बाह्य प्रभासाचलोपरि' मिलता है,[13] जिससे ज्ञात होता है कि प्रभास (आधुनिक पभोसा) कौशांबी नगर के समीप था। पभोसा से कौशांबी का सामीप्य इस नगर के साथ उसकी एकता निश्चित करता है। हाल के पुरातात्विक अन्वेषणों में घोषिताराम के अवशेषों की प्राप्ति के पश्चात् प्राचीन कोसम के साथ इस नगर की पहचान के संदर्भ में अब कोई संशय नहीं रह जाता। सोलहवीं शती तक आधुनिक कोसम प्राचीन कौशांबी की स्मृति संजोए हुए था। कोसम से प्राप्त संवत् 1621 (1564 ई.) के एक प्रस्तर स्तंभलेख में प्राचीन कोशांबीपुरी का उल्लेख है जो इन दोनों के समीकरण का एक पुष्ट प्रमाण प्रस्तुत करता है।[14]

कौशांबी यमुना नदी के किनारे पर स्थित थी। संयुक्त निकाय के पठ्म-दारूक्खंध सुत्त में कौशांबी को गंगा नदी के तट पर स्थित बतलाया गया है,[15] जो स्पष्टतः भ्रामक है। मनोरथपूरणी[16] में वर्णित वक्कुल की कथा के आधार पर कौशांबी की स्थिति यमुना नदी के तट पर वर्णित है। इसका समर्थन कनिंघम[17] ने भी किया है। कौशांबी की स्थिति के संदर्भ में परस्परविरोधी मत प्रचलित हैं। चीनी यात्रियों के यात्रा-विवरणों से इसकी स्थिति का ज्ञान होता है। फाह्यान सारनाथ से कोशांबी की दूरी 13 योजन बतलाता है जबकि ह्वेनसाँग प्रयाग से कौशांबी की दूरी 500 ली (100 मील) बतलाता है,[18] जो कि अतिरंजित है। फाह्यान द्वारा निर्दिष्ट दूरी सत्य के अधिक समीप प्रतीत होती है। कनिंघम ने इलाहाबाद से इसकी दूरी 38 मील बतलाई है।

कौशांबी के संदर्भ से सबसे संक्षिप्त प्राचीन उद्धरण शतपथ ब्राह्मण में मिलता है। महाकाव्यों में भी इस नगर का उल्लेख आया है। महाभारत में युधिष्ठिर द्वारा राजसूय यज्ञ करते समय वत्सभूमि को विजित करने का उल्लेख है।[19] एक अन्य स्थल पर कर्ण द्वारा वत्स राज्य को जीतने का उल्लेख आया है।[20] एक अन्य उद्धरण में हैहयों द्वारा हर्यश्व का वध करके वत्स राज्य को जीतने का विवरण है।[21] इसके अतिरिक्त कुरुक्षेत्र के ऐतिहासिक युद्ध में पांडवों की ओर से काशी और वत्सों के युद्ध करने का उल्लेख भी मिलता है।[22]

## पुराणों में वर्णित कौशांबी

पुराणों में कौशांबी पर शासन करने वाले राजाओं की वंशावलियाँ दी हुई हैं। यहाँ उल्लेख आता है कि जब गंगा की बाढ़ द्वारा हस्तिनापुर बहा दिया गया तब भरतवंशी शासक निचक्षु (जो कि अर्जुन के पौत्र परीक्षित के पाँचवें वंशज थे), कौशांबी आकर बस गए।[23] इस वंश के 25 शासकों का उल्लेख पुराणों में आया है, जिन्होंने कौशांबी

पर शासन किया था।[24] कौशांबी नगर का जनक (कुरु राजवंश के शासक) के समय भी अस्तित्व था।[25] शतपथ ब्राह्मणों में प्रीति कौशांबेय को उद्दालक आरुणि का समकालीन बताया गया है, जो जनक की सभा में आया करते थे। अतः यह स्पष्ट है कि कौशांबेय जनक के समकालीन थे तथा कौशांबी पर अेनक राजाओं ने शासन किया था। इस वंश के अंतिम शासकों में सबसे प्रसिद्ध शासक उदयन था, जो बुद्ध का समकालीन था। इस शासक का उल्लेख स्वप्नवासवदत्ता एव प्रतिज्ञायोगंधरायण में भी आया है जिसमें उसे भरत कुल का वंशज कहा गया है।[26] प्रारंभ में उदयन को बौद्ध धर्म के प्रति रुचि नहीं थी, परंतु कालांतर में उसने बौद्ध धर्म को स्वीकार कर लिया था।

इस प्रकार हम देखते हैं कि पुराणों के अनुसार कई शासकों ने कौशांबी पर शासन किया था। यद्यपि उनका तिथि-क्रम अभी निशिचित नहीं हो सका, परंतु इतना तो निश्चित है कि इन शासकों में से कुछ ने अवश्य ही कौशांबी पर शासन किया होगा।

## बौद्ध साहित्य में कौशांबी

बौद्ध साहित्य में कौशांबी नगर का विस्तृत वर्णन मिलता है। पाँचवी शताब्दी ई. पू. से पहली शती ई. तक कौशांबी बौद्ध धर्म का एक मुख्य केंद्र रहा। जैसाकि पहले कहा गया है कौशांबी 6 महानगरों में एक था। यहीं पर महात्मा बुद्ध को उनके शिष्य आनंद ने महापरिनिब्बान प्राप्त करने के लिए प्रेरित किया था।[27] महात्मा बुद्ध ने अपना नवाँ वर्षावास कौशांबी में बिताया था ओर यहीं से कुरु राष्ट्र जाकर उन्होंने अनेक व्याख्यान भी दिए थे। फलतः इस नगर में उनके अनुयायियों की संख्या बढ़ गई थी।

कौशांबी में भिक्षुओं एवं भिक्षुणियों के निवास करने की भी चर्चा मिलती है। बौद्ध ग्रंथों में घोषिताराम, कुक्कुटाराम[28], पावारिकांबवन (प्रावारिक आम्रवन) तथा बदरिकाराम आदि कौशांबी के प्रसिद्ध विहारों का उल्लेख है। ये विहार कौशांबी में निवास करने वाले तीन प्रसिद्ध सेठों घोषित, कुक्कुट और पावारिक द्वारा बनवाए गए थे[29], और इन विहारों का नामकरण भी इन्हीं के नाम के आधार पर हुआ था। कौशांबी के उत्खनन से एक अभिलेख प्राप्त हुआ है जिसमें घोषिताराम को कौशांबी की सीमा पर दक्षिण-पूर्वी कोने में स्थित बतलाया गया है। यह विहार बुद्ध के निर्वाण के पश्चात् भी आनंद का प्रिय आवास था।[30] यहाँ सारिपुत्र, महाकच्चायन और उपवाण के भी कई बार आने का उल्लेख मिलता है।[31] एक अवसर पर भगवान बुद्ध अनुपिया छोड़ने के पश्चात् कौशांबी में आए और इसी विहार में रुके थे।[32] पिंडोल भारद्वाज जिसने उदयन को बौद्ध धर्मावलंबी बनाया था, इसी घोषिताराम में निवास करते थे।[33] ये कौशांबी नरेश उदयन के राजपुरोहित के पुत्र थे। उदयन और पिंडोल भारद्वाज

में धार्मिक विषयों पर एक वार्ता भी हुई थी।[34] भगवान् बुद्ध के शिष्य तस्स थेर, जो एक गृहपति पुत्र थे, कौशांबी में पैदा हुए थे।[35] घोषिताराम में ही निवास करते समय भगवान् बुद्ध ने धम्मविनय आदि विषयों पर प्रवचन दिया था।[36] महावंश[37] के वर्णनानुसार (द्वितीय शताब्दी ई. पू. में) कौशांबी के घोषितराम के 30 हजार भिक्षु उरुधंमरक्खित नामक भिक्षु की अध्यक्षता में अनुराधापुर के महास्तूप विहार के शिलांयास महोत्सव में भाग लेने के लिए लंका गए थे। पावरिकांबवन नामक एक अन्य विहार घोषिताराम के पूर्व में स्थित था। ह्वेनसांग ने इस विहार की पुरानी बुनियादों को देखा था।[38]

उपर्युक्त तीन विहारों के अतिरिक्त बदरिकाराम नामक एक अन्य विहार भी कौशांबी में था। सारत्थप्पकासिनी[39] के अनुसार बदरिकाराम की दूरी घोषिताराम से एक गव्यूत (करीब दो मील) थी। महाराज वैश्रवण के कोसम अभिलेख में इसे कोसम के समीप स्थित बतलाया गया है।[40] यह एक बौद्ध विहार था जहाँ एक बार बुद्ध भी ठहरे थे। यहाँ पर थेर राहुल ने भिक्षुओं के नियमों में अपना मन लगाया था।[41]

इसके अतिरिक्त कौशांबी में कुक्कुटाराम और परिव्राजकाराम नामक विहार भी थे। परिव्राजकाराम में आनंद ने अपने ठहरने की चर्चा भगवान् बुद्ध से की थी।[42] ये दोनों आराम (विहार) घोषिताराम के क्रमशः दक्षिण-पूर्व और पूर्व में स्थित थे।[43] इस प्रकार कौशांबी में अनेक विहारों के मिलने से ज्ञात होता है कि बौद्ध धर्म का यहाँ पूर्ण विकास हो चुका था।

यमुना के तट पर स्थित होने के कारण यहाँ पर वाणिज्य का पर्याप्त विकास हुआ। इसलिए इसे लोग 'वत्स पत्तन' कहते थे।[44] कौशांबी बौद्धयुगीन उत्तर भारत का सर्वप्रमुख व्यापारिक केंद्र था। दक्षिण-पश्चिम और उत्तर पश्चिम से आने वाले सड़कें कौशांबी में मिलती थीं। गंगा के मैदान का दक्षिणी पथ इंद्रप्रस्थ से मथुरा होता हुआ इलाहाबाद के समीप कौशांबी पहुँचता था और वहाँ से चुनार आता था।[45] सड़क के इस भाग पर वत्सों का प्रभाव था। वत्सों की राजधानी कौशांबी से एक सीधा रास्ता उज्जैन को जाता था। इन्हीं प्रमाणों के आधार पर रीज़ डेविड्स का विचार है कि बुद्ध के काल में प्रमुख नदी-पत्तन होने के कारण कौशांबी व्यापार का प्रमुख केंद्र बन गया था। यह केंद्र उत्तर भारत, मध्य भारत तथा देश के अन्य भागों से जुड़ा हुआ था।[46] उस समय कौशांबी में एक लाख व्यापारी रहते थे।[47] , परंतु रीज़ डेविड्स द्वारा अनुमानित यह संख्या अतिरंजित लगती है। बौद्ध ग्रंथों के अनुसार उज्जयिनी राजगृह जाने वाले व्यापारिक मार्ग पर यह नगर स्थित था।[48] जीवक उज्जयिनी से लौटता हुआ कौशांबी होकर ही राजगृह गया था।[49] कौशांबी से यमुना नदी द्वारा अगियाबीर प्रयाग-प्रतिष्ठान तक और उससे आगे गंगा द्वारा वाराणसी, पाटलिपुत्र और ताम्रलिप्ति तक आवागमन था। वाराणसी से एक व्यापारिक मार्ग कौशांबी से होता हुआ उज्जयिनी को जाता था।[50] विनय महावग्ग से ज्ञात होता है

कि कौशांबी तथा श्रावस्ती सुप्रसिद्ध वाणिज्य पथ द्वारा संबद्ध थे।[51] एक अन्य विवरण के अनुसार बुद्ध कौशांबी से बालकलोनकाराम गए थे। वहाँ से पारिलेय्यक होते हुए वे श्रावस्ती पहुँचे। इससे यह निश्चित होता है कि वालकलोनकाराम और पारिलेय्यक दोनों उसी मार्ग पर स्थित थे जो कौशांबी, साकेत और श्रावस्ती को जाता था।

विनय चुल्लवग्ग (खंड 12) में भिक्षुओं द्वारा स्थल यात्रा का वर्णन मिलता है। इसमें ये भिक्षु कौशांबी से अहोगंग पब्बत, सोरेय्य, संकिसा, कन्नकुज्ज, उदुंबर और अग्गलपुर होते हुए सहजाती पहुँचते थे।[52] कुछ भिक्षुओं का नाव द्वारा वैशाली से सहजाती जाने का भी उल्लेख मिलता है।[53] अहोगंग पब्बत को जैसा कि इनके नाम से विदित होता है, पर्वत या नदी से समीकृत किया जा सकता है। अन्य पालि ग्रंथों में भी अहोगंग से नाव द्वारा पाटलिपुत्र की यात्रा का वर्णन है।[54] यात्रा मार्ग पर अवस्थित होने क कारण कौशांबी प्राचीन भारत का एक महत्त्वपूर्ण व्यापारिक केंद्र था।[55]

बौद्ध साहित्य से कौशांबी पर शासन करने वाले राजाओं की जानकारी भी मिलती है। बुद्ध के शासन काल में कौशांबी उदयन के शासनाधीन थी। अपने राज्य के प्रारंभ में उदयन बौद्ध धर्म का विरोधी था। पालि साहित्य में पिंडोल भारद्वाज द्वारा उदयन को बौद्ध धर्म में दीक्षित करने का उल्लेख है।[56] उदयन ने वैवाहिक संबंध स्थापित करके अपने राज्य की स्थिति सुदृढ़ की थी। उसने अवंती नरेश चंड प्रद्योत (चंड पज्जोत) की पुत्री वासवदत्ता (वासुलदत्ता) से विवाह किया[57], जिससे उसकी शक्ति काफी सुदृढ़ हो गई थी।

उदयन की मृत्यु के उपरांत नंदों के काल तक कौशांबी के इतिहास के संदर्भ में ज्ञान अत्यल्प है। मज्झिमनिकाय में उदयन के उत्तराधिकारी बोधि का वर्णन आता है। उसने एक भव्य राजप्रासाद बनवाकर गौतम बुद्ध को वहाँ आमंत्रित किया था।[58] पुराणों एवं पालि ग्रंथों में बोधि के उत्तराधिकारियों का उल्लेख मिलता है, पर उनसे तत्कालीन नगर की समृद्धि पर कोई विशेष प्रकाश नहीं पड़ता।

इस नगर का सर्वक्षेत्रीय विकास मौर्यों के शासन काल में हुआ। इस काल में इस नगर का राजनीतिक, धार्मिक एवं आर्थिक विकास हुआ। कौशांबी में स्तंभों के ऊपर उत्कीर्ण अशोक के लेखों से इस नगर का महत्त्व स्पष्ट होता है। मौर्य-काल में संभवतः यह एक प्रांत का अधिष्ठान था। अशोक के शासन काल में नगर के भिक्षु संघ में एक महान भेद उत्पन्न हो गया था, जिसको रोकने के लिए अशोक ने सक्रिय प्रयास किया। उसने संघ में भेद उत्पन्न करने वाले को सदस्यता से वचित करने का आदेश निकाला था।[59] अशोक की दूसरी पत्नी (तीवर-माँता) ने यहाँ आम्रवाटिका, आराम एवं दानगृह का निर्माण कराया था।[60]

मौर्यों के पाश्चात् कौशांबी पर मित्र राजवंश के राजाओं का शासन हुआ।[61] उत्खनन से भी मित्र राजवंश के सिक्के मिले हैं, जो तृतीय सांस्कृतिक भाग के 15

वें एवं 16 वें गठन काल के हैं। इन मित्र राजाओं की संक्षिप्त तालिका निम्नलिखित है–

ईश्वरमित्र, प्रजापतिमित्र, प्रोष्ठमित्र, राढ़मित्र, राजमित्र, रजनीमित्र राममित्र, सर्पमित्र, सतमित्र, सूरमित्र, वरुणामित्र, वृहस्पतिमित्र II, अग्निमित्र, बहसतिमित्र प्रथम, और ज्येष्ठमित्र।[62] इन राजाओं के उत्कीर्ण, ढाले गए, ताँबे के गोल सिक्कों का व्यास 17 मि. मी. तथा भार 80 ग्राम है। इनकी तिथि और वंश के संदर्भ में अभी पर्याप्त संदेह है।[63]

ईसवी की प्रथम शताब्दी में कौशांबी पर कुषाणों का आधिपत्य हो गया। यहाँ से प्राप्त एक बुद्ध प्रतिमा पर लेख मिलता है जिसे कनिष्क के राज्यकाल के दूसरे वर्ष में उत्कीर्ण किया गया था।[64] सारनाथ से प्राप्त एक बोधिसत्व की प्रतिमा पर उसके राज्यकाल के तीसरे वर्ष का उल्लेख है। इन दोनों लेखों से यह स्पष्ट होता है कि दक्षिणपूर्व की विजय यात्रा के दौरान कनिष्क ने अपने शासन काल के दूसरे वर्ष में कौशांबी तथा तीसरे वर्ष में वाराणसी को विजित किया था।[65]

कुषाणों के पश्चात् कौशांबी पर मघ राजवंश का शासन हुआ। दस या ग्यारह मघ शासकों का उल्लेख मिलता है।[66] पुराणों में भी कौशांबी के 9 मघ शासकों का उल्लेख है, जिन्हें कोशल क्षेत्र से संबंधित किया गया है।[67] कुषाण-काल की ही भाँति मध-काल भी राजनीतिक तथा सांस्कृतिक दोनों दृष्टियों से कौशांबी के लिए उत्कृष्ट काल रहा। इनका शासन काल संभवतः दूसरी शताब्दी से लेकर तीसरी शताब्दी के मध्य तक था। मुद्रा साक्ष्यों के आधार पर उत्खनन से प्राप्त दुर्ग प्राचीर 5, मघों द्वारा निर्मित की गई प्रातीत होती है; जिन्होंने दूसरी सदी ई. के मध्य में कौशांबी को अपनी राजधानी बनाया।[68]

चौथी शताब्दी के पूर्वार्द्ध में समुद्रगुप्त ने कौशांबी को विजित कर गुप्त साम्राज्य में मिला लिया। इस काल में भी इस नगर का चतुर्दिक विकास दृष्टिगत होता है।

गुप्तों के साम्राज्य के पश्चात् कौशांबी पर वर्द्धन वंश का शासन हुआ। हर्ष के शासन काल में भारत आए चीनी यात्री ह्वेनसाँग ने इस नगर पर पर्याप्त प्रकाश डाला है।

वर्द्धन वंश के उपरान्त यह नगर कान्यकुब्ज साम्राज्य में सम्मिलित हो गया। कान्यकुब्ज शासक त्रिलोचनपाल के एक लेख[69] में कौशांबी मंडल का उल्लेख आया है, जिससे ज्ञात होता है कि ग्यारहवीं शताब्दी तक यह नगर कान्यकुब्ज साम्राज्य के अधीन था।

## जैन ग्रंथों में वर्णित कौशांबी

भगवान् महावीर के निर्वाण के पश्चात् लगभग पाँच शताब्दियों तक जैन धर्म उत्तर भारत के विभिन्न क्षेत्रों में तीव्रता के साथ प्रगति करता रहा। विभिन्न साक्ष्यों के अध्ययन से पता चलता है कि उत्तर भारत के प्रायः सभी ब्राह्मण केंद्रों में जैन मंदिर

निर्मित हुए।[70] इसका प्रधान उद्देश्य तत्कालीन भारतीय समाज में लोक प्रचलित ब्राह्मण धर्म के विपरीत जैन धर्म को लोकप्रिय बनाना था। कौशांबी के पास पभोसा नामक स्थान से दो अभिलेख[71] प्राप्त हुए हैं। जिनसे पता चलता है कि आषाढ़सेन की संरक्षता में जैन मुनियों का एक संघ यहाँ रहता था। इसी स्थान (पभोसा) से प्राप्त खुदाई में जैन प्रतिमाओं से भी इस बात की पुष्टि होती है कि यहाँ ईसा के पूर्व ही जैन धर्म का अत्यधिक प्रचार हो चुका था।[72] चीनी यात्री ह्वेनसाँग ने भी पभोसा नामक स्थान का उल्लेख किया है। ह्वेनसाँग लिखता है कि यहाँ पर गुफा में बहुत से जैन मुनि निवास करते थे।

कौशांबी छठे जैन तीर्थंकर पद्मप्रभ की जन्मस्थली थी।[73] यहाँ से पद्मप्रभ की प्रतिमा प्राप्त हुई है। यह प्रतिमा कमलासीन है, जो आधुनिक पद्मप्रभ के जैन मंदिर के पास से प्राप्त की गई थी। जैन पौराणिक कथाओं से ज्ञात होता है कि पद्मप्रभ यहीं (प्रभस-पत्तन[74] में) पैदा हुए थे और इस नगर पर शासन भी किया था। उन्होंने यहीं प्रभस-पत्तन में तपस्या भी की थी। भगवान् महावीर भी यहाँ एक बार पधारे थे और निर्ग्रंथ धर्म का प्रवचन किया था।[75]

जैन ग्रंथ भगवती सूत्र (रचना काल 300 ई. पू. से 600 ई. के बीच) में भी कौशांबी का वर्णन मिलता है। राजगृह, चंपा, श्रावस्ती और हस्तिनापुर के समान यह नगर भी एक व्यापारिक केंद्र था। इस ग्रंथ में राजाओं की जो वंशावलियाँ मिलती हैं उनका उल्लेख पुराणों में भी मिलता है।[76]।

कौशांबी के शासक सातनिक और उनकी पत्नी मृगावती[77] भगवान् महावीर के भक्त थे। जैन साक्ष्यों से पता चलता है कि इनके अमात्य (मंत्री) भी जैन धर्म के अनुयायी थे। सातनिक का पुत्र और उत्तराधिकारी उदयन भी जैन धर्म का समर्थक था।[78]

व्यापारिक केंद्र के रूप में भी कौशांबी का विशद वर्णन जैन ग्रंथों में मिलता है। कौशांबी प्रमुख नदी-पत्तन तथा स्थलमार्ग से सभी व्यापारिक केंद्रों से जुड़ा हुआ था।[79] जलमार्ग द्वारा भिक्षुओं के कौशांबी से वैशाली जाने का उल्लेख मिलता है। एक यात्रा में इनके वैशाली से सहजाती जाने का भी उल्लेख हुआ है।[80] जलमार्ग का उपयोग व्यापार के लिए भी किया जाता था। जलमार्ग से व्यापार स्थलमार्ग की अपेक्षा अधिक सुविधाजनक और कम खर्चीला था। व्यापार के लिए जहाजों और बड़ी तथा छोटी नौकाओं का उपयोग किया जाता था। इनसे भारी सामान जैसे खंभों और लट्ठों को एक स्थान से दूसरे स्थान पर भेजा जाता था।[81]

सुप्रसिद्ध मार्गों के साथ संबंधित होने के कारण कौशांबी उत्तर भारत में आयात-निर्यात का प्रमुख केंद्र बन गया। इस प्रकार जैन-साहित्य तत्कालीन व्यापार व्यवस्था का अच्छा चित्रण प्रस्तुत करता है और बौद्ध काल में कौशांबी के एक व्यापारिक नगर होने तथा इसके प्रमुख नगरों से वाणिज्य पथों द्वारा संयुक्त होने की पुष्टि भी करता है।

## ह्वेनसाँग का यात्रा-विवरण

फाह्यान की यात्रा के लभगभ दो सौ वर्षों बाद चीनी यात्री ह्वेनसाँग प्रयाग होता हुआ कौशांबी आया था। उसने लिखा है कि इस राज्य का क्षेत्रफल 6000 ली[82] (1000 मील) तथा राजधानी का क्षेत्रफल 30 ली था। यह उष्ण जलवायु वाला एक उपजाऊ देश था। यहाँ गन्ना और चावल बहुतायत में पैदा होता है। यहाँ उसने पूर्णतः ध्वस्त दस से अधिक संघारामों को देखा था। इससे स्पष्ट है कि ह्वेनसाँग के कौशांबी आगमन के समय तक बौद्ध धर्म अवनति की ओर अग्रसर था और नगर प्रायः मृतप्राय हो चुका था। इस तथ्य की पुष्टि पुरातात्विक साक्ष्यों द्वारा भी होती है। ह्वेनसांग आगे लिखता है कि इस नगर में अब भी 300 श्रमण निवास करते हैं जो हीनयान संप्रदाय से संबंधित थे। यहाँ पर 5 से अधिक देवमंदिर थे जिनमें अबौद्धों की संख्या कम थी।[83]

राजधानी से थोड़ी दूरी पर 60 फुट ऊँचा एक बौद्ध विहार था। इसमें चंदन की लकड़ी की एक बुद्ध प्रतिमा थी जो रत्नजटित सिंहासन पर अवस्थित थी। इस प्रतिमा के संदर्भ में ह्वेनसाँग ने एक किंवदंती के प्रचलन का भी जिक्र किया है कि इस प्रकाशमान मूर्ति को अपने स्थान से कोई हिला नहीं सकता था।

ह्वेनसाँग ने नगर के दक्षिण-पूर्व स्थित घोषिताराम विहार का भी उल्लेख किया है। इसके मध्य में बुद्धदेव का एक विहार और एक स्तूप है जिसमें तथागत के नख और बाल संचित हैं। इसके अतिरिक्त तथागत के स्नानगृह का खंडहर भी वर्तमान है।

ह्वेनसाँग के अनुसार इस विहार से 100 कदम की दूरी पर चारों बुद्धों के चलने-फिरने और बैठने इत्यादि के चिन्ह पाए जाते हैं। संघाराम के दक्षिण-पूर्व वाले दो खंड के बुर्ज के ऊपरी भाग में ईंटों की एक गुफा है जिसमें वसुबंधु बोधिसत्व रहते थे। इस गुफा का प्रयोग उसने विद्यामात्र सिद्धि शास्त्र करने, हीनयान संप्रदाय के सिद्धांतों का खंडन करने और विरोधियों का मुखमर्दन करने के लिए किया था।

इसके निकट ही सम्राट अशोक द्वारा निर्मित 202 फुट ऊँचा एक स्तूप था जिसके पास दूसरा स्तूप बुद्धदेव के स्मृतिचिन्हों, नख तथा बालों से युक्त है, और तथागत भगवान् के इधर-उधर चलने-फिरने के बहुत-से चिन्ह भी वर्तमान हैं। इसी स्थान पर रोग से पीड़ित शिष्य आकार अपनी रोगमुक्ति के लिए प्रार्थना करते हैं।[84]

इस स्तूप के निकट एक विषैले नाग का निवास भवन पत्थर का बना हुआ था। जहाँ बुद्ध ने नाग को परास्त करके अपनी परछाईं को छोड़ दिया था। यद्यपि इस स्थान की यह कथा बहुत प्रसिद्ध है, परन्तु उस परछाई के दर्शन अब नहीं होते।

**पुरातात्विक प्रमाण :** कौशांबी को भारतीय पुरातत्व के मानचित्र पर रखने का श्रेय भारतीय पुरातत्व के जनक एलेक्जेंडर कनिंघम को है जिन्होंने 1861 ई. में यहाँ की यात्रा की, और वर्तमान कोसम को कौशांबी से समीकृत किया।[85] प्राचीन कौशांबी नगर के भग्नावशेष यमुना नदी के बाएँ तट पर इलाहाबाद से 51.2 कि. मी. दक्षिण-पश्चिम दिशा में विद्यमान हैं। सर्वप्रथम भारतीय पुरातत्व सर्वेक्षण विभाग

(1937-38) द्वारा निर्दिष्ट अशोक स्तंभ के समीपवर्ती क्षेत्रों का उत्खनन 1949 में इलाहाबाद विश्वविद्यालय के गोवर्द्धन राय शर्मा ने कराया।[86] कालांतर में इन्हीं के नेतृत्व में (1951-56) घोषिताराम मठ की खोज की गई। उत्खनन के फलस्वरूप घोषिताराम विहार प्रकाश में आया, जिसके चारों ओर पकी ईंटों की दीवारें थीं। दक्षिण, पश्चिम एवं उत्तर की ओर भिक्षुओं के रहने के लिए कमरे निर्मित थे। विहार के मध्य एक विशाल स्तूप का साक्ष्य भी मिला है। इसके अतिरिक्त एक अंडाकार चैत्य एवं तीन छोटे-छोटे स्तूपों के अवशेष भी उपलब्ध हुए हैं। इस क्षेत्र के निम्नतम आवासीय धरातल से चित्रित धूसर मृण्भांड मिले हैं। इस विहार का निर्माण पाँचवीं शताब्दी ई. पू. में किया गया। इस प्रकार यह विहार भारत के प्राचीनतम विहारों में से एक था। इस विहार का विभिन्न समय में परिवर्द्धन होता रहा। यहाँ से निर्माण के सत्रह स्तर प्रकाश में आए हैं। इस विहार से मृण्भांडों के अतिरिक्त प्रस्तर-प्रतिमाएँ, मृण्मूतियाँ, सिक्के एवं अभिलेख भी मिले हैं। यहाँ से प्राप्त प्रस्तर-प्रतिमाएँ द्वितीय शताब्दी ई. पू. से लेकर पाँचवीं-छठीं शताब्दी ई. तक की हैं। यहाँ से प्राप्त कतिपय प्रस्तर-मूर्तियाँ भारतीय कला के इतिहास में महत्त्वपूर्ण स्थान रखती हैं। कौशांबी नगर के भग्नावशेष 6.45 कि. मी. भाग में फैले हैं, जिनका एक भाग किलाबंदी की जटिल प्रणाली से सुरक्षित है। प्राचीन परकोटा के टीले, एक खाई से घिरे हुए यमुना के आधार के रूप में एक अर्द्धघेरा बनाते हैं। परकोटे लगभग 4 मील की परिधि का निर्माण करते हैं। परकोटे की औसत ऊँचाई लगभग 35 फुट है तथा बुर्ज 70 से 75 फुट तक ऊँचे हैं। नगर के तीन ओर पूर्व, उत्तर, तथा पश्चिम प्रवेश-द्वार का विधान था। दक्षिणी प्रवेशद्वार के अवशेष यमुना द्वारा बहा दिए जाने के कारण नहीं मिल सके हैं। परकोटों के अतिरिक्त संपूर्ण नगर तीन और से एक खाई अथवा परिखा द्वारा घिरा हुआ था। इस भाग में परिखा की अधिकतम चौड़ाई 1600 फुट है। पूर्वी द्वार पर एक मिट्टी का बाँध है जो द्वार के लिए एक पर्दे का काम करता था। इसकी अधिकतम लंबाई और चौड़ाई 350 और 90 फुट थी। इस बाँध और परकोटे के बीच एक 25 फुट का मार्ग था।[87]

उत्खनन से नगर के प्रारंभिक विकास का प्रारूप ज्ञात होता है। सड़कें नगर के सभी प्रमुख स्थानों को एक-दूसरे से जोड़ती थीं। अशोक स्तंभ इसके मध्य अवस्थित था। उपलब्ध साक्ष्यों के अनुसार इस नगर के परिक्षेत्र में निवास करने वाले लोगों का बसाव क्रमशः चौथी शताब्दी ई. पू. के मध्य से चौथी शताब्दी के मध्य हुआ होगा।

उत्खनित क्षेत्र की गलियों में अनुप्रस्थ दीवालों (क्रास वाल्स) का भी विधान था। इनका निर्माण अनधिकारी व्यक्तियों तथा चोरों की सुरक्षा को ध्यान में रखते हुए किया गया था। इन गलियों को रात्रि में और आपात काल में बंद कर दिया जाता था।

मकानों का निर्माण पंक्तिबद्ध ढंग से किया गया था। प्रत्येक मकान दो खंडों में विभक्त था, जो दो दरवाजों (बाहरी और भीतरी) से युक्त था।[88] उत्खनन में बड़ी संख्या में खपरैल तथा खुली और ढकी नलियों के अवशेष भी मिले हैं। मकानों से दूषित जल के निकलने की भी व्यवस्था थी। उत्खनन में एतदर्थ पकी ईंटों से निर्मित पाइप की नाली थी मिली हैं। इस प्रकार की नाली से कई लाभ थे। इसके चारों ओर से बंद होने के कारण गंदगी के फैलने का कोई भय नहीं रहता था।

स्वच्छता की व्यवस्था के लिए यहाँ के निवासियों ने कई उपाय किए थे। यहाँ की खुदाई से तीन सोख्ता घड़े मिले हैं। ये मिट्टी के बड़े घड़े होते थे जिनकी पेंदी में छेद करके इन्हें एक-दूसरे के ऊपर रख देते थे। सबसे निचले घड़े के नीचे ईंटें रखी रहती थीं। नालियों द्वारा सबसे ऊपरी घड़े में मल तथा घर की गंदगी इकट्ठा होती थी। ऐसे ही घड़े तक्षशिला[89] और हस्तिनापुर[90] की खुदाइयों में भी मिले हैं। कौशांबी से प्राप्त सोख्ता घड़े कभी-कभी घर के पृष्ठभाग में भी रखे हुए मिलते हैं। इस प्रकार की व्यवस्था अन्य स्थानों पर भी रही होगी। उल्लेखनीय है कि साहित्य में भी गृह के पृष्ठभाग में मल-निर्हरण के लिए इसे बनाने का निर्देश है।[91] राज्य के ओर से भी ऐसे घड़े सड़कों के किनारे तथा गलियों में एवं चत्वरों के पास रखे जाते थे।[92]

इसके अतिरिक्त मृतिकावलय कूपों (रिंग वेल्स) का भी निर्माण किया जाता था। कौशांबी की खुदाई में ऐसे, मृतिकावलय कूप काफी संख्या में मिले हैं। इसी प्रकार के मृतिकावलय कूप तक्षशिला, हस्तिनापुर, अहिच्छत्र तथा राजघाट की खुदाइयों से काफी संख्या में प्राप्त हुए हैं। इनको बनाने के लिए गड्ढा खोदकर तीन फुट व्यास की चकरियाँ एक के ऊपर एक रख दी जाती थीं। कौशांबी से मिले मृतिकावलय कूपों में चकरियों की संख्या 25 है।[93] कौशांबी के खंडहरों से एक ही जगह तीन मृतिकावलय कूप मिले हैं। इस प्रकार के निर्माण का भी एक विशेष कारण रहा होगा। संभवतः सर्वप्रथम एक मृतिकावलय कूप का प्रयोग में लाया गया होगा। उसके भर जाने के पश्चात् उसे सूखने के लिए छोड़कर दूसरे तथा तीसरे मृतिकावलय कूप का प्रयोग किया गया होगा।

## रक्षा प्रणालियों का निर्माण

### परकोटा 1 और रक्षाभित्ति 1

कौशांबी के इतिहास में कुल मिलाकर भवन निर्माण के 25 चरण प्राप्त हुए हैं। इनमें तीसरा चरण नगर के इतिहास में एक सीमाचिन्ह है। इस काल में नगर को एक सुदृढ़ सुरक्षात्मक दीवार द्वारा सुरक्षित किया गया था। प्रथम परकोटे का केंद्रीय भाग कठोर, घन और पूर्ण घुटी मिट्टी का बनाया हुआ था। रोचक है कि परकोटा 1

पकी ईंटों तथा मानव संबंधित सामग्री से शून्य है। इसका बाहरी भाग तीव्र ढलानयुक्त है, जिसमें पकी हुई ईंटें प्रयुक्त हैं। यह रक्षाभित्ति 9 फुट मोटी एवं 40.5 फुट ऊँची है, जिसमें लगभग 151 तह है। इसमें प्रयुक्त ईंटों की माप 19.5 इंच×13 इंच×2.75 इंच है।[94] इसमें केवल नई और पूर्ण ईंटों का प्रयोग किया गया है। ऊपर की 14 तहों को छोड़कर संपूर्ण परकोटे की चिनाई तोड़ा चाल में की गई थी। इस चिनाई को मजबूत बनाने के लिए चूनायुक्त गारे का प्रयोग 2 से 3 इंच मोटे प्लास्टर के रूप में किया गया है, जिससे आज भी रक्षाभित्ति सुरक्षित है। नीचे की सतह से 15 और 18 तहों के मध्य लगातार 6-6 फुट की दूरी पर 7 जलछिद्रों (वीप-होल्स) के निशान हैं।[95] इस सुरक्षात्मक दीवार की रक्षाभिति का पुनर्निमाण चार या पाँच बार हुआ था।[96]

रक्षाभित्ति 1 से लगभग 24 फुट की दूरी पर सहायक परकोटे[97] का निर्माण किया गया है। यह 32 फुट चौड़ा तथा 18 फुट ऊँचा एक मिट्टी का बाँध था, जो 80 फुट की लंबाई तक खुली हुई खाई से संबद्ध था। सहायक परकोटा 1 के पेदें और खाई के मध्य सड़क का निर्माण किया गया था।

## परकोटा 2 और रक्षाभित्ति 2

इस परकोटे के निर्माण तथा रक्षा प्रणालियों की योजना में पूर्णतः परिवर्तन मिलता है। इस चरण में परकोटे को 6 फुट तथा ऊँचा कर दिया गया था। रक्षाभित्ति के बाहरी मुख और सहायक परकोटे के बीच में क्षेत्र पत्थर के टुकड़ों, राख, रेत और चिकनी मिट्टी से बंद कर दिया गया था। बचाव के क्षेत्र को 79 फुट तक घेरते हुए एक नया सहायक परकोटा बनाया गया था।[98] ईंटों से उत्तर भाग की ओर परकोटा 2 की रक्षा करते हुए एक घना चबूतरा निर्मित किया गया था। प्रथम जल-निकास या नाली का निर्माण भी इसी काल में हुआ। रक्षाभित्ति 2 की लंबाई और चौड़ाई 59 फुट और 19 फुट है। इसमें तोड़ा चाल (इंग्लिश बांड) में प्रयुक्त ईंटों की औसत माप 18 इंच×12 इंच×2.5 इंच है। इसके पश्चिमी सिरे पर 8 फुट×6 फुट का एक आयताकार बुर्ज था।[99] इस रक्षाभित्ति से पाँच गठनकाल संयुक्त थे। इस प्रकार इस काल में भवन-निर्माण की एक विशिष्ट कला और प्राचीरों के संगठन में एक बड़ा परिवर्तन दिखलाई देता है।

## परकोटा 3 और रक्षाभित्ति 3

परकोटा 2 के निर्माण के साथ कौशांबी की रक्षा प्रणालियाँ अपने वर्तमान आयाम को प्राप्त कर चुकी थीं। इस काल में परकोटे का बाहरी भाग प्लास्टरयुक्त मिलता है। भवन योजना में कोई परिवर्तन परिलक्षित नहीं होते हैं। प्राचीरों की ऊँचाई में केवल 5 फुट की वृद्धि हुई।[100] यद्यपि रक्षाभित्ति 3 का निर्माण किया गया, पर मिट्टी

के परकोटे पर पकी ईंटों को जमाकर सुरक्षा प्रणाली का परित्याग कर दिया गया था। रक्षक कक्ष, पार्श्व दीवारें तथा शिखर पर दोनों भागों में विद्यमान बुर्ज अब सुरक्षा संश्लिष्ट की कुंजी थी।[101] इस काल की महत्त्वपूर्ण उपलब्धि पुरुषमेध की एक श्येनचिति की प्राप्ति है। 51 फुट की लंबाई में प्राप्त होने वाली रक्षाभित्ति 3, 74 ईंट खंडों की ऊँचाई में $20^{o}$ के प्रवण (Batter) के साथ मिले हैं। 3 फुट की चौड़ाई में यह दीवार व्यवहार में विभिन्न उद्देश्यों के लिए प्रयुक्त एक या अनेक होती थी। आक्रमणों में नष्ट हुए रक्षाभित्ति 2 की मरंमत हेतु इसे बनाया गया था।[102] इस काल में 7 फुट 6 इंच×6 फुट के एक चबूतरे का स्वतंत्र रूप से निर्माण किया गया। फर्श 6 और 7 से मित्र राजाओं के कई सिक्के मिले हैं। इस काल का अंत संभवतः किसी आक्रमण से हुआ जिसका प्रमाण एक जले हुए भाग और राख से मिलता है। राख के इस ढेर में हड्डियों के टुकड़े तथा कुछ कपालों के खंड प्राप्त हुए हैं। उपलब्ध साक्ष्य के अनुसार उत्तरी कृष्ण परिमार्जित मृदभांड भी इस काल में समाप्त हो गए।[103] इस काल का संपूर्ण निर्माण 150 ई. पू. के आसपास का है।

## परकोटा 4 और 5

इस काल में परकोटे की मरंमत तथा ऊँचा उठाने का कार्य, दीवालों का पुनर्निर्माण तथा नूतन निर्माण, फर्श आदि का बनाया जाना भी दृष्टिगत होता है। 50 फुट की लंबाई में 4 फुट 6 इंच और 3 फुट 6 इंच चौड़ी दीवारें मिली हैं।[104] इस काल में सुरक्षात्मक दीवार के भीतर एक भूमिगत रास्ते के निर्माण किया गया। यह रास्ता प्रारंभ में 37 फुट लंबा तथा 31 फुट 6 इंच चौड़ा था। इसकी लंबाई बाद में घटकर 25 फुट 6 इंच ही रह गई। संभवतः इसका प्रयोग सैनिक साज-समान को ले जाने तथा सैनिकों के आवागमन के लिए होता था। इसका निर्माण काल ईसवी सन् के प्रारंभ का माना गया है। इस काल में फर्श सुर्खी या लाल रंग के बनाए जाते थे।[105]

परकोटा 5 का निर्माण एक महत्वपूर्ण युगांतर को प्रस्तुत करता है। इस काल में परकोटे की ऊँचाई अंतिम बार बढ़ाई गई भूमि को समतल करके तथा दीवालों को नए रूप में खड़ा करके नई नीवों पर रक्षक कक्षों का पुनर्निमाण किया गया परंतु आवासीय भवनों की योजना में बिना किसी मौलिक परिवर्तन के दीवालें पुनः बनाई गईं। ये नई दीवालें क्रमशः 5 फुट, 3 फुट 6 इंच और 3 फुट 10 इंच चौड़ी हैं। केंद्रीय कक्ष 12 फुट 2 इंच चौड़ा है जिसमें 8 फुट 6 इंच का मार्ग और 2 संतरी कक्ष हैं[106] दक्षिणी कक्ष 6 फुट 3 इंच तथा उत्तरी कक्ष 8 फुट 2 इंच चौड़ा है। इन दोनों कक्षों की लंबाई 12 फुट 3 इंच है। 21 से 24 तक के गठन काल में असमांतर मात्रा में विनाश हुआ। संपूर्ण क्षेत्र जला दिया गया और लगभग सभी मकान धराशायी हो गए। यह एक हिंसात्मक आक्रमण का परिणाम था, जिसने नगर की नीवों तक को हिला डाला।[107] वे सुरक्षा प्रणालियाँ, जिन्होंने प्रथम सुरक्षा के तृतीय गठन काल

से चौथे भाग के चौबीसवें गठन काल तक कौशांबी की रक्षा की थी, अंततः छोड़ दी गईं तथा बाद में हमेशा के लिए नगर रक्षाविहीन हो गया। इस काल में सर्वप्रथम नुकीले तीर-फलक बड़ी संख्या में मिले, जो स्पष्ट रूप में विध्वंसक उपकरण थे।

## परिखा और सड़कें

### परिखा

प्राचीरों के किनारे नगर की सुरक्षा की दृष्टि से नगर के चतुर्दिक एक परिखा का निर्माण किया गया था। परिखा की चौड़ाई 480 फुट थी तथा 142 फुट×92 फुट का बुर्ज परकोटे के अगले भाग से 275 फुट की दूरी पर विद्यमान था।[108] उत्खनन से खाई के मार्ग के अस्तित्व, चारों कालों की सड़कें तथा नाली और बुर्ज के बीच तट एवं सहायक परकोटा तथा खाई के बीच दो कालों की सड़कें ज्ञात हुई हैं। सड़कों से स्तर विंयास तथा सापेक्ष कालमान को निश्चित करने में सहायता मिलती है। ये सड़कें खाई को तीन भागों में विभाजित करती हैं।[109]

1. एक 70 फुट की नहर जो सड़कों द्वारा दो भागों में विभक्त थी, एक परकोटे के आधार पर और दूसरी नाली और बुर्ज के बीच।

2. सड़क और बुर्ज के दक्षिण और पूर्व की ओर 13 फुट ऊँचे किनारे वाला एक तालाब।

3. एक खाई और तालाब जो रक्षा बुर्ज के पूर्व में तथा सड़क के उत्तरी भाग पर परकोटे के आधार को भी मिलाता था। यह पूर्णतः पानी भर जाने पर 480 फुट चौड़ी हो जाती थी। सामान्यतया यह नहर (नाली) 60-70 फुट चौड़ी तथा 7 फुट गहरी रहती थी।[110]

आपात काल के समय संपूर्ण परिखा में जल भर दिया जाता था। नहरें भी जल से परिपूर्ण हो जाती थीं। सड़कें भी पानी में डूब जाती थीं, केवल बुर्ज का ऊपरी हिस्सा दृष्टिगत होता था।[111] खाई प्रथम का संचयन उत्तरी कृष्ण परिमार्जित मृदभांड से पूर्व का है।[112]

पुरातात्विक साक्ष्यों के अतिरिक्त प्राचीन ग्रंथों-महाकाव्यों, पुराणों एवं बौद्ध साहित्य में परिखा के संदर्भ में अनेकशः उदाहरण मिलते हैं, जहाँ नगरों के चतुर्दिक एक या अधिक परिखा होने का उल्लेख मिलता है।[113] परिखाओं को सुदृढ़ करने के लिए उसके तल एलं किनारों में ईंटों की चिनाई कर दी जाती थी अथवा पाषाण खंडों को लगा दिया जाता था।[114] शत्रु दल परिखाओं को पार न कर सकें, इसलिए परिखाओं में भयंकर जीव जंतु छोड़ दिए जाते थे। कौटिल्य ने परिखा में घड़ियालों को छोड़ने का उल्लेख किया है।[115] महाभारत में घड़ियाल एवं नाक (नक्र) आदि भयंकर जल-जंतुओं का परिखाओं के जल में छोड़ने के लिए कहा गया है।[116]

## सड़कें

कौशांबी के उत्खनन से कुल मिलाकर क्रमश 5 सड़कों के अवशेष प्रकाश में आए हैं। पहली सड़क 10 फुट चौड़ी और 4 से 6 इंच तक गहरी थी। यह सहायक परकोटा 1 और परिखा के बीच विस्तृत थी। इसके निर्माण में ईंटों के छोटे-छोटे टुकड़े, कंकड़, चूने एवं चिकनी मिट्टी का प्रयोग किया गया था। दूसरी सड़क 14 फुट चौड़ी और 5 इंच गहरी थी। तीसरी सड़क 10 फुट चौड़ी एवं 5 इंच गहरी थी।[117] इसी तीसरी सड़क पर चौथी सड़क का निर्माण हुआ जो 11 फुट चौड़ी तथा 6 इंच मोटी थी सुरक्षा के दृष्टिकोण से जब परकोटे पर रक्षण-कक्षों का निर्माण किया गया तो सड़क 5 का निर्माण हुआ। इन रक्षक-कक्षों के साथ संचार व्यवस्था के लिए, जो परकोटे के अगले भाग की सतह से लगभग 35 फुट की ऊँचाई पर थे, सड़क के स्तर को ऊँचा उठाना आवश्यक हो गया था।[118]

कौशांबी के उत्खनन से प्रारंभिक रक्षाप्रणाली (किलाबंदी की कला) पर महत्त्वपूर्ण प्रकाश पड़ता है। साथ ही साथ यह भी ज्ञात होता है कि किस प्रकार सुरक्षा के उपायों में परिवर्तन करके बाद के समय में इन्हें उपयोगी बनाया जा सकता था। रक्षाप्रणाली (किलाबंदी) के प्रारंभ का समय लगभग 1025 ई.पू. में हुआ जिसे उत्खाता महोदय ने हड़प्पा की संस्कृति से प्रभावित माना है।[119] कौशांबी के इस धरातल पर मिट्टी के जो बर्तन उपलब्ध हुए हैं, उनके समरूप मध्य भारत एवं पश्चिमी भारत की ताम्र-पाषाणिक संस्कृतियों में देखे जा सकते हैं। प्रारंभिक रक्षाप्रणाली में पकी हुई ईंटों की दीवार से, ढलान वाले भाग पर पलस्तर की हुई मिट्टी की दीवार , 30’ से 40’ तक दीवार को सहारा देना, तोड़ा चाल में खंडों को रखना, बाद वाले खंडों में कुछ चिन्ह छोड़ना, बुर्जों को फिर से मजबूत बनाना आदि हड़प्पीय दुर्गों के निर्माण की दृढ़ स्मृति के मूल तत्त्व हैं।[120] अपने मत के समर्थन में उत्खाता महोदय ने निम्नलिखित तर्क प्रस्तुत किये हैं।–

1. परकोटा 1 में प्रयुक्त पकी ईंटों की चिनाई हड़प्पा में प्रयुक्त परकोटे की ईंटों से समानता ग्रहण किए हैं।
2. यहाँ की नाली के टोड़ेदार मेहराब (कार्बेल्ड आर्च) की बनावट मोहन-जोदड़ों के महान स्नानागार की भाँति है।
3. परकोटा 1 दो कालों में विभक्त है जो कि (पी. जी. डब्ल्यू.) चित्रित धूसर मृण्भांड के पहले की है।
4. इस काल के मृण्भांड हड़प्पा संस्कृति और इसके पूर्व नवदा टोली[121] और रंगपुर से प्राप्त मृण्भांडों से समानता लिए हुए हैं।

जी. आर. शर्मा द्वारा निर्देशित तर्कों के संबंध में विद्वानों में मतभेद है।[122] ब्रजवासी लाल[123] ने इन सभी तर्कों की समीक्षा प्रस्तुत करते हुए निम्नलिखित आलोचना

प्रस्तुत की है–

1. सर्वप्रथम उन्होंने शर्मा द्वारा निर्दिष्ट कौशांबी के परकोटों की ईंटों की माप (51.5×33.5×7.5 से. मी.) और हड़प्पा की ईंटों की माप में पर्याप्त अंतर का उल्लेख किया है। एक ओर यहाँ कि हड़प्पा की ईंटों की माप एक समान अनुपात (1 : 2 : 4) मोटाई, चौड़ाई और लंबाई (7½×15×30 से. मी.) या (10×20×40 से. मी.) में है; जबकि कौशंबी की ईंटों की माप में किसी निश्चित अनुपात का सर्वथा अभाव दृष्टिगत होता है।
2. टोड़ेदार मेहराब (Carblled Arch) के संबंध में इन्होंने इसे उस समय का एक प्रचलित तरीका माना है, जिससे कोई भी निश्चित तिथि नहीं निकाली जा सकती।
3. परकोटा 1 का निर्माण चित्रित धूसर मृण्भांड के पूर्व हुआ, ऐसा उचित नहीं प्रतीत होता।
4. मृण्भांडों की हड़प्पा से समानता की बात को भी अनुचित ठहराया है।

निष्कर्षतः श्री ब्रजवासी लाल ने परकोटा 1 को प्राकृतिक मिट्टी का रूप स्वीकार किया है और तभी से आहत और अलिखित सिक्कों की प्राप्ति की सूचना भी मिलती है। अतः परकोटा 2 का निर्माण इन सिक्कों के प्रचलन के पश्चात् ही संभव हो पाया होगा।

अपने मत के समर्थन में श्री लाल ने उन सभी स्थानों (राजघाट, श्रावस्ती, कौशांबी, शृंगवेरपुर) से प्राप्त साक्ष्यों का उल्लेख किया है।[124] अतः इन स्थानों से प्राप्त आहत और अलिखित सिक्के उत्तरी काली चमकीले मृण्भांड के आरंभ से अस्तित्व में नहीं आए थे। इनका प्रचलन संभवतः छठवीं शताब्दी ई. पू. में हुआ होगा। शर्मा द्वारा निर्देशित परकोटा 2 जो कि निश्चित रूप से परकोटा 1 है, छठवीं शताब्दी ई. पू. के पहले का नहीं है। परिणामतः साक्ष्यों के विश्लेषण एवं निरीक्षण में कौशांबी की रक्षा प्रणालियों की प्राचीनता 1025 ई. पू. में स्थापित नहीं होती। यह रचना संभवतः अर्द्ध सहस्राब्दि या इसके बाद कभी हुई होगी।[125]

## उत्खनन से प्राप्त वस्तुएँ

उत्खनन से बड़ी मात्रा में लौह उपकरण, मिट्टी के बर्तन, मिट्टी और धातु की मूर्तियाँ, सिक्के, और मुहरें आदि मिली हैं, जिनसे प्राचीन कौशांबी के महत्त्व की जानकारी होती है।

उत्खनन में 1115 लौह उपकरण, प्राप्त हुआ है, जिनमें 678 सुरक्षित स्थिति में हैं। इनमें 370 तीर-फलक, 58 बरछे और नेजे तथा 250 विविध प्रकार की वस्तुओं के समूह हैं। इनमें कुल्हाड़ियाँ, बसुले, चाकू, उस्तरे, कीलें, छेनियाँ एवं हसियाँ आदि हैं।[126] इनमें से अधिकांश औजार कृषकों एवं शिल्पियों द्वारा प्रयोग में लाए जाते थे।

यहाँ से प्राप्त मृण्भांडों के चार वर्ग दृष्टिगत होते हैं। **प्रथम वर्ग** में चाक से बने लाल रंग के पात्र हैं, जिनमें कटोरे, तश्तरियाँ, किनारे वाले प्याले, प्रसिद्ध खाँचे, पाएदार तश्तरियाँ तथा विभिन्न आकृतियों के घड़े हैं।[127] **दूसरे वर्ग** के पात्र चित्रित बनावट के हैं, जो मुख्यतः कटोरे एवं तश्तरियों के रूप में मिले हैं। भूरी ओर कभी-कभी काली फिसलनदार सतह पर सामान्य रूप से समतल और गोल भाग पर विविध प्रकार के नमूने चित्रित किए जाते थे।[128] **तृतीय वर्ग** में उत्तरी कृष्ण परिमार्जित मृण्भांड आते हैं। इस प्रकार के पात्रों के प्रारंभिक नमूने घेरेदार पट्टियों से, पात्रों पर तिरछी रेखाओं से मेहराबों, त्रिभुजों के आकार से ललाईयुक्त पीले तथा गहरे काले रंग में प्राप्त होते हैं **चतुर्थ वर्ग** में रक्तभांड (रेड वेयर) एवं भूरे पात्रों (ग्रे वेयर) की प्रधानता है।

उत्खनन से 323 मानव और पशुओं की मिट्टी की बनी छोटी मूर्तियाँ प्राप्त हुई हैं।[129] इसके अतिरिक्त बहुत बड़ी संख्या में शरीर के विविध अवयवों के खंड भी मिले हैं।

उत्खनन से प्राप्त सिक्कों की संख्या 120 हैं, जिनमें से 76 सुरक्षित हैं ये सिक्के मुख्यतः अंकित, अनुत्कीर्ण ढाले गए एवं उत्कीर्ण किए गए स्वरूपों में मिलते हैं।[130]

कौशांबी के मित्र राजाओं के लिखे एवं ढले सिक्के तृतीय सांस्कृतिक भाग के 15वें एवं 16वें गठन काल के हैं। सिक्कों के प्रमाणों के आधार पर दुर्ग-प्राचीर 3 कौशांबी के मित्र राजाओं के समय का प्रतिनिधित्व करती है। ऐतिहासिक विवरण के आधार पर यह समय द्वितीय से प्रथम शताब्दी ई. पू. का है। मुद्राओं के साक्ष्य के आधार पर दुर्ग प्राचीर 5 मघों के द्वारा निर्मित की गई प्रतीत होती है जिन्होंने दूसरी सदी ई. के मध्य में कौशांबी को अपनी राजधानी बनाया।

इसके अतिरिक्त उत्खनन से 3 मुहरें भी मिली हैं। इनमें से एक सोलहवें गठनकाल से, दूसरी दुर्गप्राचीर 3 से एवं तीसरी इसी के पास के एक गढ्ढे से प्राप्त हुई हैं। पुरालिपि विज्ञान के आधार पर इन मुहरों को लगभग 150 से 50 ई. पू. के मध्य वाले काल में रखा जा सकता है।

## संदर्भ


1. विमलचरण लाहा, प्राचीन भारत का ऐतिहासिक भूगोल, (उत्तर प्रदेश हिन्दी ग्रंथ अकादमी, लखनऊ, 1972), पृ. 82
2. दीघनिकाय, द्वितीय खंड, पृ. 146; तु. भरतसिंह उपाध्याय, बुद्धकालीन भारतीय भूगोल, पृ. 268
3. शतपथ ब्राह्मण, 12/2/2/13
4. महाभारत (बंगवासी संस्करण), आदिषर्व, अध्याय, 63, पृ. 69-71
5. 'कुशांबस्तु महातेजा कौशाम्बोमकरोतिपुरम्'

—रामायण, बालकांड, सर्ग 32, पंक्ति 11

6. हेमचंद्र राय चौधरी, प्राचीन भारत का राजनैतिक इतिहास, (किताब महल, इलाहाबाद, 1976 ई.), पृ. 172;

मेमायर्स ऑफ् दि आर्कियोलाजिकल सर्वे ऑफ् इंडिया, भाग 60, पृ. 1

7. परमत्थजोत्थिका, जिल्द दूसरी, पृ. 300
8. पपंचसूदनी, जिल्द दूसरी, पृ. 389-90
9. विविधतीर्थकल्प, पृ. 23
   'यत्थ सिनिदृछाया कोशंबतरणी महापमाना दिशमति।'
10. 'ककंदस्य मकंदस्य कुशांबस्येव चाश्रमे।
    पुर्योयथा हि श्रूयंते तथैव कपिलस्य यत्।।'
    सौंदरनंद, 1/58; तत्रैव, बुद्धकालीन भारतीय भूगोल, पृ. 269
11. एपिग्राफिया इंडिका, भाग 11, पृ. 91-92; तुल., कनिंघम, ऐंश्येंट ज्योग्राफी ऑफ इंडिया, पृ. 334।
12. कनिंघम, ऐंश्येंट ज्योग्राफी ऑफ् इंडिया, 334
13. नगेंद्रनाथ घोष, अर्ली हिस्ट्री ऑफ कौशांबी, (इलाहाबाद आर्कियोलाजिकल् सोसायटी, 1935), पृ. 94
14. एपिग्राफिया इंडिका, भाग 11, 91-92; देखें, नगेंद्रनाथ घोष, अर्ली हिस्ट्री ऑफ् कौशांबी, पृ. 91-92
15. भरतसिंह उपाध्याय, बुद्धकालीन भारतीय भूगोल, पृ. 268; संभवतः गंगा और यमुना के संगम के समीप स्थित होने के कारण इसे गंगा के तट पर स्थित माना गया है।
16. संयुक्त निकाय (हिन्दी अनुवाद, जगदीश काश्यप एवं भिक्षु धर्मरक्षित, महाबोधि सभा, सारनाथ, 1954), पृ. 525
17. कनिंघम, ऐंश्येंट ज्योग्राफी ऑफ् इंडिया (इंडोलाजिकल बुक हाउस, वाराणसी, 1963), पृ. 332
18. थामस वाटर्स, ऑन् युवान च्वाँग्स ट्रैवेल्स इन इंडिया (मुंशीराम मनोहरलाल, ओरियंटल बुकसेलर्स एंड पब्लिशर्स, नई दिल्ली, पुनर्मुद्रित, 1961), भाग 1, पृ. 365
19. सभापर्व, अध्याय 30, श्लोक 10
    "सोमधेयांश्च निर्जित्य प्रययावृत्तरामुखः
    वत्सभूमि च कौंतेयो विजिग्ये बालवाचलात्।
20. वनपर्व, अध्याय 253
21. अनुशासनपर्व, अध्याय 30
22. भीष्मपर्व, अध्याय 50; देखें, वी. सी. लाहा. ऐंश्येंट मिड इंडियन क्षत्रिय ट्राइब्स, पृ. 118
23. नगेंद्रनाथ घोष, अर्ली हिस्ट्री ऑफ् कौशांबी, पृ. 4
24. ये शासक निम्नलिखित थे–'निचक्षु (विवक्षु, निर्वच्छु, नेमिचक्र, उष्न (भूरि), चित्ररथ, सुशीद्रश (कविरथ, कुवीरथ), वृष्णिमत (वृसिमत, धृतिमत), सुशेना, सुनीथा (सुतीरथ), रुच (रिच), निचक्षु (निचक्षु) सुखिबल (सुखबल) परिप्लव (परिप्लुत, परिष्नव), मेधावी, नृपन्जय, द्रुव (उव्र, म्रिदु, हरि), तिम्मातन (तिग्मा), वृहद्रथ, वसुदान (वसुदाम, सुदामक, सुदास), सातानिक, उदयन (उदन), वहिना (मनिहर, अनिहर), दंडपाणि (खंदपाणि), निरामित्र, (नरमित्र) और क्षेमक।
    देखें, पार्जिटर, डाइनेस्टिज ऑफ दि काली एज, पृ. 65-66
25. देखें, पार्जिटर, डाइनेस्टिज ऑफ दि काली एज, पृ.123;
26. स्वप्नवासवदत्ता, (गणपति शास्त्री संस्करण), पृ. 140;
    प्रतिज्ञा योगंधरायण, पृ. 140;
    तुलनीय, हेमचंद्रराय चौधरी, प्राचीन भारत का राजनैतिक इतिहास, पृ. 102
27. महापरिनिब्बानसुत्त।
    तुलनीय, विमलचरण लाहा, प्राचीन भारत का ऐतिहासिक भूगोल, पृ. 84

28. उल्लेखनीय है कि कुक्कुटाराम नामक एक अन्य विहार पाटलिपुत्र में भी था जिसे कुक्कुट सेठ्ठि ने बनवाया था। देखें, पपंचसूदनी, जिल्द दूसरी, पृ. 571,
29. सुमंगलविलासिनी, जिल्द पहली, पृ. 319; मनोरथपूरणी, जिल्द पहली, पृ. 234; तुल., भरतसिंह उपाध्याय, बुद्धकालीन भारतीय भूगोल, पृ. 269.
30. संयुक्तनिकाय, जिल्दी तीसरी, पृ. 133
31. संयुक्तनिकाय, जिल्द पाँचवीं, पृ. 76-77
32. विनयपिटक, जिल्द दो, पृ. 184
33. भरतसिंह उपाध्याय, बुद्धकालीन भारतीय भूगोल, पृ. 271
34. संयुक्तनिकाय, जिल्द चौथी, पृ. 110-112
35. धम्मपद्अट्ठकथा, जिल्द दूसरी, पृ. 185
36. विनय टेक्ट्स भाग 3 पृ. 233;
अंगुत्तरनिकाय (हिन्दी अनुवाद भदन्त आनंद कौसल्यायन संस्करण, 1957); 223
37. महावंश पालि टेक्ट्स सोसायटी, पृ. 228;
देखिए, बी. सी. लाहा, प्राचीन भारत का ऐतिहासिक भूगोल, पृ. 135
38. वाटर्स, ऑन युवॉन-च्वाँग्स ट्रैवेल्स इन इंडिया, भाग 1, पृ. 369;
उल्लेखनीय है कि नालंदा में भी एक प्रावारिक आम्रवन था, जिसे वहाँ के सेठ प्रावारिक ने बनवसाकर बुद्ध प्रमुख भिक्षु-संघ को दान कर दिया था। यह कोई दूसरा सेठ था। दीघनिकाय की अट्ठकथा में नालंदावासी प्रावारिक को 'दुस्सपारिवार' कहा गया है, जिससे प्रकट होता है कि यह कपड़े का व्यापारी था जबकि कौशांबी के सेठ को पावारिक कहा गया है। देखें, जिल्द दूसरी पृ. 873; मिलाइए, बुद्धकालीन भारतीय भूगोल, पृ.225
39. भाग 2, पृ. 316
40. एपिग्राफिया इंडिका, भाग 4, पृ. 147
41. जातक, भाग 1, पृ. 160; तत्रैव, भाग, पृ. 64
42. भरतसिंह उपाध्याय, बुद्धकालीन भारतीय भूगोल, पृ. 366
43. वाटर्स, ऑन् युवॉन् च्वाँग्स ट्रैवेल्स इन इंडिया, भाग 1, पृ. 366
44. घोष, अर्ली हिस्ट्री आफ कौशांबी, प्रस्तावना, पृ. 17
45. मोतीचंद्र, सार्थवाह, (बिहार राष्टभाषा परिषद्, 1953 ई.), पृ. 50
46. रीज डेविड्स, बुद्धिस्ट इंडिया, पृ. 104
47. तत्रैव, पृ. 102
48. मललसेकर, डिक्शनरी ऑफ् पालि प्रापर नेम्स, भाग 1, पृ. 692
49. विनयपिटक (हिंदी अनुवाद), पृ. 272;
देखिए, बुद्धकालीन भारतीय भूगोल, पृ. 268
50. जातक, जिल्द दूसरी, पृ. 248। अंगुत्तरनिकाय की अट्ठकथा (मनोरथपूरणी) में वर्णित बक्कुल की कथा से यह स्पष्ट हो जाता है कि नदी द्वारा कौशांबी से वाराणसी की दूरी तीस योजन थी, क्योंकि जो मछली शिशु वक्कुल को निगल गई थी, उसका तीस योजन दूर चलकर वाराणसी में पहुँचना यहाँ दिखलाया गया है। जिल्द पहली, पृ. 170
51. विनयमहावग्ग, जिल्द 1, पृ. 352; जी. पी. मललसेकर, डिक्शनरी ऑफ् पालिप्रापर नेम्स, भाग 1, पृ. 693
52. मेमायर्स ऑफ दि आर्कियोलाजिकल सर्वे ऑफ् इंडिया, संख्या 60, पृ. 5
53. नागेंद्रनाथ घोष, अर्ली हिस्ट्री ऑफ् कौशांबी, पृ. 8 (सहजाती कौशांबी के नजदीक एक नदी-पत्तन था जिसे आधुनिक भीटा (इलाहाबाद से 8 मील दूर) से समीकृत किया जा सकता है।)

54. महावंश, पृ. 53
55. रीज डेविड्स बुद्धिस्ट इंडिया, पृ. 102
56. तत्रैव, पृ. 7
57 'प्रियदर्शिक' और 'स्वप्नवासवदत्ता' के अनुसार उसने 'अंग' और मगध की राजकुमारियों से विवाह किए। पालि विवरणों में उनकी तीन रानियों वासवदत्ता, सामावती, और मार्गदिया के उल्लेख प्राप्त हैं। तुल. भरतसिंह उपाध्याय, बुद्धकालीन भारतीय भूगोल, पृ. 166 पाद टिप्पणी।
58. मज्झिम निकाय, जिल्द 2, पृ. 97
59. देवानंपिए आनपयति (1) कोसंबिया महामात...समगे कटे (1) संघसि नो लहिए...संघं भारवति भिखु वा भिखुनि वा से पि चा ओदातानि दुसनि संनघायपितु अनावाससि आवासयिये (1) देखें, परमेश्वरीलाल गुप्त, प्राचीन भारत के प्रमुख अभिलेख, भाग 1 (वाराणसी 1979), पृ. 79
60. 'अंबा वाडिका वा आलमे व दानगहे व ए वापि अँने'
—तत्रैव, पृ. 78
61. अल्तेकर, जनरल ऑफ न्यूमिसमेटिक सोसायटी ऑफ इंडिया, पृ. 133
62. अल्तेकर, जनरल आफ न्यूमिसमेटिक सोसायटी ऑफ नादर्न इंडिया (बी. एच. यू., 1968), पृ. 37
63. डॉ. लक्ष्मीकांत त्रिपाठी की ऐसी मांयता है कि 25 मित्र राजाओं के 10 वर्ष औसत राज्य करने का अनुमान करने पर 250 वर्ष आता है और यदि 100 ई. में मघों ने कौशांबी पर शासन किया तो इन मित्र राजाओं ने 150 ई. पू. के आस-पास शासन स्थापित किया होगा। देखें, तत्रैव, पृ. 173
64. नागेंद्रनाथ घोष, अर्ली हिस्ट्री ऑफ़ कौशांबी, पृ. 64
65. तत्रैव; पृ. 64
66. के. डी. बाजयेयी, दि मघाज ऑफ कौशांबी एंड साउथ कोशल एंड दि एलाइड प्राबल्ब, इंडियन न्यूमिसमेटिक क्रोनिकिल (आई. एन. सी.), भाग 3, प्लेट 1, पृ. 11-21
67. एफ. ई. पार्जिटर, दि पुराण टेक्स्ट ऑफ़ दि डाइनेस्टिज ऑफ़ दि काली एज, पृ. 33-35
68. जी. आर, शर्मा, दि एक्सकेवेशंस ऐट कौशांबी, पृ. 19
69. नागेंद्रनाथ घोष, अर्ली हिस्ट्री आफ कौशांबी पृ. 99
70. ए. के. बनर्जी, ए कंप्रीहेंसिव हिस्ट्री आफ जैनिज्म, पृ. 91
71. एपिग्राफिया इंडिका, भाग 2, पृ. 242
72. जर्नल ऑफ़ दि रायल एशियाटिक सोसायटी, 1898, पृ. 516
73. ज्योतिप्रसाद जैन, रिलिजन एंड कल्चर आफ दि जैन्स (भारतीय ज्ञानपीठ पब्लिकेशन्स, दिल्ली, प्रथम संस्करण, 1975), पृ. 128
74. इसका समीकरण आधुनिक पभोसा पहाड़ी से किया जाता है, जो कौशांबी से 5 कि. मी. दूर स्थित है।
75. जोगेंद्रचंद्र शिकदार, स्टडीज इन दि भगवती सूत्र, मुजफ्फरपुर, बिहार, 1964), पृ. 477
76. तत्रैव, पृ. 256
77. यह राजा चेटक की तृतीय पुत्री थी। भगवती सूत्र 12, 2, 44
78. कैलाशचन्द्र जैन, लार्ड महावीर एंड हिज टाइम्स, (मोतीलाल बनारसीदास, दिल्ली, प्रथम संस्करण, 1974), पृ. 67
79. तत्रैव, पृ. 300; देखिए, स्टडीज इन दि भगवतीसूत्र, पृ. 310
80. एन. एन. घोष के अनुसार सहजाती कौशांबी के समीप एक नदी-पत्तन था। जिसका समीकरण

इलाहाबाद के समीप (8 मील दूर) भीटा से किया जा सकता है। देखिए, एन. एन. घोष, अर्ली हिस्ट्री ऑफ् कौशांबी, पृ. 6

81. कैलाशचंद्र जैन, महावीर एंड हिज टाइम्स, पृ. 300
82. कनिंघम महोदय ह्वेनसाँग के इस विवरण को अतिरंजित बताते हैं। उनका मत है कि इसका विस्तार 600 ली. (100 मील) होना चाहिए।
    तुल. दि ऐंश्येंट ज्योग्राफी ऑफ् इंडिया, पृ. 325
83. थामस वाट्र्स, ऑन युवॉन, च्वाँग्स ट्रैवेल्स इन इंडिया (मुंशीराम मनोहरलाल, ओरियंटल पब्लिशर्स एंड बुकसेलर्स, पुनर्मुद्रित, 1961), भाग 1, पृ. 366
84. थामस वाटर्स, ऑन् युवॉन् च्वाँग्स ट्रैवेल्स इन इंडिया, भाग 1, पृ. 371
85. आ.स.रि., भाग1, पृ. 306, उल्लेखनीय है कि स्मिथ, कनिंघम के मत से सहमत नहीं थे। उनका विचार था कि कौशांबी को कहीं दक्षिण में बघेलखंड के आसपास खोजना चाहिए।
    देखें, जर्नल आफ दि रायल एशियाटिक सोसायटी, 1898, पृ. 502
86. गोवर्द्धन राय शर्मा, दि एक्सकेवेशन्स ऐट कौशांबी, 1957-59 (इलाहाबाद विश्वविद्यालय, 1960), पृ. 25
87. गोबर्द्धन राय शर्मा, दि एक्सकेवेशन्स ऐट कौशांबी, पृ. 25
88. संभवतः पुरुषों तथा स्त्रियों के अलग-अलग रहने की व्यवस्था के लिए इन मकानों में दो भाग किए गए थे। बाहरी भाग की अपेक्षा भीतरी भाग में कमरों की संख्या अधिक थी।
89. मार्शल, तक्षशिला, भाग 1, पृ. 95
90. ऐंश्येंट इंडिया, संख्या 10-11, पृ. 25
91. 'गृहपृष्ठे सदा वीथिर्मलनिर्हरणस्थ्लम्' देखें, शुक्र नीतिसार, अध्याय 1, पृ. 534
92. मार्शल, तद्याशिला, भाग 1, पृ. 94
93. उदयनारायण राय, प्राचीन भारत में नगर तथा नगर जीवन, (हिंदुस्तानी आकदमी इलाहाबाद, 1965), पृ. 294
94. गोवर्द्धनराय शर्मा, दि एक्सकेवेशन्स ऐट कौशांबी, पृ. 27
95. तत्रैव, पृ. 28
96. इसका विस्तृत विवरण आगे किया गया है।
97. इस सहायक परकोटे से दोहरा लाभ था। एक तो बाढ़ तथा खाई के पानी से ऊपर से बहने की रक्षा करता था, और दूसरा प्रमुख मार्ग के लिए आवरण के समान था।
98. गोवर्द्धनराय शर्मा, दि एक्सकेवेशन्स ऐट कौशांबी, पृ. 31
99. गोवर्द्धनराय शर्मा, दि एक्सकेवेशन्स ऐट कौशांबी, पृ. 32
100. तत्रैव, पृ. 34
101. प्राचीन काल में पार्श्व दीवारों (सुरक्षात्मक दीवारों) और कक्षों का निर्माण एक महत्त्वपूर्ण उपलब्धि थी।
102. गोवर्द्धनराय शर्मा, दि एक्सकेवेशन्स ऐट कौशांबी, पृ. 35
103. तत्रैव
104. तत्रैव, पृ. 36
105. तत्रैव
106. गोवर्द्धनराय शर्मा, दि एक्सकेवेशन्स ऐट कौशांबी, पृ. 37
107. उल्लेखनीय है स्तर क्रम निर्धारण के अनुसार तोरमाण और हूणराज की मुहरें, जो घोषिताराम के उत्खनन में मिली हैं, इसी विनाश के काल की मानी जाती है।
    —देखें, इंडियन आर्कियोलाजी, ए रिव्यू (1954-55), पृ. 18, प्लेट 32 वी।

108. गोवर्द्धनराय शर्मा, दि एक्सकेवेशन्स ऐट कोशांबी, पृ. 38
109. तत्रैव
110. तत्रैव, पृ. 39
110. स्पष्ट रूप से ऐसा कदम गंभीर स्थित में उठाया जाता था। नगर की सुरक्षा के दृष्टिकोण को ध्यान में रखते हुए सभी प्रकार के संचार साधनों को भंग कर दिया जाता था।
112. तत्रैव, पृ. 39
113. उदयनारायण राय, प्राचीन भारत में नगर तथा नगर जीवन (हिंदुस्तानी अकेडमी, इलाहाबाद, 1965), पृ., 239-242
114. 'पाषाणेष्टकावद्धपार्श्वा वा'–

अर्थशास्त्र (शामशास्त्री संपादित), पृ. 51

115. तत्रैव, पृ. 51
116. 'आपूरयेच्च परिखां स्थानुनक्रझषाकुलाम्;

महाभारत, शांतिपर्व, अध्याय 69, पंक्ति 69

117. गोवर्द्धनराय शर्मा, दि एक्सकेवेशन्स ऐट कौशांबी, पृ. 40
118. तत्रैव, पृ. 41
119. तत्रैव, पृ 22. इस तिथि के विषय में विद्धानों के मतभेद हैं। इस संदर्भ में आलोचनात्मक विवेचन आगे प्रस्तुत है।
120. गोवर्द्धनराय शर्मा, दि एक्सवकेवेशन्स ऐट कौशांबी, पृ. 41
121. नवदाटोली से मृण्भांडों की कार्बन 14 तिथि, जो कोशांबी के प्रथम भाग के सदृश्य हैं, ई. पू. 1500 से ई. पू. 1100 वर्ष है।
    इ. आ. रि., 1958-59, पृ. 31
122. उपर्युक्त मत उचित नहीं प्रतीत होता; क्योंकि सिंधुघाटी की सभ्यता का विनाश 1500 ई. पू. में ही हो चुका था। इसके पश्चात् 500 वर्षों बाद कोई परवर्ती सभ्यता सिंधु संस्कृति से प्रभावित हुई होगी, संदेहास्पद लगता है। सिंधु संस्कृति के खंडहरों से कौशांबी के भवन निर्माताओं, के प्रेरणा लेने की बात काल्पनिक लगती है। अतः कौशांबी की रक्षा प्रणालियाँ स्वतन्त्र रूप में विकसित हुई होगी और किसी पूर्ववर्ती सभ्यता से इनके प्रभावित होने का उचित प्रमाण नहीं मिलता है। दूसरे परिखा का उल्लेख हड़प्पा संस्कृति में नहीं मिलता है।
123. पुरातत्व, भाग 11, पृ. 92
124. उल्लेखनीय है कि इन स्थानों से प्राप्त उत्तरी काली चमकीली मृण्भांडों की प्राचीनता सातवीं शताब्दी के पहले निश्चित नहीं होती।
125. पुरातत्त्व, संख्या 11. पृ. 93
126. गोवद्धनराय शर्मा, दि एक्सवेशन्स ऐट कौशांबी. पृ. 45
127. गोवर्द्धनराय शर्मा, दि एक्सकेवेशन्स ऐट कौशांबी, पृ.57
128. इन मृण्भांडों के प्रकारों, चित्रणों व नमूनों की हस्तिनापुर, रूपड़ व पश्चिमी उत्तर प्रदेश के अन्य स्थानों तथा पंजाब के चित्रित धूसर मृण्भांडों से तुलना करने पर ज्ञात होता है कि इस प्रकार के भांडों के इतिहास में कौशांबी बाद वाली स्थिति का प्रतिनिधित्व करता है।
129. गोवर्द्धनराय शर्मा, दि एक्सकेवेशन्स ऐट कौशांबी, पृ.74
130. तत्रैव, पृ. 80

# 9.

# परिशिष्ट–एक

# अगियाबीर पुरास्थल (नवीनतम साक्ष्य)

## भूमिका

उत्तर भारत में मध्य गंगा घाटी प्राचीन काल से ही मानव निवास का केंद्र रही है। यह समतल एवं विस्तृत मैदान गंगा-यमुना एवं इसकी अनेक सहायक नदियों द्वारा प्रवाहित जलोढ़ मिट्टी से निर्मित हे। नदियों के प्रवाह में परिवर्तन के कारण इस क्षेत्र में अनेक 'गोखुर झीलों' का निर्माण हुआ। जल एवं खाद्य पदार्थों की सहज सुलभता के कारण मध्य पाषाणिक मानव ने इन झीलों के सीमांत को अपना अस्थाई आवास बनाया। विगत दो दशकों में किए गए अन्वेषणों के परिणामस्वरूप इस क्षेत्र में एक सौ से अधिक मध्य पुरापाषाणिक पुरास्थल प्रकाश में आ चुके हैं।

मानव सभ्यता के प्रगति के इतिहास में नवपाषाण काल का महत्वपूर्ण स्थान है। मिट्टी के बर्तनों का निर्माण इस काल की प्रमुख विशेषता रही है। आरंभ में मिट्टी के बर्तन हाथ से बनाए जाते थे। कालांतर में चाक का आविष्कार हुआ और सुनिश्चित खाद्यान्न आपूर्ति के फलस्वरूप जनसंख्या में वृद्धि होने लगी। मानव सभ्यता के अगले चरण ताम्राश्म काल में सर्वप्रथम ताम्र उपकरणों का प्रयोग प्रारंभ हुआ। हाल के वर्षों में काशी हिंदू विश्वविद्यालय के प्रो. पुरुषोत्तम सिंह एवं लेखक द्वारा सरयूपार क्षेत्र में किए गए सर्वेक्षणों एवं उत्खननों से एक नवीन पुरैतिहासिक संस्कृति 'नरहन संस्कृति' का पता चला।[1] यह पूर्व लौहयुगीन संस्कृति तेरहवीं शताब्दी ईसा पूर्व में फलती-फूलती रही। इस संस्कृति के प्रमाण नरहन, इमलीडीह खुर्द, धुरियापार, वैना, भूड़ाडीह, अगियाबीर और अकथा नामक पुरास्थलों से प्राप्त हो चुका है। हाल के वर्षों में सोनभद्र में मल्हर[2] एवं राजा नल का टीला[3] एवं इलाहाबाद में झूँसी[4] से इस प्रमाण को पुष्ट आधार मिला है। उपर्युक्त सभी टीले ग्रामीण अधिवास के प्रमाण हैं जिनका विस्तार कहीं भी 5 हेक्टेयर से अधिक नहीं हैं। उल्लेखनीय है कि आदिम

समाज से विकसित समाज तक का विकास-क्रम विशेषतः नगरीय केद्रों (कौशांबी, श्रावस्ती, अयोध्या, कुशीनगर एवं वाराणसी) के पुरातात्विक इतिहास अच्छी तरह से विश्लेषित नहीं है। अतः इस परिवर्तन को समझने के लिए एक नगरीय स्थल (जहाँ पूर्वकाल से लेकर मध्य काल तक अविच्छिन्न कालक्रम हो) का उत्खनन आवश्यक था। अगियाबीर इसके लिए एक उपयुक्त स्थल है। 40 एकड़ से भी अधिक क्षेत्रफल में फैला हुआ यह पुरास्थल द्वितीय अर्द्धसहस्राब्दी ई. पू. से लेकर उत्तर गुप्त काल तक अंविच्छिन्न कालक्रम को संजोए हुए हैं।

मिर्जापुर जिले में गंगाजी के बाएँ तट पर वाराणसी से 38 कि. मी. पश्चिम में स्थित अगियाबीर (25° 13' 52'' 30; उत्तरी अक्षांश और 82° 38' 41''पू0 देशान्तर के मध्य) का विशाल टीला अन्वेषकों की दृष्टि से कैसे बचा रहा यह सोचकर आश्चर्य होता है। यह एक सुखद संयोग ही रहा कि निजी प्रयोजन से 1998 में इस गाँव में प्रवास के समय लेखक ने इसे देखते ही सामान्य प्रकृतिवश इसकी परिक्रमा करते हुए कृष्णलोहित मृत्पात्रों (ब्लैक एंड रेड वेयर) के कुछ अवशेष पाकर अनुमान लगाया कि इसकी प्राचीनता 'नरहन संस्कृति' के समकालिक अर्थात 1300 ई. पू. तक हो सकती है। टीले की सतह पर बिखरे पुरावशेषों के आकलन के आधार पर अनुमान भी लगाया कि तदनंतर लंबी अवधि तक वहाँ मानवीय गतिविधियाँ चलती रही होंगी। इस प्राथमिक निरीक्षण का विवरण प्राग्धारा अंक–9 में अवलोकनीय है।[5] वाराणसी–इलाहाबाद मोटर और रेलमार्ग पर कटका से लगभग 2 किमी. दक्षिण-पूर्व में चलकर अगियाबीर गाँव तक पहुँचना सहज सुगम है। एक किमी. से भी अधिक क्षेत्रफल में फैला हुआ यह पुरास्थल मुख्यतः तीन टीलों में विभक्त है जिसे सुविधानुसार टीला–1, 2 और 3 में विभक्त किया गया है। मुख्य टीला (अगियाबीर-2) 500मी. X500 मी. क्षेत्रफल में फैला हुआ है। जो परिखा, किलेबंदी एवं बुर्जो से युक्त था। इस स्थल का उत्खनन प्रो. पुरुषोत्तम सिंह एवं लेखक के संयुक्त निर्देशन में तीन वर्षों तक (1999-2001) किया गया।[6] उत्खनन से निम्नलिखित पाँच सांस्कृतिक कालों की पुरासामग्री प्रकाश में आई है।[7]

प्रथम काल : नरहन संस्कृति (1300 ई. पू. से 900 ई. पू.)
द्वितीय काल : लौहयुगीन, उत्तरी पूर्व से कृष्ण परिमार्जित संस्कृति (900 ई. पू. 600 ई. पू.)
तृतीय काल : उत्तरी कृष्ण परिमार्जित संस्कृति (600 ई. पू. से 200 ई. पू.)
चतुर्थ काल : शुंग-कुषाण काल (200 ई. पू. से 300 ईसवी तक)
पंचम काल : गुप्त एवं परवर्ती गुप्त जमाव (300 ईसवी से 700 ईसवी तक)

प्रथम काल के अवशेष सबसे निचले 60 सेमी. के जमाव में मिले हैं। इस

संस्कृति में लोग अपने मकानों के निर्माण में मिट्टी, लकड़ी एवं फूस का प्रयोग करते थे। इस काल में पकी ईटों का प्रचलन नहीं था, अतः दीवालें मिट्टी एवं कच्ची ईंटों द्वारा बनाई जाती थी। मकानों के अंदर कतिपय चूल्हों के अवशेष मिले हैं। घरों के फर्श को मृदभांड के छोटे-छोटे टुकड़ों एवं मिट्टी को कूटकर सुदृढ़ एवं चिकना किया जाता था। मकानों की छाजन घास-फूस तथा बास-बल्लियों से बनाई जाती थी। कालांतर में आग से विनष्ट हो जाने पर उत्खनन में बाँस-बल्ली की छाप से युक्त मिट्टी के जले हुए टुकड़े (रीड मार्क्स) बड़ी संख्या में मिले हैं। स्तंभ गर्तों के साक्ष्य मिलने से ज्ञात होता है कि मकानों के निर्माण में बाँस-बल्ली का प्रयोग हुआ था। उत्खनन में अनाज संग्रह के लिए बने दो कोठिलों का प्रमाण मिला है। इस काल की महत्वपूर्ण उपलब्धियों में मनका बनाने का वर्कशाप मिला है। जहाँ से बड़ी संख्या में अर्द्धमूल्यवान पाषाण निर्मित अधूरे एवं पूर्ण तैयार किए मनके मिले हैं। मनका बनाने की कला बाद के दो कालों में भी जारी रही। मनका निर्माण यहाँ के लोगों का एक महत्वपूर्ण उद्योग था और स्थानीय आवश्यकताओं की पूर्ति के अतिरिक्त इनका निर्यात समकालीन स्थलों को भी किया जाता था। उस काल की अन्य प्रमुख वस्तुओं में लघुआश्मक उपकरण (माइक्रोलिथ) मुख्य है। इनमें पत्थर के बने फलक, क्रोड, छीलनी, लघु फलक एवं चिप्पड प्रमुख है। अस्थि अवशेषों में टूटी हड्डियों की धार व नोंक एवं बाणाग्र इत्यादि का प्रयोग अस्त्र के रूप में किया जाता था।

अगियाबीर के प्रथम काल के लोगों को कृषि का पर्याप्त ज्ञान था। उत्खनन से अनाज में जले हुए दानें मिले हैं। इनमें मुख्य रूप से धान, जौ, गेहूँ, दालें एवं तिलहन मुख्य हैं। भोजन में अन्नों के प्रयोग के साथ-साथ माँस भक्षण का प्रयोग भी मिलता है। उत्खनन से पशुओं की जली हुई हड्डियाँ बड़ी संख्या में मिली हैं। इनमें कुछ हड्डियों पर काटने के निशान हैं जिनसे ज्ञात होता है कि माँस-भक्षण के लिए इन पशुओं को मारा गया था। इन अस्थियों में घोड़े बकरी, मवेशी एवं भेड़ मुख्य हैं। अतः इन साक्ष्यों से यह भी निश्चित होता है कि इस काल के लोग कृषि के साथ-साथ पशुपालन भी करते थे।

प्रथम काल के लोग कई प्रकार के मिट्टी के बर्तनों का निर्माण एवं प्रयोग करते थे। इसमें कृष्ण लोहित (ब्लैक एंड रेड वेयर), कृष्ण लेपित (ब्लैक स्लिप्ड) एवं लाल मृणभांड (रेड वेयर) प्रमुख हैं। कृष्ण लोहित मृदभांडों में कटोरे, तसले एवं घड़े मुख्य हैं। इस प्रकार के मृदभांडों में थालियों का पूर्ण अभाव है। कृष्ण लेपित मृदभांडों में तसलों और घड़ों की संख्या प्रायः नगण्य हैं। चमकीले एवं लाल मृदभांडों में कटोरे, तसले एवं घड़े प्रमुख प्रकार हैं। उत्खनन से सीमित मात्रा में चित्रित मृदभांड भी मिले हैं। मृदभांडों पर सफेद या क्रीम रंग में रेखिक चित्रकारी मिलती है। उल्लेखनीय है कि नरहन से इस काल के चित्रित मृदभाण्ड बड़ी संख्या में मिले हैं।

अगियाबीर के प्रथम काल की रेडियो कार्बन तिथि अभी तक प्राप्त नहीं हो सकी है। फिर भी सोहगौरा, जिला गोरखपुर से प्राप्त दो तिथियाँ (1330±110 ई. पू. तथा 1230±130 ई. पू.) खैराडीह जिला बलिया से प्राप्त दो तिथियाँ (1120±90 ई. पू. तथा 940±150 ई. पू.) एवं नरहन, जिला गोरखपुर से प्राप्त दो तिथियाँ (1090±110 ई. पू. 1100± ई. पू.) कालानुक्रम के आधार पर अगियाबीर के समकालीन हैं। अतः समकालीन स्थलों से प्राप्त साक्ष्यों के तुलनात्मक अध्ययन एवं रेडियो कार्बन तिथियों के आधार पर अगियाबीर के प्रथम काल की संस्कृति अनुमानतः 1300-900 ई. पू. के बीच जीवित रही।

संस्कृतियों के विकास के द्वितीय चरण में यहाँ के निवासियों की जीवन-पद्धति में नई पात्र परंपरा एवं लोहे के प्रयोग के अतिरिक्त अन्य मौलिक परिवर्तन नहीं दिखाई देता। प्रथम काल की भाँति मकान कच्ची मिट्टी से बनाए जाते थे। मकानों की निर्माण विधि पहले काल जैसी ही थी। इनके छाजन घास-फूस से निर्मित थे। उत्खनन से इस काल की फर्श स्तंभ गर्त एवं बाँस बल्ली की छाप से युक्त मिट्टी के जले हुए टुकड़े बड़ी संख्या में मिले हैं। कृषि एवं पशुपालन इस काल का ीी प्रमुख व्यवसाय था। लोग खाद्यान्न फसलों का उत्पादन करते थे। पशुओं की हड्डियाँ बड़ी संख्या में मिली हैं। अन्य उल्लेखनीय वस्तुओं में लोहे के बने उपकरण, ताबें के मनके, अर्द्धमूल्यवान पत्थरों एवं पकी मिट्टी के बने मनके, हड्डियों के बने उपकरण प्रमुख हैं। यह काल 900-600 ई0 पू. के मध्य तक अविच्छिन्न रूप से चलता रहा।

अगियाबीर में तृतीय काल का विशेष महत्व है। इस काल में नगरीकरण की प्रक्रिया प्रारंभ हो चुकी थी। जनसंख्या के विस्तार के साथ-साथ टीले का भी विस्तार हुआ। तृतीय काल का मध्यवर्ती चरण नगरीकरण की दिशा में महत्वपूर्ण चरण था। इस चरण में अगियाबीर का विस्तार 1 कि. मी. से भी अधिक क्षेत्र में हो गया। साथ ही साथ इस पुरास्थल की सुरक्षा के लिए परिखा, किलेबंदी एवं बुर्जों का प्रयोग किया गया। मुख्य टीले को चारों ओर से सुरक्षित किया गया।

उत्खनन से प्राप्त मुख्य मृदभांड प्रकारों में उत्तरी कृष्ण परिमार्जित मृदभांड (एन. बी. पी.) कृष्णलेपित (ब्लैक स्लिप्ड), भूरे रंग के मृद्भांड एवं लाल मृदभाण्ड मुख्य हैं। उत्तरी कृष्ण परिमार्जित मृदभांड एक डीलक्स मृदभांड था जो कई रंगों–सुनहला, चांदी के रंग का, गुलाबी एवं स्टील ब्ल्यू आदि में मिलता है।

अन्य वस्तुओं में अर्द्धमूल्यवान पत्थरों के बने मनके, हड्डी के बने बाणाग्र, लोहे एवं ताबें की बनी वस्तुएँ प्रमुख हैं। उत्खनन में फेयान्स (Faience) की लगभग 300 मनको की एक निधि मिली जो एक मिट्टी के छोटे बर्तन में रखी हुई थी।

इस काल की सबसे महत्वपूर्ण उपलब्धि ताबें एवं लोहे की वस्तुओं के एक संग्रह की खोज है। यह सभी वस्तुएँ एक कमरे (संभवतः भण्डार गृह) में फर्श पर रखी हुई थी। सतह से 6.60 मीटर नीचे स्तर 13 के ऊपरी फर्श पर यह सभी वस्तुएँ

## फलक - 10 अ

फलक 10 अ : अगियाबीर पुरास्थल का पूर्वी भाग

## फलक - 10 ब

फलक-- 10 ब : अगियाबीर : ताबें और लोहे की वस्तुएँ
(अपने वास्तविक सन्दर्भ में), तृतीय काल का मध्य चरण (300-400 ईसा पूर्व)

अपने वास्तविक संदर्भ (इन सिटू) में एक दूसरे के उपर उलटकर रखी गई थीं।[8] ताबें की वस्तुओं में तीन बड़े आकार के घड़े (व्यास 41, 37.6 और 35 सेमीं.), दो अवठरहित हाँड़ियाँ (कारिनेटेड), एक ढक्कन, एक लोटा दो कटोरे एवं एक ताम्र दर्पण मुख्य हैं। लोहे की वस्तुओं में दो तलवारें (लंबाई 69.5 और 62.7 सेमी.) और एक दीपदान (Lampstand) प्रमुख हैं। दीपदान की लंबाई 1.07 मीटर है जिसके ऊपरी हिस्से पर चार बिंदुओं से युक्त एवं लौह कटोरा एवं उसके ठीक नीचे एक छिछली तश्तरी के आकार का लोहा लगाया गया है। दीपदान का ऊपरी अलंकरण इसकी विशिष्टता का स्पष्ट परिचायक है। दीपदान के आधार में लोहे की चार मोटी छड़ों को अर्द्धवृत्ताकार मोड़कर जोड़ा गया है जिससे यह दीपदान सुव्यवस्थित ढंग से खड़ा हो सके। संभावना है कि इस दीपदान एवं ताँबें एवं लोहे की इन वस्तुओं का प्रयोग विशेष अवसर पर किया जाता रहा होगा। स्तर 13 की उपरी सतह 20 सेमी. मोटाई में जली हुआ है। उत्खनन का क्षेत्र सीमित होने के कारण आग लगने के कारणों का सही पता नहीं लगा जा सका है कि यह आग एक दुर्घटना मात्र थी या जान-बूझकर लगाई गई थी। उल्लेखनीय है कि इस चरण में नरहन, जिला गोरखपुर और झूँसी, जिला इलाहाबाद के उत्खनन में भी इस चरण से इस प्रकार के जलने के प्रमाण मिले हैं।

उपर्युक्त प्रकार के ताम्र निर्मित बर्तन सिरकप, तक्षशिला के शक–पार्थियन नगर से भी मिले हैं जो प्रथम शताब्दी ईसवी के हैं।[9] इसी प्रकार के बर्तन कुषाण काल से चंद्रकेतुगढ़ (पश्चिम बंगाल) ओर महास्थानगढ़ (बांग्लादेश) से भी मिले हैं।[10] तक्षशिला से अगियाबीर के तलवारों के सदृश्य तलवारें भी मिली हैं जो 52 से 85 सेंमी. लंबी हे। एरियन और स्ट्रैबो नामक इतिहासकारों ने चतुर्थ शताब्दी ईसा पूर्व में भारतीय योद्धाओं के चार क्यूबिट्स (एक क्यूबिट = 18 से 22 इंच) लंबी तलवारों को लेकर चलने का उल्लेख किया है।

मध्य गंगा घाटी की इस अमूल्य धरोहर की प्राप्ति से तृतीय-चतुर्थ शताब्दी ईसा पूर्व में इस क्षेत्र की आर्थिक समृद्धि और अन्य स्थलों से व्यापारिक संबंध का प्रमाण मिलता है। यदि भविष्य में अगियाबीर का विस्तृत उत्खनन किया जाए तो मध्य गंगा घाटी में नगरीकरण के उदय और विकास के विभिन्न चरणों की विस्तृत जानकारी हो सकेगी।

अगियाबीर का चतुर्थ काल शुंग-कुषाण काल से संबंधित है। इस काल में पकी इटों की संरचनाएँ बड़ी संख्या में मिली हैं जिनमें पूर्ण एवं खंडित ईटों का प्रयोग किया गया है। उत्खनन में ग्यारह कमरों की एक आवासीय संरचना मिली है जिसका पूर्व-पश्चिम में विस्तार 18 मी. 50 सेमी. और उत्तर-दक्षिण में 12 मी. 80 सेमी. है। इस संरचना में दो प्रवेश द्वार (एक दक्षिण-पूर्व से और दूसरा उत्तर तरफ से) था। इन कमरों की आंतरिक नाप निम्नलिखत है :

## फलक - 11 अ

फलक 11 अ : अगियाबीर : कुषाणकालीन संरचनायें, चतुर्थ काल

## फलक - 11 ब

फलक– 11 ब : अगियाबीर : खंडित इटा से निर्मित ग़ुप्तकालीन संरचनायें, पंचम काल

| | | |
|---|---|---|
| कक्ष संख्या-1 | : | 6.20 मी. × 2.40 मी. |
| कक्ष संख्या-2 | : | 3.70 मी. × 2.40 मी. |
| कक्ष संख्या-3 | : | 2.90 मी. × 2.50 मी. |
| कक्ष संख्या-4 | : | 5.15 मी. × 2.50 मी. |
| कक्ष संख्या-5 | : | 2.30 मीं × 2.20 मी. |
| कक्ष संख्या-6 | : | 2.60 मीं × 2.30 मी. |
| कक्ष संख्या-7 | : | 2.00 मीं × 1.00 मी. |
| कक्ष संख्या-8 | : | 3.05 मीं × 2.24 मी. |
| कक्ष संख्या-9 | : | 2.90 मीं × 2.24 मी. |
| कक्ष संख्या-10 | : | 3.40 मीं × 2.30 मी. |
| कक्ष संख्या-11 | : | 2.50 मीं × 2.00 मी. |

इन कमरों में प्रयुक्त ईंटें मुख्यतः दो प्रकार 39×28×5 सेमी. और 42×28×5 सेमी. आकार की हैं। इटों के बने चूल्हे कक्ष संख्या–2, 8 और 9 में मिले हैं। इन कमरों की फर्श एवं आँगन पक्की ईंटों से निर्मित हैं। इनके निर्माण में दो संरचनात्मक चरण दिखलाई पड़ते हैं। प्रथम चरण में ग्यारह कमरों एवं एक आँगन का प्रमाण मिलता है। जबकि द्वितीय संरचनात्मक चरण में आँगन का विस्तार करके नौ कमरों का ही प्रयोग किया गया है।

इस काल की प्राप्त अन्य प्रमुख वस्तुओं में विभिन्न स्तरों से प्राप्त ताँबे के 36 सिक्के, एक हाथी दाँत की मुहर (सील) एव पक्की मिट्टी की मुहरों की छाप (सीलिंग्स) है। हाथी दाँत के बने मुहर पर गुप्तकालीन ब्राह्मी लिपि में 'स्कन्दनाग' लिखा है जबकि मुहरों की छाप पर **'रुद्रपालस्य'** एवम् **'हरिषेणस्य'** लिखा है।[11] उल्लेखनीय है हरिषयेण की बड़ी संख्या में सीलिंग्स राजघाट (वाराणसी) के उत्खनन से मिली थी।[12] पुराभिलेखीय आधार पर उपर्युक्त मुहरें तृतीय शताब्दी के उत्तरार्द्ध या चौथी शताब्दी के पूर्वार्द्ध की प्रतीत होती हैं।

अगियाबीर का टीला गुप्त एवं परवर्ती गुप्तकाल में भी आबाद रहा। स्थानीय लोगों द्वारा ईंटों को लूटने के कारण उपरी संस्कृति पूरी तरह नष्ट हो गई है। अगियाबीर के लूटाबीर मंदिर एवं टीले पर यत्र-तत्र बिखरी खंडित प्रस्तर मूर्तियाँ (विशेषतः अम्बिका, गणेश, सूर्य, ओर एकमुख–शिवलिंग एवं कृष्ण लीला स्तंभ) वास्तु कला और धार्मिक परंपराओं की दृष्टि से विशेष महत्वपूर्ण हैं।[13]

## सन्दर्भ

1. पुरुषोत्तम सिंह, एक्सकैवेशेंस एट नरहन (1984-89), काशी हिंदू विश्वविद्यालय एण्ड बी. आर. पब्लिशिंग कारपोरेशन, नई दिल्ली, 1994
2. राकेश तिवारी, आर. के. श्रीवास्तव, के. एस. सारस्वत और के. के. सिंह, एक्सकैवेशंस एट

मल्हर, डिस्ट्रिक्ट, चंदौली (उ. प्र.) 1999–ए प्रीलिमिनरी रिपोर्ट, **प्राग्धारा,** अंक–11, 2000-2001,

3. राकेश तिवारी एवं आर. के. श्रीवास्तव, एक्सकैवेशंस एट राजा नल का टीला (1996-97), डिस्ट्रिक्ट–सोनभद्र (उ. प्र.), प्रीलिमिनरी आबजर्वेशन, **प्राग्धारा,** अंक–8, 1997-98, पृ. 99-106
4. विद्याधर मिश्रा, जे. एन. पाल एवं एम. सी. गुप्ता, फरदर एक्सकैवेशंस एट झूँसी, **प्राग्धारा,** अंक–10, 2000-2001, पृ. 23-30
5. अशोक कुमार सिंह, एक्सप्लोरेसन्स एट अगियाबीर, मिर्जापुर (उ. प्र.), **प्राग्धारा,** अंक–9, 1998-99, पृ. 51-56
6. पुरुषोत्तम सिंह एवं अशोक कुमार सिंह, एक्सकैवेशंस एट अगियाबीर डिस्ट्रिक्ट–मिर्जापुर, यू. पी., पुरातत्व, अंक–28, 1998-99
   पुरुषोत्तम सिंह एवं अशोक कुमार सिंह, दि आर्कियोलाजी ऑफ मिडिल गंगा वैली, न्यू पर्सपेक्टिव (इक्सकैवेशन्स एट अगियाबीर), भारतीय उच्च अध्ययन शोध संस्थान, शिमिला एवं आर्यन बुक इन्टरनेशनल, नई दिल्ली, 2004.
7. तत्रैव, **प्राग्धारा,** अंक–10, 1999-2000, पृ. 31-55
   तत्रैव, **पुरावृत्त,** अंक–1, जर्नल ऑफ दि डिपार्टमेंट ऑफ ऐश्येंट इण्डियन हिस्ट्री, कल्चर एण्ड आर्कियालॉजी, लखनऊ यूनिवर्सिटी, लखनऊ, 2001, पृ. 157-159।
8. पुरुषोत्तम सिंह एवं अशोक कुमार सिंह, ए रेयर डिस्कवरी ऑफ मेटल आबजेक्ट्स फ्राम अगियासबीर, डिस्ट्रिक्ट मिर्जापुर, (उ. प्र.), **मैन एण्ड इनवायरनमेंट,** अंक–37, 2002, पृ. 109-115.
9. जान मार्शल, तक्षशिला भाग 1-3 (पुर्नमुर्दित 1975), मोतीलाल बनारसीदास, नई दिल्ली, प्लेट 174, पृ. 257-258.
10. अमलानंद घोष, इनसाईक्लोपिडिया ऑफ इण्डियन आर्कियोलाजी, मुंशीराम मनोहरलाल, नई दिल्ली, 1989, पृ. 95-96
11. पुरुषोत्तम सिंह एवं अशोक कुमार सिंह, सील एण्ड सीलिंग्स फ्राम अगियाबीर, डिस्ट्रिक्ट–मिर्जापुर (उ. प्र.), **प्राग्धारा,** अंक–12, 2001-2002, पृ. 191-194
12. ए. के. नरायन एण्ड, टी. एन. राय, एक्सकैवेशंस एट राजघाट, पार्ट–11, बनारस हिंदू यूनिवर्सिटी, वाराणसी, 1977, पृ. 14
13. अशोक कुमार सिंह, अगियाबीर के वास्तु अवशेष, **प्राग्धारा**, अंक 11, 2000-2001, पृ. 201-205

# 10.

# नगरों के विकास के कारक

विश्व में नगरों के उदय का इतिहास, सभ्यता, अर्थव्यवस्था तथा बस्तियों के क्रमिक विकास से संबंधित है। पाषाण युग में मानव अपने जीवनयापन हेतु आखेट एवं खाद्य पदार्थों के संचय में ही लगा हुआ था। विद्वानों की मान्यता है कि लगभग 10,000 वर्ष पूर्व वातावरण में परिवर्तन के साथ भोज्य पदार्थों की संभवतः कमी पड़ने लगी और ऐसी परिस्थिति में कृषि और पशुपालन का प्रारंभ हुआ।[1] कृषि एवं पशु-पालन का विकास साथ-साथ हुआ अथवा दोनों का विकास अलग-अलग क्षेत्रों तथा विभिन्न कालों में हुआ? इस संबंध में निश्चित रूप से कुछ कहना कठिन है। इतना तो निश्चित है कि ये दोनों ही शीघ्र एक-दूसरे के पूरक बन गए और कृषि एवं पशुपालन की मिश्रित अर्थव्यवस्था ग्राम्य जीवन का एक अभिन्न अंग बन गई। सभ्यता के विकास के इस चरण में मानव-जीवन में स्थिरता आने के साथ ही उसकी सामाजिक, आर्थिक एवं राजनैतिक स्थिति में भी तेजी से परिवर्तन होने लगा। ताम्र-कांस्य युग में भारत में सिंधु एवं सरस्वती, ईराक में दजला-फरात तथा मिस्र में नील नदी के घाटी में नगरीय सभ्यताओं का उदय एवं विकास हुआ।

भारतीय उपहाद्वीप के नगरीय विकास का इतिहास सैंधव सभ्यता से प्रारंभ होता है। सिंधु एवं उसकी सहायक नदियों की उर्वरा उपत्यकाओं में प्राचीन भारत की कांस्य-काल की सभ्यता का आविर्भाव हुआ। मानव यायावर तथा आखेट अवस्था के युग को पार करता हुआ जब पशुपालन और कृषियुग में प्रविष्ट हुआ तभी से छोटे-बड़े ग्रामों के कस्बों में परिवर्तित होने की प्रक्रिया शुरु हुई और इन कस्बों के जीवन में राजनैतिक एवं सांस्कृतिक विकास के फलस्वरूप नगरों का उदय हुआ। लेकिन सिंधु सभ्यता के नगरों के विध्वंस के पश्चात् संपूर्ण भारत पुनः एक बार गाँवों के संस्कृति के युग में लौट गया। इसके पश्चात् लगभग एक हजार वर्षों के लंबे अंतराल के बाद ही उत्तर भारत में षोडस महाजनपदों का उद्भव हुआ। इस महाजनपद युग में जैन तथा बौद्ध धर्मों के उद्भव के साथ-साथ कुछ नगरों के विकास

की प्रक्रिया में तेजी आई।

नगरों के विकास के बारे में विभिन्न विद्वानों ने अलग-अलग सिद्धांत प्रतिपादित किए हैं। यहाँ पर पहले हम इन सिद्धांतों का संक्षिप्त रूप से उल्लेख करेंगे; तदनंतर भारतीय नगरों के विकास को उस परिप्रेक्ष्य में देखने का प्रयास करेंगे।

जोबर्ग की मांयता है कि समाज में नगरीय विकास पूर्णरूपेण राजनैतिक ढाँचे के घनीकरण (Consolidation) एवं विस्तृतीकरण (Expansion) से संबंधित था जिसके परिणामस्वरूप राज्य की उत्पत्ति हुई। उन्होंने राजनैतिक शक्ति संरचना को नगरीय जीवन की वृद्धि एवं ह्रास का महत्त्वपूर्ण उपादान माना है। उनके अनुसार मानव ने अपने राजनैतिक प्रसार के साथ आर्थिक आधार को भी सबल बनाया। व्यापारिक संस्थाओं ने राजनीतिक व्यवस्था को बनाए रखने में महत्त्वपूर्ण भूमिका अदा की।[2] बड़े पैमाने पर आर्थिक उद्यम प्रभावी शक्ति संरचना (केंद्रीय शक्ति) पर आधारित था। अतः कहीं भी नगरों का विकास प्रत्यक्ष या परोक्ष रूप से पूर्णरूपेण राज्य संस्था (State System) के बिना संभव नहीं था। इस संदर्भ में हमें कोई ऐसा उदाहरण ज्ञात नहीं है जहाँ नगर का विकास मुख्यतः व्यापार पर आधारित रहा हो। जोबर्ग की यह धारणा न केवल छठी शताब्दी ई. पू. के लिए बल्कि मध्य युग तक के भारतीय नगरीय विकास पर भी पूर्णतः लागू होती है।

ममफोर्ड भी उपर्युक्त विचारधारा के पोषक हैं। उनका मत है कि गाँवों की अर्थव्यवस्था, संचालन एवं नगरीकरण में राजा एवं राज्य संस्था की महत्त्वपूर्ण भूमिका थी। औद्योगीकरण और व्यापारीकरण जिसे हम नगरों के विकास का महत्त्वपूर्ण कारक मानते हैं; सदियों पूर्व एक आश्रित कारक था। नगरों के विकास में राजा का महत्त्वपूर्ण स्थान था, जो सभ्यता के नए आयामों को प्रचलन में लाने के लिए उत्तरदायी था।[3]

गार्डन चाइल्ड[4] ने मेसोपोटामिया, मिस्र तथा भारत आदि की सभ्यताओं के विकसित नगरों के बारे में प्राप्त साक्ष्यों के आधार पर दस सार तत्त्वों का विवरण प्रस्तुत किया जो प्राचीन नगरों को तत्कालीन गाँवों से अलग करते हैं–

1. नगर में जनसंख्या का घनत्व तत्कालीन एवं पूर्वकालीन बस्तियों से अधिक था, यद्यपि इन नगरों की जनसंख्या वर्तमान गाँवों से कम रही होगी।

2. यद्यपि नगर में कृषक भी रहते रहे होंगे, परंतु अधिकांश ऐसे लोग ही थे, जो कृषि कार्य न करके, हस्तकला विशेषज्ञ, यातायात कर्मचारी, व्यापारिक अधिकारी एवं पुजारी आदि थे, जो मुख्यतः गाँवों के कृषक वर्ग द्वारा प्रदत्त खाद्यान्न पर निर्भर करते थे।

3. प्रत्येक उत्पादक उत्पादन का कुछ अंश राजा अथवा देवता (पुजारी) को देता था, जिसे राजकोष में संचित किया जाता था।

4. स्मारकीय भवन (Monumental Buildings) न केवल गाँवों को नगरों से अलग करते थे; वरन् ये भवन सामाजिक दृष्टिकोण से भी आवश्यकता से अधिक

अन्नोत्पादन के प्रतीक हैं।

5. जनसंख्या का वह भाग जो अन्नोत्पादन में संलग्न नहीं था उसके अन्न की पूर्ति, मंदिर अथवा राजकीय कोष में संचित अन्न से की जाती थी, लेकिन इसका मुख्य भाग, पुजारी, सैनिक एवं शासक वर्ग को ही जाता था जो बदले में नगरीय विकास योजना के क्रियान्वयन में सहायता करते थे।

6. नगरीय विकास में सहायक, व्यवहार (विनिमय) हेतु लेखन कला का आविष्कार भी शासक (पुजारी) वर्ग द्वारा किया गया।

7. लेखन के अभ्युदय में लिपिकों को पूर्वसूचक विज्ञान यथा—अंकगणित, रेखागणित तथा खगोल विज्ञान इत्यादि का विवरण प्रस्तुत करने योग्य बनाया।

8. अन्य विशेषज्ञों यथा—मूर्तिकार, चित्रकार ने कलात्मक अभिव्यक्ति को नई दिशा प्रदान की।

9. राजकोष में संचित अन्न का कुछ अंश आयातित कच्चे माल के रूप में प्रदान किया जाता था जो उद्योग के लिए आवश्यक था। इनमें से कुछ स्थानीय स्रोतों में अनुपलब्ध थे। इससे स्पष्ट होता है कि नगरीय सभ्यताओं का एक विशेष स्वरूप, सुदूर देशों से व्यापार भी था।

10. नगरों के विशेषज्ञों को कच्चा माल सुलभ होने से न केवल विशेषज्ञों को रोजगार मिलता था वरन् ये विशेषज्ञ नगर में ही रहकर उसके आर्थिक एवं सामाजिक ढ़ाँचे के अंग भी बन जाते थे।

गार्डन चाइल्ड के इन दस उपादानों की अनेक विद्धानों ने आलोचना भी की है। एडम्स का कथन है कि ये सभी उपादान एक-दूसरे से महत्त्व एवं कारणों से काफी भिन्न हैं। कुछ तो यथा—प्रतिनिधि कला नगर विकास के तुरंत बाद दृष्टिगोचर नहीं होते। इसके अतिरिक्त भी कुछ उपादान यथा—पूर्वसूचक विज्ञान तो मुख्यतः आंशिक एवं अस्पष्ट साक्ष्यों के भाषांतर पर आधारित हैं। एडंस[5] का कहना है कि नगरीकरण में नई तकनीक एवं अन्नोत्पादन की नई विधियों का अधिक योगदान है।

गार्डन चाइल्ड के इन दस उपादानों का मूल्याँकन भारतीय संदर्भ में श्री अमलानंद घोष ने काफी विस्तार से किया है।[6] चाइल्ड का प्रथम उपादान तो निश्चित रूप से नगर की मुख्य परिभाषा ही है। शेष सभी उपादान आवश्यकता से अधिक अन्नोत्पादन पर निर्भर हैं। घोष का कहना है कि केवल यही नहीं आवश्यक है कि आवश्यकता से अधिक अन्न उपजाया जाए, वरन् उसकी खपत की भी पूरी व्यवस्था होनी चाहिए और तभी नगर का विकास संभव है। इस संदर्भ से आवश्यकता से अधिक उत्पादित अन्न की खपत और उसकी पृष्ठभूमि, पूर्वआद्यैतिहासिक काल में ही बनाई जा चुकी थी तथा इसके क्रियांवयन तथा सामाजिक एवं आर्थिक ढाँचों को सुदृढ़ बनाने के लिए उत्तर भारत में विकसित हो रहे जनपदों ने महत्त्वपूर्ण भूमिका निभाई। इन्हीं जनपदों में राज्य कर्मचारी, कला-विशेषज्ञ तथा श्रेष्ठी जैसी संस्थाओं

का उद्भव एवं विकास हुआ। अतः चाइल्ड के द्वितीय एवं तृतीय उपादान भी तर्कसंगत प्रतीत होते हैं। चौथे उपादान—स्मारकीय भवन के बारे में, यह कहा जा सकता है कि तत्कालीन धर्म-व्यवस्था में बौद्ध धर्म को छोड़कर अन्य किसी भी धर्म में मंदिर अथवा किसी अन्य स्मारकीय भवन की आवश्यकता नहीं थी। बौद्ध धर्म में स्मारकीय भवनों को स्तूपों के रूप में देखा जा सकता है। यद्यपि राज भवन के अवशेष कौशांबी को छोड़कर अन्य स्थानों से प्राप्त नहीं होते; परंतु तत्कालीन साहित्यिक साक्ष्यों के आधार पर कहा जा सकता है कि उस समय बड़े-बड़े राजमहल थे, जो जनसाधारण के आवासों से अलग एवं भव्य थे।

पाँचवें उपादान की भी पुष्टि हमें साहित्यिक साक्ष्यों में मिलती है। यहाँ वर्ण व्यवस्था के अतिरिक्त सामाजिक, आर्थिक एवं राजनैतिक व्यवस्था को सुचारू रूप से संचालित करने के लिए राजा, सेना, शिक्षक, पुजारी तथा राज्य के मंत्री शामिल थे।

चाइल्ड के छठवें उपादान के महत्त्व के संदर्भ में विद्वानों में मतभेद हैं। एक ओर जहाँ जोबर्ग[7] यह मानते हैं कि लेखन-कला नगरीय सभ्यता का एक महत्त्वपूर्ण अंग है वहीं व्हीलर[8] का कथन है कि लेखन तो गौण उपादान है और इसे मुख्य उपादानों के अंतर्गत नहीं रखा जा सकता। जो भी हो, चाइल्ड का यह उपादान भी भारतीय परिप्रेक्ष्य में उचित बैठता है। यह निश्चित रूप से तो नहीं कहा जा सकता कि ब्राह्मी एवं खरोष्ठी लिपियों का आरंभ कब और कैसे हुआ, फिर भी इतना तो निश्चित है कि अशोक के काल के आरंभ में लिपियाँ अपनी परिपक्व अवस्था तक पहुँच गई थीं। इन लिपियों के विकास का मुख्य कारक संभवतः राजकीय दस्तावेजों को सुरक्षित बनाए रखने के लिए किया गया।

सातवाँ उपादान रेखागणित तथा खगोल-विज्ञान से संबंधित है और इसकी भी उपस्थिति का ज्ञान हमें नगरों के विकास के समय यज्ञवेदी के निर्माण के संदर्भ में मिलता है। कुछ विशिष्ट यज्ञों में यज्ञवेदी का आकार-प्रकार इसके साथ ही बलि का पवित्र समय तथा बलि किए जाने वाले जीव को लाए जाने तथा खड़े किए जाने की दिशा आदि से संबंधित था। यद्यपि सैंधव सभ्यता से कुछ ऐसे यंत्र मिले हैं जो उनके रेखागणित संबंधित प्रायोगिक ज्ञान को स्पष्ट करते हैं। परंतु गणितीय आधार पर भारतवर्ष में वैदिक काल में इसकी नींव पड़ी तथा शुल्व काल तक आते-आते इसका बहुत विकास हुआ। यद्यपि यह कहना कठिन है कि इस विज्ञान का भारतीय परिप्रेक्ष्य में नगरीकरण के विकास में कितना योगदान था। चाइल्ड के आठवें उपादान का साक्ष्य तो हमें नगरीकरण के प्रारंभिक चरणों में नहीं मिलता; यद्यपि मौर्य-काल में मौर्य स्तंभ, उनके शीर्ष यक्षों एवं यक्षियों की कुछ अनूठी प्रतिमाएँ देखने को मिलती हैं। इन मूर्तियों की सुंदरता इस बात का द्योतक है कि मौर्यकाल से पूर्व भी मूर्तिनिर्माण कला की एक लंबी परंपरा थी। चाइल्ड के नवें उपादान के संदर्भ में श्री घोष का

कहना है कि सुदूर देशों से व्यापार अपेक्षाकृत परवर्ती काल का है; लेकिन यहाँ पर जातक कथाओं का संदर्भ देते हुए यह कहा जा सकता है कि बुद्ध के काल से ही सुदूर देशों से व्यापारिक संबंध थे।

दसवें उपादान नगर में बसने वाली जनसंख्या एक विस्तृत एवं संगठित समुदाय के बारे में निश्चित रूप से कुछ कह पाना कठिन है। यद्यपि सभी वर्ग शहरों में रहकर आर्थिक एवं राजनीतिक व्यवस्था के अंग थे लेकिन सामाजिक व्यवस्था में वे परस्पर किस सीमा तथा संबद्ध थे, कहना कठिन है। सामाजिक संगठन में जाति व्यवस्था निश्चिततः आड़े आई होगी, यद्यपि यहाँ यह उल्लेखनीय है कि पालि साहित्य में वैशाली में एक सामुदायिक भवन (संस्थागार) होने की चर्चा की गई है। जिसमें संभवतः सभी समुदाय के लोग बैठकर नगर के व्यवसाय एवं अन्य महत्त्वपूर्ण समस्याओं के बारे में विचार-विमर्श करते थे।

अधिकांश भारतीय विद्वान् भारत के ऐतिहासिक नगरीकरण की प्राचीनता को छठवीं शताब्दी ई. पू. में स्थापित करते हैं। ऐतिहासिक नगरों के संबंध में दिलीप चक्रवर्ती द्वारा महत्त्वपूर्ण शोध किया गया है।[9] उन्होंने चार ऐतिहासिक नगरों (राजगृह, वाराणसी, कौशांबी और उज्जयिनी) का उल्लेख किया है। इन नगरों के आविर्भाव की पृष्ठभूमि, में कृषि का सुदृढ़ आधार, व्यापारिक मार्गों पर इनकी स्थिति एवं राजनैतिक सत्ता का केन्द्र में होना है।[10] दिलीप चक्रवर्ती ने राजनीतिक सत्ता को महत्त्वपूर्ण कारक माना है। इस संदर्भ में नीलरत्न बनर्जी, कृष्णदेव, अमलानंद घोष एवं मुनीशचंद्र जोशी ने आपत्ति प्रस्तुत की है। उनका मत है कि आद्य-ऐतिहासिक नगरों के विकास के पीछे सामाजिक-आर्थिक कारक मुख्य हैं।[11] दिलीप चक्रवर्ती ने पुरातात्त्विक स्रोतों के आधार पर भारत के ऐतिहासिक नगरों के विकास के तीन चरणों का उल्लेख किया है। प्रथम चरण (5वीं-6वीं शताब्दी ई. पू.) में विकसित नगर वाराणसी, राजगृह, उज्जयिनी और कौशांबी थे। द्वितीय चरण में विकसित क्षेत्रों में पंजाब के मैदानी भाग, निचली गंगा घाटी, राजस्थान, गुजरात, महाराष्ट्र व उड़ीसा आदि हैं, जिसका विकास द्वितीय शताब्दी ई. पू. में हुआ। तीसरे चरण में शेष भारत के अन्य नगरों का उदय हुआ। इसमें ईसा की प्रथम दो शताब्दियों तक कर्नाटक, केरल, तमिलनाडु, और आंध्र प्रदेश के नगरों का विकास हुआ।

दिलीप चक्रवर्ती द्वारा निर्धारित ऐतिहासिक नगरों के तीन चरणों का पुष्टीकरण उत्तर प्रदेश के प्राचीन नगरों के उत्खनन के परिणामस्वरूप हो चुका है। राजघाट की खुदाई से प्रथम काल (800 ई. पू.) के प्राप्त अस्थाई आवासों के साक्ष्य प्राप्त हो चुके हैं जबकि अकथा (सारनाथ) नामक स्थल से 1200 ई. पू. के अवशेष प्रकाश में आये हैं। ई. पू. तीसरी शताब्दी में यहाँ के भवनों में पक्की ईंटों का प्रयोग मिलने लगता है।[12] अयोध्या के उत्खनन से ब्रजवासी लाल को सातवीं-आठवीं शताब्दी के मृण्भांड मिले हैं। मथुरा में सोंख नामक टीले के निचले चरण से जर्मन पुरातत्वविद

हर्बट हर्टेल को चित्रित सलेटी मृण्भांड मिले थे। कौशांबी के उत्खनन से प्राप्त किलेबंदी के प्रारंभ का समय उत्खाता महोदय ने 1025 ई. पू. और प्रथम खाई और उसके पास वाली सड़क को लगभग 885 ई. पू. माना है।[13] इन स्थानों से प्राप्त सलेटी रंग के मृण्भांडों एवं आवास की प्राचीनता से यह सिद्ध होता है कि इन स्थानों पर नगरों के विकास की प्रक्रिया का प्रारंभ काफी पहले हो चुका था।

उत्तर प्रदेश के नगरों के विकास का द्वितीय चरण दूसरी शती ई. पू. में प्रारंभ होता है। इस काल में कई नगरों की प्राचीरों को सुदृढ़ करने के लिए पक्की ईंटों का प्रयोग बहुतायत से मिलता है। श्रावस्ती के द्वितीय काल में तीसरी शताब्दी ई. पू. के भवनों में गारेयुक्त पक्की ईंटों का प्रयोग मिलता है। कुशीनगर के स्थलों की प्राचीनता भी द्वितीय शताब्दी ई. पू. के पहले निश्चित नहीं होती; यद्यपि परवर्ती काल में भवनों में निरंतर परिवर्द्धन एवं विकास-क्रम दृष्टिगत होता हैं। अगियाबीर में द्वितीय शताब्दी ईसा पूर्व में किलेबन्दी, बुर्जों एवं परिखा का निर्माण इसका स्पष्ट प्रमाण है।

उत्तर-प्रदेश के प्रमुख नगर एवं विशिष्ट स्थलों का उद्भव ऐतिहासिक पृष्ठभूमि पर आधारित है। अन्य विदेशी नगरों में जहाँ औद्योगीकरण का प्रमुख स्थान था, वहीं उत्तर प्रदेश के प्राचीन नगरों का विकास शनैः शनैः उत्तरोत्तर हुआ। भारत में नगरों की विविधता उनकी विशिष्ट सांस्कृतिक परंपरा के प्रतिफलस्वरूप है। नगरीकरण की समस्या के निराकरण के लिए सर्वप्रथम भारत के प्राचीन, मध्यकालीन एवं आधुनिक नगरीकरण की विशिष्ट सांस्कृतिक परंपराओं के आधार पर उसके अंतर को स्थापित करना होगा।

सभी मतों का तुलनात्मक अध्ययन करने पर ज्ञात होता है कि प्राचीन नगरों के विकास में कोई एक कारक उत्तरदायी नहीं था अपितु कई कारकों का संयुक्त योगदान था। छठी शताब्दी ई. पू. उत्तरी भारत में एक परिवर्तन का युग था। राजनीतिक रूप से जनपदों का गठन हो चुका था, जिनमें से बाद में कुछ ने महाजनपदों का रूप धारण कर लिया। लोहे के प्रयोग से लोगों के आर्थिक जीवन में परिवर्तन आया। इसका सर्वप्रथम प्रयोग गंगा के मैदानी भागों में जंगलों को काटने के लिए किया गया। साथ ही लोहे के प्रयोग से अधिक अन्न का उत्पादन संभव हुआ जो कि प्रस्तर या ताँबे के उपकरणों से संभव नहीं था। इसका प्रमुख कारण यह था कि ताँबे या काँसे के औजारों से न तो घने जंगलों को साफ किया जा सकता था न ही कड़ी मिट्टी की जुताई संभव थी। अतः लोहे के आविष्कार ने भारत में नगरों के विकास की आधारशिला रखी।[14] आवश्यकता से अधिक अन्नोत्पादन से लोगों को दूसरे कार्य करने की रुचि बढ़ी फलस्वरूप दस्तकारी, व्यापार एवं उद्योग का विकास हुआ। इसकी प्रगति में धातुविज्ञान एवं प्रौद्योगिकी के सहयोग ने अधिक तीव्रता प्रदान की।[15] जनसंख्या का एक भाग जो अब तक कृषिकर्म में संलग्न था, वह व्यापार, उद्योग और शिल्प कौशल में रुचि रखने लगा। परिणामस्वरूप समाज में श्रम विभाजन से

अनेक नए वर्गों, श्रेणियों, श्रेष्ठियों, व्यापारिक, नाविक, शिल्पी, सुनार, लुहार तथा बुनकर आदि का उद्भव हुआ। साथ ही संगीत, नृत्य, चित्रकारी एवं कविता जैसी अन्यान्य ललितकलाओं का भी जन्म हुआ। बढ़ती हुई जनसंख्या एवं सामाजिक सुरक्षा के लिए एक सुसंगठित राज्य की आवश्यकता महसूस हुई। जिससे छठीं शताब्दी ई. पू. में षोड्स महानपदों का उद्भव हुआ। मुद्रा सामाजिक क्षमता का एक नया मानक सिद्ध हुई। परिणामतः नगरों के रूढ़िगत सामाजिक ढाँचे में परिवर्तन आया। अब नगरों में ब्राह्मण, क्षत्रिय, वैश्य एवं शूद्र की परिभाषाएँ व्यापारी, शिल्पी, श्रेष्ठि, सुनार, लुहार, वेश्या, गणिका, बुनकर, नौकर, कलाकार इत्यादि में बदल गई। नगरीय विकास के पीछे कृषि, अर्थव्यवस्था की उन्नति, धातु-विज्ञान एवं प्रौद्योगिकी का उदय, विविध कलाओं का जन्म, श्रमविभाजन एवं राजा एवं राज्य संस्था के महत्त्वपूर्ण योगदान का हाथ है, जौ शनैः-शनैः विकास के क्रमागत स्तरों में भी सहायक रहा है।

## संदर्भ


1. एल. आर. बिनफोर्ड, पोस्ट प्लीस्टोसीन एडाप्टेशन्स इन एस, आर, एंड एल. आर. बिनफोर्ड संपादित न्यू पर्सपेक्टिव इन आर्कियोलाजी, 1968; एम. एन. कोहेन, फूड क्राइसिस इन प्री-हिस्ट्री, 1977
2. ज्योन जोबर्ग, दि प्री-इंडस्ट्रियल सिटी : पोस्ट एंड प्रजेंट, इलिन्वाय, 1960, पृ.60 और 75
3. लेविस ममफोर्ड, दि सिटी इन हिस्ट्री, लंदन, 1961, पृ. 35
4. गार्डन चालल्ड, दि अर्बन रिवोल्यूशन, दि टाउन प्लानिंग जर्नल, लीवरपुल, जिल्द 21, पृ. 3-17
5. राबर्ट मैक एडम्स, दि इवाल्यूशन ऑफ अर्बन सोसायटी, लंदन, 1966, पृ. 11-12
6. अमलानंद घोष, दि सिटी इन अर्ली हिस्टारिकल इंडिया, शिमला, 1973, पृ. 24-28
7. ज्योन जोवर्ग, तत्रैव, पृ. 60 और 75
8. व्हीलर, एंटीक्विटी, जिल्द 30, 1956, पृ. 132-136
9. दिलीप कुमार चक्रवर्ती, अर्ली अर्बन सेंटर्स इन इंडिया एन अर्कियोलाजिकल् पर्सपेक्टिव (2500 ई. पू. से 300 ई. तक), अप्रकाशित शोध-प्रबंध, कलकत्ता विश्वविद्यालय
10. पुरातत्व, जिल्द 7, पृ. 89
11. पुरातत्व, जिल्द 6, पृ.36
12. अवधकिशोर नरायण और त्रिभुवन नरायन राय, एक्सकेवेशन्स ऐट राजघाट भाग 1, पृ.26
13. यद्यपि अमलानंद घोष एवं ब्रजवासी लाल कौशांबी की तिथि-प्राचीनता से पूर्ण सहमत नहीं हे। अमलानंद घोष, सिटी इन अर्ली हिस्टारिकल इंडिया, पृ. 81; पुरातत्व संख्या 11, पृ. 93। फिर भी इतना तो अवश्य निश्चित है कि छठी शताब्दी ई. के पूर्व यह नगर विकास को प्राप्त हो चुका था।
14. रामशरण शर्मा, मैटिरियल बैकग्राउंड ऑफ दि ओरिजिन ऑफ बुद्धिज्म (मोहित सेन एंड एम. बी. राव संम्पा.) दस कैपिटल सैण्टिनरी वोल्यूम–ए सिंपोजियम, दिल्ली, 1968 ई., पृ. 21
15. गोविंदचंद पाण्डेय, डाइमेंसन्स ऑफ् ऐंश्येंट इंडियन सोशियल हिस्ट्री, 1984, पृ. 99

# 11.

# उपसंहार

## वाराणसी

वाराणसी नगर की ख्याति राजधानी के रूप में बुद्ध पूर्व युग में ही स्थापित हो चुकी थी। वैदिक साहित्य एवं महाभारत में सर्वप्रथम इस नगर की उत्पत्ति के संदर्भ में वरणावति और वरणासि नदियों का उल्लेख मिलता है। वर्तमान बरना (वरूणा) नदी का यह प्राचीन नाम था। वैदिक साहित्य में वाराणसी के संदर्भ में सामग्री अत्यल्प है। पुराणों में उल्लिखित अनेक राजाओं ने इस नगर पर शासन किया। पौराणिक आधारों से काशी के प्राचीन इतिहास पर कुछ प्रकाश अवश्य पड़ता है पर ऐतिहासिक दृष्टिकोण से इनका महत्त्व अपेक्षाकृत कम है। काशी के पौराणिक राजाओं का शासनकाल निश्चित करना संभव नहीं। हम केवल इतना निष्कर्ष निकाल सकते हैं कि पौराणिक वंशावलियों में काशी के जिन राजाओं का उल्लेख मिलता है उनका समय ई. पू0 1000 के पहले था।

छठी शताब्दी ई. पू. के आसपास काशी को कोशल में सम्मिलित कर लिया गया। इस काल में इसकी गणना उत्तर भारत के 6 महानगरों में की जाती थी। आनंद ने इसकी तत्कालीन ख्याति के कारण ही इसे भगवान् बुद्ध के निर्वाण के लिए उपयुक्त स्थल बताया था। जातकों के अनुसार यह नगर चतुर्दिक परिखा एवं प्राकार से घिरा था। सुरक्षा की दृष्टि से उस समय ऐसा करना आवश्यक था। बुद्धकाल में यह औद्योगिक केंद्र के रूप में विकसित हो चुका था। यहाँ के प्रमुख उद्योगों में काशिक वस्त्र, काशिक चंदन, हाथी दाँत आदि मुख्य थे। काशिक वस्त्रों में सूती एवम् रेशमी दोनों प्रकार के वस्त्रों का निर्माण होता था। पुरातात्विक उत्खननों से सिद्ध होता है कि यहाँ मृत्तिका उद्योग भी काफी विकसित था। यहाँ के मृण्भांडों एवं मिट्टी के खिलौनों जैसे ही खिलौने नरहन (जिला गोरखपुर) के उत्खनन में प्राप्त हुए हैं जिससे निष्कर्ष निकाल सकते हैं कि संभवतः काशी से उनका निर्यात घाघरा की उपत्यका में होता था। इसके अतिरिक्त अन्य महत्त्वपूर्ण उद्योगों में बढ़ईगिरी, लौहकर्म, सुवर्णगिरी,

चर्मगिरी एवं आभूषण निर्माण थे।

वाराणसी वाणिज्य के साथ ही साथ व्यापार के लिए भी सुविख्यात थी और तत्कालीन व्यापारिक मार्गों के केंद्र में स्थित थी।[1] इसका व्यापारिक संबंध सुवर्ण भूमि, ताम्रलिप्ति, शूर्पारक, भरुकक्ष एवं तक्षशिला जैसे सुदूर नगरों से था, जो नगर के राजनैतिक, धार्मिक एवं कला के विकास के लिए सहायक सिद्ध हुआ। ई. पू. की चौथी शताब्दी से पहली-दूसरी शती तक वाराणसी उत्तरापथ (गांधार) के घोड़ों के लिए विख्यात था। बौद्धग्रंथों में अनेकशः गांधार देश से व्यापारियों के वाराणसी में आने का उल्लेख मिलता है। लेकिन ईसवी सन् की बाद की सदियों में यह व्यापार लगभग बंद हो चुका था।

बुद्धकाल में यह नगर उत्तरी भारत के एक प्रमुख शिक्षा-केंद्र के रूप में भी विख्यात था। बौद्ध साहित्य में ऐसा उल्लेख है कि यहाँ की कुछ शिक्षा-संस्थाएँ तक्षशिला से भी पुरानी थीं, जहाँ देश के विभिन्न भागों से विद्यार्थी शिक्षा ग्रहण करने के लिए आते थे।

छठी शताब्दी ई. पू. से लेकर नंदों के अभ्युदय तक इस नगर के राजनीतिक इतिहास में महत्त्वपूर्ण परिवर्तन दृष्टिगत होते हैं। कोशल नरेश महाकोशल ने अपनी पुत्री का विवाह मगध नरेश बिंबिसार से कर दिया और दहेज के रूप में वाराणसी के शत सहस्र मुद्राओं वाली आय को, जो करों के रूप में आती थी, मगध नरेश को दे दिया। महाकोशल के पुत्र प्रसेनजित के शासनकाल में इस आय का प्रदान रोक दिया गया, जिससे तत्कालीन मगध नरेश अजातशत्रु ने वाराणसी पर आक्रमण करके उसे मगध साम्राज्य में सम्मिलित कर लिया।

मौर्यों के शासनकाल में इस नगर की विशेष उन्नति हुई। सारनाथ में अशोक ने एक स्तूप का निर्माण करवाया। संभवतः यह उसी स्थान पर निर्मित था जहाँ बुद्ध ने अपना प्रथम उपदेश दिया था।[2] अशोक ने सारनाथ में एक स्तंभ भी स्थापित करवाया था, जिसमें संघ में भेद उत्पन्न करने वालों के लिए राजाज्ञा का उल्लेख था।

प्रथम शताब्दी के अंत में इस नगर पर कुषाणों का आधिपत्य हो गया। दूसरी शताब्दी तक यह नगर कुषाणों के आधिपत्य में था। बाद में यह भारशिव राजाओं के अधिकार में आ गया। यहाँ पर किए गए दस अश्वमेघ यज्ञों द्वारा इस बात की पुष्टि होती है।[3]

चतुर्थ शताब्दी के उत्तरार्द्ध से छठी शताब्दी तक वाराणसी गुप्त साम्राज्य का एक अंग था। इनके शासन काल में इस नगर का चतुर्दिक विकास दृष्टिगत होता है।

इसके पश्चात् इस नगर पर मौखरियों की सत्ता कायम हुई। सातवीं शताब्दी में वर्द्धनों ने इस नगर पर शासन किया। हर्षवर्द्धन के शासन-काल में भारत-भ्रमण पर आए चीनी यात्री ह्वेनसाँग ने सारनाथ का वर्णन किया है। उसने यहाँ कई संघाराम और स्तूपों का वर्णन किया है, जिसमें बड़ी संख्या में बौद्ध धर्मानुयायी निवास करते थे।

वाराणसी की प्राचीन स्थिति उत्तर-पूर्व में वरुणा और गंगा के संगम-स्थल के आस-पास के क्षेत्रों में थी। राजघाट के उत्खनन से यह तथ्य प्रमाणित हो चुका है। नगर के चतुर्दिक रक्षा-प्राचीरों तथा गंगा से नगर की सुरक्षा के लिए बनाए गए तट बंध से यह निश्चित है कि नगर की प्राचीन बस्ती इसी क्षेत्र में रही।

उत्खनन से यह भी पता चलता है कि इस क्षेत्र में मानव ने सर्वप्रथम 800 ई. पू. के आस-पास निवास प्रारंभ किया। बाद के चरणों (300 ई. पू.) में मकानों में पक्की ईंटों का प्रयोग मिलता है। मकानों से पानी निकालने के लिए मृतिका वलय कूपों एवं गंदे पानी एवं मल निर्हरण के लिए सोख्ता घड़ों का भी प्रयोग मिलता है जिससे नगरीकरण के महत्त्वपूर्ण चरण का ज्ञान होता है। यह नगर तीन ओर से परिखाओं और रक्षा-प्राचीरों से परिवेष्टित था। दक्षिण की ओर गंगा नदी प्राकृतिक रक्षा का कार्य करती थी।

वाराणसी का दक्षिण और पश्चिम में विस्तार परवर्ती है। ऐसा प्रतीत होता है कि नगर की धार्मिक महत्ता के विकास के साथ-साथ नगर का पश्चिम की ओर विस्तार हुआ। बाद के कालों में यह विकास और बढ़ता गया। वर्तमान काल में आज भी इस नगर का विकास मुख्यतः पश्चिम, उत्तर और दक्षिण की ओर हो रहा है।

## कुशीनगर

ऐतिहासिक दृष्टि से साहित्यिक साक्ष्यों एवं पुरातात्विक सामग्रियों से कुशीनगर के विभिन्न आयाम प्रकाश में आये हैं। कुशीनगर के विकास एवं प्रसिद्धि के कारणों में मल्लों की राजधानी होने से अधिक इसका बुद्ध तथा बौद्ध भिक्षुओं से संबद्ध होना है। बुद्ध के महापरिनिर्वाण के अनंतर इसे चार बौद्ध तीर्थस्थलों में स्थान मिला और इसकी ख्याति क्रमशः बढ़ती गई। अजातशत्रु द्वारा मल्लों के पराजित होने के अनंतर यद्यपि राजनैतिक दृष्टि से कुशीनगर का अस्तित्व प्रायः समाप्त हो गया, पर बौद्ध तीर्थ होने के कारण धार्मिक दृष्टि से इसका महत्त्व बढ़ता गया। विभिन्न राजाओं की बौद्ध धर्म के प्रति अभिरुचि और अनभिरुचि के अनुरूप ही प्रतिपाद्य काल तक इस नगर के महत्त्व और समृद्धि में भी कई उतार-चढ़ाव आए।

बुद्ध के काल में यह स्थल आर्थिक दृष्टि से समृद्ध नहीं था; और न ही उसे नगर कहा जा सकता था पर बुद्ध तीर्थस्थली और व्यापारिक मार्ग पर होने के कारण अशोक और उसके बाद के काल में इस नगर के आर्थिक और धार्मिक महत्त्व में विशेष अभिवृद्धि हुई। इसी स्थलमार्ग से बावरी ऋषि के शिष्यों के जाने का उल्लेख है। यहाँ से प्राप्त मथुरा की बनी मूर्तियों से ऐसा निष्कर्ष निकलता है कि इन्हें स्थल-मार्ग के द्वारा लाकर यहाँ स्थापित किया गया होगा। साथ ही मथुरा से इस नगर के पारस्परिक संबंध की बात भी सिद्ध होती है।

कुशीनगर को नगर माना जाए अथवा नहीं, यह प्रश्न विवादास्पद है। फिर भी प्राप्त तथ्यों के आधार पर ऐसा आभास होता है कि कुशीनगर को आज के नगर की परिभाषा की दृष्टि से भले ही नगर न माना जाए पर प्रारंभ का कुशीनगर क्रमशः समृद्धि को प्राप्त करता गया और कालांतर में तत्कालीन नगर के रूप में ख्याति-लब्ध हुआ। इसकी पुष्टि कुशीनगर के साथ नगर शब्द के संयोग से भी होती है।

यहाँ यह उल्लेखनीय है कि कुषाण काल से पूर्व के कुशीनगर के प्रारूप का निर्धारण प्रायः साहित्यिक साक्ष्यों से ही होता है, पर कुषाणोत्तर इतिहास के निर्धारण में साहित्यिक साक्ष्यों के साथ पुरातात्विक साक्ष्यों से भी पर्याप्त प्रकाश पड़ता है। परंतु उत्खनन में वैज्ञानिक विधि न अपनाने के कारण यद्यपि अनेक महत्त्वपूर्ण प्रमाण नष्ट हो गए है; जिससे कालक्रम निर्धारण में कठिनाई होती है। फिर भी उत्खनन से प्राप्त ईंटों, सिक्कों, मुहरों, मूर्तियों तथा उन पर उत्कीर्ण लेखों एवं स्वतंत्र अभिलेखों के आधार पर कुशीनगर के इतिहास के विविध पक्षों पर प्रकाश डाला जा सकता है।

कुशीनगर के उत्खनन से प्राप्त पुरातात्विक सामग्रियों एवं विभिन्न कालों में निर्मित चैत्य, स्तूप एंव विहार आदि के अवशेषों से यह स्पष्ट होता है कि कुछ सामयिक बाधाओं के बावजूद कुशीनगर में बौद्ध धर्म का प्रभाव एवं समृद्धि कुषाण काल से लेकर 11वीं-12वी शती तक प्रायः स्थाई रहे।

वैदिक ग्रंथों में इस नगर का उल्लेख नहीं मिलता। महाभारत में मल्ल राष्ट्र का उल्लेख आया है, पर कुशीनगर विषयक कोई उल्लेख नहीं मिलता। कुशीनगर का इतिहास हमें पाँचवीं शताब्दी. ई. पू. से ही मिल पाता है। मल्लों की पराजय के बाद महापद्मनंद और चंद्रगुप्त आदि राजाओं ने कुशीनगर पर शासन किया, परंतु अन्य प्राचीन बौद्ध तीर्थों की भाँति यहाँ इस काल में हुए विकास का लक्षण दृष्टिगोचर नहीं होता। कुशीनगर के विकास की दृष्टि से अशोक का राज्य-काल महत्त्वपूर्ण है। इसके शासन काल में यहाँ कई चैत्य, विहार और स्तूप निर्मित हुए। ह्वेनसांग के यात्रा-वृत्तांत से भी इस तथ्य की पुष्टि होती है। कुषाणवंशी राजाओं के शासन काल में कुशीनगर का बहुविध विकास हुआ पुरातात्विक उत्खनन से प्राप्त इस वंश के विभिन्न राजाओं के सिक्कों और अभिलेखों आदि से इस तथ्य की पुष्टि होती है किन्तु विकास का यह क्रम अबाध न रहा। चीनी यात्री फाह्यान के समय तक कुशीनगर में अवनति के कुछ लक्षण प्राप्त होने लगते हैं।

गुप्त राजाओं की छत्रछाया में कुशीनगर पुनः उन्नति की ओर अग्रसर हुआ। पुरातात्विक उत्खनन से यह स्पष्ट है कि इस युग में यहाँ अनेक मठों एवं मंदिरों का निर्माण एवं जीर्णोद्धार हुआ। यह निर्माण एवं जीर्णोद्धार चन्द्रगुप्त द्वितीय एवं कुमारगुप्त प्रथम के शासनकाल में संपन्न हुआ। यहाँ से प्राप्त लेखों में कुमारगुप्त

प्रथम (413 से 455 ई.) के काल में हरिबल नामक भिक्षु द्वारा यहाँ महापरिनिर्वाण मुद्रा में एक विशाल मूर्ति स्थापित करने का उल्लेख है। इसके अतिरिक्त यहाँ से प्राप्त सिक्को, ईंटों, मुहरों और मूर्तियों से ज्ञात होता है कि गुप्तकाल में यह नगर अपने विकास के चरमोत्कर्ष पर था। परवर्ती गुप्तों के काल से कुशीनगर के विकास एवं समृद्धि में अवनति के लक्षण दृष्टिगोचर होने लगते हैं। संभवतः इस समय हूणों के आक्रमण के कारण ऐसा संभव हुआ।

हर्षवर्द्धन के शासन काल में चीनी यात्री ह्वेनसांग ने कुशीनगर को पूर्णतः निर्जन एवं उजाड़ पाया। उसके समय तक केवल इमारतों की नीवें ही शेष रह गई थीं। हर्षोत्तर काल में उत्तर भारत में व्याप्त राजनीतिक अस्थिरता के कारण कुशीनगर की समृद्धि प्रायः ह्रासोन्मुख रही। यद्यपि, समय-समय पर कुछ राजाओं ने कुशीनगर के जीर्णोद्धार का प्रयास किया पर उन्हें वैयक्तिक प्रयास ही माना जा सकता है। 11वीं-12वीं शती में कुशीनगर में उन्नति के कुछ लक्षण अवश्य दृष्टिगोचर होते हैं, जो कलचुरि एवं पाल नरेशों के प्रयास के परिणामस्वरूप संभव हुए।

अतः साहित्यिक एवं पुरातात्विक साक्ष्यों के आधार पर निष्कर्षतः हम यह कह सकते हैं कि महाभारत काल में मल्ल राष्ट्र के रूप में विख्यात यह नगर परवर्ती कालों में धार्मिक केंद्र के रूप में विकसित हुआ। यहाँ से प्राप्त उत्खनित वस्तुओं में पहली शताब्दी ई. से लेकर 11वीं-12वीं शताब्दी तक की वस्तुएँ हैं। अतः प्राचीन काल में इस नगर का प्रारूप एक विचारणीय प्रश्न है। इस प्रश्न का हल इस क्षेत्र के निचले स्तरों के व्यापक पुरातात्विक उत्खनन से संभव हो पाएगा।

## श्रावस्ती

श्रावस्ती नगर प्राचीन कोशल के एक प्रमुख नगर के रूप में ख्याति प्राप्त था। यद्यपि इस नगर के उत्पत्तिमूलक तथ्यों में परस्परविरोधी मतों का उल्लेख मिलता है, फिर भी महाकाव्यों एवं पुराणों के विवरणों से इस नगर की प्राचीनता का ज्ञान होता है। एक प्रसंग के अनुसार राम ने अपने पुत्र लव को श्रावस्ती का शासक नियुक्त किया था। बुद्ध के जीवन -काल से संबंधित होने के कारण बौद्ध-साहित्य में इस नगर का विशेष उल्लेख है। यहाँ इसकी चर्चा उस समय की सात महापुरियों में की गई है। बुद्ध के शिष्य अनाथपिंडक ने असंख्य मुद्राओं को देकर प्रसिद्ध जेतवन को खरीद लिया था तथा अनेक विहार, मंदिर एवं मठ आदि बनवाकर भिक्षु संघ को दान कर दिया था। इस नगर के एक अन्य श्रेष्ठि विशाखा ने पूर्वाराम का निर्माण करवाया था। उत्खनन में जेतवन से अनेक विहारों, मंदिरों एवं बुद्ध के क्रियाकलापों से संबंधित स्थलों का पता चला है जिसमें गंधकुटी, कोसंबकुटी एवं करेरिकुटी मुख्य हैं।

बुद्ध काल में यह नगर एक महत्त्वपूर्ण व्यापारिक केंद्र था तथा देश के अन्य नगरों से यह जुड़ा हुआ था। बौद्ध साहित्य में तक्षशिला, साकेत, कौशांबी, वैशाली

राजगृह एवं प्रतिष्ठान आदि नगरों से इसके व्यापारिक संबंध का उल्लेख मिलता है।

बौद्ध एवं जैन धर्मों के प्रमुख केंद्र के रूप में श्रावस्ती छठी शताब्दी ई. पू. में ख्याति प्राप्त कर चुका था। कोशल साम्राज्य के पतन के साथ इस नगर का अधःपतन होने लगा। श्रावस्ती उत्खनन (सहेत) से कनिंघम, फोगल, होवी आदि विद्वानों को अनेक संघारामों, मठों, मंदिरों एवं स्तूपों के अवशेष मिले हैं। साथ ही (महेत) क्षेत्र से कच्ची कुटी, पक्की कुटी क्षेत्र में प्राचीन अवशेष एवं शोभनाथ नामक जैन मंदिर के अवशेष प्राप्त हुए थे। बाद में श्री कृष्ण कुमार सिनहा को यहाँ से आवासीय भवनों के अवशेष भी मिले। प्राप्त पुरातात्विक भवनों के कालक्रम को श्री सिनहा ने तीसरी शताब्दी ई. पू. से प्रथम शताब्दी ई. के मध्य रखा है।

साहित्यिक साक्ष्यों की तुलना से प्राप्त पुरातात्विक साक्ष्य यद्यपि समसामयिक नहीं हैं; फिर भी इतना तो लगभग निश्चित है कि पहली शताब्दी ई. के पश्चात् यह नगर क्रमिक ह्रास की ओर अग्रसर था। इसी कारण जब चीनी यात्री भारत आए तो उन्होंने इस नगर को उजाड़ पाया तथा यहाँ बौद्ध भिक्षुओं की संख्या भी अल्प पाई। उन्होंने यहाँ के संघारामों, मठों तथा मंदिरों को ध्वस्त देखा। यहाँ के उत्खनन से ग्यारहवीं-बारहवीं शताब्दी में अनेक मठों एवं संघारामों के परिवर्द्धन का भी ज्ञान होता है, जिससे यह सिद्ध होता है कि इस काल तक यहाँ बौद्ध धर्म का विकास अविच्छिन्न था।

## अयोध्या

अयोध्या भारत की एक धार्मिक नगरी है। साहित्य में इस नगर का सबसे प्राचीन उल्लेख महाकाव्यों एवं पुराणों में मिलता है। इसे हिंदुओं के सात पवित्र स्थानों में एक माना जाता था। मर्यादा पुरुषोत्तम राम की जन्मस्थली एवं राजधानी होने के कारण इसकी ख्याति अधिक थी। इस काल में यहाँ निवास करने वाले नागरिकों का सामाजिक एवं धार्मिक स्तर आदर्शात्मक था। हिंदुओं की इस पवित्र नगरी से जैनियों एवं बौद्धों का भी संबंध था। बौद्ध एवं जैन साहित्य में इसके अनेकशः उदाहरण मिलते हैं। इस नगर में धर्म प्रचार के लिए बुद्ध के अनेक बार आने का उल्लेख साहित्य में मिलता है। यह नगर छः जैन तीर्थंकरों (ऋषभ, अजित, अभिनंदन, सुमति, अनंत और अचलभानु) की जन्मस्थली थी।[4]

चीनी यात्रियों के विवरणों से ज्ञात होता है कि बुद्ध काल में इस नगर का विशेष महत्त्व था। यद्यपि फाह्यान ने इस नगर का अत्यंत संक्षिप्त वर्णन किया है लेकिन ह्वेनसांग ने यहाँ अनेक विहारों, स्तूपों एवं मंदिरों का उल्लेख किया है। इन विहारों में अनेक बौद्ध भिक्षु निवास करते थे। इन यात्रियों के विवरणों में सबसे महत्त्वपूर्ण बात यह है कि इन्होंने अयोध्या को गंगा नदी के किनारे स्थित बतलाया है, जबकि वर्तमान अयोध्या सरयू नदी के किनारे स्थित है। पालि साहित्य में भी

इसे गंगा नदी के किनारे स्थित बतलाया गया है। संभव है कि चीनी यात्रियों के विवरणों एवं पालि साहित्य में वर्णित अयोध्या या तो कहीं और स्थित रही हो, या इन विद्वानों ने घाघरा को भी गंगा जैसी पवित्रता प्रदान करके दोनों नदियों को एक रूप में प्रस्तुत किया हो।

अयोध्या की प्राचीनता और ऐतिहासिकता को सिद्ध करने के लिए पुरातात्विक सामग्री भी उपलब्ध है।[5] 1969-70 ई. में काशी हिन्दू विश्वविद्यालय द्वारा किए गए उत्खनन के अतिरिक्त प्रो. ब्रजवासी लाल द्वारा भी उत्खनन किया गया। प्रो. ब्रजवासी लाल ने रामायण से संबंधित स्थानों मुख्यतः अयोध्या, नंदीग्राम, शृंगवेरपुर भारद्वाज आश्रम का उत्खनन किया। अयोध्या का प्राचीन टीला लगभग एक मील घेरे में है। इस टीले पर चौदह मुख्य स्थानों यथा– रामजन्म भूमि, हनुमानगढ़ी, सीता की रसोई, नल टीला और कौशल्याघाट की खुदाई की गई है। सभी स्थानों के उत्खनन से सबसे नीचे के स्तरों में उत्तरी कृष्ण परिमार्जित मृण्भांड तथा इनके साथ धूसर चित्रित मृण्भांडों के कुछ टुकड़े भी मिले हैं, जिन्हें सातवीं शताब्दी ई. पू. के आस-पास का माना गया है। प्रथम प्रकार के मृत्तिका पात्र उत्तम कोटि एवं कई रंगों यथा–काले, सिलेटी, नीले, सुनहले एवं चाँदी के मिले हैं। इनके साथ लोहे के उपकरण भी मिले हैं। इन वस्तुओं की मात्रा एवं बनावट से यह निष्कर्ष निकलता है कि लोहे का प्रयोग उस समय प्रारंभ ही हुआ था। इन्हें प्रो. लाल ने उत्तरी कृष्ण परिमार्जित मृद्भांड संस्कृति के प्रथम चरण में रखा है। परवर्ती काल में तो लोहे का प्रयोग काफी विस्तृत रूप से मिलता है। इसके अतिरिक्त इस संस्कृति के द्वितीय काल में व्यापारिक वस्तुएँ यथा बहुमूल्य पत्थर के मनके, तौल के माप इत्यादि के अतिरिक्त चाँदी एवं ताँबे के सिक्कों का भी प्रयोग शुरु हो जाता है। इसी काल में नगर संरचना का स्वरूप दिखाई पड़ता है। आवासीय भवन पक्की ईंटों से निर्मित थे। उल्लेख्य है कि नगर व्यवस्था एवं मकानों की बनावट का यह स्वरूप, इस संस्कृति के प्रथम चरण में नहीं मिलता।

मिट्टी की मूर्तियों के बनाने की कला तथा आभूषणों की बनावट में काफी विकास दृष्टिगत होता है। प्रथम काल की मृण्मूर्तियों की अपेक्षा द्वितीय काल की मृण्मूर्तियाँ लाल रंग से रँगी हैं। प्रथम काल के पश्चात् अयोध्या में शुंग, कुषाण एवं गुप्त काल से लेकर मध्यकाल एवं आधुनिक काल तक की बस्तियाँ हैं। अयोध्या के निकट ही नन्दीग्राम (जहाँ से भरत ने राम के बनवास-काल में राज्य संचालन किया था) के उत्खनन से भी उत्तरी कृष्ण परमार्जित मृद्भांड संस्कृति के प्रथम चरण के अवशेष मिले हैं।

पुरातात्विक उत्खननों से प्राप्त उपरोक्त सामग्री के आधार पर यह स्पष्ट हो जाता है कि वर्तमान अयोध्या की प्राचीनता सातवीं शताब्दी ईसा पूर्व के आस-पास ठहरती है। उस काल में यह बस्ती एक बड़े गाँव की भाँति रही होगी। परंतु बाद

में क्रमशः विकास के परिणामस्वरूप न केवल यहाँ की अर्थव्यवस्था में महत्त्वपूर्ण परिवर्तन हुआ, वरन् यह स्थान नगरीकरण की ओर भी अग्रसर हुआ। यह प्रक्रिया लगभग चौथी या अधिक से अधिक पाँचवीं ई. पू. के आस-पास पूरी हुई होगी। इसी समय अयोध्या में पक्के भवनों का निर्माण, सिक्कों का प्रचलन एवं विभिन्न नगरों से व्यापार आदि का पता चलता है। नगरीकरण की यह प्रक्रिया बाद के कालों यथा—शुंग, कुषाण एवं गुप्त काल में भी चलती रही।

यद्यपि साहित्यिक एवं पुरातात्विक सामग्री के आधार पर पौराणिक अयोध्या की प्राचीनता के संदर्भ में पर्याप्त मतभेद है फिर भी तुलनात्मक परिप्रेक्ष्य के आधार पर कहा जा सकता है कि यदि पौराणिक अयोध्या आज की ही अयोध्या है तो यहाँ पर लगभग सातवीं-आठवीं शताब्दी ई. पू. के आस-पास एक बड़ा गाँव था जो क्रमशः विकास के विभिन्न चरणों से होता हुआ, लगभग चौथी-पाँचवीं शताब्दी ई. पू. में नगर का रूप धारण कर चुका था।

## मथुरा

मथुरा भारतीय संस्कृति एवं सभ्यता का प्रमुख केंद्र रहा है। इसकी गणना भारत की प्रसिद्ध महापुरियों में की गई है। उत्तरापथ को अलंकृत करनेवाला गंगा-यमुना का जो कंठहार है, उसमें सुंदर मुक्ताफल की तरह यमुना के दक्षिण तट पर मथुरापुरी का सन्निवेश है। यह भौगोलिक स्थिति मथुरा के लिए लाभदायक सिद्ध हुई। साथ ही साथ धर्म, दर्शन, कला, भाषा और साहित्य के विकास में मथुरा का महत्त्वपूर्ण योगदान रहा है।

प्राचीन काल में ब्रज शूरसेन जनपद के नाम से प्रसिद्ध था, जिसकी राजधानी मथुरा थी। राम के भाई शत्रुघ्न द्वारा शासित होने के कारण उनके नाम पर इस नगर का नाम शूरसेन पड़ा। इस नगर का उल्लेख महाकाव्यों, पुराणों तथा अनेकानेक उत्कीर्ण संस्कृत अभिलेखों में हुआ था। किंतु पुराणों में मधुरापुरी का जितना विशद वर्णन मिलता है, उतना अन्यत्र नहीं। कुछ पुराणों में इस नगर का भौगोलिक परिचय भी मिलता है। पुराणों के तुलनात्मक अध्ययन से तत्कालीन मथुरा मंडल का सुस्पष्ट, सजीव तथा प्रामाणिक इतिहास प्राप्त होता है। इसके अतिरिक्त मथुरा का प्रचुर वर्णन बौद्ध साहित्य जैन साहित्य, यूनानी तथा चीनी यात्रियों के विवरणों में भी मिलता है। बौद्ध साहित्य से ज्ञात होता है कि छठी शताब्दी ई.पू. में मथुरा का संबंध अवंति के राजघराने से था। अवंति शासक प्रद्योत की एक कन्या वासवदत्ता वत्सराज उदयन से ब्याही थी। इस उद्धरण से दो नगरों के बीच आपसी संबंधों का पता चलता है।

बौद्ध साहित्य में बुद्ध के मथुरा आमगन एवं यहाँ उपदेश देने का वर्णन भी मिलता है। इस नगर का देश के अन्य भागों से व्यापारिक संबंध भी था। उत्तरापथ एवं दक्षिणापथ दोनों भागों से यह व्यापारिक मार्गों से जुड़ा था।

विदेशी यात्रियों के यात्रा विवरणों में भी मथुरा नगर का विस्तार से वर्णन मिलता है। यूनानी इतिहासकारों के विवरणों में शूरसेन जनपद के दो राज्यों—मेथोरा एवं क्लीसोबोरा का उल्लेख मिलता है। चीनी यात्रियों क्रमशः फाह्यान एवं ह्वेनसांग के यात्रा विवरणों के अनुसार मथुरा में बौद्धधर्म उन्नति पर था। ह्वेनसांग के विवरण से निश्चित हो जाता है कि सातवीं शती में इस क्षेत्र की भूमि उपजाऊ थी। उसके द्वारा वर्णित अनेक तथ्य जैसे विभिन्न संप्रदायों के पूजन का वर्णन, बुद्ध के कई बार मथुरा आने का उल्लेख आदि का समीकरण बौद्ध साहित्य में उल्लिखित तथ्यों से नहीं किया जा सकता था। अतः सत्यता की कसौटी पर ह्वेनसांग द्वारा वर्णित विवरण भ्रामक एवं अपूर्ण है।

पुरातात्विक उत्खननों से भी प्राचीन मथुरा नगर के महत्त्वपूर्ण अवशेष प्रकाश में आए हैं। पूर्ववर्ती उत्खनन, जो कि वैज्ञानिक तरीकों पर आधारित नहीं थे, से प्राप्त विवरण पूर्णतः प्रामाणिक नहीं हैं। उत्खननों में पुराविदों ने जहाँ एक ओर मथुरा कला से संबंधित विवरण प्राप्त करने में सफलता प्राप्त की है वहीं उन्होंने नगर के प्रमुख स्थलों की संरचना तथा नगरविन्यास जैसे महत्त्वपूर्ण तथ्यों की ओर ध्यान नहीं दिया। हाल के वर्षों में किए गए उत्खननों से नए तथ्य प्रकाश में आए हैं। हर्बर्ट हर्टिल ने सोंख टीले की जो खुदाई की उससे इस क्षेत्र के 3000 वर्षों के क्रमिक इतिहास के साक्ष्य मिले। प्राप्त वस्तुएँ छठीं शताब्दी ई. पू. से लेकर आधुनिक काल तक की हैं। इस खुदाई में कुषाण काल में निर्मित भवनों एवं अन्य महत्त्वपूर्ण संरचनाओं का भी पता चला है।

भारतीय पुरातत्व सर्वेक्षण के तत्वावधान में श्री मुनीशचंद्र जोशी ने मथुरा के कुछ प्रमुख स्थलों में जो उत्खनन करवाया, उसमें सबसे निचले स्तर से चित्रित धूसर मृण्भांडों के मिलने से यह निश्चित हो जाता है कि यह क्षेत्र 1000 ई. पू. में आवासित हो गया था। यहाँ से मौर्य, शुंग, कुषाण, गुप्त और परवर्ती कालों की बहुमूल्य पुरावस्तुएँ प्राप्त हुई हैं। साथ ही यह उत्खनन भारतीय स्थापत्य-कला के पुरातात्त्विक प्रमाण के लिए विशेष उल्लेखनीय है। इस उत्खनन से प्राप्त प्रमाणों के आधार पर मथुरा के प्राचीन स्वरूप का पता चलता है। प्रारंभ में यहाँ लोग झोपड़ियों में रहते थे। विकास के साथ-साथ कच्ची ईंटों का प्रयोग एवं तदनंतर आवासीय भवनों में पक्की ईंटों एवं पलस्तर युक्त फर्श के अवशेष नगरीय सभ्यता के द्योतक हैं।

सीमित क्षेत्र में पुरातात्विक उत्खनन होने के कारण मथुरा के नगर-विन्यास एवं स्वरूप का पता नहीं लग पाया है। अनेक महत्त्वपूर्ण स्थल वर्तमान नगर के नीचे दबे पड़े हैं। मथुरा शहर के वर्तमान बाजार एवं घनी आबादी वाले क्षेत्रों में खुदाई करने पर नई सामग्री के प्रकाश में आने की प्रबल संभावना है।

## कौशांबी

वत्स जनपद की राजधानी कौशांबी का उल्लेख ब्राह्मण-ग्रंथों एवं उपनिषदों में मिलता है। वैदिक साहित्य से सूचना मिलती है कि अति प्राचीन काल में भी यह नगर विद्या केन्द्र के रूप में विकसित था। इसका यह विकसित रूप रामायण एवं महाभारत (महाकाव्य काल) में भी दृष्टिगत होता है। पुराणों के अनुसार परीक्षित की वंश-परंपरा के छठे राजा निचक्षु ने हस्तिनापुर के नष्ट हो जाने पर कौशांबी को अपनी राजधानी बनाया। स्पष्टतः इस काल में कौशांबी एक महत्त्वपूर्ण नगर था और इसकी भौगोलिक स्थिति एक राजधानी होने के अनुकूल थी, तभी तो निचक्षु[6] ने इसे अपनी राजधानी बनाने के लिए चुना। इस कथन से ब्राह्मण-ग्रंथों, रामायण तथा महाभारत में वर्णित इस नगर की इतिहास प्राचीनता को बल मिलता है। अतः इससे यह निश्चित हो जाता है कि बुद्ध-पूर्व युग में भी यह नगर एक महत्त्वपूर्ण राजनीतिक केंद्र के रूप में विकास को प्राप्त हो चुका था।

बुद्ध के काल में कौशांबी भारत के छः सर्वाधिक महत्त्वपूर्ण एवं समृद्ध नगरों में एक था।[7] इसकी महत्ता राजनीतिक क्षेत्र के साथ-ही-साथ धार्मिक क्षेत्र में भी थी। यहाँ के श्रेष्ठियों द्वारा कई विहारों का निर्माण किया गया जो कि बुद्ध के प्रति उनकी अगाध श्रद्धा और भक्ति का परिचायक था। पुरातात्त्विक उत्खनन से घोषिताराम नामक विहार के अवशेष मिले हैं, जिससे साहित्यिक साक्ष्य की पुष्टि होती है। गौतम बुद्ध ने यहाँ अनेक व्याख्यान दिए थे जिसके फलस्वरूप इस नगर में उनके अनुयायियों की संख्या बढ़ी थी। उदयन के शासनकाल में कौशांबी की समृद्धि एवं प्रसिद्धि में पर्याप्त वृद्धि हुई।

यमुना के तट पर स्थिति कौशांबी नगर वाणिज्य और व्यापार के प्रमुख केंद्र के रूप में ख्यातिप्राप्त था। इसलिए लोग इसे 'वत्स पत्तन' के नाम से जानते थे। उत्तर से दक्षिण तथा पूर्व से पश्चिम जाने वाले प्रमुख राजमार्ग इस नगर से होकर गुजरते थे, जिससे इसका व्यापारिक संबंध भारत के सभी प्रमुख नगरों से स्थापित हो गया। था। इसके अतिरिक्त यह नगर जलमार्ग द्वारा भी व्यापार का एक प्रमुख केंद्र था। छठी शती ई. तक इस नगर का यह महत्त्व अक्षुण्ण रहा। सुप्रसिद्ध वाणिज्य पथों से संबंधित होने के कारण कौशांबी उत्तरी-पूर्वी भारत में आयात-निर्यात का एक प्रमुख केन्द्र बन गया था। चीनी यात्रियों ने भी इस रूप में इस नगर का उल्लेख किया है।

उदयन की मृत्यु के पश्चात् नंदों के काल तक इस नगर के संबंध में प्राप्त जानकारी अत्यल्प है। मौर्यों के शासनकाल में इस नगर का सर्वक्षेत्रीय विकास दृष्टिगत होता है। उल्लेखनीय है कि अशोक ने कौशांबी में स्तंभ के ऊपर अपने लेख को उत्कीर्ण करवाया था जो इस नगर की महत्ता का द्योतक है। मौर्यों के पश्चात् इस

नगर पर मित्र नामधारी शासकों ने शासन किया। इनके शासन काल में कौशांबी के विकासक्रम में गिरावट आई। उत्खनन से अनेक मित्र राजाओं के सिक्के मिले हैं। संभव है इनमें से कुछ राजा किसी अन्य वंश से संबंधित रहे होंगे और किसी अन्य स्थान के शासक रहे होंगे।

मित्र नामक शासकों के पश्चात् कुषाणों ने पहली शती ईसवीं में कौशांबी पर शासन किया। उत्खनन से प्रात कनिष्क के सिक्कों से इस तथ्य की पुष्टि होती है। इसके पश्चात् यहाँ देव और मघ वंश का शासन हुआ। कुषाण काल की ही भाँति इस काल में भी कौशांबी का राजनीतिक एवं सांस्कृतिक दोनों दृष्टियों से विकास हुआ। चौथी शताब्दी के पूर्वार्द्ध में यहाँ गुप्तों का शासन हुआ। गुप्तों के शासन के उपरांत कौशांबी की समृद्धि क्षीण होने लगी। सातवीं शताब्दी में आए चीनी यात्री ह्वेनसांग ने इस नगर को पूर्णतः ध्वस्त पाया था और यहाँ की जनसंख्या भी कम हो गई थी।

पुरातात्विक उत्खनन से प्राप्त सामग्री एवं विभिन्न कालों में निर्मित भवनों के अवशेषों से कौशांबी नगर की प्राचीनता का पता चलता है। साहित्यिक साक्ष्यों की पुष्टि में ये पुरातात्विक साक्ष्य प्रबल प्रमाण का कार्य करते हैं। यह नगर प्राचीरों, प्रतिधारों और बुर्जियों से युक्त था। नगर एवं नागरिकों को सुरक्षा के लिए यह तीन ओर से जलयुक्त परिखा (खाई) से परिवेष्टित था। यहाँ की प्राचीर, प्रतिधार एवं परिखा के अवशेषों को देखने से यह स्पष्ट होता है कि उस युग में दुर्ग सन्निवेश की कला पर्याप्त विकसित थी।

नगर के प्रमुख मार्ग (राजमार्ग) काफी चौड़े थे, जिनका प्रयोग व्यापार और यातायात की सुविधा के लिए किया जाता था। राजप्रासाद नगर के मध्य में स्थित था। भवन की स्वच्छता, गंदे पानी एवं मल निस्सरण के लिए नालियाँ, सोख्ता घड़े तथा मृतिका वलय कूपों की समुचित व्यवस्था थी।

यहाँ से प्राप्त ईंटों के आकार के आधार पर उत्खाता ने प्रारंभिक दुर्गसंरचना को 1000 ई. पू. का माना है, जो हड़प्पा की संस्कृति से प्रभावित थी। लेकिन यह साक्ष्य सत्यता की कसौटी पर खरा नहीं उतरता। प्रो. ब्रजवासीलाल ने इस प्रारंभिक दुर्गरचना को अर्ध सहस्राब्दि ई. पू. के आस-पास का माना है। सिक्कों, मुहरों एवं मृण्भांडों के आधार पर यह निश्चित होता है कि कौशांबी नगर की प्राचीनता सातवीं-आठवीं शताब्दी ई. पू. के पहले की नहीं थी। निष्कर्षतः हम कह सकते हैं कि कौशांबी बुद्ध पूर्व युग में एक नगर के रूप में प्रसिद्धि को प्राप्त हो चुका था और मौर्यों तथा गुप्तों के काल में इसका क्रमशः विकास हुआ। गुप्तोत्तर काल में कौशांबी की समृद्धि क्षीण होने लगी। सातवीं शताब्दी में भारत आए चीनी यात्री ह्वेनसांग ने इस नगर को उजाड़ एवं परित्यक्त पाया था, तथा अधिकांश विहार ध्वस्त हो चुके थे।

# संदर्भ

1. भरतसिंह उपाध्याय, बुद्धकालीन भारतीय भूगोल, पृ. 369
2. अल्तेकर, हिस्ट्री ऑफ बनारस, पृ. 17
3. वही, पृ. 19
4. आई. ए. आर, 1979-80, पृ. 76-77
5. ब्रजवासी लाल, दि टू इंडियन इपिक्स विज-ए-विज आर्कियोलाजी, एंटीक्विटी, जिल्द 55, 1981, पृ. 27-34
6. गोवर्द्धनराय शर्मा, दि एक्सकेवेशंस एट कौशांबी पृ. 86
7. अन्य महत्त्वपूर्ण नगर चंपा, राजगृह, श्रावस्ती, साकेत और वाराणसी थे।

# संदर्भ ग्रंथ सूची

## मूल स्रोत


| | |
|---|---|
| अथर्ववेद | निर्णय सागर प्रेस, बंबई 1895-1898 ई. (अंग्रेजी अनुवाद) ग्रिफिथ, आर. टी. एच. : हीम्स आफ अथर्ववेद, चौखंभा संस्कृत सीरीज, 1968 ई.। |
| अग्निपुराण | संपादक—हरिनारायण आप्टे, आनंदाश्रम मुद्रणालय, पुण्याख्यपत्तन, शालिवाहन, शकाब्द, 1822। |
| अंगुत्तर निकाय | पालि टेक्ट्स सोसाइटी, आक्सफोर्ड यूनिवर्सिटी प्रेस, लंदन 1885-1910 ई.। |
| अर्थशास्त्र | (अंग्रेजी अनुवाद) कांगले, आर. पी. : यूनिवर्सिटी आफ बांबे, 1963 ई. (हिंदी अनुवाद), गैरोला वाचस्पति : चौखंभा विद्या भवन, वाराणसी 1952 ई.। |
| आपस्तंभ धर्मसूत्र | चौखंभा संस्कृत सीरीज प्रकाशन, वाराणसी, 1969 ई.। |
| ऋग्वेद | वैदिक शोध संस्थान, पूना, 1937-1946 ई.। |
| ऐतरेय ब्राह्मण | त्रिवेंद्रम, 1942 ई.। |
| गरुड़ पुराण | क्षेमराज श्रीकृष्णदास, बंबई 1906 ई.। |
| जातक | संपादित फाँसबाल (अंग्रेजी अनुवाद) 6 जिल्दों में पालि टेक्ट्स सोसाइटी, लंदन 1877-1887 ई., (हिंदी अनुवाद) भदंत आनंद कौसल्यायन, 6 जिल्दों में, हिंदी साहित्य सम्मेलन, प्रयाग, विक्रम संवत् 2013। |
| द्विव्यावदान | मिथिला विद्यापीठ प्रकाशन, दरभंगा 1959 ई.। |
| दीघ निकाय | पालि टेक्ट्स सोसाइटी आक्सफोर्ड यूनिवर्सिटी प्रेस, लंदन, 1890-1911 ई. (हिन्दी अनुवाद), भिक्षु |

| | |
|---|---|
| | राहुल सांस्कृत्यायन एवं भिक्षु जगदीश कश्यप, महाबोधि सभा, सारनाथ, 1935 ई.। |
| धम्मपद अठ्ठकथा | संपादित–राहुल सांस्कृत्यायन, रंगून, 1937 ई.। |
| पद्म पुराण | आनंदाश्रम संस्कृत सीरीज, पूना 1894 ई.। |
| पपंचसूदनी | संपादक–आई., वी. हानर, लंदन 1938 ई.। |
| ब्रह्माण्ड पुराण | श्री वेंकटेश्वर प्रेस, बंबई, 1906 ई.। |
| बुद्ध चरितम् | कावेल, आक्सफोर्ड, 1893 ई.। |
| बुद्ध वंश टीका | देवनागरी (पालि) राहुल सांस्कृत्यायन, भदंत आनंद कौसल्यायन और जगदीश काश्यप 1937 ई.। |
| भगवती सूत्र | बंबई, 1910-12 ई.। |
| मज्झिम निकाय | पालि टेक्ट्स सोसाइटी, लंदन 1888-1898 ई. (हिंदी अनुवाद), राहुल सांस्कृत्यायन, महाबोधि सभा, सारनाथ, 1933 ई.। |
| मत्स्य पुराण | आनंदाश्रम मुद्रणालय, पूना, 1907 ई.। |
| मनुस्मृति | पुस्तक मंदिर, मथुरा 1966 ई. (चतुर्थ संस्करण)। |
| महाभारत | भंडारकर ओरिंएटल रिसर्च इंस्टीट्यूट,पूना 1933-36 ई. |
| महावस्तु | संपादित–एस. सैनार्ट, 3 जिल्दों में, पेरिस, 1822-27 ई.। |
| महावंश | पालि टेक्ट्स सोसाइटी, लंदन 1908 ई.। |
| मिलिंदपञ्ह | बंबई युनिवर्सिटी पब्लिकेशन, 1940 ई. (अंग्रेजी अनुवाद), से. बु. ई., जिल्द 35-36, वाराणसी 1965 ई.। |
| रामायण | लक्ष्मी बेंकटेश्वर प्रेस, बंबई 1935 ई. , मूल और हिंदी अनुवाद, पंडित पुस्तकालय, वाराणसी, 1951। |
| लिङ्ग पुराण | श्री बेंकटेश्वर प्रेस, बंबई, संवत् 1981। |
| बाजसनेई संहिता | लंदन, 1849-1852 ई.। |
| वायु पुराण | आनंदाश्रम संस्कृत सीरीज, पूना, 1905 ई.। |
| विनयपिटक | पालि टेक्ट्स सोसाइटी, लंदन 1877-83 ई. (हिंदी अनुवाद) राहुल सांस्कृत्यायन, महाबोधि सभा, सारनाथ 1935 ई.। |
| विष्णु पुराण | गीताप्रेस, गोरखपुर, 1969 ई. (सातवाँ संस्करण)। |
| शतपथ ब्राह्मण | चौखंभा संस्कृत सीरीज, वाराणसी, 1964 ई.। |
| संयुक्त निकाय | पालि टेक्ट्स सोसाइटी, लंदन, 1884-1904 ई.। |

(हिंदी अनुवाद) भिक्षु धर्मरक्षित और जगदीश काश्यप, महाबोधि सभा, सारनाथ, 1951 ई.।

सामन्तपासादिका — पालि टेक्स्ट्स सोसाइटी , लंदन (6 जिल्दों में), 1924-1947 ई.।

सुत्तनिपात — महाबोधि सभा, सारनाथ, 1951 ई.।

स्कंदपुराण — क्षेमराज श्रीकृष्णदास, बंबई, 1909 ई.।

## आधुनिक ग्रंथ

अग्रवाल, वासुदेवशरण — भारतीय कला, वाराणसी, पृथिवी प्रकाशन, 1977 ई.

अग्रवाल, वासुदेवशरण — प्राचीन भारतीय लोक धर्म, अहमदाबाद,1964

अग्रवाल, वासुदेवशरण — इंडिया एज नोन टू पाणिनी, लखनऊ विश्वविद्यालय, 1953

अग्रवाल धर्मपाल एवं अग्रवाल, पन्नालाल — भारतीय पुरैतिहासिक पुरातत्व, लखनऊ, उत्तर प्रदेश, हिंदी ग्रंथ अकादमी, 1975

अग्निहोत्री, प्रभुदयाल — पतंजलिकालीन भारत, बिहार राष्ट्रभाषा परिषद, पटना, 1973

अच्युतानंद, घिल्डियाल — प्राचीन राजवंश और बौद्ध धर्म, वाराणसी, 1976

अल्तेकर, अनंतसदाशिव — एजूकेशन इन ऐंश्येंट इंडिया, बनारस, प्रथम संस्करण, 1934

अल्तेकर, अनंतसदाशिव — हिस्ट्री आफ बनारस, बनारस, 1937

अल्तेकर, अनंतसदाशिव — बनारस एंड सारनाथ, पास्ट एंड प्रेजेंट, काशी हिंदू विश्वविद्यालय, द्वितीय संस्करण, 1937

अल्तेकर, अनंतसदाशिव — प्राचीन भारतीय शासन पद्धति, प्रयाग, 1959

उपाध्याय, बलदेव — वैदिक साहित्य एवं संस्कृति, वाराणसी, शारदा मंदिर, 1973

उपाध्याय, भरत सिंह — बुद्धकालीन भारतीय भूगोल, प्रयाग हिंदी साहित्य सम्मेलन, संवत् 2018

एडविन, जे. — बनारस ए हैंडबुक फार विजिटर्स, कलकत्ता, 1886

करन, महेश्वर प्रसाद — नगरीय भूगोल, कानपुर, किताबघर, द्वितीय संस्करण, 1974

कनिंघम, अलेक्जेंडर — दि ऐंश्येंट ज्योग्राफी आफ इंडिया, वाराणसी, इंडोलाजिकल बुक हाउस, 1963, पुनर्मुद्रित।

कृष्ण कुमार — दि टाइपोलाजी एण्ड आइडेन्टिफिकेशन आफ

| | |
|---|---|
| | प्रोटोहिस्टरिक कापर/ब्रान्ज एन्थोपोमार्क्स : एन एसेसमेन्ट इन दि लाइट आफ न्यू इविडेन्सेज, प्राग्धारा, अंक 12, 2002 |
| ग्राउस, एफ. एस. | मथुरा, ए डिस्ट्रिक्ट मेमायर, इलाहाबाद, तृतीय संस्करण, 1883 |
| गुप्त, स्वराज्यप्रकाश | रूट्स आफ इंडियन आर्ट, दिल्ली, बी. आर. पब्लिशिंग कारपोरेशन, 1980 |
| घोष, अमलानंद | दि सिटी इन अर्ली हिस्टारिकल इंडिया, शिमला, इंडियन इंस्ट्रीट्यूट आफ एडवांस्ड स्टडी, 1973 |
| घोष, अमलानंद | जैन कला एवं स्थापत्य, नई दिल्ली, भारतीय ज्ञानपीठ, प्रकाशन, 1975 |
| घोष आमलानन्द | एन इनसाइक्लोपीडिया आफ इण्डियन आर्कियोलाजी, मुन्शीराम मनोहर लाल, नई दिल्ली, 1989 |
| घोष, नगेंद्रनाथ | अर्ली हिस्ट्री आफ कौशांबी, इलाहाबाद, 1935 |
| चक्रवर्ती, दिलीप | अर्ली अर्बन सेन्टर्स इन इण्डिया एन आर्कियोलाजिकल पर्सपेक्टिव, पी-एच. डी. थीसिस, कलकत्ता विश्वविद्यालय (अप्रकाशित) |
| चक्रवर्ती, दिलीप | सम थियोरिटिकल आसपेक्ट्स आफ अर्ली इंडियन अर्बन ग्रोथ, पुरातत्व, जिल्द-7 |
| चक्रवर्ती, दिलीप | कांसेप्ट आफ अर्बन रिवाल्यूशन इन दि इंडियन कांटेक्स्ट, पुरातत्व जिल्द-6 |
| चक्रवर्ती, दिलीप | आर्कियोलाजिकल ज्योग्राफी आफ दि गंगा प्लेन, दिल्ली, परमानेन्ट ब्लैक, 2001 |
| चटर्जी, ए. के. | ए कंप्रीहेंसिव हिस्ट्री आफ जैनिज्म, कलकत्ता, फर्मा के. एल. मुखोपाध्याय, 1978 |
| चनाना, देवराज | स्लेवरी इन ऐंश्येंट इंडिया, दिल्ली, पीपुल्स पब्लिशिग हाउस, 1960 |
| चटर्जी, नंदलाल | ग्लोरीज आफ उत्तर प्रदेश, पब्लिकेशन ब्यूरो सूचना विभाग, उत्तर प्रदेश, जनवरी, 1957 |
| चाइल्ड, गार्डन | ह्वाट हैपेंड इन हिस्ट्री, पेन्गुइन बुक्स, 1942 |
| चौधरी, विनयेंद्रनाथ | बुद्धिस्ट सेंटर्स इन ऐंश्येंट इंडिया, कलकत्ता, संस्कृत कालेज, 1969 |
| जैन, कैलाशचंद्र | लार्ड महावीर एंड हिज टाइंस, दिल्ली, मोतीलाल बनारसीदास, प्रथम संस्करण, 1974 |

| | |
|---|---|
| जैन, ज्योतिप्रसाद | जैन सोर्सेज आफ दि हिस्ट्री आफ ऐंश्येंट इंडिया, दिल्ली, 1964 |
| जैन जयोतिप्रसाद | रिलिजन एंड कल्चर आफ दि जैन्स, दिल्ली, भारतीय ज्ञानपीठ प्रकाशन, प्रथम संस्करण, 1975 |
| जैन, भागेंद्र | जैनिज्म इन बुद्धिस्ट लिटरेचर, नागपुर, 1972 |
| जैन, हीरालाल | भारतीय संस्कृति में जैन धर्म का योगदान, भोपाल, 1962 |
| जोबर्ग, गिल्डेन | दि प्री-इंडस्ट्रियल सिटी, पास्ट एंड प्रेजेंट, यू. एस. ए., 1960 |
| टायनबी, आरनोल्ड | सिटीज आन दि मूव, आक्सपोर्ड यूनिवर्सिटी प्रेस, लंदन, 1970 |
| ठाकुर, विजयकुमार | अर्बनाइजेशन इन ऐंश्येंट इंडिया, दिल्ली, अभिनव प्रकाशन, 1978 |
| डायना, एल. इक. | बनारस, सिटी आफ लाइट, न्यूयार्क, प्रथम संस्करण, 1982 |
| डे, एस. सी. | दि हिस्टारिसिटी आफ रामायण एंड दि इंडो आर्यन सोसाइटी इन इंडिया एंड सीलोन, दिल्ली, अजंता पब्लिकेशन्स, 1976, (पुनर्मुद्रित) |
| डे, नंदूलाल | दि जियोग्राफिकल डिक्शनरी आफ ऐंश्येंट एंड मिडिवल इंडिया, दिल्ली, ओरियंट बुक कार्पोरेशन, तृतीय संस्करण, 1971 |
| तककुसु, जे. | ए रिकार्ड आफ दि बुद्धिस्ट रिलिजन, लंदन, आक्सफोर्ड, 1896 |
| तिवारी पी. एस. | एग्रीकल्चरल एटलस आफ उत्तर प्रदेश, पंतनगर, 1976 |
| थामस, ई. जे. | दि लाइफ आफ बुद्ध ऐज लिजेंड इन हिस्ट्री, लंदन, रटलेज एंड केगन पाल लिमिटेड, तृतीय संस्करण, 1952 (पुनर्मुद्रित) |
| दत्त, नलिनाक्ष एंड बाजपेयी, कृष्णदत्त | डिवलपमेंट आफ बुद्धिज्म इन उत्तर प्रदेश, लखनऊ, पब्लिकेशन ब्यूरो, 1956 |
| दत्त, विनोद बिहारी | टाउन प्लानिंग इन ऐंश्येंट इंडिया, कलकत्ता, थेंकर स्पिक एंड कंपनी, 1925 |
| दफ्तरी, के. एल. | दि सोशियल इंस्टीट्यूशन्स इन ऐंश्येंट इंडिया, नागपुर, 1947 |

| | |
|---|---|
| देव, एस. बी. | हिस्ट्री आफ जैन मानकिज्म, पूना, 1956 |
| नरायन, ए. के. एंड राय, टी. एन. | एक्सकेवेशन्स ऐट प्रहलादपुर, बी. एच. यू., वाराणसी 1968 |
| नरायन, ए. के. एंड राय, टी.एन. | एक्सकेवेशन्स ऐट राजघाट, भाग 1, एवं 2, बी. एच. यू, 1977 |
| नरायन, ए. के. एंड सिंह, पुरुषोत्तम | एक्सकेवेशन्स ऐट राजघाट, भाग 3, बी. एच. यू. वाराणसी, 1977 |
| पंत, पूरनचंद | प्री-हिस्टारिक उत्तर प्रदेश, नई दिल्ली, आगम कला प्रकाशन, 1982 |
| पाठक, विशुद्धानंद | हिस्ट्री आफ कोशल, वाराणसी, मोतीलाल बनारसीदास, 1963 |
| पांडेय गोविंदचंद्र | डायमेंसन्स आफ ऐंश्येंट इंडियन सोशियल हिस्ट्री, नई दिल्ली, प्रथम संस्करण, 1984 |
| पांडेय, जयनारायण | पुरातत्व विमर्श, इलाहाबाद, भारतीय प्रकाशन, 1983 |
| पांडेय, उमा | वाराणसी, मैकमिलन कंपनी आफ इंडिया लिमिटेड, 1980 |
| पार्जिटर, एफ. ई. | ऐंश्येंट इंडियन हिस्टारिकल ट्रेडिशन, दिल्ली, मोतीलाल बनारसीदास, 1962, (पुनर्मुद्रित) |
| पुरी, बी. एन. | सिटीज आफ ऐंश्येंट इंडिया, मेरठ, मीनाक्षी प्रकाशन, 1966 |
| फोगल, पी. एच. | कैटलाग आफ दि आर्कियोलाजिकल म्यूजियम ऐट मथुरा, इलाहाबाद, 1910 |
| बाजपेयी, कृष्णदत्त | मथुरा, दिल्ली, मैकमिलन कंपनी आफ इंडिया लिमिटेड, प्रथम संस्करण, 1980 |
| बोस, आशीष | अर्बनाइजेशन इन इंडिया, दिल्ली, अकादमी बुक लिमिटेड, 1970 |
| बील, सेमुअल | बुद्धिस्ट रेकार्डस आफ दि वेस्टर्न वर्ल्ड, लंदन, ट्रबनर एंड कंपनी, 1884, दिल्ली ओरियंटल बुक कार्पोरेशन, 1969, (पुनर्मुद्रित)। |
| भट्टाचार्य, बी. सी. | दि हिस्ट्री आफ सारनाथ, बनारस, 1924 |
| मजुमदार, आर. सी. एवं पुसालकर, ए. डी | वैदिक एज, बंबई, भारतीय विद्या भवन सिरीज, 1971, (पुनर्मुद्रित) |
| मललसेकर, जी. पी. | डिक्शनरी आफ पालि प्रापर नेम्स, भाग-1, 2 लंदन पालि टेक्स्ट सोसाइटी, 1974, (पुनर्मुद्रित) |

| | |
|---|---|
| ममफोर्ड, लेविस | दि सिटी इन हिस्ट्री, लंदन, सेकर एंड वारबर्ग, द्वितीय संस्करण, 1963 |
| मित्रा, देबला | बुद्धिस्ट मानुमेंट्स, कलकत्ता, साहित्य संसद, 1971 |
| मिश्र, युगलकिशोर | सोशियो-इकोनामिक एंड पोलिटिकल हिस्ट्री आफ ईस्टर्न इंडिया, दिल्ली, बी. आर. पब्लिशिंग कार्पोरेशन, 1977 |
| मिश्रा, विद्याधर, जे. एन. पाल एण्ड एम. सी. गुप्ता | फरदर एक्सकैवेशन्स ऐट झूँसी, प्राग्धारा, अंक-10, 2000-20001 |
| मैक एडंस, राबर्ट | दि इवाल्युशन आफ अर्बन सोसाइटी, सेचेस्टर, 1965 |
| मुखर्जी, राधाकुमुद | ऐंश्येंट इंडियन एजूकेशन, लंदन, 1947 |
| मोतीचंद्र | काशी का इतिहास, हिन्दी ग्रंथ रत्नाकार, प्राइवेट लिमिटेड, बम्बई, प्रथम संस्करण, 1962 |
| मोतीचंद्र | सार्थवाह, बिहार राष्ट्र भाषा परिषद, पटना, 1953 |
| याकोबी, हरमन | जैन सूत्राज, एस. बी. ई., जिल्द 22, 1884, दिल्ली, मोतीलाल बनारसीदास, 1964, (पुनर्मुद्रित)। |
| यादव, बी. एन. एस. | सोसाइटी एंड कल्चर इन नादर्न इंडिया, इलाहाबाद, 1973 |
| राय, जयमल | रुरल अर्बन इकानामी एंड सोशल चेन्जेज इन ऐंश्येंट इंडिया, दिल्ली, 1974 |
| राय, उदयनारायण | प्राचीन भारत का राजनैतिक इतिहास, इलाहाबाद, किताब महल, द्वितीय संस्करण, 1976 |
| राव, विजय बहादुर | उत्तर वैदिक समाज और संस्कृति, वाराणसी, भारतीय विद्या प्रकाशन, 1966 |
| राकहिल, डब्ल्यू. डब्ल्यू. | दि लाइफ आफ दि बुद्ध (1884), वाराणसी, ओरियण्टालिया इंडिका, 1972, (पुनर्मुद्रित) |
| रीज, डेविड्स, टी. डब्ल्यू | बुद्धिस्ट इंडिया, वाराणसी, इंडोलाजिकल बुक हाउस, 1979 (पुनर्मुद्रित)। |
| लाल, ब्रजवासी | आर्कियोलाजी एंड टू इंडियन इपिक्स, एनल्स आफ दि भंडारकर इंस्टीट्यूट, जिल्द 54, 1973 |
| लाल, ब्रजवासी | ए नोट आन दि एक्सकेवेशन्स ऐट सैपाई, पुरातत्व भाग 5(1971-72) |
| लाहा, विमलचरण | इंडोलाजिकल स्टडीज, भाग 2, इलाहाबाद, 1954 |

लाहा, विमलचरण — सम जैन कैनानिकल सूत्राज, बंबई, बाम्बे ब्रान्च रायल एशियाटिक सोसाइटी, 1949

लाहा, विमलचरण — प्राचीन भारत का ऐतिहासिक भूगोल, अनुवादक, रामकृष्ण द्विवेदी, लखनऊ, उत्तर-प्रदेश हिंदी ग्रंथ अकादमी, प्रथम संस्करण, 1972

लेग्गे, जेम्स — दि ट्रैवेल्स आफ फाह्यान, दिल्ली, ओरियंटल पब्लिशर्स, 1971, (पुनर्मुद्रित)।

वाटर्स, थामस — आन युवान च्यांग्स ट्रैवेल्स इन इंडिया, रायल एशियाटिक सोसाइटी, लंदन, 1905, पुनर्मुद्रित, मुंशीराम मनोहरलाल, ओरियंटल पब्लिशर्स एंड बुकसेलर्स, दिल्ली, प्रथम संस्करण 1961

वेबर, मेक्स — दि सिटी, यूनाइटेड स्टेट आफ अमरीका, 1958

शर्मा, गोवर्द्धनराय — हिस्ट्री टू प्री-हिस्ट्री, आर्कियोलाजी आफ दि गंगा वैली एंड दि विंध्याज, इलाहाबाद, 1980

शर्मा, गोवर्द्धनराय — एक्सकैवेशन्स एट चोपनी मंडी, आर्कियोलाजी आफ दि विध्याज एंड दि गंगा वैली, प्रा. भा. इ. सं. एवं पुरातत्व विभाग, इलाहाबाद, 1980

शर्मा, गोवर्द्धनराय — एक्सकैवेशन्स एट महदहा, अर्कियोलाजी ऑफ दि विंध्याज एंड दि गंगा वेली, प्रा. भा. इ. सं. एवं पुरातत्व विभाग, इलाहाबाद, 1980

शर्मा, गोवर्द्धनराय — एक्सकैवेशन्स एट महगड़ा, आर्कियोलाजी आफ दि विन्ध्याज एंड दिं गंगा वैली, प्रा. भा. इ. सं. एवं पुरातत्व विभाग, इलाहाबाद, 1980

शर्मा, आर. सी. — बुद्धिस्ट आर्ट आफ मथुरा, दिल्ली, आगम कला प्रकाशन, 1984 ई.

शर्मा, रामशरण — मैटेरियल बैकग्राउंड आफ दि ओरिजिन आफ बुद्धिज्म, मोहित सेन एंड एन. बी. राव संस्करण, दस कैपिटल सेंटिनरी वाल्यूम, ए सिंपोजियम, दिल्ली, 1968

शास्त्री, के. ए. नीलकंठ — कल्चरल काटैक्ट्स विटूवीन आर्यन्स एंड द्रविड़ियंस, बंबई, 1967

शिकदार, जोगेन्द्रचंद — स्टडीज इन दि भगवती सूत्राज, रिसर्च इंस्टीट्यूट आफ प्राकृत जैनोलाजी एंड अहिंसा, मुजफ्फरपुर, बिहार 1964

शेरिंग, एन. ए. — दि सेक्रेड सीटीज आफ दि हिंदूज, लंदन, 1968

सक्सेना, सुधा — ट्रेंड्स आफ अर्बनाइजेशन इन उत्तर प्रदेश, आगरा, सतीश बुक इंटरप्राइज, मोती कटरा, प्रथम संस्करण 1970

साहनी, दयाराम — कैटलाग आफ दि म्यूजियम आफ आर्कियोलाजी एट सारनाथ, कलकत्ता, 1914

सिनहा, कृष्ण कुमार — एक्सकैवेशन्स एट श्रावस्ती, वाराणसी, 1967

स्पेट, ओ. एच. के — इंडिया एंड पाकिस्तान, ए जनरल एंड रिजिनल ज्योग्राफी, लंदन, 1954

सिंह, अशोक कुमार, एक्सप्लोरेसन्स एट अगियाबीर, **प्राग्धारा,** अंक–9, जर्नल ऑफ दि यू. पी. स्टेट आर्कियोलॉजिकल डिपार्टमेंट, लखनऊ, 1998-99,

सिंह, अशोक कुमार, अगियाबीर के वास्तु अवशेष, **प्राग्धारा,** अंक–11, लखनऊ, 2000-2001.

सिंह, अशोक कुमार, दि अर्लियेस्ट सिरैमिक इंडस्ट्री ऑफ सरयूपार प्लेन विथ स्पेशल रिफरेन्स टू इमलीडीह खुर्द, **रिकान्सट्रक्टिंग हिस्ट्री** (इसैज इन आनर ऑफ प्रो. वी. सी. श्रीवास्तव), डिपार्टमेंट ऑफ ए. आई. एच. सी. एण्ड आर्कियोलॉजी, काशी हिंदू विश्वविद्यालय, वाराणसी, 1997-1998

सिंह, अशोक कुमार एंड संतोष कुमार सिंह, इंपार्टेस ऑफ बीड मैनुफैक्चरिंग वर्कशाप एट अगियाबीर, डिस्ट्रिक्ट–मिर्जापुर, उत्तर प्रदेश, **भारती,** अंक–24 (भाग I और II), जर्नल ऑफ दि डिपार्टमेंट ऑफ ए. आई. एच. सी. एण्ड आर्कियोलॉजी, काशी हिंदू विश्वविद्यालय, वाराणसी, 1997-1998

सिंह, पुरुषोत्तम, एक्सकैवेशंस एट नरहन (1984-89), बी. आर. पब्लिशिंग कारपोरेशन, नई दिल्ली एण्ड बी. एच. यू., 1994

सिंह, पुरुषोत्तम, अशोक कुमार सिंह एवं इन्द्रजीत सिंह, 1985 एक्सकैवेशंस एट नरहन, **बुलेटिन ऑफ दि इन्डो पैसिफिक प्रीहिस्ट्री एसोसिएशन,** कैनबरा, आस्ट्रेलिया, 1987

सिंह, पुरुषोत्तम, अशोक कुमार सिंह एवं इन्द्रजीत सिंह, एक्सप्लोरेसन्स एलांग दि कुआना रिवर, **प्राग्धारा,** अंक–1, 1990-91

सिंह, पुरुषोत्तम, अशोक कुमार सिंह एवं इन्द्रजीत सिंह, ऑन दि ट्रेल्स ऑफ नरहन कल्चर, **प्राग्धारा,** अंक–2, 1991-92

सिंह, पुरुषोत्तम, अशोक कुमार सिंह एवं इन्द्रजीत सिंह, ट्रायल डिगिंग एट धुरियापार, **प्राग्धारा,** अंक–2, 1991-92,

सिंह, पुरुषोत्तम, अशोक कुमार सिंह एवं इन्द्रजीत सिंह, एक्सकैवेशंस एट इमलीडीह खुर्द, **पुरातत्व,** अंक–22 बुलेटिन ऑफ दि इण्डियन आर्कियोलॉजिकल सोसाइटी, नई दिल्ली, 1991-92

सिंह, पुरुषोत्तम, अशोक कुमार सिंह एवं इन्द्रजीत सिंह, एक्सकैवेशंस एट नरहन, **पुरातत्व,** अंक–15, दिल्ली, 1986.

सिंह, पुरुषोत्तम, अशोक कुमार सिंह, प्रोटो हिस्टारिक इन्वेस्टीगेकसन्स इन बलिया डिस्ट्रिक्ट, **प्राग्धारा,** अंक–5, 1994-95.

सिंह, पुरुषोत्तम, एवं अशोक कुमार सिंह, एक्सकैवेशंस एट वैना, डिस्ट्रिक्ट बलिया, **प्राग्धारा,** अंक–6, 1995-96.

सिंह, पुरुषोत्तम, अशोक कुमार सिंह एवं आर. एन. सिंह, एक्सकैवेशन्स एलांग दि छोटी सरयू रिवर (टोन्स), **प्राग्धारा,** अंक–7, 1996-97.

सिंह, पुरुषोत्तम एवं अशोक कुमार सिंह, एक्सकैवेशंस ऐट भूड़ाडीह, डिस्ट्रिक्ट–बलिया, **प्राग्धारा,** अंक–8, 1997-98.

सिंह, पुरुषोत्तम एवं अशोक कुमार सिंह, एक्सकैवेशंस ऐट अगियाबीर, डिस्ट्रिक्ट-मिर्जापुर, यू. पी., **पुरातत्व** अंक–28, 1998-99, बु. इ. आ. सो., नई दिल्ली, 1998-99.

सिंह, पुरुषोत्तम एवं अशोक कुमार सिंह, एक्सकैवेशंस एट अगियाबीर, डिस्ट्रिक्ट-मिर्जापुर–ए प्रीलिमिनरी रिपोर्ट, **प्राग्धारा,** अंक–10, 1999-2000.

सिंह, पुरुषोत्तम एवं अशोक कुमार सिंह, सील एण्ड सीलिंग्स फ्राम अगियाबीर, डिस्ट्रिक्ट-मिर्जापुर (उ. प्र.), **प्राग्धारा,** अंक–12, 2001-2002

सिंह, पुरुषोत्तम एवं अशोक कुमार सिंह, ए रेयर डिस्कवरी ऑफ मेटल आबजेक्ट्स फ्राम अगियाबीर, डिस्ट्रिक्ट मिर्जापुर, (उ. प्र.), **मैन एण्ड इनवायरनमेंट** 26(2), 2001

सिंह, पुरुषोत्तम एवं अशोक कुमार सिंह, **दि आर्कियोलाजी ऑफ मिडिल गंगा वैली, न्यू पर्सपेक्टिव (इक्सकैवेशन्स एट अगियाबीर)**, भारतीय उच्च अध्ययन शोध संस्थान, शिमला एवं आर्यन बुक इन्टरनेशनल, नई दिल्ली, 2004

सिंह, बीरेन्द्र प्रताप, लाइफ इन ऐश्येंट वाराणसी (एन एकाउंट बेस्ड ऑन आर्कियोलॉजिकल इविडेंस), संदीप प्रकाशन, दिल्ली, 1985.

| | |
|---|---|
| स्टीवेंसन, एस. | दि हार्ट आफ जैनिज्म, लंदन, 1915 |
| सिंह, ओमप्रकाश | नगरीय भूगोल, वाराणसी, तारा पब्लिकेशन्स 1979 |
| सिंह, एम. आर. | ए क्रिटिकल स्टडी आफ दि ज्योग्राफिकल डाटा इन दि अर्ली पुराण, कलकत्ता, प्रथम संस्करण, 1972 |
| सिंह, मदनमोहन | लाइफ इन नार्थ ईस्टर्न इंडिया इन प्री-मौर्यन टाइंस वाराणसी, मोतीलाल बनारसीदास, वाराणसी 1967 |
| सिंह, मदनमोहन | बुद्धकालीन समाज और धर्म, पटना, बिहार हिंदी ग्रंथ अकादमी, 1972 |
| सिंह, रामलोचन | ए स्टडी इन अर्बन ज्योग्राफी, बनारस, नंदकिशोर एंड ब्रदर्स, 1955 |
| सिंह, रामलोचन | इंडिया : ए रिजनल ज्योग्राफी, वाराणसी, नेशनल जियोग्राफीकल सोसाइटी आफ इंडिया, 1971 |
| सिंह, रामलोचन | बनारस : ए स्टडी इन अर्बन ज्योग्राफी, बनारस, 1956 |
| सीताराम | अध्योध्या का इतिहास, प्रयाग, संवत् 1988 |
| सुकुल, कुबेरनाथ | वाराणसी डाउन दि एजेज, वाराणसी, 1974 |
| सुकुल, कुबेरनाथ | वाराणसी वैभवम, पटना, बिहार राष्ट्रभाषा परिषद्, 1977 |
| साँकलिया, हँसमुख धीरजलाल | प्री-हिस्ट्री एंड प्रोटो-हिस्ट्री हाफ इंडिया एंड पाकिस्तान, पूना, 1974 |
| साँकलिया, हँसमुख धीरजलाल | रामायण मिथ आर रियालिटी, नई दिल्ली, 1973 |
| हर्टिल, हर्बर्ट | सम रिजल्ट्स आफ दि एक्सकैवेशन्स ऐट सोंख, जर्मन स्कालर्स आन इंडिया, दिल्ली, 1976 ई. पुनर्मुद्रित |
| हीरालाल, एच. | ऐंश्येंट हिस्ट्री आफ जैन लिटरेचर, जामनगर, 1902 |
| हैवेल, ई. बी. | बनारस, दि सेक्रेड सिटी, कलकत्ता, 1968, पुनर्मुद्रित |
| त्रिपाठी, विश्वबंधु | उत्तर प्रदेश का भूगोल, कानपुर, किताबघर, आचार्य नगर, 1967 |
| त्रिपाठी, हवलदार | बिहार की नदियाँ, पटना, बिहार हिन्दी ग्रंथ अकादमी, 1977 |
| श्रीवास्तव, बलराम | ट्रेड एंड कामर्स इन ऐंश्येंट इंडिया, वाराणसी, चौखंबा संस्कृत सीरीज, 1968 |

## शोध पत्र-पत्रिकाएँ

इंडियन आर्कियोलाजी (ए रिव्यू)
इंडियन एंटीक्वरी
इंडियन कल्चर
इंडियन हिस्टारिकल क्वार्टली
इंडियन हिस्टारिकल रिव्यू
एनल्स आफ भंडारकर ओरियंटल रिसर्च इन्स्टीट्यूट
एनुअल रिपोर्ट आफ आर्कियोलाजिकल सर्वे आफ इंडिया
एपिग्राफिया इंडिका
ऐंश्येंट इंडिया
कार्पस इंस्क्रिप्संस इंडिकेरम
जर्नल आफ अमेरिकन ओरियंटल सोसाइटी
जर्नल आफ इंडियन हिस्ट्री
जर्नल आफ दि इकानामिक एंड सोशल हिस्ट्री आफ ओरियंट, लिडेन
जर्नल आफ दि एशियाटिक सोसाइटी ऑफ बंगाल
जर्नल आफ दि न्यूमिसमेटिक सोसाइटी आफ इंडिया
जर्नल आफ दि बिहार उड़ीसा रिसर्च सोसाइटी
जर्नल आफ दि रायल एशियाटिक सोसाइटी, बंबई ब्रांच
जर्नल आफ दि रायल एशियाटिक सोसाइटी आफ बंगाल
जर्नल आफ दि रायल एशियाटिक सोसाइटी आफ ग्रेटब्रिटेन एंड आयरलैंड
जर्नल आफ दि उत्तर प्रदेश हिस्टारिकल सोसाइटी पास्ट एंड प्रजेंट
प्राग्धारा
पुरातत्व
पुरावृत्त
बुलेटिन आफ दि इन्डो पैसिफिक प्रीहिस्ट्री एसोसिएशन
मैन एण्ड इनवायरनमेन्ट
भारती
प्रोसिडिंग्स आफ इंडियन हिस्ट्री कांग्रेस
बुलेटिन आफ दि स्कूल आफ ओरियंटल एंड अफ्रीकन स्टडीज, लंदन विश्वविद्यालय
हिस्ट्री एंड आर्कियोलाजी

# नामानुक्रमणिका

●●●